U0596726

北京高等教育精品教材

21 世纪全国高等院校国际经济与贸易专业精品教材

中国海关通关实务

（第 8 版）

郑俊田　　徐晨　　郜媛莹　编著

中国商务出版社

图书在版编目（CIP）数据

中国海关通关实务 / 郑俊田，徐晨，郜媛莹编著
. —8 版. —北京：中国商务出版社，2017.3（2020.2重印）
21 世纪全国高等院校国际经济与贸易专业精品教材
ISBN 978-7-5103-1802-3

Ⅰ.①中⋯　Ⅱ.①郑⋯②徐⋯③郜⋯　Ⅲ.①海关—
业务—中国—高等学校—教材　Ⅳ.①F752.5

中国版本图书馆 CIP 数据核字（2017）第 046993 号

北京高等教育精品教材
21 世纪全国高等院校国际经济与贸易专业精品教材

中国海关通关实务（第 8 版）
ZHONGGUO HAIGUAN TONGGUAN SHIWU

郑俊田　徐晨　郜媛莹　编著

出　　版：中国商务出版社
地　　址：北京市东城区安定门外大街东后巷 28 号　　邮　　编：100710
责任部门：国际经济与贸易事业部（010－64269744　gjjm@cctpress.com）
责任编辑：张永生

总 发 行：中国商务出版社发行部（010－64266119　64515150）
网　　址：http://www.cctpress.com
邮　　箱：cctp@cctpress.com

印　　刷：北京密兴印刷有限公司
开　　本：787 毫米×980 毫米　1/16
印　　张：25　　　　　　　　字　　数：410 千字
版　　次：2017 年 3 月第 8 版　　印　　次：2020 年 2 月第 2 次印刷
书　　号：ISBN 978-7-5103-1802-3
定　　价：38.00 元

凡所购本版图书有印装质量问题，请与本社综合业务部联系。（电话：010－64212247）

版权所有　盗版必究（盗版侵权举报可发邮件到本社邮箱：cctp@cctpress.com）

《中国海关通关实务》（第 8 版）

编　委　会

主　任　郑俊田

委　员　李柱国　何晓兵　刘文丽

崔鑫生　张维亮　徐　伟

徐　晨　吴爱华　郜媛莹

马　莉　侯立华　吾日胜

满子铭　谷天语　薛　琳

□ □ 编 者 的 话 □ □

《中国海关通关实务》自 1994 年首次出版以来，深受广大读者的欢迎，已经多次修订再版。近些年，在经济全球化的背景下，海关进行了深入的改革，除了具体业务外，有关的政策规定也有很大的变化，以适应我国对外经济贸易快速发展的需要。

2016 年，我国进出口总额为 24.33 亿元人民币，其中进口 10.49 万亿元，出口 13.84 万亿元。在进出口贸易中，加工贸易进出口的货物仍占有重要位置。根据中国经济的发展态势，加工贸易的转型升级正在深入进行，这就要求海关监管及通关手续也必须随之进行改革，以适应加工贸易和其他保税业务的发展。总结多年的经验，由于加工贸易和保税货物的进出口所具有的独特性，对它们的管理规定也有其特殊的地方。在多年的实践中，如何管理好加工贸易和其他保税货物的进出口，是我们一直在探索和研究的问题。近几年以来，国家就这项工作出台了大量的政策、法规和规范性文件，采取了多种优惠措施和管理规定。据此，本书在阐明一般通关制度的同时，用了较长的篇幅来解释海关对加工贸易和其他保税货物的监管制度和规定。

本书的编写继续遵循"全面、实用"的原则，根据进出口货物和进出境运输工具通关手续的有关法律、法规、规章和有关国际条约，按照各个业务环节，进行认真的梳理，做到了有理论基础、有法律依据、有操作程序，充分体现了本书的实用性、全面性和可操作性。本次修订的章节主要包括：第二章第三节、第三章、第四章第六节、第五章，同时修订了本书附录一《中国海关通关实务》教学大纲，并新增加了附录五　中华人民共和国海关进出口货物报关单填制规范。参与本版编写工作的有郑俊田、徐晨、邰媛莹、吴爱华、张维亮等业内专家。

　　本书是迄今为止关于海关监管和报关手续方面比较全面、实用的教学用书，相信它能帮助读者全面了解海关通关制度所涉及的法律、法规、政策规定和有关通关制度。同时，它将有助于进出口企业适应海关通关改革的要求，提高通关速度，使其在激烈的竞争中规避潜在的风险，最大程度地提高效益。

编　者

2016 年 12 月

目 录

第一章 海关概论

本章概要：作为全书的开篇，本章主要介绍了海关的相关基础概念，旨在让读者形成对海关的总体印象。中华人民共和国海关是国家的进出关境监督管理机关，实行集中统一管理的垂直领导体制。我国海关在机构设置上分为海关总署、直属海关和隶属海关三级。《中华人民共和国海关法》规定了海关的四项基本任务，即监管、征税、查私、统计，其中监管是海关最基本的任务。随着对外贸易品种范围的不断扩大，特别是服务贸易的不断扩大，海关管理的对象不仅包括传统的进出境运输工具、货物和物品，还扩展到了知识产权和进出口企业。为了保证任务的完成，《海关法》赋予海关许多具体的权力；同时，海关作为国家行政机关，在执法过程中必须以法律、行政法规等为依据，做到依法行政。

本章学习目标：海关的性质和任务、海关的权力、海关管理的对象和范围、海关管理的法律依据。

第一节 海关的性质和任务

《中华人民共和国海关法》（以下简称《海关法》）以立法的形式明确表述了中国海关的性质与任务。《海关法》第 2 条规定："中华人民共和国海关是国家的进出关境监督管理机关。海关依照本法和其他有关法律、行政法规，监管进出境的运输工具、货物、行李物品、邮递物品和其他物品，征收关税和其他税、费，查缉走私，并编制海关统计和办理其他海关业务。"

一、海关的性质

（一）海关是国家行政机关

我国的国家机关包括享有立法权的立法机关、享有司法权的司法机关和享有行政管理权的行政机关。海关是国家的行政机关之一，从属于国家行政管理体制，是我国最高国家行政机关国务院的直属机构。海关对内对外代表国家依法独立行使行政管理权。

（二）海关是国家进出境监督管理机关

海关履行国家行政制度的监督职能，是国家宏观管理的一个重要组成部分。海关依照有关法律、行政法规并通过法律赋予的权力，制定具体的行政规章和行政措施，对特定领域的活动开展监督管理，以保证其按国家的法律规范进行。

海关实施监督管理的范围是进出关境及与之有关的活动，监督管理的对象是所有进出关境的运输工具、货物、物品。

关境是世界各国海关通用的概念，指适用于同一海关法或实行同一关税制度的领域。在一般情况下，关境的范围等于国境，但对于关税同盟，其成员之间货物进出关境不征收关税，只对于来自或运往非同盟国的货物在进出共同关境时征收关税，因而对于每个成员来说，其关境大于国境，如欧盟。若在国内设立自由港、自由贸易区等特定区域，因为进出这些特定区域的货物都是免税的，所以该国的关境小于国境。关境同国境一样，包括其领域内的领水、领陆和领空，是一个立体的概念。我国的关境范围是除享有单独关境地位的地区以外的中华人民共和国的全部领域，包括领水、领陆和领空。目前我国的单独关境有香港、澳门和台、澎、金、马单独关税区。在单独关境内，各自实行单独的海关制度。因此，我国关境小于国境。

（三）海关的监督管理是国家行政执法活动

海关通过法律赋予的权力，对特定范围内的社会经济活动进行监督管理，并对违法行为依法实施行政处罚，以保证这些社会经济活动按照国家的法律规范进行。因此，海关的监督管理是保证国家有关法律、法规实施的行政执法活动。

海关执法的依据是《海关法》和其他有关法律、行政法规。《海关法》是管理海关事务的基本法律规范，于 1987 年 1 月 22 日由第六届全国人民代表大会常务委员会第十九次会议通过，同年 7 月 1 日起实施。为了适应形势发展的需要，2000 年 7 月 8 日第九届全国人民代表大会常务委员会第十六次会议审议通过了《关于修改＜中华人民共和国海关法＞的决定》，对《海关法》进行了较大的修改，修正后的《海关法》于 2001 年 1 月 1 日起实施。

其他有关法律是指由全国人民代表大会或者全国人民代表大会常务委员会制定的与海关监督管理相关的法律规范，主要包括《宪法》、基本法律（如《刑法》《刑事诉讼法》《行政复议法》《行政处罚法》等）以及其他行政管理法律（如《对外贸易法》《商品检验法》《固体废物污染环境防治法》等）。行政法规是指由国务院制定的法律规范，包括专门适用于海关执法活动的行政法规和其他与海关管理相关的行政法规。

海关事务属于中央立法事权，立法者为全国人大及其常委会以及国家最高权力机关的最高执行机关国务院。除此以外，海关总署可以根据法律和国务院的法规、决定、命令制定规章，作为执法依据的补充。省、自治区、直辖市人民代表大会和人民政府不得制定海关法律规范，其制定的地方法规、地方规章也都不能成为海关执法的依据。

二、海关的任务

《海关法》明确规定海关有四项基本任务，即监管进出境的运输工具、货物、行李物品、邮递物品和其他物品（以下简称"监管"），征收关税和其他税费（以下简称"征税"），查缉走私和编制海关统计。

（一）监管

海关监管不是海关监督管理的简称，海关监督管理是海关全部行政执法活动的统称；而海关监管则是指海关运用国家赋予的权力，通过一系列管理制度与管理程序，依法对进出境运输工具、货物、物品及相关人员的进出境活动所实施的一种行政管理。海关监管是一项国家职能，其目的在于保证一切进出境活动符合国家政策和法律的规范，维护国家主权和利益。

根据监管对象的不同，海关监管分为运输工具监管、货物监管和物品监管三大体系，每个体系都有一整套规范的管理程序与方法。

监管是海关最基本的任务，海关的其他任务都是在监管工作的基础上进行的。除了通过备案、审单、查验、放行、后续管理等方式对进出境运输工具、货物、物品的进出境活动实施监管外，海关监管还要执行或监督执行国家其他对外贸易管理制度的实施，如进出口许可制度，外汇管理制度，进出口商品检验、检疫制度，文物管理制度等，从而在政治、经济、文化道德、公众健康等方面维护国家利益。

（二）征税

代表国家征收关税和其他税、费是海关的另一项重要任务。"关税"是指由海关代表国家，按照《海关法》和进出口税则，对准许进出口的货物、进出境物品征收的一种税。"其他税、费"是指海关在货物进出口环节，按照关税征收程序征收的有关国内税、费，目前主要有消费税、增值税等。

关税是国家财政收入的重要来源，也是国家宏观经济调控的重要工具。关税的征收主体是国家。《海关法》明确将征收关税的权力授予海关，由海关代表国家行使征收关税职能。因此，未经法律授权，其他任何单位和个人均不得行使征收关税的权力。

海关征税工作的基本法律依据是《海关法》《进出口关税条例》。海关通过执行国家制定的关税政策，对进出口货物、进出境物品征收关税，起到保护国内工农业生产、调整产业结构、组织财政收入和调节进出口贸易活动的作用。多年来，为了进一步适应我国改革开放和加入世界贸易组织的需要，促进对外经济贸易的快速发展，鼓励我国企业参与国际竞争，国务院关税税则委员会曾几次对税率做出重大调整，使我国关税的平均税率进一步降低，目前已接近世界发展中国家的平均关税水平。

（三）查缉走私

查缉走私是海关为保证顺利完成监管和征税等任务而采取的保障措施。查缉走私是指海关依照法律赋予的权力，在海关监管场所和海关附近的沿海沿边规定地区，为发现、制止、打击、综合治理走私活动而进行的一种调查和惩处活动。

走私是指进出境活动的当事人或相关人违反《海关法》及有关法律、行政法规，逃避海关监管，偷逃应纳税款，逃避国家有关进出境的禁止性或者限制性管理，非法运输、携带、邮寄国家禁止、限制进出口或者依法应当缴纳税款的货物、物品进出境，或者未经海关许可并且未缴应纳税款、交验有关许可证件，擅自将保税货物、特定减免税货物以及其他海关监管货物、物品、进境的境外运输工具在境内销售的行为。它以逃避监管、偷逃关税、牟取暴利为目的，扰乱经济秩序，冲击民族工业，腐蚀干部群众，毒化社会风气，引发违法犯罪，对国家危害性极大，必须予以严厉打击。

《海关法》规定："国家实行联合缉私、统一处理、综合治理的缉私体制。海关负责组织、协调、管理查缉走私工作"，从法律上明确了海关打击走私的主导地位以及与有关部门的执法协调。海关是打击走私的主管机关，查缉走私是海关的一项重要任务。海关通过查缉走私，制止和打击一切非法进出境货物、物品的行为，维护国家进出口贸易的正常秩序，保障社会主义现代化建设的顺利进行，维护国家关税政策的有效实施，保证国家关税和其他税、费的依法征收，保证海关职能作用的发挥。为了严厉打击走私犯罪活动，根据党中央、国务院的决定，我国组建了专门打击走私犯罪的海关缉私警察队伍，负责对走私犯罪案件的侦查、拘留、执行逮捕和预审工作。

根据我国的缉私体制，除了海关以外，公安、工商、税务、烟草专卖等部门也有查缉走私的权力，但这些部门查获的走私案件，必须按照法律规定，统一处理。各有关行政部门查获的走私案件，应当给予行政处罚的，移送海关依法处理；涉嫌犯罪的，应当移送海关侦查走私犯罪公安机构、地方公安机关，并依据案件管辖分工和法定程序办理。

（四）编制海关统计

海关统计是以实际进出口货物作为统计和分析的对象，通过搜集、整理、加工处理进出口货物报关单或经海关核准的其他申报单证，对进出口货物的品种、数（重）量、价格、国别（地区）、经营单位、境内目的地、境内货源地、贸易方式、运输方式、关别等项目分别进行统计和综合分析，全面准确地反映对外贸易的运行态势，及时提供统计信息和咨询，实施有效的统计监督，开展国际贸易统计的交流与合作，促进对外贸易的发展。我国海关的统计制度规定，对于凡能引起我国境内物质资源储备增加或减少的进出口货物，均列入海关统计。对于部分不列入海关统计的货物和物品，则根据我国对外贸易管理和海关管理的需要，实施单项统计。

海关统计是国家进出口货物贸易统计，是国民经济统计的组成部分，是国家制定对外经济贸易政策、进行宏观经济调控、实施海关严密高效管理的重要依据，是研究我国对外贸易经济发展和国际经济贸易关系的重要资料。

监管进出境运输工具、货物、物品的合法进出，保证国家有关进出口政策、法律、行政法规的贯彻实施，是海关四项基本任务的基础。征税工作所需的数据、资料等是在海关监管的基础上获取的，征税与监管有着十分密切的关系。缉私工作则是监管、征税两项基本任务的延伸，监管、征税工作中发现的逃避监管和偷漏关税的行为，必须运用法律手段制止和打击。编制海关统计是在监管、征税工作的基础上完成的，它为国家宏观经济调控提供了准确及时的信息，同时又对监管、征税等业务环节的工作质量起到了检验把关的作用。

除了这四项基本任务以外，近几年国家通过有关法律、行政法规赋予了海关一些新的职责，比如知识产权海关保护、海关对反倾销及反补贴的调查等，这些新的职责也是海关的任务。随着国家改革开放的不断深化和对外贸易的迅速增长，海关还将出现新的职责。

第二节　海关管理的对象和范围

一、海关管理的概念

海关监管，是指海关代表国家依照海关法律、法规对进出境运输工具、货物和物品实行监督管理，从而直接或间接产生法律后果的一种行政行为。

（一）海关管理行为的主体是海关

作为行政行为主体，必须具备两个要件，即一般要件和特殊要件。一般要件是指进行任何法律行为所必须具有的法律资格，包括权利能力资格和行为能力资格。对行政机关来说，必须根据法律规定的条件和程序所设置，政机关的行政行为一般依据其法定职权进行。如果行使职权范围以外的行政行为，必须经过上级行政机关或权力机关的授权。非行政机关的行政行为必须有法律的授权或行政机关的特殊授权。

《海关法》第 3 条规定："国家在对外开放的口岸和海关监管业务集中的地点设立海关"，这就不难看出海关的设立必须符合上述法定条件，并要符合法定程序。《海关法》第 3 条又明确规定："海关依法独立行使职权，向海关总署负责"，这就是说，海关监管行为必须依据其法定职权进行。在法律、法规和其他规范性文件规定的条件下，海关可以授权其他机关或组织代理行使一部分货运监管职权。例如授权义务监管员代行监装监卸的监管权力和海关借调武警部队战士对进出口货物进行查验等；再如在未设海关的内地某些地点，授权当地税务机关代行查验放行货物等一部分监管职权等。这种授权严格控制在法律、法规和其他规范性文件规定的范围内，在没有法律、法规明确规定和海关总署明文确认的情况下，各地海关不得随意授权其他国家机关、企事业单位、社会组织和团体代行海关监管职权。

（二）海关管理行为的产生依据是海关监管权

行政行为的实质在于行政权或行政权能的运用。在法律上，任何法律行为都是基于一定的权利而引起的。行政行为和其他法律行为的根本区别，就在于前者依据行政权或行政权能而产生，而后者则是其他法律权利的适用。不同种类的行政行为以至同一种类的每一个具体行为，都是由不同种类的行政权能或某一项具体的行政权能所引起的。《海关法》第2条规定海关对进出境的运输工具、货物、物品拥有监管权，海关监管权的行使产生了海关监管行为。

（三）海关管理行为的客观方面符合行政行为的特征

海关监管行为的客观方面是海关监管法规所规定的监管行为的各种客观事实特征。如果不存在这些客观事实，当然不存在海关监管行为。而海关监管行为的客观事实是多种多样的，只有那些最基本的、确定该行为成为货运监管行为的客观事实，才由海关监管法规规定为海关监管行为的客观方面。例如，海关监管法规规定海关监管一般贸易进出口货物这一货运监管行为在管理方面的特征主要有：审单、查验、货物储运等环节的监管、办结海关手续等。

（四）海关管理行为的主观方面符合行政行为的特征

对合法的海关管理行为来说，行为的客观方面表现为行为的主观愿望在于严格依法办事，提高工作效率。对违反海关监管的行为来说，行为的主观方面表现为行为人故意或过失而实施海关货运监管法规禁止的行为。不论海关监管行为是合法的或者是非法的，在行为的主观方面都有一个共同之处，即行为人的意志必须是自由的真实的，这在客观上表现为意思表示必须真实完全。也就是说，行为人的意思表示和内在的意思必须是一致的，而且是自愿做出的。一般来说，在正常情况下，海关监管行为主体的意志总是与其外在表现相符合的。但是，由于某些主观上或客观上的原因，也有可能发生两者不相符合的情形，前者如海关监管人员在醉酒时做出某项决定，后者如海关监管人员因受威胁、诈骗等而进行的货运监管行为。同时，意思表示必须完全，没有缺陷。

海关监管是整个海关管理的基础。它为国家赋予海关的其他职能如征收关税、查缉走私和编制海关统计等提供第一手资料和最原始的数据。海关监管的各项措施完善与否，海关监管质量好与不好，都会直接影响征税、调查、统计、稽查等项业务工作的开展。因此，完善海关监管的各项措施，提高海关监管的质量，是做好海关征税、查缉走私、编制海关统计和其他海关业务工作的前提。

《海关法》第 2 条指出："中华人民共和国海关是国家的进出关境监督管理机关。"可见，海关是国家设立的，而不是地方的，也不是哪个部门的，海关所代表的是国家的整体利益、人民的利益。为此，《海关法》第三条进一步指出："国务院设立海关总署，统一管理全国海关"，"海关的隶属关系，不受行政区划的限制"，"海关依法独立行使职权，向海关总署负责。"从而在体制上为海关代表国家的整体利益提供了组织上的保证。作为海关职能之一的海关监管理所当然地要从全局的利益、国家的整体利益出发，参与国家对外经济贸易的宏观监控，处理好国家与地方、全局与局部、国家与个人等一系列关系；绝不能只顾地方利益、局部利益、个人利益，而危害国家的整体利益。如国家为了保护社会主义现代化建设事业的发展，有必要对对外经济贸易实行宏观监控，对某些商品的进出口实行许可制度。这就要求海关监管必须严格执行进出口许可制度，对实行许可证管理的进出口商品，严格凭进出口许可证验放；没有许可证的一律不予放行，并依法严肃处理。

二、海关管理的对象

海关管理的对象是指海关依法行使其监管权所指向的目标或所作用的客体。随着对外贸易品种范围的不断扩大，特别是服务贸易的不断扩大，同时也由于海关监管时间和空间范围的不断扩大，海关监管对象也随之不断变化和发展。

（一）进出境运输工具、货物和物品

进出境运输工具、货物和物品是传统的海关监管对象。《海关法》第 2 条规定："海关依照本法和其他有关的法律、法规，监管进出境的运输工具、货物、行李物品、邮递物品和其他物品，征收关税和其他税、费，查缉走私，并编制海关统计和办理其他海关业务。"因此，海关监管的法定直接对象是具体进出境的运输工具、货物和物品。也就是说，海关监管的直接对象是具体的有形的"物"。但是，这些监管对象是不可能自己进入海关监管

的特定范围，它们的进出境是由个人或团体的行为引起的。这些对象又不是少量的、单一的、孤立的，而是大量的、多样的、同外界有众多联系的；既有贸易性又有非贸易性；既有政治的也有经济的；既涉及物质方面的又涉及意识形态领域的。因此，海关监管的间接对象应是人，即监管过程中涉及的法人和自然人，包括运输工具负责人、进口货物的收货人、出口货物的发货人、进出境物品的所有人及其代理人等。

（二）知识产权

近年来，随着对外经济贸易和科技文化交往的不断发展，进口货物的数量不断增长，随之而来的是进出境的侵权行为也屡有发生，知识产权海关保护的必要性越来越紧迫。国内外的一些企业和个人，为了攫取巨额非法利润，不顾国家的法律规定，大肆伪造和非法进出口侵犯他人知识产权的货物，不但给许多国内外生产优质和驰名商品的企业造成巨大的经济损失，而且严重地破坏了我国社会主义市场经济的正常秩序，也对改善外商投资环境和发展我国的对外经济贸易和科技文化交流产生了十分不利的影响。

为制止进出境环节的侵权行为，国务院在历年知识产权保护法律法规的基础上，于2003年底公布《中华人民共和国知识产权海关保护条例》（以下简称《条例》），自2004年3月1日起施行。遵照条例，海关总署制定了保护知识产权的具体实施办法。对凡侵犯商标权、著作权和专利权等知识产权的货物不准进口或者出口。对进出口的侵权货物和物品，海关一经发现，将予以严肃处理。

1. 我国海关对知识产权保护的范围

根据《条例》第2条的规定，我国海关对与进出境货物有关的受中国法律和行政法规保护的商标权、著作权和专利权进行保护。目前，我国与知识产权海关保护有关的法律主要是《中华人民共和国商标法》《中华人民共和国著作权法》和《中华人民共和国专利法》等法律和法规。

受我国海关保护的知识产权的权利人是指《中华人民共和国商标法》规定的商标注册人、《中华人民共和国著作权法》规定的著作权人和著作权专有使用许可人以及《中华人民共和国专利法》规定的专利权人。上述知识产权的权利还包括虽然未在中国注册，但经过中国商标注册主管机关认定的驰名商标所有人，以及国务院于1992年9月25日发布的《实施国际著作权条约的规定》中规定予以保护的外国作品的著作权人。

2. 知识产权保护备案

知识产权权利人可以依照《条例》的规定，将其知识产权向海关总署申请备案；权利人或其代理人应根据其申请备案的知识产权的性质，按照海关总署制定的格式分别填写商标权、著作权或专利权保护备案申请书。知识产权权利人应当就其申请备案的每一项知识产权单独提交一份申请书。知识产权权利人申请国际注册商标备案的，应当就其申请的每一类商品单独提交一份申请书。

知识产权权利人向海关总署提交备案申请书，应当随附一些法律法规要求的文件、证据。知识产权权利人根据规定向海关总署提交的文件和证据应当齐全、真实、有效。有关文件和证据为外文的，应当另附中文译本。海关总署认为必要时，可以要求知识产权权利人提交有关文件或者证据的公证、认证文书，如经过我国商标主管机关对驰名商标的认定文件和由境内外著作权主管机关签发的著作权登记的证明文件，委托办理备案或保护事项的授权委托书等。

知识产权权利人应当在向海关总署申请办理知识产权海关保护备案的同时缴纳备案费。

3. 海关的保护措施

根据《条例》的规定，海关可以在下列情况下采取对知识产权的保护措施：

（1）依申请扣留

知识产权权利人发现侵权嫌疑货物即将进出口并要求海关予以扣留的，根据《条例》的规定向货物进出境地海关提交申请书。如果有关知识产权未在海关总署备案的，知识产权权利人还应当随附规定的文件、证据。

知识产权权利人请求海关扣留侵权嫌疑货物时，还应当向海关提交足以证明侵权事实明显存在的证据；并应当在海关规定的期限内向海关提供相当于货物价值的担保，提供担保后可以在海关扣留侵权嫌疑货物前向海关请求查看有关货物。

海关扣留侵权嫌疑货物后，将货物的名称、数量、价值、收发货人名称、申报进出口日期、海关扣留日期等情况书面通知知识产权权利人。权利人可以根据《条例》规定向人民法院申请采取责令停止侵权行为或者财产保全的措施。海关收到人民法院协助执行有关裁定的书面通知的，海关予以协助；未收到通知的，海关放行货物。

海关扣留侵权嫌疑货物后，也将扣留侵权嫌疑货物的书面通知及扣留凭单送达收发货人。经海关同意，收发货人可以查看有关货物。如果收发货人认为其进出口货物未侵犯有关知识产权的，可以向海关提出书面说明并随附必要的证据。收发货人也可以请求海关放行涉嫌侵犯专利权的货物，但应当向海关提交放行货物的书面申请和相当于货物价值的担保金。收发货人请求海关放行涉嫌侵犯专利权货物，符合法律规定的，海关应当放行货物并书面通知知识产权权利人。

（2）依职权调查处理

海关发现进出口货物涉嫌侵犯在海关总署备案的知识产权的，立即书面通知知识产权权利人以进行保护。海关根据知识产权权利人在规定时间内回复的以下情况采取措施：

知识产权权利人认为有关货物侵犯其在海关总署备案的知识产权并要求海关予以扣留的，可以向海关提出扣留侵权嫌疑货物的书面申请并提供担保。知识产权权利人根据规定提供担保的，海关扣留侵权嫌疑货物并书面通知知识产权权利人；未提出申请或者未提供担保的，海关放行货物。

知识产权权利人认为有关货物未侵犯其在海关总署备案的知识产权或者不要求海关扣留侵权嫌疑货物的，向海关书面说明理由。

海关扣留侵权嫌疑货物后，依法对侵权嫌疑货物以及其他有关情况进行调查。对扣留的侵权嫌疑货物，海关经调查认定为侵权的，由海关予以没收。

（三）进出口企业

从1994年开始，海关逐步推行和实施稽查制度。根据这个制度的要求，海关监管的对象从进出境货物扩大到进出口企业，海关的监管活动与企业的管理活动紧密结合起来。

海关稽查制度把监管工作的重心转移到进出口贸易的相关企业，是海关监管模式的历史性转变。海关的监管重心向企业转移，便可以强化海关的职能作用，扩大海关监管的空间和时间，提高海关的服务水平。

在海关稽查制度要求下，海关对经营进出口活动的企业的监管，主要是通过对反映其进出口活动内容的账册资料进行核查来实现的。目的是正确评估企业在进出口活动中贯彻执行国家有关规定和宏观调控措施的程度，保障国家的税收安全，实现对其进出口货物的既方便又严密的监管。

1. 海关稽查的含义

1997 年 1 月，国务院发布《中华人民共和国海关稽查条例》，同年 1 月 3 日实施。为更好地实施该条例，海关总署又于 2001 年发布了《关于〈中华人民共和国海关稽查条例〉的实施办法》，对该条例做出了符合变化情况的修改和补充。海关稽查是海关在规定期限内通过审核有进出口业务的企业以及享受进口减免税优惠的企业和事业单位的账簿及有关资料，确定其进出口行为是否合法，是否按国家法律规定缴纳进口税费，是否按国家法律规定使用海关监管货物的一种海关行政行为。

2. 海关稽查的对象和范围

（1）稽查对象

海关稽查的对象是与进出口活动直接有关的企业、单位。这些企业包括：从事对外贸易的企业、单位；从事对外加工贸易的企业；经营保税货物的企业；使用或者经营减免税进口货物的企业、单位；从事报关业务的企业；海关总署规定的从事与进出口活动直接有关的其他企业、单位。

（2）稽查范围

海关稽查的范围是对企业、事业单位进出口经营活动及记录这些活动的会计账簿、记账凭证、报关单证、财务报表、其他有关资料以及有关的进出口货物。

3. 海关稽查的主要内容和时限

（1）稽查内容

海关稽查的内容是审查企业、单位进出口活动的真实性和合法性，包括国家的进出口许可制度和其他管制制度的履行，进口环节税款的缴纳，出口退税，保税货物的进口、储存、加工、销售、复出口，减免税货物的管理和使用以及报关企业在报关业务经营等方面的真实性和合法性，以保障国家税收，引导企业守法经营。

（2）稽查时限

稽查时限是在进出口货物放行之日起 3 年内，或者保税货物进境之日起至结关后 3 年内，或者减免税进口货物的海关监管期限内。按减免税进口货物的海关监管期限具体为：船舶、飞机及建筑材料（包括钢材、木材、胶合板、人造板、玻璃等）为 8 年；机动车辆和家用电器为 6 年；机器设备和其他设备、材料等为 5 年。

4. 法律责任

海关稽查是海关监督被稽查人的进出口活动的真实性和合法性的一种行政行为，稽查结果中可能会发现一些企业有走私、违规及偷逃税行为。《中华人民共和国海关稽查条例》（以下简称《稽查条例》）沿用《中华人民共和国海关法》（以下简称《海关法》）和《中华人民共和国海关行政处罚实施条例》中的有关条款，对存在上述行为的企业予以行政处罚或移交有关机关追究刑事责任，体现了海关稽查行为的严肃性。

三、海关管理的范围

海关管理的范围，也称海关监管的适用效力范围，是指海关监管适用于哪些地方，适用于哪些人，在什么时间内发生法律效力。

（一）地域效力范围

1. 海关监管区

《海关法》规定："海关监管区，是指设立海关的港口、车站、机场、国界孔道、国际邮件互换局（交换站）和其他有海关监管业务的场所，以及虽未设立海关，但是经国务院批准的进出境地点。"所以，海关监管的特定空间范围必须是：设有海关的对外开放口岸；设有海关机构或未设立海关机构的非对外开放口岸但有海关监管业务的场所或地点；未设立海关但是经国家批准的临时进出境地点。以上地点、场所称为"海关监管区"，监管区内涵的核心是"有海关监管业务"。海关监管业务的存在，决定监管区的存在；海关监管业务已消失的地点，场所也就不再是"海关监管区"。

口岸并非一定是江海的港口、对外交通的港埠，而是指"供人员、货物、交通工具出入国境（关境）的港口、机场、车站、通道等"。根据1985年《国务院关于口岸开放的若干规定》中规定，对外开放口岸必须要经国家正式批准，同时又必须以设有海关等出境管理机构为必要前提。经国家批准对外开放但并未设立海关的地点如一个港口、机场、车站，并不意味着该地点所在行政区划内的所有港口、车站、机场，都已对外开放，都要设立海关，都是海关监管区；每一个点如要开放，尚需另行报批。

"海关监管业务集中的地点"主要指有海关监管业务而且比较集中的地点才设海关。有的地点不一定设海关，而仅是由附近海关派驻工作组、监管站或办事处；有的地点连海关的派出机构也没有，只是在有海关监管业务时，海关临时派员执行监管公务。

2. 领海和毗连区

在国际上，沿海国家为了有效地防止走私、实行防疫、执行移民法等目的而在邻接其领海的海域所划定的行使管辖权的区域就是毗连区。根据《中华人民共和国领海和毗连区法》的规定，我国领海为邻接我国陆地领土和内水的一带海域。我国领海的宽度从领海基线起为12海里。经海关总署和公安部门会同有关省级人民政府确定的沿海规定领海是海关监管区，海关可依法行使常规监管任务。毗连区不是海关监管区，但可以根据政府授权，而执行某些特殊公务。

根据国务院规定，海关执行缉私任务的船舶属我国政府授权的执行政府公务的船舶，可以在我国内水、领海及毗连区内对违反海关管理法律、法规的行为行使管制权和对违反海关管理的法律、法规的船舶行使追缉权。海关依法行使上述管制权和追缉权时，有权检查船舶，查验其所载货物和物品；查阅船舶及船上人员证件和其他单据资料；查问违法嫌疑人和调查其违法行为；扣留有走私嫌疑的船舶及其所载货物、物品和有关证件、单据资料，并带回海关监管区和海关附近沿海沿边规定地区依法审查、处理。

3. 延伸意义的领土

所谓"延伸意义的领土"，是指一国领域外的船舶或飞机，如我国航行在公海或外国领海的船舶。按照国际惯例，发生在这些船舶或飞机内部的刑事案件或民事案件，适用本国的法律。也就是说，本国的刑事法律和民事法律对本国的船舶或飞机具有法律效力，即使这些船舶或飞机不在本国领域而在公海及其上空或者外国领域。如《中华人民共和国刑法》规定："凡在中华人民共和国船舶或者飞机内犯罪的，也适用本法。"

但是海关货运监管法规有自己的特点，不同于刑事、民事法律。出境即超出我国领域（不包括延伸意义的领土）的船舶或飞机，在办结海关手续后，即脱离我国海关的监督，我国海关货运监管法规不再对其发生法律效力。它如果进入外国的领域，就应当适用该国海关法，接受该国海关监管。这体现了海关货运监管法规的效力只依船舶或飞机所处地域而不依其国籍的特点。同样，根据国际法对等原则，外国飞机或船舶进入我国领域，也必须适用我国海关货运监管法规，接受我国海关的查验和监管，按照我国法律规定办理海关手续。

（二）对人的效力范围

凡是进出我国关境的人，不管是中国人、外国人还是无国籍人，都毫无例外地适用我国海关监管法规。根据我国海关监管法规的规定，海关货运监管法规主要适用下列几类人（包括自然人和法人）：

1. 进口货物的收货人、出口货物的发货人

《海关法》规定，进口货物的收货人、出口货物的发货人应当向海关如实申报，交验进出口许可证件和有关单证。国家限制进出口的货物，没有进出口许可证件的，不予放行。

2. 进出口货物收发货人的代理人

这主要是指代理进出口收发货的报关企业。按照《海关法》规定，报关企业接受进出口货物收发货人的委托，以委托人的名义办理报关手续的，应当向海关提交由委托人签署的授权委托书，遵守对委托人的各项规定。

3. 保税货物的经营人及其代理人

《海关法》规定，经营保税货物的储存、加工、装配、展示、运输、寄售业务和经营免税商店，保税货物的转让、转移以及进出保税场所，需经海关批准并办理手续，接受海关监管和查验。

4. 运载进出境货物运输工具的负责人

货物的进出境是通过运输工具运载的。运输工具进出境时，应该遵守海关货运监管法规。《海关法》规定，进出境运输工具到达或者驶离设立海关的地点时，运输工具负责人应当向海关如实申报，交验单证，并接受海关监管和检查。停留在设立海关的地点的进出境运输工具，未经海关同意，不得擅自驶离。

5. 运载过境、转运、通运货物的运输工具负责人

按照《海关法》规定，运载过境、转运、通运货物的运输工具负责人应向进出境地海关如实申报，应当在规定的期限内运输出境。

6. 转关运输货物的承运人，即经海关核准承运转关运输货物的企业

按照规定，承运人应向海关如实申报，保证承运的转关运输货物的封志和运输车辆封志的完整，保证将承运的转关运输货物完整地按照海关指定路线在规定的期限内运至指运地海关。

经电缆、管道或者其他特殊方式输送进出境货物的经营单位，按《海关法》规定，必须定期向指定的海关申报和办理海关手续。

（三）时间效力范围

海关监管的时间范围，在《海关法》和有关海关监管法规中也是有明确规定的，在实际监管活动中，必须依法进行，不得随意变更。

1. 运输工具

境外运输工具：从进境起到出境止。

境内运输工具：从经营国际航行业务起到结束此项业务止；在境内承运海关监管货物的，从启运地装载货物开始至货物运抵指运地卸货为止。

2. 进出口货物、物品

进口货物从进境起到办结海关手续；出口货物、物品从申报起到出境止；过境、转运、通运货物从进境起到出境止；暂时进口货物、物品从进境起到出境止；保税货物从进境起到复运出口或办结海关进口手续止（包括加工贸易货物）。

3. 特定用途等的减免税货物

对特定用途的商品，在海关规定时间内，海关可以随时检查其实际使用情况。

4. 海关监管法规的溯及力

在我国现行的海关监管法规中，大多数没有规定溯及力。在这种情况下，我国法律一般采用从旧兼从轻的原则。即新法原则上不溯及既往适用案件或行为发生时生效的法律，但新法对行为人处罚轻时，则适用于新法。

第三节　海关监督管理的法律依据

一、行政法律

行政法律是指由国家最高权力机关全国人民代表大会和常务委员会制定，由国家主席颁布的规范性文件的总称。这些法律规范明确地规定了国家行政机关的组织和活动的指导思想、原则、任务、管理体制、权限划分、领导制度、工作制度、管理形式和方法。行政法律是行政机关活动的准则和依据。所谓依法行政，就是依据这些法律进行行政管理，实现国家管理职能。

海关是国家的进出境监督管理机关，担负着代表国家执行监督管理进出境运输工具、货物和物品的任务。而监督管理职能的行使，最根本的依据就是行政法律。目前，在我国尚无一部海关监管法典。但在《海关法》中，规定了海关组织与活动的指导思想、原则，规定了海关工作人员的任务，规定了海关监管工作的基本原则以及违法责任等，为海关监管提供了法律依据。在其他一些法中，也有关于海关货运监管法规的内容，如《药品管理法》《文物保护法》《食品安全法》《固体废物污染环境防治法》，以及《商检法》《动植物检疫法》《枪支管理法》等法律的有关条文，都是海关监管法规的主要表现形式。

二、行政法规

行政法规是指国务院为了实施宪法和法律，组织领导社会主义现代化建设，在自己职权范围内制定的基本行政管理规范性文件的总称。

行政法规有如下特点：

（1）行政法规的制定机关仅限于国务院，即中央人民政府，其他任何国家机关都无权制定。现行宪法规定，国务院有权根据宪法和法律制定行政法规。据此，行使行政法规立法权的机关是国务院。

（2）制定行政法规必须根据宪法和法律，必须坚持立法有据的原则。没有宪法和法律的依据，就不能制定行政法规。

（3）制定行政法规是国务院职权范围内的活动，而不是根据最高权力机关临时或特别授权而进行的活动。国务院的职权限于国家的行政管理，因而国务院制定的行政法规不能超越国家行政管理的范围。

（4）行政法规是国务院行政管理涉及的一些比较大的方面所制定的基本管理法规，它在行政管理文件中具有最高效力。一切地方性法规，行政规章、措施、决定、命令、指示等，都不能与它相抵触，否则无效。

三、行政规章

（一）行政规章的含义

根据我国宪法和法律的规定，行政规章是指以下两种行政文件：

1. 国务院各部委规章

国务院各部、各委员会，包括一些直属机构如海关总署、工商行政管理局、统计局等，依法制定的规范性管理文件。宪法规定：国务院各部、各委员会根据法律和国务院的行政法规、决定、命令，在本部门的权限内，发布命令、指示和规章。

2. 地方性规章

省级人民政府及其管辖的较大的市的人民政府依法制定的管理本辖区行政事务的规范性管理文件。《地方各级人民代表大会和地方各级人民政府组织法》规定："省、自治区、直辖市以及省、自治区的人民政府所在地的市经国务院批准的较大的市的人民政府，还可以根据法律和国务院的行政法规，制定规章。"

可见，行政规章是我国中央国家机关主管部门和地方省级和较大的市的人民政府为实施法律、行政法规、地方性行政法规，在自己权限范围内依法制定的规范性行政管理文件。海关监管依据的规章是指国务院各部委规章。

（二）行政规章与行政法规的区别

1. 制定机关不同

行政规章制定的机关是国家行政机关的主管部门，行政法规只有国家行政机关才能制定或批准。

2. 效力不同

行政规章效力比行政法规低，且不得与行政法规相抵触，否则无效。

3. 名称不同

行政规章一般是具体执行、具体实施性的，其名称多为办法、规定、通知、通告、公告；行政法规一般称条例、细则。

规章的发布一般是通过《国务院公报》《人民日报》以及各地方的《政报》发布，并以这些文字为准，可以不另行文。海关总署制定的规章，一般以海关总署令的形式发布，除在《人民日报》发布以外，并刊登在《中国海关》和各地海关公告栏。

行政规章在海关货运监管法规中数量最多、内容最广，是海关监管法规的最主要表现形式。

四、国际条约

（一）国际条约的概念

国际条约是国家及其他国际法主体间所缔结的以国际法为准、确定其相互关系中的权利和义务的一种国际书面协议，也是国际法主体间互相交往的一种最普遍的法律形式。

随着我国对外开放政策的实施，我国同世界各国间的经济、文化、科技等国际交往日益频繁，同其他国家签订的条约或加入已经签订的国际条约日益增多，我国签订和加入的生效条约，对于国家机关、企事业单位和公民具有约束力和法律效力。这些条约虽不属我国国内法的范畴，但就其具有与国内法同样的约束力这一意义上而论，它也是我国法律的一种表现形式。同样，这些条约也是海关监管法规的主要表现形式之一。如《关于简化和协调海关业务制度的国际公约》（简称《京都公约》），等等。

（二）条约的加入

"加入"是指未在条约上签字的国家于多边公约签署后参加该公约并受其约束的一种正式国际法律行为。

改革开放以来，为了加强我国的国际关系，促进国际合作，促进对外经济贸易和科技文化交往，我国经过审查，陆续承认和加入了一些国际公约，这些公约中有不少规定了海关货运监管法的内容，成为海关货运监管法规的组成部分之一。如《1972 年集装箱关务公约》，我国政府代表于 1986 年 1 月 22 日向联合国秘书长递交加入书，同年 7 月 2 日对我国生效；《濒危野生动植物种国际贸易公约》1973 年 3 月 3 日订于华盛顿，1981 年 1 月 8 日我国政府递交加入书，同年 4 月 8 日对我国生效；《国际纺织品贸易协议》，1984 年 1 月我国政府确认加入该协议，等等。

（三）条约的保留

根据《条约法公约》规定，保留系指："一国于签署、批准、接受、赞同或加入条约时所做之片面声明，不论措辞或名称如何，其目的在于去除或更除条约中若干规定对该国适用时之法律效果。"双边条约一般不发生保留问题，因为对于不同意的条款双方完全可以通过谈判解决，如达不成协议，则条约就根本不能成立，毋须保留。多边条约因涉及国家较多，关系复杂，而每个国家的政策和利益又不尽相同，因而多边条约经常发生保留问题。

根据国家主权原则，任何一国可于签署、批准或加入条约时，提出保留。《条约法公约》首先肯定了国家的这种权利。但该条还规定，有下列情形之一者，不得保留：

（1）条约本身禁止保留；

（2）条约仅准许特定的保留而有关保留不在其内；

（3）保留与条约目的和宗旨不同。

我国在加入国际公约时，根据我国的对外政策和具体情况，对一些公约曾提出过保留。

（四）双边条约和协议

自 1987 年以来，我国与多国政府之间签订了有关海关行政互助方面的双边协议。这些也是我国与有关国家在海关监管方面的法律依据之一。

第四节 海关的权力

《海关法》在规定了海关任务的同时，为了保证任务的完成，赋予了海关许多具体权力。海关权力，是指国家为保证海关依法履行职责，通过《海关法》和其他法律、行政法规赋予海关的对进出境运输工具、货物、物品的监督管理权能。海关权力属于公共行政职权，其行使受一定范围和条件的限制，并应当接受执法监督。

一、海关权力的特点

海关权力作为一种行政权力，除了具有一般行政权力的单方性、强制性、无偿性等基本特征外，还具有以下特点：

（一）特定性

《海关法》规定："海关是国家进出关境监督管理机关。"从法律上明确了海关享有对进出关境活动进行监督管理的行政主体资格，具有进出关境监督管理权。其他任何机关、团体、个人都不具备行使海关权力的资格，不拥有这种权力。海关权力的特定性也体现在对海关权力的限制上，即这种权力只适用于进出关境监督管理领域，而不能作用于其他场合。

（二）独立性

海关权力是国家权力的一种，为了确保海关实现国家权能的作用，必须保证海关拥有自身组织系统上的独立性和海关依法行使其职权的独立性。因此，《海关法》规定，"海关依法独立行使职权，向海关总署负责"。这不仅明确了我国海关的垂直领导管理体制，也表明海关行使职权只对法律和上级海关负责，而不受地方政府、其他机关、企事业单位或个人的干预。

（三）效力先定性

海关权力的效力先定性表现在海关行政行为一经做出，就应推定其符合法律规定，对海关本身和海关管理相对人都具有约束力。在没有被国家有权机关宣布为违法和无效之前，即使管理相对人认为海关行政行为侵犯其合法权益，也必须遵守和服从。

（四）优益性

海关职权具有优益性的特点，即海关在行使行政职权时，依法享有一定的行政优先权和行政受益权。行政优先权是国家为保障海关有效地行使职权而赋予海关的职务上的优先条件，如海关执行职务受到暴力抗拒时，执行有关任务的公安机关和人民武装警察部队应当予以协助；行政受益权，是指海关享受国家所提供的各种物质优益条件，如直属中央的财政经费等。

二、海关权力的内容

根据《海关法》及有关法律、行政法规，海关的权力主要包括：

（一）行政许可权

包括对企业报关资格以及从事海关监管货物的仓储、转关运输货物的境内运输、保税货物的加工、装配等业务的许可，对报关员的报关从业许可等权力。

（二）税费征收权

包括代表国家依法对进出口货物、物品征收关税及其他税费；根据法律、行政法规及有关规定，依法对特定的进出口货物、物品减征或免征关税；以及对经海关放行后的有关进出口货物、物品，发现少征或者漏征税款的，依法补征、追征税款的权力。

（三）行政监督检查权

行政监督检查权是海关保证其行政管理职能得到履行的基本权力，主要包括：

1. 检查权

海关有权检查进出境运输工具，检查有走私嫌疑的运输工具和藏匿有走私货物、物品的场所，检查走私嫌疑人的身体。

海关对进出境运输工具的检查不受海关监管区域的限制。对走私嫌疑人身体的检查，应在海关监管区和海关附近沿海沿边规定地区内进行。对于有走私嫌疑的运输工具和藏匿有走私货物、物品嫌疑的场所，在海关监管区和海关附近沿海沿边规定地区内，海关人员可直接检查；超出这个范围，在调查走私案件时，须经直属海关关长或者其授权的隶属海关关长批准，才能进行检查，但不能检查公民住处。

2. 查验权

海关有权查验进出境货物、物品。

3. 查阅、复制权

此项权力包括查阅进出境人员的证件，查阅、复制与进出境运输工具、货物、物品有关的合同、发票、账册、单据、记录、文件、业务函电、录音录像制品和其他有关资料。

4. 查问权

海关有权对违反《海关法》或者其他有关法律、行政法规的嫌疑人进行查问，调查其违法行为。

5. 查询权

海关在调查走私案件时，经直属海关关长或者其授权的隶属海关关长批准，可以查询案件涉嫌单位和涉嫌人员在金融机构、邮政企业的存款、汇款。

6. 稽查权

自进出口货物放行之日起三年内或者在保税货物、减免税进口货物的海关监管期限内及其后的三年内，海关可以对与进出口货物直接有关的企业、单位的会计账簿、会计凭证、报关单证以及其他有关资料和有关进出口货物实施稽查。根据《中华人民共和国海关稽查条例》规定，海关进行稽查时可以行使下列职权：询问被稽查人的法定代表人、主要负责人和其他有关人员与进出口活动有关的情况和问题；检查被稽查人的生产经营场所；查询被稽查人在商业银行或者其他金融机构的存款账户；封存有可能被转移，隐匿，篡改，毁弃的账簿、单证等有关资料；封存被稽查人有违法嫌疑的进出口货物等。

（四）行政强制权

海关行政强制权是《海关法》及相关法律、行政法规得以贯彻实施的重要保障。具体包括：

1. 扣留权

海关在下列情况下可以行使扣留权：

（1）对违反《海关法》或者其他有关法律、行政法规的进出境运输工具、货物和物品以及与之有关的合同、发票、账册、单据、记录、文件、业务函电、录音录像制品和其他资料，可以扣留。

（2）在海关监管区和海关附近沿海沿边规定地区，对有走私嫌疑的运输工具、货物、物品和走私犯罪嫌疑人，经直属海关关长或者其授权的隶属海关关长批准，可以扣留；对走私犯罪嫌疑人的扣留时间不得超过 24 小时，在特殊情况下可以延长至 48 小时。

（3）在海关监管区和海关附近沿海沿边规定地区以外，对其中有证据证明有走私嫌疑的运输工具、货物、物品，可以扣留。

海关对查获的走私罪嫌疑案件，应扣留走私犯罪嫌疑人，移送海关缉私部门。

2. 滞报、滞纳金征收权

海关对超期申报货物的，征收滞报金；对于逾期缴纳进出口税费的，征收滞纳金。

3. 提取货样、施加封志权

根据《海关法》的规定，海关查验货物认为必要时，可以径行提取货样；海关对有违反《海关法》或其他法律、行政法规嫌疑的进出境货物、物品、运输工具，对所有未办结海关手续、处于海关监管状态的进出境货物、物品、运输工具，有权施加封志，任何单位或个人不得损毁封志或擅自提取、转移、动用在封的货物、物品、运输工具。

4. 提取货物变卖、先行变卖权

进口货物超过三个月未向海关申报，海关可以提取依法变卖处理；进口货物收货人或其所有人声明放弃的货物，海关有权提取依法变卖处理；海关依法扣留的货物、物品不宜长期保留的，经直属海关关长或其授权的隶属海关关长批准，可以先行依法变卖等。

5. 强制扣缴和变价抵缴关税权

进出口货物的纳税义务人、担保人超过规定期限未缴纳税款的，经直属海关关长或者其授权的隶属海关关长批准，海关可以：

（1）书面通知其开户银行或者其他金融机构从其存款内扣缴税款；

（2）将应税货物依法变卖，以变卖所得抵缴税款；

（3）扣留并依法变卖其价值相当于应纳税款的货物或者其他财产，以变卖所得抵缴税款。

6. 税收保全

进出口货物纳税义务人在海关依法责令其提供纳税担保，而纳税义务人不能提供纳税担保的，经直属海关关长或者其授权的隶属海关关长批准，海关可以采取下列税收保全措施：

（1）书面通知纳税义务人开户银行或者其他金融机构暂停支付纳税义务人相当于应纳税款的存款；

（2）扣留纳税义务人价值相当于应纳税款的货物或者其他财产。

7. 抵缴、变卖抵缴罚款权

根据《海关法》的规定，当事人逾期不履行海关处罚决定又不申请复议或者向人民法院提起诉讼的，海关可以将其保证金抵缴罚款，或者将其被扣留的货物、物品、运输工具依法变卖抵缴罚款。

8. 连续追缉权

进出境运输工具或者个人违抗海关监管逃逸的，海关可以连续追至海关监管区和海关附近沿海沿边规定地区以外，将其带回处理。这里所称的逃逸，既包括进出境运输工具或者个人违抗海关监管，自海关监管区和海关附近沿海沿边规定地区向内（陆地）一侧逃逸，也包括向外（海域）一侧逃逸。海关追缉时需保持连续状态。

9. 其他特殊行政强制

（1）处罚担保

根据《海关法》及有关行政法规的规定，海关依法扣留有走私嫌疑的货物、物品、运输工具，如果无法或不便扣留的，或者有违法嫌疑但依法不应予以没收货物、物品、运输工具，当事人申请先予放行或解除扣留的，海关可要求当事人或者运输工具负责人提供等值担保。未提供等值担保的，海关可以扣留当事人等值的其他财产。受海关处罚的当事人在离境前未缴纳罚款，或未缴清依法被没收的违法所得和依法被追缴的货物、物品、走私运输工具的等值价款的，应当提供相当于上述款项的担保。

（2）税收担保

根据《海关法》的规定，进出口货物的纳税义务人在规定的缴纳期限内有明显转移、藏匿其应税货物以及其他财产迹象的，海关可以责令纳税义务人提供担保；经海关批准的暂准进境或暂准出境货物、特准进口的保税货物，收发货人须缴纳相当于税款的保证金或者提供其他形式的担保后，才可准予暂时免纳关税。

（3）其他海关事务担保

在确定货物的商品归类、估价和提供有效报关单证或者办结其他海关手续之前，收发货人要求放行货物的，须提供与其依法应履行的法律义务相适应的担保。

（五）佩带和使用武器权

海关为履行职责，可以配备武器。海关工作人员佩带和使用武器的规定，由海关总署会同公安部制定，报国务院批准。

（六）行政处罚权

海关有权对尚未构成走私罪的违法当事人处以行政处罚。包括对走私货物、物品及违法所得处以没收，对有走私行为和违反海关监管规定行为的当事人处以罚款，对有违法情事的报关单位和报关员处以警告以及处以暂停或取消报关资格的处罚等。

（七）其他行政处理权

1. 行政裁定权

包括应对外贸易经营者的申请，对进出口商品的归类、进出口货物原产地的确定、禁止进出口措施和许可证件的适用等海关事务的行政裁定的权力。

2. 行政命令权

如对违反有关海关法律规定的企业责令限期改正、责令退运等。

3. 行政奖励权

包括对举报或者协助海关查获违反《海关法》案件的有功单位和个人给予精神或者物质奖励的权力。

4. 对与进出境货物有关的知识产权实施保护

根据《海关法》规定，海关依照法律、行政法规的规定，对与进出境货物有关的知识产权实施保护。

除了以上行政处理权以外，在进出境活动的监督管理领域，海关还具有行政立法权和行政复议权。行政立法权指海关总署根据法律的授权，制定和发布海关行政规章的权力；行政复议权是指有权复议的海关（海关总署、各直属海关）对相对人不服海关行政行为进行复议的权力。

三、海关权力行使的基本原则

海关权力作为国家行政权的一部分，一方面，海关权力运行起到了维护国家利益，维护经济秩序，实现国家权能的积极作用；另一方面，由于客观上海关权力的广泛性、较大的自由裁量等因素，以及海关执法者主观方面的原因，海关权力在行使时任何的随意性或者滥用都必然导致管理相对人的权益受到侵害，从而对行政法治构成威胁。因此，海关权力的行使必须遵循一定的原则。一般来说，海关权力行使应遵循以下基本原则：

（一）合法原则

权力的行使要合法，这是依法行政原则的基本要求。按照行政法理论，行政权力行使的合法性至少包括：

（1）行使行政权力的主体资格合法，即行使权力的主体必须有法律授权。比如，涉税走私犯罪案件的侦查权，只有缉私警察才能行使，海关调查人员则无此项权力。又如，《海关法》规定海关行使某些权力时应"经直属海关关长或者其授权的隶属海关关长批准"，如未经批准，海关人员则不能擅自行使这些权力。

（2）行使权力必须有法律规范为依据。《海关法》规定了海关的执法依据是《海关法》及其他有关法律和行政法规。无法律规范授权的执法行为，属于越权行为，应属无效。

（3）行使权力的方法、手段、步骤、时限等程序应合法。

（4）一切行政违法主体（包括海关及管理相对人）都应承担相应的法律责任。

（二）适当原则

行政权力的适当原则是指权力的行使应该以公平性、合理性为基础，以正义性为目标。因国家管理的需要，海关在验、放、征、减、免、罚的管理活动中拥有很大的自由裁量权，即法律仅规定一定原则和幅度，海关关员可以根据具体情况和自己的意志，自行判断和选择，采取最合适的行为方式及其内容来行使职权。因此，适当原则是海关行使行政权力的一条重要原则之一。为了防止自由裁量权的滥用，目前我国对海关自由裁量权进行监督的法律途径主要有行政监督（行政复议程序）和司法监督（行政诉讼程序）程序。

（三）依法独立行使原则

海关实行高度集中统一的管理体制和垂直领导方式，地方各级海关只对海关总署负责。海关无论级别高低，都是代表国家行使管理权的国家机关。海关依法独立行使权力，"各地方、各部门应当支持海关依法行使职权，不得非法干预海关的执法活动。"

（四）依法受到保障原则

海关权力是国家权力的一种，应受到保障，才能实现国家权能的作用。《海关法》规定：海关依法执行职务，有关单位和个人应当如实回答询问，并予以配合，任何单位和个人不得阻挠；海关执行职务受到暴力抗拒时，执行有关任务的公安机关和人民武装警察部队应当予以协助。

四、海关权力的监督

海关权力的监督即海关执法监督，是指特定的监督主体依法对海关行政机关及其执法人员的行政执法活动实施的监察、检查、督促等，以此确保海关权力在法定范围内运行。

为确保海关能够严格依法行政，保证国家法律、法规得以正确实施，同时也使当事人的合法权益得到有效保护，《海关法》专门设立执法监督一章，对海关行政执法实施监督。海关履行职责，必须遵守法律，依照法定职权和法定程序严格执法，接受监督。这是海关的一项法定义务。

海关执法监督主要包括中国共产党的监督、国家最高权力机关的监督、国家最高行政机关的监督、监察机关的监督、审计机关的监督、司法机关的监督、管理相对人的监督、社会监督，以及海关上下级机构之间的相互监督、机关内部不同部门之间的相互监督、工作人员之间的相互监督等。

第五节 海关管理体制与机构

海关机构是国务院根据国家改革开放的形势以及经济发展战略的需要，依照海关法律而设立的。改革开放以来，随着我国对外经济贸易和科技文化交流与合作的发展，海关机构不断扩大，机构的设立从沿海沿边口岸扩大到内陆和沿江、沿边海关业务集中的地点，并形成了集中统一管理的垂直领导体制。这种领导体制为海关从全局出发,坚决贯彻执行党的路线、方针、政策和国家的法律、法规,以及贯彻海关"依法行政、为国把关、服务经济、促进发展"的工作方针提供了保证。

一、海关领导体制

海关作为国家的进出境监督管理机关,为了履行其进出境监督管理职能,提高管理效率、维持正常的管理秩序,必须建立完善的领导体制。新中国成立以来,海关的领导体制几经变更。在 1980 年以前的三十多年间,除了在新中国成立初期,海关总署作为国务院的一个职能部门和组成部分,在海关系统实行集中统一的垂直领导体制外,其余大部分时间海关总署都是划归对外贸易部领导,各地方海关受对外贸易部和所在省、自治区、直辖市人民政府的双重领导。1980 年 2 月,国务院根据改革开放形势的需要做出了《国务院关于改革海关管理体制的决定》。该决定指出:"全国海关建制归中央统一管理,成立中华人民共和国海关总署作为国务院直属机构,统一管理全国海关机构和人员编制、财务及其业务。"恢复了海关集中统一的垂直领导体制。

1987 年 1 月,第六届全国人大常委会第 19 次会议审议通过的《海关法》规定:"国务院设立海关总署,统一管理全国海关","海关依法独立行使职权,向海关总署负责","海关的隶属关系,不受行政区划的限制",明确了海关总署作为国务院直属部门的地位,进一步明确了海关机构的隶属关系,把海关集中统一的垂直领导体制以法律的形式确立下来。海关集中统一的垂直领导体制既适应了国家改革开放、社会主义现代化建设的需要,也适应了海关自身建设与发展的需要,有力地保证了海关各项监督管理职能的实施。

二、海关的设关原则

新中国建立以后相当长的一段时期内,我国海关机构基本上设在沿海城市及一些边境口岸,内陆省区一般不设海关。国家实施改革开放政策以来,随着开放地区的不断增加,我国对外经济贸易、科技文化交流蓬勃发展,内陆省份的外向型经济得到了很大的发展。经国务院批准,许多开放城市、开放地区以及内陆省市相继设立海关机构,为我国对外经济贸易的发展和国际科技文化交流提供了方便。

《海关法》以法律形式明确了海关的设关原则："国家在对外开放的口岸和海关监管业务集中的地点设立海关。海关的隶属关系，不受行政区划的限制。"对外开放的口岸是指由国务院批准，允许运输工具及所载人员、货物、物品直接出入国（关）境的港口、机场、车站以及允许运输工具、人员、货物、物品出入国（关）境的边境通道。国家规定，在对外开放的口岸必须设置海关、出入境检验检疫机构。海关监管业务集中的地点是指虽非国务院批准对外开放的口岸，但是海关某类或者某几类监管业务比较集中的地方，如转关运输监管、保税加工监管等。这一设关原则为海关管理从口岸向内地、进而向全关境的转化奠定了基础，同时也为海关业务制度的发展预留了空间。"海关的隶属关系不受行政区划的限制"，表明了海关管理体制与一般性的行政管理体制的区域划分无必然联系。如果海关监督管理需要，国家可以在现有的行政区划之外考虑和安排海关的上下级关系和海关的相互关系。

三、海关的组织机构

我国的海关机构的设置分为海关总署、直属海关和隶属海关三级。隶属海关由直属海关领导，向直属海关负责；直属海关由海关总署领导，向海关总署负责。

（一）海关总署

海关总署是国务院的直属机构，在国务院领导下统一管理全国海关机构、人员编制、经费物资和各项海关业务，是海关系统的最高领导部门。海关总署下设广东分署，并设立驻上海和天津两个特派员办事处，作为其派出机构，负责辖区内海关工作的协调。海关总署的基本任务是在国务院领导下，领导和组织全国海关正确贯彻实施《海关法》和国家的有关政策、行政法规，积极发挥依法行政、为国把关的职能，服务、促进和保护社会主义现代化建设。其主要职责是：

（1）研究拟订海关工作的方针、政策、法律、法规和发展规划并组织实施和监督检查；

（2）研究拟订关税征管条例及实施细则，组织实施进出口关税及其他税费的征收管理，依法执行反倾销、反补贴措施；

（3）组织实施进出境运输工具、货物、行邮物品和其他物品的监管，研究拟订加工贸易、保税区、出口加工区、保税仓库及其他保税业务的监管制度并组织实施；

（4）研究拟订进出口商品分类目录，拟订进出口商品原产地规则，组织实施知识产权海关保护；

（5）编制国家进出口贸易统计，发布国家进出口贸易统计信息；

（6）统一负责打击走私工作，组织查处走私案件，组织实施海关缉私，负责对走私犯罪案件进行侦查、拘留、执行逮捕、预审工作；

（7）制定海关稽查规章制度，组织实施海关稽查；

（8）研究拟订口岸对外开放的整体规划及口岸规划的具体措施和办法，审理口岸开放；

（9）垂直管理全国海关，包括管理全国海关的组织机构、人员编制、工资福利、教育培训及署管干部任免；

（10）研究拟订海关科技发展计划，组织实施海关信息化管理，管理全国海关经费、固定资产和基本建设；

（11）开展海关领域的国际合作与交流；

（12）承办国务院交办的其他事项。

1998年，海关总署增加了统一负责打击走私及反走私综合治理工作、口岸规划、出口商品原产地规则的协调管理、关税立法调研、税法起草和执行过程中的一般性解释工作等职能；设立了走私犯罪侦查机构，组建了海关缉私警察队伍。2001年，按照精简、统一、效能的原则，并充分吸收现代海关制度建设及通关作业改革、口岸体制改革、缉私体制改革的成果，实施了机构改革。随着海关通关作业制度改革的全面推行和海关队伍建设形势发展的需要，海关总署的职能和业务机构又进行了进一步调整，总署的决策、监督职能得到强化。

（二）直属海关

直属海关是指直接由海关总署领导，负责管理一定区域范围内海关业务的海关。目前直属海关共有41个，除香港、澳门、台湾地区外，分布在全国。直属海关就本关区内的海关事务独立行使职责，向海关总署负责。直属海关承担着在关区内组织开展海关各项业务和关区集中审单作业，全面有效地贯彻执行海关各项政策、法律、法规、管理制度和作业规范的重要职责，在海关三级业务职能管理中发挥着承上启下的作用。其主要职责是：

（1）对关区通关作业实施运行管理，包括执行总署业务参数，建立并维护审单辅助决策参数，对电子审单通道判别进行动态维护和管理，对关区通关数据和相关业务数据进行有效监控和综合分析；

（2）实施关区集中审单，组织和指导隶属海关开展接单审核、征收税费、查验、放行等通关作业；

（3）组织实施对各类海关监管场所、进出境货物和运输工具的实际监控；

（4）组织实施贸易管制措施、税收征管、保税和加工贸易海关监管、企业分类管理和知识产权进出境保护；

（5）组织开展关区贸易统计、业务统计和统计分析工作；

（6）组织开展关区调查、稽查和侦查业务；

（7）按规定程序及权限办理各项业务审核、审批、转报和注册备案手续；

（8）开展对外执法协调和行政纠纷、争议的处理；

（9）开展对关区各项业务的执法检查、监督和评估。

（三）隶属海关

隶属海关是指由直属海关领导，负责办理具体海关业务的海关，它是海关进出境监督管理职能的基本执行单位。一般都设在口岸和海关业务集中的地点。隶属海关根据海关业务情况设立若干业务科室，其人员从十几人到二三百人不等。

隶属海关的职责是：

（1）开展接单审核、征收税费、验估、查验、放行等通关作业；

（2）对辖区内加工贸易实施海关监管；

（3）对进出境运输工具及其燃料、物料、备件等实施海关监管，征收船舶吨税；

（4）对各类海关监管场所实施实际监控；

（5）对通关、转关及保税货物的存放、移动、放行或其他处置实施实际监控；

（6）开展对运输工具、进出口货物、监管场所的风险分析，执行各项风险处置措施；

（7）办理辖区内报关单位通关注册备案业务；

（8）受理辖区内设立海关监管场所、承运海关监管货物业务的申请；

（9）对辖区内特定减免税货物实施海关后续管理。

（四）海关缉私警察机构

海关缉私警察是专司打击走私犯罪活动的警察队伍。1998年由海关总署、公安部联合组建。为了更好地适应反走私斗争新形势的要求，充分发挥海关打击走私的整体效能，从2003年起，海关对部分打私办案职能进行了内部调整，走私犯罪侦查机构增加了行政执法职能。

本章小结： 通过本章的学习，要掌握如下几点：①海关的性质：海关是国家的行政管理机关；海关是国家进出境监督管理机关；海关的监督管理是国家行政执法活动。②海关的任务：即监管进出境的运输工具、货物、行李物品、邮递物品和其他物品（简称"监管"），征收关税和其他税费（简称"征税"），查缉走私和编制海关统计。③海关的权力：包括行政许可权、税费征收权、行政监督检查权和行政监督权。④海关管理的对象：进出境运输工具、进出口货物和物品、进出口企业。⑤海关管理的范围：包括时间效力范围、地域效力范围和对人的效力范围。

思考题：

1. 海关的性质是什么？
2. 海关的任务是什么？
3. 什么是关境？
4. 海关执法的依据是什么？
5. 海关管理的对象是什么？
6. 海关管理的范围是什么？
7. 海关权力的特点是什么？
8. 海关的组织机构的特点是什么？
9. 海关管理的法律依据是什么？
10. 海关具有哪些权力？

第二章 海关对报关企业和报关员的管理制度

本章概要：本章介绍了报关管理制度，包括建立、发展历程及其重要作用，重点分析了海关对报关单位的注册登记制度，梳理了报关单位和报关员的职责和法律责任。报关管理制度不仅对办理通关手续的操作流程有重要影响，而且是国家进出口政策、法规得以正确贯彻执行的根本保证，还是国家进出口关税、海关代征税及时入库的重要保障。海关对报关单位实行注册登记制度，将报关单位分为进出口货物收发货人和报关企业，对其实行不同的报关注册登记管理。海关除了对报关企业进行注册登记管理外，还对报关员执业进行管理。

本章学习目标：海关报关管理制度的发展历程及其重要作用；报关单位的注册登记制度；报关单位和报关员的职责以及法律责任。

第一节 报关管理制度概述

一、我国报关管理制度的建立与发展

1987 年 7 月 1 日实施的《海关法》首次以正式法律的形式明确了海关的性质，即中华人民共和国海关是国家进出关境监督管理机关，进出关境的活动是中国海关实施监督管理的范围。海关进行监督管理的对象是所有进出关境的货物、物品、运输工具以及上述货物的所有人或其代理人及运输工具负责人的有关行为。同时也首次以国家法律的形式对报关注册登记、报关企业、代理报关企业、报关员的管理做了规定。《海关法》的实施明确了中国

海关依法行政的方向，促进了海关事业的发展，为我国报关管理制度的完善发展提供了坚实的法律基础。以《海关法》为基础的我国报关制度及报关管理工作，从此在思想观念和实践中开始打破传统框框，大胆创新，逐步走上日益发展完善的道路。

2001年1月1日开始实施的新《海关法》为加强对向海关办理报关纳税手续的企业及其人员的主体资格的管理，规范报关纳税行为，明确进出口货物收发货人及其委托办理进出口货物的报关纳税手续的报关企业的法律地位和各自应当承担的法律责任，扩充了1987年《海关法》的规定，增定为三条。

第九条 进出口货物，除另有规定的外，可以由进出口货物收发货人自行办理报关纳税手续，也可以由进出口货物收发货人委托海关准予注册登记的报关企业办理报关纳税手续。

进出境物品的所有人可以自行办理报关纳税手续，也可以委托他人办理报关纳税手续。

第十条 报关企业接受进出口货物收发货人的委托，以委托人的名义办理报关手续的，应当向海关提交由委托人签署的授权委托书，遵守本法对委托人的各项规定。

报关企业接受进出口货物收发货人的委托，以自己的名义办理报关手续的，应当承担与收发货人相同的法律责任。

委托人委托报关企业办理报关手续的，应当向报关企业提供所委托报关事项的真实情况；报关企业接受委托人的委托办理报关手续的，应当对委托人所提供情况的真实性进行合理审查。

第十一条 进出口货物收发货人、报关企业办理报关手续，必须依法经海关注册登记。报关人员必须依法取得报关从业资格。未依法经海关注册登记的企业和未依法取得报关从业资格的人员，不得从事报关业务。①

报关企业和报关人员不得非法代理他人报关，或者超出其业务范围进行报关活动。

---

① 本条根据全国人民代表大会常务委员会关于修改《中华人民共和国海洋环境保护法》等七部法律的决定（2013年12月28日第十二届全国人民代表大会常务委员会第六次会议通过），将第11条第1款修改为："进出口货物收发货人、报关企业办理报关手续，必须依法经海关注册登记。未依法经海关注册登记，不得从事报关业务。"

上述有关法律法规中规定的报关权是海关给予企业在进出口经营活动中的特有权利。进出口货物经营权是经贸管理部门给予企业经营进出口业务的权利，进出口货物报关权是海关给予上述企业向海关办理进出境手续的权利。这两种权利虽有紧密联系，但其性质、作用、所需条件和审批授权机关是不同的。具有进出口经营权的企业是否具备向海关报关的条件，能否遵守海关规定，如何对其违法行为进行处理，属于海关报关管理的范围，是海关作为国家行政执法部门的权限。那种认为经营权就是报关权，只要经贸部门批准企业经营进出口业务，想当然享有报关权的观念应当彻底澄清。因此正确处理经营权和报关权的关系，坚持进出口经营权、国际货运代理权与报关权相分离的原则，才能依照海关法的授权，真正做好报关制度的改革，进一步发展完善我国的报关制度。

1992年制定实施的《中华人民共和国海关对报关单位和报关员的管理规定》、1994年10月颁布的《中华人民共和国海关对专业报关企业的管理规定》和1995年7月颁布的《中华人民共和国海关对代理报关企业的管理规定》是我国报关管理制度逐步完善发展过程中的重要文件。以上法律法规初步制定出了我国报关单位和报关员管理的格局，为海关在对报关单位资格审批管理、注册登记管理、规范报关行为以及处罚等方面提供了必要的依据，在加强海关监督管理、提高报关服务质量、打击走私和其他违法行为等方面起到了积极的作用。

随着形势的发展，特别是《行政处罚法》和新修订的《海关法》实施后，上述规定已不适应新情况的问题越来越突出。2005年6月1日起施行的《中华人民共和国海关对报关单位注册登记管理规定》和2006年6月1日起施行的《中华人民共和国海关报关员执业管理办法》是我国报关管理制度的最新框架。这两个法律法规取代了1992年的《中华人民共和国海关对报关单位和报关员管理规定》、1997年的《中华人民共和国海关对报关员管理规定》、1994年的《中华人民共和国海关对专业报关企业的管理规定》、1995年的《中华人民共和国海关对代理报关企业的管理规定》、2004年的《海关总署关于对外贸易经营者办理报关注册登记事项的公告》和《海关总署关于办理报关企业注册登记事项的公告》。

党的十八届三中全会之后，根据国务院简政放权、转变职能，进一步减少资质资格许可和认定的有关要求，海关总署在2013年12月发布公告（关于自2014年起不再组织报关员资格全国统一考试的公告，2013年第54

号），决定改革现行报关从业人员资质资格管理制度，取消报关员资格核准审批，对报关人员从业不再设置门槛和准入条件。目前，相关法律法规修订工作正在进行中，新的管理制度将在法律法规完成修订并对外公布后实施。今后，报关从业人员由企业自主聘用，由报关协会自律管理，海关通过指导、督促报关企业加强内部管理实现对报关从业人员的间接管理。因此，原有的报关单位和报关员管理制度内容出现了局部调整，而整体报关单位和报关员的管理制度是继续完善的。

《中华人民共和国海关对报关单位注册登记管理规定》和《中华人民共和国海关报关员执业管理办法》是我国改革现行报关管理制度，积极推行专业报关制度的重要法规，是我国报关管理制度逐步向国际化、规范化、专业化发展的主要标志。以上两个法规的特点是：

（1）现行报关注册管理规定与新《海关法》及其《行政处罚实施细则》的衔接，包括报关主体的概念，有些义务、法律责任规定等的衔接。

（2）创新制度，规范管理。控制报关企业的审批制度；放宽代理报关企业分公司和私营非法人企业在海关的报关注册登记；规范海关注册登记资格审查及注册登记的操作；强化企业法律责任，突出对企业报关经营行为的管理。

（3）适应政府职能转变的要求，适当下放审批权限。

二、报关制度的作用

报关制度的根本作用在于海关依据《海关法》和其他有关法律法规，代表国家在进出口口岸确保对进出境运输工具、货物等的监督管理、征收税费、查缉走私、编制统计和办理其他海关业务等任务的顺利完成。

（1）报关制度是报关单位及报关员向海关申请办理通关手续的操作规则，也是报关单位及报关员报关行为的规范准则。

这个规则、准则对任何报关单位及报关员都适用，而且是公开和公正的，同时这也是海关人员须共同遵守的接受报关的办事细则。严格遵守报关制度的各项规定是报关单位及报关员的法定义务。同时，报关制度规定对合法进出、守法经营和依法纳税的报关单位予以鼓励，可由海关审核评定为"信得过企业"或"信誉良好企业"，并给予相应的通关便利；对经常有违反海关规定或经营管理混乱等资信差的报关单位加以严格的监督管理，不给予通关等便利。

（2）报关制度是国家进出口政策、法规得以正确贯彻、执行的根本保证。

除特殊规定的以外，任何进出境运输工具、货物必须如实向海关申报，并由海关实施进出境实际的监督和管理，以切实维护进出口活动的良好秩序。

（3）报关制度是国家进出口关税、海关代征税及时入库的重要保障。

海关根据《关税条例》及进出口税则，在保证应纳税款准确及时入库的前提下，按规定的程序对进出口货物予以放行，使国家财政收入具有充分的保障。

此外，报关制度也是海关查处进出口走私、违法行为的必要前提，是我国海关对外贸易统计数据及时、准确的必要保证。

第二节　海关对报关单位的注册登记管理制度

报关是货物在进口或出口时必经的重要程序。根据《海关法》的规定，报关只能由在海关注册登记的单位及其经海关审核批准的报关员进行。向海关注册登记是取得报关资格的法定条件。本节将介绍海关对报关单位注册登记管理规定和工作程序。

一、报关单位的定义

报关单位是指依法在海关注册登记的报关企业和进出口货物收发货人。

货物进口或者出口时，报关企业和进出口货物收发货人向海关报关，需要承担重大的经济和法律责任。报关企业和进出口货物收发货人的报关行为必须真实、准确，符合国家法律的规定。因此，报关企业和进出口货物收发货人必须具备承担相应的经济、法律责任的能力。一旦产生经济法律责任，国家能够依法追究，使国家的利益不受损失。国家规定，报关单位必须是境内法人，必须完成海关注册登记，这是实现上述原则的重要保证。

二、报关单位的分类

报关单位分为两种类型：一是进出口货物收发货人，二是报关企业。

进出口货物收发货人，是指依法直接进口或者出口货物的中华人民共和国关境内的法人、其他组织或者个人。

报关企业，是指按照规定经海关准予注册登记，接受进出口货物收发货人的委托，以进出口货物收发货人的名义或者以自己的名义，向海关办理代理报关业务，从事报关服务的境内企业法人。

报关企业主要有两类：一类是经营国际货物运输代理等业务，兼营进出口货物代理报关业务的国际货物运输代理公司等；另一类是主营代理报关业务的报关公司或报关行。目前，海关把报关企业分为自理报关企业、专业报关企业和代理报关企业三种类型：

（1）自理报关企业是指已在海关注册登记，仅为本企业（单位）办理进出口货物报关手续的报关企业。这类企业均有进出口经营权，如专业外贸公司、工贸公司，有进出口权的生产企业、商业企业和三资企业等。

（2）专业报关企业是指已在海关注册登记，专门从事接受进出口货物经营单位和运输工具负责人以及他们的代理人的委托，办理进出口货物和进出境运输工具的报关、纳税等事宜，具有境内法人地位的经济实体。

（3）代理报关企业是指经营国际货物运输代理、国际运输工具代理等业务，并兼营进出口货物的报关、纳税等事宜，已履行代理报关注册登记手续的境内法人。

三、报关注册登记管理

（一）报关注册登记的定义

报关单位注册登记是海关行政管理行为，是进出口货物收发货人和在海关注册登记许可的报关企业为取得报关权必须办理的注册登记手续。报关企业在办理注册登记手续前须先获得报关经营行政许可。进出口货物收发货人的报关经营许可由商务部门审批，海关不再另行许可。报关企业可直接向海关办理注册登记手续。

（二）报关注册登记的范围

根据海关报关管理规定，报关单位注册登记分为报关企业注册登记和进出口货物收发货人注册登记。报关企业经直属海关注册登记许可后，方能办理注册登记。进出口货物收发货人可以直接到所在地海关办理注册登记。

（三）报关企业的注册登记许可

针对报关企业的不同性质，海关规定了相应的注册登记许可条件和内容。

1. 设立条件

海关要求必须具备规定的设立条件并取得直属海关注册登记许可。

报关企业应当具备下列条件：具备境内企业法人资格条件；企业注册资本不低于人民币150万元；健全的组织机构和财务管理制度；报关员人数不少于5名；投资者、报关业务负责人、报关员均无走私记录；报关业务负责人具有五年以上从事对外贸易工作经验或者报关工作经验；无因走私违法行为被海关撤销注册登记许可的记录；有符合从事报关服务所必需的固定经营场所和设施；海关监管所需要的其他条件等。

2. 许可程序

报关企业注册登记是行政许可项目，应当严格按照许可程序办理。

3. 许可期限及变更和延续

报关企业及其跨关区分支机构注册登记许可期限均为2年。需要变更许可事项的，应当按照原来许可程序办理，需要延续有效期的，应当在有效期届满40日前向海关提出申请递交材料。

4. 许可的撤销、注销

撤销和注销报关企业注册登记许可不是海关行政处罚措施，是针对报关企业在注册登记许可时出现的违反有关法律规定所采取的行政管理手段。

5. 跨关区分支机构注册登记许可

报关企业拟跨关区设立分支机构，需要在拟跨关区的直属海关申请注册登记许可，经许可后向海关办理设立分支机构的注册登记手续。

（四）进出口货物收发货人注册登记

进出口货物收发货人注册登记按照规定应当到所在地海关办理报关单位注册登记手续并提交相关文件资料。

（五）注册登记的时效

报关企业与进出口货物收发货人在向海关申请注册登记手续和获得报关单位注册登记证书以及时效等方面存在明显不同，报关企业登记证书有效期为2年，收发货人登记证书有效期为3年。报关企业应当在注册登记许可延期的同时办理换领报关企业登记证书手续。进出口货物收发货人应当在登记证书有效期届满前30日到海关办理换证手续。

第三节　海关对报关员的管理

一、报关员的概念及其职业化路径

（一）报关员的概念

报关员是具有专业知识、向社会提供专门智力服务的专业人才。在我国《海关法》及2014年3月实施的《报关单位注册登记管理规定》中，将报关单位所属人员从事报关业务的人员称为"报关人员"，亦即"经报关单位向海关备案，专门负责办理所在单位报关业务的人员"。在职业实践中，这两个概念不存在本质区别，只是不同角度所用的称谓，从报关职业角度，报关从业人员统称为报关员；从现行海关法律体系角度，统称为报关人员。为便于表述，本书所述报关员即现行海关法律体系中所指的报关人员。

（二）报关员职业化路径

1. 1985年至1997年

随着改革开放和国家对外贸易体制改革的不断深化，对外贸易不论是从交易手段、方式上，还是进出口货物的数量上，都发生了巨大的变化。外商投资企业、工贸企业、"三来一补"企业的快速发展，使报关业务量急速上升，企业对专门从事报关业务人员的需求也在不断增加。与此同时，海关在实际工作中，也认识到了报关员在通关监管中的重要性和必要性，部分海关开始举办专门的、有针对性的报关业务培训，实行持证上岗制度。在此基础上，海关总署于1985年2月发布了《中华人民共和国海关对报关单位实施注册登记制度的管理规定》，其中第四条规定：经海关考试合格，发给报关员证件后，才能负责办理报关事宜。此后，我国1987年实施的《海关法》规定，报关员应当经海关考核认可。这是我国海关第一次统一要求对报关员进行培训考试、发证上岗，是我国报关管理制度形成和发展的一个里程碑。

1992年9月，海关总署发布了《中华人民共和国海关对报关单位和报关员的管理规定》（海关总署第36号令），进一步明确了报关员必须经过海关的业务培训和考核，同时对参加报关员培训人员的资格条件作出了具体规定，对报关员的报关行为规则、义务和法律责任作了明确要求。上述规定，对报关职业的社会化、报关服务的专业化，以及促进外贸发展、提高通关效率起到了极为重要的作用。但此阶段，各地的报关员培训考核工作均由各地海关自行安排，缺乏全国统一的培训考核管理。

2．1997年至2013年

随着社会经济的发展，报关作为一种社会职业，受到了越来越广泛的重视。各地海关自行组织培训、考核、发证的做法已难以适用海关管理的要求。1997年4月，在充分调研论证的基础上，海关总署发布了《报关员资格全国统一考试暂行规定》，正式确定了对报关员实行报关员资格全国统一考试制度。根据上述规定，通过考试合格取得报关员资格证书，经海关注册，获得报关员证后，才能从事报关活动。同年9月，海关总署成立了报关员资格考试专家小组，建立了一整套报关员资格考试的考务工作程序和规章制度。同年12月25日，报关员资格全国统一考试在全国各地首次举行，除1998年、1999年各举办两次外，报关员资格全国统一考试每年举办一次，最后一次全国统一考试于2013年11月举行。

3．2013年至今

报关员资格全国统一考试制度实施以来，对报关员整体素质和执业水平的提高，奠定了良好的基础。2013年10月，根据国务院简政放权、转变职能，进一步减少资质资格类许可和认定的有关要求，海关总署发布2013年第54号公告，决定改革现行报关从业人员资质资格管理制度，取消报关员资格核准审批，对报关人员从业不再设置门槛和准入条件，自2014年起不再组织报关员资格全国统一考试，取消报关员资格考试后，报关人员由企业自主聘用，由报关协会实行行业自律管理，海关按照"由企及人"的管理理念，通过指导、督促报关单位加强内部管理，进而实现对报关人员的管理。

二、报关员职业建设

（一）职业标准建设

2007年底，国家劳动和社会保障部、海关总署联合颁发了我国报关行业第一个国家职业标准——《报关员国家职业标准（试行）》，这标志着我国报关行业的职业建设逐步走向规范和成熟。中国报关协会将在时机成熟的条件下，开展职业等级评定的试点工作。

1．适用对象

经海关注册从事报关员职业的人员，即在职报关员。

2. 职业等级

设助理报关师、报关师、高级报关师 3 个等级，助理报关师侧重在具体业务操作层面，主要包括报关单填制、报关业务现场操作等；报关师侧重在相对复杂操作和管理层面，主要包括单证复核，对质量、程序的控制，报关核算，报关业务咨询等；高级报关师侧重在全面管理、指导和策划层面，主要包括组织设计、实施报关业务体系、风险管理、企业发展战略管理等。3个职业等级从低到高，依次递进，高级涵盖低级。

3. 工作要求

《报关员国家职业标准（试行）》明确设定了报关员各职业等级的工作要求，该工作要求是国家职业标准的中心内容。专家组在考虑报关员职业功能时，从报关行业的现状和对高级报关专业人才的需要出发，以报关员职业的工作项目为基础，设定了"报关单证准备与管理""报关作业实施与管理""报关核算""进出口商品归类与原产地确定""报关事务管理""海关行政救济事务管理""培训和指导"等 7 个模块。

（二）报关员职业建设要求

1. 根据《报关员国家职业标准（试行）》，报关员的职业道德要求包括：遵纪守法、廉洁自律、爱岗敬业、诚信服务、团结协作

（1）遵纪守法。遵纪守法是报关员开展报关工作的前提和保证。国家进出境相关政策、法规是报关员在职业活动中应当严格遵守的行为规范。一般来说，国家进出境相关政策、法规所要求的内容，也是报关工作应该贯彻执行的内容，而相关法律法规所禁止的行为，也是违反报关员职业守则的行为。严格遵守国家政策、法规是报关员职业守则的最低要求。遵纪守法是报关员工作的生命线。对报关员来说，办理进出境货物的通关手续是一项政策性和操作性较强的工作，比较复杂，需要熟悉外贸、海关、外汇、工商、税务等与进出境活动相关的法律法规和办事规程。报关员只有学习和掌握这些知识和技能，才能在实际业务中，对报关手续和证件是否合法、经营事项是否符合国家法律政策、税费缴纳是否享受国家优惠政策等问题，作出正确的判断，才能够按照相关法律法规要求办理各类进出口货物的通关手续，把报关单位的事情办好。不懂得法律知识、不按照法律规定去做，就会四处碰壁、寸步难行。

（2）廉洁自律。报关工作是经常与有权和有钱的单位及个人打交道，免不了涉及各种利益关系和矛盾，往往会受到来自各方面的诱惑和压力。报关员倘若没有一定的道德修养和道德规范的约束，是很难处理好这些关系和问题的。当前，不廉洁不自律的现象和问题在各行各业中都不同程度地存在。一些不法外贸企业、单位和个人趁机钻政策和法规的空子，专门研究如何逃避海关监管和偷税漏税，损公肥私，损害国家和人民利益，扰乱外贸活动的正常秩序。廉洁自律已成为报关员在职业活动中处理好各种利益关系的准则。《海关法》第 90 条规定："进出口货物收发货人、报关企业、报关人员向海关工作人员行贿的，由海关撤销其报关注册登记，取消其报关从业资格，并处以罚款；构成犯罪的，依法追究刑事责任。"中国报关协会制定和实施的《报关行业自律准则》明确要求："报关单位和报关从业人员应自觉遵守国家法律法规；不得超出有关法律、行政法规和行政规章规定的范围从事经营活动；不得参与进出口收发货人逃避国家贸易管制和偷逃税等走私、违规行为；不得索贿，也不得行贿执法人员。"这些既是报关员应当自觉遵守的法律法规和行业规章，也是报关员廉洁自律的道德规范和要求，是抵御不良现象侵蚀的锐利武器。

（3）爱岗敬业。我国古代思想家、教育家孔子提倡"执事敬、与人忠"的道德规范。在他看来，做事与做人应当是一致的，无论从事何种工作，都应当全身心地投入，做到尽心尽力、尽职尽责，做一个尊重事业、对人忠诚的君子。南宋思想家朱熹说："敬业者，专心致志以事其业也。"意思是指，对待自己所从事的职业要专心致志，尽心尽力。清代著名学者梁启超在《敬业与乐业》一文中进一步回答了为什么要敬业的问题。他认为职业之所以可敬，是因为人不仅是为生活而劳动，也是为劳动而生活的，劳动做事就是生命的一部分，无论何种职业都是神圣的。毛泽东在《纪念白求恩》一文中对这种爱岗敬业精神作了充分的阐述和肯定。他指出："白求恩同志毫不利己专门利人的精神，表现在他对工作的极端的负责任，对同志对人民的极端的热忱。"报关员是以职业为生的，劳动就业是实现自己人生价值的重要途径。在我们国家，人的发展与事业的发展、实现人生价值的目的与手段之间，是通过人们爱岗敬业的行动中统一起来的。爱岗敬业是一个人自强自立、创造价值、走向成功的重要条件和保证。只有爱岗敬业，我们才能突破现有条件的局限，在恪守本分中有所发明和创造，为平凡的职业劳动赋予不平凡的意义。

（4）诚信服务。在市场经济条件下，诚信服务是人们社会生活中的重要行为规范和准则。市场经济是信用经济，诚信服务构成了市场经济最直接的道德基础。一个社会如果缺乏起码的诚实信用，到处充满欺诈、毁约行为，经济是难以健康发展的，其运行效率将极其低下。一般说来，在市场交易过程中，买卖双方是否诚实守信、服务到位，决定交易费用的大小，从而影响商品交换能否顺利进行。交易费用是指商品交换中用于策划、签约及履行合同的一种支出，包括谈判费用和履行费用。谈判费用是指用于组织买卖双方交换产品的资源支出。履行费用是指用于监督履行合同、防止买卖双方违反合同规定而发生的资源支出。交易费用的大小决定社会资源的配置方式和市场经济的运行效率。如果买卖双方诚实守信、服务到位，严格履行合同，那么谈判费用和履行费用就会降低，市场经济就会在低交易成本的基础上运行，从而提高市场在配置资源中的效率，实现资源优化配置；相反，如果一个社会充满欺诈和毁约行为，那么交易费用就将极大地提高。在现代社会生活中，人人都需要诚实守信，人人都需要服务到位。每个劳动者都是各行各业的服务对象，而这些服务对象同时又通过自己的职业活动为他人服务。人们的社会生活需要大多必须通过全社会的职业劳动者相互交换产品和服务才能得到满足。因此，诚信服务作为报关员的基本职业守则，要求所有从业人员必须尊重自己的工作对象，以自己工作对象的利益为出发点，诚实守信，全心全意为工作对象服务。

（5）团结协作。报关员不是自由职业者。根据我国海关法规定，报关员必须受雇于报关单位并代表该单位向海关办理报关手续，禁止报关员非法接受他人委托从事报关业务。这些要求就决定了报关员必须在一个组织中开展工作，必然存在着人与人之间的密切交往和合作，需要团结协作，处理好组织内部人员之间的关系，以保证各项工作顺利开展。报关员的主要工作是根据国家的法律、行政法规、海关的办事程序，判断其所申报的进出境货物、物品需要向海关办理何种手续，按有关规定准备相关文件和单证，按要求填制进出口货物报关单并如实向海关申报；缴纳相关税费；配合海关对所申报的进出口货物进行查验；办理海关对所申报进出境货物的放行手续等；要做好这些工作，单靠报关员一个人是完成不了的，需要分工负责，相互配合，特别是要与进出境相关部门联络和配合，需要同事们的帮助与合作。这些需要，恰恰是团结协作的职业守则调整的内容。只有团结协作，发挥团队精神，才能有助于形成和谐的报关工作氛围，有利于创造出良好的工作效率和业绩，保证报关工作质量，让客户满意放心。

2．知识要求

根据《报关员国家职业标准（试行）》，报关员的职业知识要求见表2－1。

表 2 –1　报关员职业知识要求

知识类别	具体内容
1. 对外贸易基础知识	（1）进出口合同基本格式 （2）进出口合同的标的 （3）国际贸易术语、商品价格 （4）对外贸易支付 （5）进出口货物交付 （6）进出口单证
2. 国际物流基础知识	（1）物流的基本概念 （2）国际物流系统基本知识
3. 进出口贸易管理基础知识	（1）货物进出口许可制度 （2）货物进出口许可措施及报关规范 （3）对外贸易救济措施
4. 报关单位、报关人员海关注册登记或备案管理基础知识	（1）进出口货物收发货人海关注册登记管理 （2）报关企业海关注册登记管理 （3）报关员海关备案管理
5. 进出口货物通关制度基础知识	（1）进出口货物基本通关制度（一般进出口货物、保税加工与保税物流货物、特定减免税货物、暂时进出境货物） （2）进出口货物转关制度 （3）进出口货物海关事务担保制度 （4）知识产权海关保护制度 （5）海关通关作业流程基本知识 （6）海关物流监控基本知识
6. 进出口税费基础知识	（1）进出口关税 （2）进口环节海关代征税
7. 进出口商品归类和原产地管理基础知识	（1）进出口商品基础知识 （2）《协调制度》归类总规则 （3）《进出口税则》和《海关统计商品目录》的基本结构 （4）进出口商品原产地管理基本知识
8. 相关法律、法规知识	（1）相关海关法律、行政法规、规章和规范性文件 （2）相关对外贸易法律、行政法规、规章 （3）相关出入境商品检验、检疫法律、行政法规

续表

知识类别	具体内容
9. 报关业务常用文书写作知识	(1) 函的写作知识 (2) 担保文书的写作知识
10. 报关常用英语	(1) 进出口合同常用英语 (2) 进出口单证常用英语

3．技能要求

根据《报关员国家职业标准（试行）》，报关员的职业技能要求主要如下。

（1）助理报关师的技能要求，见表 2 - 2。

表 2 - 2　助理报关师技术要求

职业功能	工作内容	技能要求	相关知识
一、报关单证准备与管理	（一）报关随附单证及相关信息的获取	1. 能够获取与申报货物相关的成交、包装、运输、结算等单证 2. 能够获取与申报货物相关的进出境贸易管理许可证件 3. 能够获取与申报货物相关的海关备案、核准、审批单证 4. 能够获取申报货物的具体信息 5. 能够办理申报前看货取样手续并确定报关信息	1. 进出口成交、包装、运输、结算单证知识 2. 海关监管证件基本知识 3. 进出口商品常识 4. 出入境商品检验检疫知识 5. 申报前看货取样海关管理知识
	（二）报关随附单证及相关信息的审核	1. 能够确认报关随附单证的有效性 2. 能够确认报关随附单证的对应关系 3. 能够判断申报货物商品价格的合理性 4. 能够根据报关随附单证确认货物的完税价格组成 5. 能够根据报关随附单证确认申报货物的海关监管方式和征免性质	1. 申报货物完税价格的组成知识 2. 进出口商品价格常识 3. 海关监管方式、征免性质知识

续表

职业功能	工作内容	技能要求	相关知识
一、报关单证准备与管理	（三）报关单填制	1. 能够选择适用的纸质报关单 2. 能够填制进口货物报关单 3. 能够填制出口货物报关单 4. 能够填制保税区、出口加工区等海关特殊监管区域进出境货物备案清单 5. 能够填制转关运输货物申报单 6. 能够填制进出境快件报关单	1. 报关单填制规范 2. 进出口商品申报规范 3. 计量单位的换算知识 4. 海关通关信息化系统常用参数代码
	（四）单证管理	1. 能够对需存档的报关单证进行分类、整理、保管 2. 能够交接报关单证资料 3. 能够记录保存委托报关单位的基本资料	档案管理常识
二、报关作业实施与管理	（一）现场作业实施与管理	1. 能够进行电子数据报关单的录入、发送、查询与打印 2. 能够按规定使用企业报关印章、海关 IC 卡和报关员证等报关用证、章办理报关手续 3. 能够按规定提交纸质报关单和随附单证 4. 能够办理报关单修改、撤销手续 5. 能够根据海关查验货物的要求进行搬移、开拆、重封包装、提取样品作业和确认海关查验记录 6. 能够办理进出口税费缴纳手续 7. 能够办理进出口货物海关审结后的放行手续 8. 能够办理报关单证明联和进、出口货物证明书的申领签发手续 9. 能够办理进出口货物的转关运输手续	1. 进出口货物申报知识 2. 海关电子通关系统知识 3. 进出口货物海关查验知识 4. 货物装卸安全知识 5. 进出口税费缴纳知识 6. 进出口货物海关放行知识 7. 国家出口收汇、进口付汇管理知识 8. 进出口货物转关知识 9. 报关单修改、撤销知识

续表

职业功能	工作内容	技能要求	相关知识
二、报关作业实施与管理	（二）报批、报核作业实施与管理	1. 能够办理加工贸易企业海关联网监管手续 2. 能够办理加工贸易合同备案、备案变更、备案延期手续 3. 能够办理加工贸易外发加工、异地加工申请手续 4. 能够办理加工贸易货物的退运、退换、内销、放弃、结转手续 5. 能够办理加工贸易深加工结转手续 6. 能够办理加工贸易合同核销手续 7. 能够办理货物进出海关保税场所、海关特殊监管区域和其他海关监管场所申请手续 8. 能够办理特定和临时减免税货物的减、免税申请手续 9. 能够办理暂时进出境货物的核准申请、销案手续	1. 加工贸易企业海关联网监管知识 2. 加工贸易合同备案、核销知识 3. 加工贸易料件、制成品、残次品、副产品的海关处理知识 4. 海关对加工贸易深加工结转的管理知识 5. 海关对保税货物场所和海关特殊监管区域的管理知识 6. 进口货物减税、免税知识 7. 进出口货物海关结关知识 8. 海关对暂时进出境货物的管理知识 9. 行政许可法基本知识
三、报关核算	（一）应税货物完税价格核算和税费计算	1. 能够使用成交价格估价方法核算应税货物的完税价格 2. 能够使用相同或类似货物成交价格估价方法核算应税货物的完税价格 3. 能够计算应税货物的关税税额 4. 能够计算应税货物的进口环节海关代征税税额 5. 能够计算进出口税款退还、补征、追征金额	1. 成交价格估价方法 2. 相同或类似货物估价方法 3. 进出口税费计算知识

续表

职业功能	工作内容	技能要求	相关知识
三、报关核算	（二）滞报金、滞纳金、保证金和缓税利息的计算	1. 能够计算滞报金金额 2. 能够计算滞纳金金额 3. 能够计算保证金金额 4. 能够计算加工贸易缓税利息金额	1. 滞报金、滞纳金的确定原则 2. 保证金的确定原则 3. 加工贸易缓税利息海关征收原则
四、进出口商品归类与原产地确定	（一）进出口商品归类信息收集	能够获取、整理海关商品归类管理信息	1. 海关商品归类决定 2. 海关商品归类行政裁定 3. 海关商品预归类决定
	（二）进出口商品编码确定	能够根据《中华人民共和国进出口税则》《进出口税则商品及品目注释》《中华人民共和国进出口税则本国子目注释》及海关发布的商品归类决定、裁定等明确规定确定进出口商品编码	1. 《进出口税则商品及品目注释》相关知识 2. 《中华人民共和国进出口税则本国子目注释》相关知识
	（三）进口货物原产地确定	能够根据非优惠原产地规则确定进口货物的原产地	非优惠原产地规则
五、报关事务管理	（一）报关企业管理	1. 能够办理报关单位海关注册登记、变更、延续、注销手续 2. 能够办理报关员登记备案手续	海关对报关单位、报关员的管理知识
	（二）报关事务异常情况处理	1. 能够对报关过程中出现的异常情况进行应急处理 2. 能够撰写异常情况处理报告	突发事件处理知识

（2）报关师的技能要求，见表2-3。

表2-3 报关师技能要求

职业功能	工作内容	技能要求	相关知识
一、报关单证准备与管理	（一）报关单证准备	1. 能够审核、签署报关委托协议 2. 能够提出申报货物的单证准备方案 3. 能够甄别申报货物报关单证的真实性	1. 委托代理知识 2. 报关单证缮制知识
	（二）报关单证复核	能够对报关单及随附单证进行复核和确认	1. 报关单各栏目的设置目的及相互间的逻辑关系知识 2. 报关单与报关随附单证的对应关系知识
二、报关作业实施与管理	（一）报批、报核作业实施与管理	1. 能够办理海关价格质疑、磋商手续 2. 能够办理海关事务担保、销案手续 3. 能够办理特定减、免税货物解除海关监管手续 4. 能够办理进出口税费的退、补手续 5. 能够根据海关下厂核查的要求准备相关资料并办理相关手续 6. 能够根据海关稽查的要求准备相关资料并办理相关手续 7. 能够根据海关对涉嫌走私违规案件调查的要求配合取证 8. 能够办理海关特殊监管方式报关货物的核准申请、销案手续	1. 海关价格质疑、磋商知识 2. 海关事务担保知识 3. 特定减免税货物解除海关监管知识 4. 进出口税费退补知识 5. 海关下厂核查知识 6. 海关稽查知识 7. 海关调查知识 8. 海关特殊监管方式货物核准申请、销案知识
	（二）报关质量控制	1. 能够统计并监控报关工作差错，提出改进方案 2. 能够收集报关工作差错典型案例，提出防范措施	1. 案例的收集与分析方法知识 2. 质量控制体系知识

续表

职业功能	工作内容	技能要求	相关知识
三、报关核算	（一）应税货物完税价格核算	1. 能够使用倒扣价格估价方法核算应税货物完税价格 2. 能够使用计算价格估价方法核算应税货物完税价格 3. 能够使用合理方法核算应税货物完税价格 4. 能够核算特殊进口货物的完税价格 5. 能够办理进出口货物的海关预审价手续	1. 倒扣价格估价方法 2. 计算价格估价方法 3. 合理方法 4. 特殊进口货物完税价格确定方法 5. 海关对进出口货物的预审价管理知识
	（二）加工贸易申报数据核算	1. 能够根据海关需要对加工贸易的进口料件和出口成品进行归并或拆分核算 2. 能够根据海关需要对加工贸易联网监管企业的最大周转量、最大周转金额进行核算 3. 能够对加工贸易手册的进出口额度、料件、耗量、成品进行平衡核算	1. 加工贸易单耗标准知识 2. 加工贸易企业生产流程管理知识 3. 会计基本知识 4. 统计基本知识
	（三）通关成本核算	能够核算每票进出口货物的通关成本	成本核算知识
四、进出口商品归类与原产地确定	（一）进出口商品编码确定	1. 能够确定易混淆商品的进出口商品编码 2. 能够确定归类疑难商品的进出口商品编码	1. 化工商品基本知识 2. 纺织商品基本知识 3. 机电商品基本知识
	（二）进出口商品合并归类与简化归类办理	能够办理申报货物的进出口商品合并归类与简化归类手续	海关对进出口商品合并归类与简化归类的管理知识
	（三）进出口商品预归类手续办理	能够办理进出口商品预归类手续	海关对进出口商品预归类管理的知识

职业功能	工作内容	技能要求	相关知识
四、进出口商品归类与原产地确定	（四）进口货物原产地确定	能够根据优惠原产地规则确定进口货物的原产地	区域贸易协定及原产地规则知识
五、报关事务管理	（一）报关事务异常情况处理	能够制定应对报关异常情况的处理预案	风险管理基础知识
	（二）报关业务评估管理	能够对报关业务进行绩效统计、分析和评估	绩效评估知识
	（三）报关业务咨询和策划	1.　能够提供报关业务咨询、指导 2.　能够根据客户要求撰写进出口货物通关方案 3.　能够根据海关管理要求对加工贸易企业的料件进口、生产、库存、成品出口、内销和账务处理提出指导方案	供应链管理基本知识
六、培训与指导	（一）培训	1.　能够培训助理报关师 2.　能够编制报关业务专项培训计划 3.　能够编制报关员岗前实习方案 4.　能够编写报关业务专项培训讲义	1.　培训计划编制方法 2.　教学法有关知识
	（二）指导	能够对助理报关师进行报关业务指导	案例教学法

（3）高级报关师的技能要求，见表 2-4。

表 2-4 高级报关师技能要求

职业功能	工作内容	技能要求	相关知识
一、报关单证准备与管理	（一）报关质量控制管理	1. 能够组织设计报关质量评估体系 2. 能够进行报关质量分析，并撰写分析报告 3. 能够组织制定报关质量管理制度 4. 能够组织实施报关质量管理制度	1. 质量管理标准知识 2. 企业报关制度设计知识
	（二）报关流程控制管理	1. 能够组织设计企业报关业务流程 2. 能够组织制定企业报关业务流程实施方案	1. 组织行为管理知识 2. 流程再造管理知识
二、报关核算	（一）应税货物完税价格核算	能够处理应税货物海关估价争议	海关估价知识
	（二）报关成本核算	1. 能够核算报关延伸服务的成本 2. 能够估算报关工作失误造成的损失费用 3. 能够进行报关服务经济效益分析	1. 国际货运代理知识 2. 纠纷处理知识 3. 成本效益分析知识
	（三）出口退税估算	能够估算出口货物国内税的退、免税金额	1. 增值税、消费税的征、免、抵、退收知识 2. 出口退税管理知识
三、进出口商品归类与原产地确定	（一）进出口商品编码确定	能够处理进出口商品归类争议	《协调制度公约》知识
	（二）原产地确定	能够处理进口货物原产地确定争议	世界贸易组织原产地规则及各优惠贸易协定的原产地规则知识

职业功能	工作内容	技能要求	相关知识
四、报关事务管理	（一）报关业务评估管理	1. 能够对报关风险进行分析评估及处置 2. 能够对委托报关客户情况进行统计、分析，撰写客户分析报告	1. 危机管理知识 2. 客户服务知识
	（二）报关业务咨询和策划	1. 能够根据进出口贸易政策调整因素提出企业进出口预警方案 2. 能够组织设计与海关管理要求相适应的企业管理系统 3. 能够组织设计报关企业管理系统	1. 信息收集与分类知识 2. 工作策划知识 3. 企业管理基本知识 4. 战略管理知识 5. ERP 系统知识
五、海关行政救济事务管理	（一）申请海关听证	1. 能够依法对海关行政处罚决定提出听证要求，并办理相关手续 2. 能够准备海关听证的相关证据材料和参与听证	1. 海关听证制度 2. 听证文书写作知识
	（二）申请海关行政复议	1. 能够依法提出海关行政复议要求，并办理相关手续 2. 能够准备海关行政复议的相关证据材料和参加行政复议	1. 海关行政复议制度 2. 行政复议法律知识 3. 行政复议文书写作知识
	（三）办理海关行政诉讼事务	能够准备海关行政诉讼的相关证据材料并提出诉讼方案	1. 行政诉讼法律知识 2. 行政诉讼文书写作知识
六、培训与指导	（一）培训	1. 能够编制培训计划 2. 能够培训报关师 3. 能够编写培训讲义或教材	1. 培训计划的编制方法 2. 培训讲义或教材的编写方法
	（二）指导	能够对报关师进行报关业务指导	

三、报关员职业风险规避

报关员职业风险是指报关员在职业活动中面临的可能对其工作目标产生影响和损失的可预测的所有不确定性。

（一）主要职业风险

根据我国海关法的规定，报关员必须受雇于一个依法向海关注册登记的进出口货物收发货人或报关企业，并代表其向海关办理报关业务，报关员不是自由职业者。因此，报关员的职业活动与报关企业的经营活动是紧密地联系在一起的，所面临的风险主要是经营风险和法律风险。事实上，就个体而言，报关员职业活动中面临的主要是法律风险。报关员面临的法律风险不同于其他商业风险。商业风险可能存在于企业经营管理的某一个阶段，在一定程度上是企业家能够初步判断和识别的。而法律风险却贯穿于报关企业的经营活动和报关员的职业活动的各个领域和阶段，且很多法律风险都藏在"合法"的外衣下，隐秘性极强而不易被识破，一旦发生，将给报关企业和报关员带来不利的影响和较大的损失。

报关员面临的法律风险，其具体原因表现在以下几个方面：

（1）报关企业、报关员对法律风险的认识不足，没有充分意识到加强法律风险防范的重要性。

（2）报关企业、报关员的法律风险管理投入严重不足。主要表现在一些高风险或疑难性报关工作仍缺少专业法律人员的参与，且多数报关企业内部没有设置法律工作机构。

（3）一些报关企业、报关员依法经营的意识不够，或因法律意识淡薄，不自觉地违法经营，或认为只要是为了公司的利益就可以不顾法律约束，存在钻法律空子的侥幸心理，有意打"擦边球"。

（4）报关企业缺少精通报关业务的法务人员，也是导致报关企业、报关员频频发生法律风险的重要原因。

（5）由于报关员自身的业务素质和防范风险能力不强等原因而引发法律风险。

（二）防范职业风险的策略和方法

只要报关员职业风险存在，就一定有发生损失和危机的可能。要想避免损失远离危机，确保报关员和报关企业稳步发展，学习和掌握职业风险防范的策略和方法是非常重要的。

1. 培养足够谨慎的态度

要摆脱风险的发生，必须对风险保持清醒的认识，学会应对和管理好风险的技术和方法，同时，最重要的一条经验是：培养自己足够谨慎的态度。例如，善于查阅法律规定，仔细确认每项业务所适用的法律政策；不要草率签字，给自己充分的时间思考和咨询；确认签字文本的完整性、连贯性和不可篡改性；保留可以在法庭上当作诉讼证据的书面记载；自己必须留下一份正式文本原件；在可能不利的情况下，录音并保留录音证据；签订合同后，坚持不断地取得对自己有利的证据，等等。

2. 学会识别风险因素

风险因素是指那些隐藏在损失事件后面，增加损失可能性和损失程度的条件。通常风险因素分为有形的和无形的两种情况，它们都会影响损失的可能性和损失程度。有形风险因素，即那些看得见的实物和环境条件，会影响报关员在职业活动中出现损失的可能性和损失程度。例如，伪报货物品名、规格构成走私的风险因素常常隐藏于货物的多样性和相似性之中；瞒报货物数量构成走私的风险因素常常隐藏于一定规模的货量上。常见的商业票证、法律文书、货物（或货样）等，也可能隐藏着有形的风险因素，如提供虚假的商业票证会引发报关风险，引用的法律条文发生了变更可能带来报关风险，对货物不了解又没有提供货样可能在报关中导致"单货不符"的风险。无形风险因素，即观念和文化条件（看不见的条件），也会导致报关员在职业活动中出现损失的可能性。通常行业内称这些条件为道德风险和行为风险。简单地说，当一个人能从损失发生中获益时，道德风险就存在了。道德风险是指报关员有不诚实表现而导致企业或他人遭受损失的可能性。行为风险是指报关员不认真或不谨慎的态度，导致在职业活动中出现损失的可能性。除了道德风险和行为风险外，增加损失频率和程度的还有法律和文化等因素。例如，随着社会进步和人们的维权意识的增强，商业活动更易引起诉讼，这就是人们的"法治观念"增强的缘故。

3. 把握应对风险的策略

（1）不冒不能承受的风险。如果一个风险的最大潜在损失的程度达到报关员或报关企业不可承受的地步，那么，自担这样的风险就是不可行的。可能的损失程度必须被降低到一个可控的水平以下，否则，就必须将风险转移。

（2）考虑损失发生的可能性。人们对风险的关注往往首先取决于损失程度。即使可能发生的损失再小，也不能忽略。例如，即使报关单填制出现差错而可能造成的损失不大，但也要研究其潜在的损失大小，因为这些小的差错可能会导致那些大的损失的发生。分析预判引起损失的可能性是小还是大，将有助于报关员决定如何处理这个既定的风险。

（3）不因小失大。不因小失大的策略主要是帮助报关员或报关企业在对风险发生的频率、程度及自担或转移的考量中作出合理的选择，采取恰当的防范性措施。

4．掌握风险防范的方法

风险防范是指报关员或报关企业对在报关活动中可能出现的风险所采取的应对措施，其方法主要有以下三种：

（1）风险规避。风险规避是一种有意识不让报关员或报关企业面临特定风险的行为。风险规避是风险防范技术和方法中最简单的方式，同时也是较为消极的一种方式，它可以在事前、事中使用。

（2）风险控制。风险控制是指那些用以使损失的频率及程度达到最小化的努力措施。在实际业务中，报关员或报关企业完全避免报关活动中的风险损失是不可能的，因此，报关员或报关企业必须考虑一旦风险发生时所能采取的损失控制措施，重点是降低损失幅度和发生频率。这通常适用于报关企业外部风险事件，例如，报关活动的商业贿赂和欺诈行为等，因为报关员或报关企业往往难以驾驭外部风险事件是否发生及其频率和损失程度。风险控制通常分为防损和减损两种类型。防损措施着眼于降低损失发生的可能性，例如，报关企业建立相应的管理制度，以减少报关差错率，从而降低报关风险损失的发生。减损措施的目的则在于减轻损失程度，例如，报关企业接受进出口货物收发货人的委托办理报关业务时，须签订委托代理协议，报关员在代理报关时须向海关提交由委托人签署的授权书，这些措施都有利于报关员在办理报关业务过程中一旦出现风险时降低或减少损失。

（3）风险分散。应对任何风险都要考虑自身的承受能力。当自身无法承受时，就需要将风险分散。风险分散是指增加承受风险的个人或单位，以减轻总体风险的压力，从而使报关员或报关企业降低和减少风险损失。风险分散通常包括风险自留和风险转移两种类型。①风险自留。风险自留是指报关员或报关企业自己承担由报关活动带来的风险事故所造成的损失，其实质是，当报关风险事故发生并造成一定的损失后，报关员或报关企业通过自身的财务能力来弥补所遭受的损失。②风险转移。风险转移是指报关员或报关企业通过签订合同或以非合同的方式将风险转嫁给另一个人或单位的一种风险处理方式。其实质是对风险损失的转移，是商业社会普遍运用的一种处理风险的方式。例如，在国际货物买卖中，买卖双方可以通过签订合同，使原有卖方承担的货物风险在某个时候改归买方承担。又如，与保险公司订立保险合同，可以将风险转移给保险公司（保险人）。一旦预期风险发生并且造成了损失，则保险人必须在合同规定的责任范围之内进行经济赔偿。常见的风险转移方式有两种：一是增加受险主体，例如，外聘律师，转移风险。二是通过合同安排，例如，担保合同，由第三方（称作担保人）保证，如果债务人不能履行合同规定，担保人将履行。票据的背书人就是一个担保人，他等于告诉债权人"如果票据签发人，即你的借款人不能按票据规定清偿债务的话，我将替他清偿"，这就将拖欠债务的风险从债权人转给了担保人。

　　本章小结：通过本章的学习，要掌握如下几点：①海关报关管理制度的建立和发展历程。②报关制度的作用：是报关单位及报关员向海关申请办理通关手续的操作规则，也是报关单位及报关员报关行为的规范准则；是国家进出口政策、法规得以正确贯彻、执行的根本保证；是国家进出口关税、海关代征税及时入库的重要保障。③报关单位的概念和分类：报关单位是指依法在海关注册登记的报关企业和进出口货物收发货人；报关单位分为进出口货物收发货人和报关企业两类，其中报关企业又分为自理报关企业、专业报关企业和代理报关企业三种类型。④报关单位的注册登记制度。⑤报关单位和报关员的职责以及法律责任。

思考题：

1. 进出口货物经营权和进出口货物报关权的关系如何？
2. 目前我国报关管理制度的两个重要法规具有什么特点？
3. 报关制度的作用是什么？
4. 简述报关单位的概念。
5. 简述报关单位的分类。

6. 专业报关企业的概念是什么？
7. 报关注册登记的范围是什么？
8. 报关企业的设立条件是什么？
9. 报关员职业建设的要求有哪些？
10. 报关员如何防范职业风险？

第三章 对外贸易管制制度

本章概要：为了维护国家的利益和信誉，保障对外经济、技术、文化交流的健康发展，我国对进出口货物的经营权限、禁止、限制、品质管理，收、付汇等涉及政治、经济、文化、卫生的诸多方面均制定了相应的法律、法规，并提出了具体的进出境管制要求。进出口货物的所有人或其代理人在通关过程中，必须要严格遵守这些法律、法规，并按照相应的管理要求办理进出境手续。

贸易管制是政府的一种强制性行政管理行为。它所涉及的法律、行政法规，均属于强制性法律范畴，不得随意改变。因此，对外贸易经营者及其代理人在通关过程中必须严格遵守这些法律、行政法规，并按照相应的管理要求办理进出口手续，在维护国家利益不受侵害的同时，保护自己的合法权益。

本章重点介绍我国对外贸易管制的有关货物和技术的管制制度、措施以及在执行这些贸易管制措施中所涉及报关规范的相关内容。

本章学习目标：对外贸易管制的目的及特点；我国对外贸易管制基本框架与法律体系；我国货物、技术进出口许可管理制度的相关内容；了解其他贸易管制制度，如对外贸易经营者管理制度、出入境检验检疫制度等；掌握我国贸易管制主要管理措施及报关规范。

第一节 对外贸易管制概述

对外贸易管理是指一国政府以国家法律、法规、方针政策为依据，从国家宏观经济利益和对内、对外政策的需求出发，对进出口贸易活动进行指导、控制和调节的行为。对外贸易是人类社会生产力发展到一定阶段后产生并不断发展起来的，以保护本国的国内市场、扩大本国产品出口、保障政府的财政收入、促进本国经济和社会的持续发展为出发点。调整、制定代表本国利益的对外贸易政策，保障对外贸易活动的顺利进行，已经成为近现代国家的一个重要经济管理标志。

一、对外贸易政策

对外贸易政策是对一国在一定时期内对外贸易管理中所制定和实施的各项管理制度和措施的总称。具体包括一国对进出口贸易进行管理的原则、方针及措施等，调节的对象主要是对外经济贸易活动。一国的对外贸易政策是该国经济政策的体现，也是政府对经济活动的一种干预方式，反映了该国的经济利益与要求。

在资本主义发展的不同时期，不同国家会选择不同的对外贸易政策，从近现代历史看，对外贸易政策主要可以分为两类：自由贸易政策和保护主义贸易政策。自由贸易政策提倡国家取消对进出口贸易的限制和障碍，取消对本国商品与服务的各类特权与优惠，政府不干预对外贸易活动，以使各国能够充分实现建立在比较优势基础上的国际分工，从而使世界范围内生产与交换的效率提高，各国也能从中获得最大化的福利。保护主义贸易政策则提倡国家广泛利用各种限制进口的措施和设置各种障碍，以保护本国市场免受外国货物、服务与技术的竞争，并采取各种措施促进本国商品和服务的出口。

对外贸易政策是一国为保护本国经济利益，推行本国对外政策，保障本国政治目的和安全而制定的。为了实现上述目的，各国都要根据其不同时期的不同经济利益或安全和政治需要，适时调整对外贸易政策。世界范围内占主导的对外贸易政策也是交替出现，一般情况下经济繁荣时期会选择自由贸易政策，而经济陷入萧条时又掀起贸易保护主义浪潮。

二、对外贸易政策的实现

各国对外贸易政策的制定和修改是由立法机构进行的。最高立法机构在制定与修改对外贸易政策及有关规章制度前，要征询各个经济集团的意见，如发达资本主义国家一般要征询大垄断集团的意见，各垄断集团通过企业联合会、商会等各种机构经常协调、确定共同立场，向政府提出各种建议，直至派人参与制定或修改有关对外贸易的政策法案。

最高立法机关所颁布的对外贸易各项政策，既包括一国较长时期内对外贸易政策的总方针和基本原则,又规定某些重要措施,以及给予行政机构的特定权限。比如,由国会、议会等机构,授予总统或国家领导人,在一定范围内制定某些对外贸易法令、进行对外贸易谈判、签订贸易协定、增减关税、确定数量限额等。

对外贸易政策确定以后,一般是通过以下方式实现的。

(一) 通过海关对进出口贸易进行管理

国家在对外开放的口岸和海关监管业务集中的地点设立海关。海关的主要职能是:对进出关境的货物、物品和运输工具,进行实际监督管理、稽征关税和代征法定的其他税费;查禁走私。一切进出关境的货物、物品和运输工具,除国家法律另有规定的以外,都要在进出关境时向海关申报,接受海关检查(查验)。海关这种特殊的管理职能决定了海关监管是实施对外贸易政策目标的有效行政管理手段。

(二) 由国家设立机构依据职能分工管理

对外贸易政策属于一国经济政策的范畴,其制度、措施的落实,须有政府各行政管理部门的参与。各行政管理部门依据职责的分工,围绕对外贸易政策的实施,制定、颁布各类法令、管理制度与措施,如下发各类许可证件或下发相关文件,制定促进进出口贸易发展的举措;对进出口贸易秩序进行管理,服务国家经济建设;协助进出口企业处理贸易纠纷,处置违反对外贸易政策、制度的事情,确保国家对外贸易政策目标的实现。

(三) 由政府出面参与国际协调管理

由政府出面加入各种国际贸易、关税等机构与组织,出面进行国际贸易、关税方面的协调与谈判,参与制定有利于公平贸易的国际规则,缔结有关促进对外贸易发展的国际协定或公约。

三、对外贸易政策措施

对外贸易政策措施是一国政府围绕本国对外贸易政策原则,根据经济发展需要,在不同时期,对进出口贸易采取的具体针对性管理策略。纵观各国对外贸易的发展,采用的主要措施如下。

(一) 关税措施

关税措施是指以关税的经济手段来限制输入,激励输出。为了保护本国经济,一国通过制定、调整符合本国利益的一系列关税措施来调节进出口贸易。在进口方面,用制定高税率海关税则,征收进口附加、差价税等形式,以形成关税壁垒,增加进口商品的成本以限制进口,保护本国同类幼稚产业的发展;在出口方面,通过低税、免税等手段影响商品的价格,来提高本国商品的竞争力,鼓励商品的出口,促进本国优势产业的发展。关税税率的高低,影响着一国经济和对外贸易的发展。

(二)非关税措施

非关税措施也称非关税贸易壁垒,是与关税措施相对而言的,指除关税以外影响一国对外贸易的主要政策措施,主要体现在用行政手段限制进口。这种措施名目繁多,主要形式如下。

(1)进口配额制:又称进口限额制,指一国政府在一定时期内,对某些进口商品的数量或金额进行直接限制。在规定的时期内凡属限额或限量内的货物可以进口,超过限额或限量的部分一律不许进口,否则征收惩罚性关税或罚款,以至没收这部分进口商品。进口配额有单方配额、双边或多边配额、关税配额三种基本形式。

(2)许可证件制度:指一些国家为了管制对外贸易,规定进口商品必须领取许可证件,否则一律不许进口的一种贸易管理制度。

(3)海关分类和估价制度:指各国海关按国际上惯常做法,按照一定的原则,通过立法的形式,确定进出口商品归类及估价方法的一种制度。

(4)以各种国内税限制进口:通常国内税不受贸易条约或协定的限制,其制定与执行由中央政府或地方政府管理,通过设立各种国内税,可达到限制商品进口的目的。

(5)歧视性的政府采购政策:指由国家通过法令,规定政府机构在采购时要优先购买本国产品的做法。

(6)自动出口限额制:指出口国家自动规定在某一时间、一定限额内自行控制出口,超出部分不准出口。

(7)技术性贸易壁垒:指以苛刻的技术、安全标准及卫生检疫规定,建立进口门槛。

(8)烦琐的海关手续:指用难以做到的复杂烦琐的海关通关手续,起限制进口的作用。

（三）鼓励出口措施

鼓励出口措施是指国家为了支持和鼓励本国相关产业的发展或具竞争力的商品出口，对出口企业实施的具体帮助措施，主要如下：

（1）出口信贷：它是一个国家为了支持和鼓励本国成套技术设备、大型工程项目出口，加强国际的竞争能力，通过银行对本国出口厂商或国外进口厂商提供较低利率的贷款，以解决本国出口商资金周转的困难，或满足国外进口商对报关出口商支付货款需要的一种促进出口的方式。

（2）出口信贷国家担保制：国家为了扩大出口，对于本国出口厂商或商业银行向外国进口厂商提供的信贷，由国家设立专门机构出面担保，当外国债务人拒绝付款时，由其按照承保的数额给予补偿。

（3）出口补贴：又称出口津贴，是一国政府为了降低出口商品的价格，加强其在国外市场上的竞争力，给予出口厂商出口某种商品时的现金补贴或财政上的优惠。

（4）促进出口的行政组织措施：由国家采取设立专门组织，研究与制定出口战略，加强商业情报服务，组织贸易中心和商品展览会以及组织贸易代表团出访和接待来访等措施来扩大出口。

（四）促进对外贸易发展的特殊经济区域措施

特殊经济区域是一个国家或地区在其境内划出一定范围，在内建造码头、仓库、厂房等基础设施和对进区货物实行免除关税等优惠待遇，吸引境内外企业入驻从事贸易与出口加工工业等经营活动的区域。建立特殊经济区域的目的是促进对外贸易发展，繁荣本地区和邻近地区的经济。

特殊经济区域形式多样，一般主要有以下三类。

（1）自由港或自由贸易区：由国家规定给予进出自由港或自由贸易区域的进出口商品免征关税，准许在港内或区内开展自由存储、展示、分拆、改装、整理、加工制造等经营活动，以利于本地区经济和对外贸易的发展，增加财政收入和外汇收入。这类特殊经济区域，一种是把港口或设区所在城市都划为自由港或自由贸易区，如香港整个是自由港；另一种是把港口或设区的所在城市的一部分划为自由港或自由贸易区，如汉堡自由贸易区。目前，我国也在进行设立自由贸易区的积极试验和探索，以促进我国对外贸易的进一步发展。

（2）保税区：一些国家实行保税区制度。保税区是经国家批准设立的，受海关监管的特殊地区，是保税仓库功能的扩大。进口商品进入保税区可暂时不缴纳进口税；如再出口，不缴纳出口税；如要进入所在国的国内市场，则须办理报关手续，缴纳进口税。运入保税区的货物可以进行储存、改装、分拣分类、展示甚至加工和制造等。一些国家的保税区还允许在区内经营金融、保险、展销和房地产业务。

（3）出口加工区：一些发展中国家在其港口或邻近港口、国际机场的地方，划出一定的范围，新建和扩建码头、车站、道路、仓库和厂房等基础设施，以及提供免税等优惠待遇，吸引国内外企业进行投资设厂，设立以生产出口为主的制成品的加工区域，这样既促进了本国制造业的发展，又扩大了出口贸易。

四、对外贸易管制

对外贸易管制是指一国政府为了国家的宏观经济利益、国内外政策需要及履行所缔结或加入国际条约的义务，确立实行各种管制制度、设立相应管制机构和规范对外贸易活动的总称。

对外贸易管制是一国对外贸易管理形式之一，是政府的一种强制性行政管理行为，属于非关税措施。它所涉及的法律、行政法规、部门规章，是强制性的法律文件，不得随意改变。因此，对外贸易经营者或其代理人在报关活动中必须严格遵守这些法律、行政法规、部门规章，并按照相应的管理要求办理进出口手续，以维护国家利益不受侵害。

（一）对外贸易管制的目的及特点

1. 对外贸易管制的目的

对外贸易管制是各国政府为保护和促进生产与发展、适时限制进出口而采取的鼓励或限制措施，或为政治目的对进出口采取禁止或限制措施。对外贸易管制已成为各国不可或缺的一项重要政府职能，也是一个国家对外经济和外交政策的具体体现。

（1）保护本国经济利益，发展本国的经济。发展中国家实行对外贸易管制是为了保护本国的民族工业，建立、巩固本国的经济体系；通过对外贸易的各项措施，防止外国产品冲击本国市场而影响本国独立的经济结构的建立；同时，也是为了维护本国的国际收支平衡，使有限的外汇能有效地发挥最大作用。对外贸易管制主要是为了确保本国在世界经济中的优势地位，避免国际贸易活动对本国经济产生不良影响，特别是要保持本国某些产品和技术的国际垄断地位，保证本国经济发展目标的实现。因此，各国对外贸易管制措施都是与其经济利益相联系的，是经济政策的重要体现。

（2）推行本国的外交政策。不论是发达国家还是发展中国家，往往出于政治或安全上的考虑，甚至不惜牺牲本国经济利益，在不同时期，对不同国家或不同商品实行不同的对外贸易管制措施，以达到其政治上的目的或安全上的目标。因此，贸易管制往往成为一国推行其外交政策的有效手段。

（3）行使国家职能。作为主权国家，对其自然资源和经济行为享有排他的永久主权，国家对外贸易管理制度和措施的强制性是国家为保护本国环境和自然资源、保障国民人身安全、调控本国经济而行使国家管理职能的一个重要保证。

2. 对外贸易管制的特点

为了实现上述目的，贸易管制政策形成了三个基本特点。

（1）对外贸易管制政策是一国对外政策的体现。

（2）对外贸易管制政策是因时间、形势而变化的。各国都要根据其不同时期不同经济利益或安全和政治形势需要，随时调整对外贸易管制政策，因此不同国家或同一国家不同时期的贸易管制政策是各不相同的。

（3）以对进口的管制为重点。贸易管制形式按管理目的可分为进口贸易管制和出口贸易管制，以对进口管制为重点，可以更有效地保护本国国内市场和本国的经济利益。其造成的负面效应是，在一定程度上阻碍了世界经济交流，抑制了国际贸易的发展。因此，如何充分发挥贸易管制的有利因素，尽量减少其带来的不利因素，变被动保护为主动、积极的保护，是衡量一个国家管理对外贸易水平的标志。

（二）我国对外贸易管制与海关监管

对外贸易管制是一种国家管制，任何从事对外贸易的活动者都必须无条件地遵守。国家对外贸易管制的目标是以对外贸易管制法律、法规为保障，依靠有效的政府行政管理手段来最终实现的。

1. 海关监管是实现贸易管制的重要手段

海关执行国家贸易管制政策是通过对进出口货物的监管来实现的，根据《中华人民共和国对外贸易法》（以下简称《对外贸易法》），我国对外贸易分为货物进出口贸易、技术进出口贸易和国际服务贸易，而这些贸易，特别是货物进出口贸易，都是最终要通过进出境行为来实现的，海关作为进出关境的监督管理机关，依据《中华人民共和国海关法》（以下简称《海关法》）所赋予的权利，代表国家在口岸行使进出境监督管理职能，这种特殊的管理职能决定了海关监管是实现贸易管制目标的有效行政管理手段。

对外贸易管制是国家的行政管理，需要在国家各行政管理部门之间合理分工的基础上，通过各尽其责的通力合作来达到管理目标。我国的具体做法是由商务主管部门及其他政府职能主管部门依据国家贸易管制政策发放各类许可证件，最终由海关依据许可证件对实际进出口的货物的合法性实施监督管理。

《海关法》第40条规定："国家对进出境货物、物品有禁止性或限止性规定的，海关依据法律、法规、国务院的规定或者国务院有关部门依据法律、行政法规授权作出的规定实施监管。"该条款不仅赋予了海关对进出口货物依法实施监督管理的权力，还明确了国家对进出口贸易管制所涉及的法律法规是海关对进出口货物监督管理的执法依据。

海关在进出关境的监管环节上，对进出口货物收发货人或其代理人按法定要求向海关申报的各项商务单证和许可证件依法进行审核，并经与实际货物核查相符，确认合法才予以放行。简而言之，就是"单据""证件""货物"三者相符，是海关确认货物合法进出口的必要条件，通过海关监督管理的执法活动，保证了对外贸易管制目标的实现。

2. 报关是海关确认进出口货物合法性的先决条件

海关通过审核"单据""证件""货物"来确认货物进出口的合法性。而商务单据、许可证件是通过报关活动的申报环节向海关递交的，又通过收发货人或其代理人配合海关查验货物，确认"单""证""货"是否相符。因此，报关不仅是进出口货物收发人或其代理人必须履行的法律手续，也是海关确认进出口活动合法性的先决条件。国家限制进出口的货物没有进出口许可证件的，海关不予放行。

（三）我国对外贸易管制的基本框架与法律体系

维护对外贸易秩序，保障国家经济安全，保护合法贸易的正当权益，发展对外贸易，促进社会主义市场经济健康发展，从而实现国家对外经济战略目标，是我国贸易管制的根本出发点。

经过几十年的努力，我国基本建立并逐步健全了以《对外贸易法》为核心的对外贸易管理的法律体系，并依照这些法律制度和我国履行国际公约的有关规定，自主实行对外贸易的管制。

我国的对外贸易管制是一种国家管制，因此其涉及的法律渊源只限于宪法、法律、行政法规、部门规章及相关的国际条约，不包括地方性法规、规章及各民族自治区政府的地方条例和单行条例。

1. 法律

我国现行的与对外贸易管制有关的法律主要有《对外贸易法》、《海关法》、《中华人民共和国进出口商品检验法》（以下简称《进出口商品检验法》）、《中华人民共和国进出境动植物检疫法》（以下简称《进出境动植物检疫法》）、《中华人民共和国固体废物污染环境防治法》（以下简称《固体废物污染环境防治法》）、《中华人民共和国国境卫生检疫法》（以下简称《国境卫生检疫法》）、《中华人民共和国野生动物保护法》（以下简称《野生动物保护法》）、《中华人民共和国药品管理法》（以下简称《药品管理法》）、《中华人民共和国文物保护法》（以下简称《文物保护法》）、《中华人民共和国食品卫生法》等。

2. 行政法规

我国现行的与对外贸易管制有关的行政法规主要有《中华人民共和国货物进出口管理条例》（以下简称《货物进出口管理条例》）、《中华人民共和国技术进出口管理条例》、《中华人民共和国进出口关税条例》（以下简称《进出口关税条例》）、《中华人民共和国知识产权海关保护条例》（以下简称《知识产权海关保护条例》）、《中华人民共和国外汇管理条例》（以下简称《外汇管理条例》）、《中华人民共和国反补贴条例》（以下简称《反补贴条例》）、《中华人民共和国反倾销条例》（以下简称《反倾销条例》）、《中华人民共和国保障措施条例》（以下简称《保障措施条例》）等。

3. 部门规章

我国现行的与对外贸易管制有关的部门规章很多，例如《货物进口许可证管理办法》《货物出口许可证管理办法》《货物自动进口许可管理办法》《出口收汇核销管理办法》《进口药品管理办法》《放射性药品管理法》《两用物项和技术进出口许可证管理办法》等。

4. 国际公约

各国在通过国内立法实施本国进出口贸易管制的各项措施的同时，必然要与其他国家协调立场，确定相互之间在国际贸易活动中的权利与义务关系，以实现其外交政策和对外贸易政策所确立的目标。因此，国际贸易条约与协定便成为各国之间确立国际贸易关系立场的重要法律形式。我国目前所缔结或者参加的各类国际条约、协定，虽然不属于我国国内法的范畴，但就其效力而言可视为我国法律渊源之一。主要有《关于简化和协调海关业务制度的国际公约》（亦称《京都公约》）、《濒危野生动植物种国际公约》（亦称《华盛顿条约》）、《关于消耗臭氧层物质的蒙特利尔议定书》、《关于麻醉品和精神药品的国际公约》、《关于化品国际贸易资料交换的伦敦准则》、《关于在国际贸易中对某些危险化学品和农药采用事先知情同意程序的鹿特丹公约》、《控制危险废物越境转移及其处置的巴塞尔公约》、《建立世界知识产权组织公约》等。

第二节　我国对外贸易管制的主要制度

改革开放以后，我国逐步建立并完善了对外贸易管理体系，2001 年加入世界贸易组织之后，我国按照世界贸易组织的基本原则和相关框架协议的要求，基本形成了与国际规则相一致的对外贸易管制制度。

我国对外贸易管制制度是一种综合制度，主要由海关制度、关税制度、对外贸易经营资格管理制度、进出口许可制度、出入境检验检疫制度、外汇管理制度及贸易救济制度等构成。本节着重阐述对外贸易经营资格管理制度、进出口许可制度、出入境检验检疫制度、进出口货物收付汇管理制度、对外贸易救济措施等。

一、对外贸易经营资格管理制度

为了鼓励对外经济贸易的发展，发挥各方面的积极性，保障对外贸易经营者的对外自主权。国务院商务主管部门和相关部门制定了一系列法律、行政法规，对对外贸易经营活动中涉及的相应问题作了规范，对外贸易经营者在进出口经营活动中必须遵守相应的法律、行政法规。

目前，我国对对外贸易经营者的管理，实行备案登记制，法人、其他组织或者个人在从事进出口经营前，必须按照国家的有关规定，依法定程序在国家商务主管部门备案登记进出口经营权。成为对外贸易经营者后，方可在国家允许的范围内从事对外贸易经营活动。国务院商务主管部门也可以对部分进出口商品实施国营贸易管理，或者在一定期限内对部分进出口商品实施国营贸易管理。

对外贸易经营者是指依法办理工商登记或者其他执业手续，依照《对外贸易法》和其他有关法律、行政法规、部门规章的规定从事对外贸易经营活动的法人、其他组织或者个人。从事货物进出口或者技术进出口的对外贸易经营者，应当向国务院商务主管部门或者委托的机构办理备案登记；但是法律、行政法规和国务院商务主管部门规定不需要备案登记的除外，备案登记的具体实施办法由国务院商务主管部门规定。对外贸易经营者未按照规定办理备案登记的，海关不予办理进出口货物的报关验放手续。对外贸易经营者可以接受他人的委托，在经营范围内代为办理对外贸易业务。

为对关系国计民生的重要进出口商品实行有效的宏观管理，国家可以对部分货物的进出口实行国营贸易管理，实行国营贸易管理货物的进出口业务只能由经授权的企业经营；但是，国家允许部分数量的国营贸易管理货物的进出口业务由非授权企业经营的除外。实行国营贸易管理的货物和经授权经营企业的目录，由国务院商务主管部门会同国务院其他有关部门确定、调整并公布。授权经营实行国营贸易管理货物的企业应当根据正常的商业条件从事经营活动，不得以非商业因素选择供应商，不得以非商业因素拒绝其他企业。对未经批准擅自进出口实行国营贸易管理的货物的，海关不予放行。

目前，我国实行国营贸易管理的商品主要包括：玉米、大米、煤炭、原油、成品油、棉花、锑及锑制品、钨及钨制品、白银等。

二、货物与技术进出口许可管理制度

进出口许可是国家对进出口的一种行政管理制度，既包括准许进出口的有关证件的审批和管理制度本身的程序，也包括以国家各类许可为条件的其他行政管理手续，这种行政管理制度称为进出口许可管理制度。进出口许可管理制度作为一项非关税措施，是各国管理进出口贸易的常见手段，在国际贸易中长期存在，并广泛运用。

货物、技术进出口许可管理制度是我国进出口管理制度的主体，是国家对外贸易管制中极其重要的管理制度。其管理范围包括禁止进出口的货物和技术、限制进出口的货物和技术、自由进出口的技术及自由进出口中部分实行自动许可管理的货物。

国家对部分进出口货物、技术实行限制或者禁止管理的目的主要有以下几点：

（1）为维护国家安全、社会公共利益或者公共道德，需要限制或者禁止进口或者出口的；

（2）为保护人的健康或者安全，保护动物、植物的生命或者健康，保护环境，需要限制或者禁止进口或者出口的；

（3）为实施与黄金或者白银进出口有关的措施，需要限制或者禁止进口或者出口的；

（4）国内供应短缺或者为有效保护可能用竭的自然资源，需要限制或者禁止进口或者出口的；

（5）输往国家或者地区市场容量有限，需要限制出口的；

（6）出口经营秩序出现严重混乱，需要限制出口的；

（7）为建立或者加快建立国内特定产业，需要限制出口的；

（8）对任何形式的农业、牧业、渔业产品有必要限制进口的；

（9）为保障国家金融地位和国家收支平衡，需要限制出口的；

（10）依照法律、行政法规的规定，其他需要限制或者禁止进口或者出口的；

（11）根据我国缔结或者参加的国际条约、协定的规定，其他需要限制或者禁止进口或者出口的。

（一）禁止进出口管理

为维护国家安全和社会公共利益，保护人民的生命安全健康，履行中华人民共和国所缔结或者参加的国际条约和协定，国务院对外贸易主管部门会同国务院有关部门，依照《对外贸易法》的有关规定，制定、调整并公布禁止进出口货物、技术目录，海关依据国家相关法律、法规对禁止进出口目录商品实施监督管理。

1. 禁止进口管理

对列入国家公布禁止进出口目录及其他法律、法规明令禁止或停止进口的货物、技术，任何对外贸易经营者不得经营进口。

（1）列入《禁止进口货物目录》商品。

目前，我国公布的禁止进口货物目录共六批，其中：

①《禁止进口货物目录》（第一批、第六批）是从我国国情出发，为履行我国所缔结或者参加的与保护世界自然生态环境相关的一系列国际条约和协定而发布的，其目的是为了保护我国自然生态环境和生态资源，保护人的健康，维护环境安全，淘汰落后产品。如：国家禁止进口属破坏臭氧层物质的"四氯化碳"、禁止进口属世界濒危物种管理范畴的"犀牛角"和"虎骨"。

②《禁止进口货物目录》（第二批）均为旧机电产品类，是国家对涉及生产安全（压力容器类）、人身安全（电器、医疗设备类）和环境保护（汽车、工程及车船机械类）的旧机电产品所实施的禁止进口管理。

③《禁止进口货物目录》（第三、四、五批）所涉及的是对环境有污染的固体废物类，包括城市垃圾、医疗废物、含铅汽油淤渣等 13 类别废物。

④《禁止进口货物目录》（第六批）是为了保护人的健康，维护环境安全，淘汰落后产品，履行《关于在国际贸易中对某些危险化学品和农药采用事先知情同意程序的鹿特丹公约》和《关于持久性有机污染物的斯德哥尔摩公约》而颁布的，如长纤维青石棉、二恶英等。

（2）国家有关法律法规明令禁止进口的商品。

例如：

①来自动植物疫情流行的国家和地区的有关动植物及其产品和其他检疫物；

②动植物病原（包括菌种、毒种等）及其他有害生物、动物尸体、土壤；

③带有违反"一个中国"原则内容的货物及其包装；

④以氯氟羟物质为制冷剂、发泡剂的家用电器产品和以氯氟羟物质为制冷工质的家用电器压缩机；

⑤滴滴涕、氯丹等；

⑥莱克多巴胺和盐酸莱克多巴胺。

（3）其他商品。

①以 CFC－12 为制冷工质的汽车及以 CFC－12 为制冷工质的汽车空调

压缩机（含汽车空调器）；

②旧服装、Ⅷ因子制剂等血液制品、氯酸钾、硝酸铵；

③禁止进口和销售100瓦及以上普通照明白炽灯。

（4）禁止进口技术管理。

根据《对外贸易法》《技术进出口管理条例》以及《禁止进口限制进口技术管理办法》的有关规定，国务院商务主管部门会同国务院有关部门，制定、调整并公布禁止进口的技术目录。属于禁止进口的技术，不得进口。

目前《中国禁止进口限制进口技术目录》所列明的禁止进口的技术涉及钢铁冶金技术、有色金属冶金技术、化工、石油炼制技术、石油化工技术、消防技术、电工技术、轻工技术、印刷技术、医药技术、建筑材料生产技术等11个技术领域的26项技术。

2. 禁止出口管理

对列入国家公布禁止出口目录的，以及其他法律、法规明令禁止或停止出口的货物、技术，任何对外贸易经营者不得经营出口。我国相关法规规章公布的禁止出口的货物、技术如下。

（1）列入《禁止出口货物目录》商品。

目前，我国公布的禁止出口货物目录是指《禁止出口货物目录》共有五批：

①《禁止出口货物目录》（第一批）是为了保护我国自然生态环境和生态资源，从我国国情出发，履行我国所缔结或者参加的与保护世界自然生态环境相关的一系列国际条约和协定而发布的。如：国家禁止出口属破坏臭氧层物质的"四氯化碳"；禁止出口属世界濒危物种管理范畴的"犀牛角"和"虎骨"；禁止出口有防风固沙作用的"发菜"和"麻黄草"等植物。

②国家制定《禁止出口货物目录》（第二批）主要是为了保护我国匮乏的森林资源，防止乱砍滥伐。如禁止出口木炭。

③国家制定《禁止出口货物目录》（第三批）是为了保护人的健康，维护环境安全，淘汰落后产品，履行《关于在国际贸易中对某些危险化学品和农药采用事先知情同意程序的鹿特丹公约》和《关于持久性有机污染物的斯德哥尔摩公约》而颁布的，如长纤维青石棉、二恶英等。

④国家制定《禁止出口货物目录》（第四批）主要包括硅砂、石英砂等。

⑤国家制定《禁止出口货物目录》（第五批）包括无论是否经化学处理过的森林凋落物以及泥炭（草炭）。

（2）国家有关法律法规明令禁止出口的商品。

未定名的或者新发现并有重要价值的野生植物；原料血浆；商业性出口的野生红豆杉及其部分产品；劳改产品；以氯氟羟物质为制冷剂、发泡剂的家用电器产品和以氯氟羟物质为制冷工质的家用电器压缩机；滴滴涕、氯丹等；莱克多巴胺和盐酸莱克多巴胺。

（3）禁止出口技术管理。

根据《对外贸易法》《技术进出口管理条例》以及《禁止出口、限制出口技术管理办法》的有关规定，国务院商务主管部门会同国务院有关部门，制定、调整并公布禁止出口的技术目录。属于禁止出口的技术，不得出口。

目前列入《中国禁止出口、限制出口技术目录》禁止出口部分的技术涉及渔、牧、有色金属矿采选、农副食品产品、饮料制造、造纸、化学制品制造、计算机及其他电子设备制造、工艺品制造、电信信息传输等几十个行业领域。

（二）限制进出口管理

为维护我国安全和社会公共利益，保护人民的生命健康，履行我国所缔结或者参加的国际条约和协定，国务院商务主管部门会同国务院有关部门，依照《对外贸易法》的规定，制定、调整并公布各类限制进出口货物、技术目录，海关依据国家相关法律、法规对限制进出口目录货物、技术实施监督管理。

1. 限制进口管理制度

国家实行限制进口管理的货物、技术，必须依照国家有关部门规定取得国务院商务主管部门或者由其会同国务院有关部门许可，方可进口。目前，我国限制进口货物管理按照其限制方式划分为进口许可证配额管理、许可证件管理和关税配额管理，见表3-1。

表3-1 限制进口管理方式列表

限制方式	许可证管理	进口配额许可证管理	进口关税配额管理	其他许可证件管理
主管部门	商务部	国家环保部、商务部、海关总署	商务部、国家发展改革委	其他政府行政职能部门
管理方式	由商务部会同国务院其他有关部门制定并调整进口许可证管理目录,以签发许可证的方式对进口许可证管理目录的商品实行行政许可管理	由国家环保部、商务部、海关总署制定并调整《中国进出口受控消耗臭氧层物质名录》;由国家环保部商国务院有关部门公布年度进出口额度;于2014年3月1日起,由国家消耗臭氧层物质进出口管理机构对进口单位年度进出口配额指标内,进出口消耗臭氧层申请获准的,签发消耗臭氧层物质进出口审批单;进出口单位持审批单向商务主管部门申领进出口许可证	国家对部分商品的进口制定关税配额税率并规定该商品进口数量总额。对外贸易经营者经国家批准取得关税配额证后允许按照关税配额税率进口,如超出限额则按照配额外税率征税进口。(如:2016年我国进口羊毛关税配额总量为28.7万吨,关税配额税率为1%,而最惠国税率为38%)	1. 濒危野生动植物种进口; 2. 密码产品和含有密码技术的设备进口; 3. 限制进口类可用作原料的固体废物进口; 4. 进口药品; 5. 美术品进口; 6. 民用爆炸物品进口; 7. 音像制品进口; 8. 黄金及其制品进口; 9. 农药进口; 10. 兽药进口; 11. 有毒化学品进口等
管理范围	1. 部分进口货物、技术; 2.12 类重点旧机电产品; 3. 两用物项和技术进口	公布于《中国进出口受控消耗臭氧层物质名录》(目前共六批)的消耗臭氧层物质	1. 部分进口农产品; 2. 部分进口化肥	

2. 限制出口管理制度

国家实行限制出口管理的货物、技术，必须依照国家有关部门规定取得国务院商务部主管部门或者由其会同国务院有关部门许可，方可进出口。

目前，我国对于限制出口货物管理，按《货物进出口管理条例》规定，国家规定有数量限制的出口货物，实行配额管理；其他限制出口货物，实行许可证件管理。实行配额管理的限制出口货物，由国务院商务主管部门和国务院有关经济管理部门按照国务院规定的职责划分进行管理，见表3－2。

表3－2　限制出口管理方式列表

限制方式	配额管理	许可证件管理
主管部门	商务部及其他有关经济管理部门	商务部及其他政府职能部门
管理方式	国家通过行政管理手段对部分商品的出口，在一定时期内（1年）以规定绝对数量的方式来限制出口的目的，方式有两种： 1. 出口配额许可证管理。 由国家主管部门按申请者的需求并结合进出口的实绩、能力等条件，按效益、公正、公开和公平的原则进行分配；对获得配额的申请者发放各类配额证明。取得配额证明的申请者凭证明到商务主管部门申领出口许可证。（其中出口消耗臭氧层物质的配额管理同上述该物质的进口管理） 2. 出口配额招标管理。 由国家主管部门，采取招标分配的原则，经中标获得配额者，发放配额证明，中标者凭配额证明到商务主管部门申领出口许可证	国家主管部门在一定时期内，根据国家政治、军事、技术、卫生、环保、资源保护等领域的需要，以及履行我国加入或缔结的有关国际条约的规定，对部分商品的出口签发出口许可证件来实现各类出口限制措施
管理范围	1. 实行出口配额许可证管理的主要商品范围： （1）部分农产品出口； （2）部分活禽、畜出口； （3）部分资源性产品、贵金属出口； （4）消耗臭氧层物质（配额由国家环保部管理）。 2. 实行出口配额招标管理的主要商品范围： 部分我国出产且国际市场需求量较大的农副产品及资源性产品出口	1. 部分出口商品； 2. 濒危物种出口； 3. 两用物项和技术出口； 4. 黄金及其制品出口等

（三）自由进出口管理

除上述国家禁止、限制进出口货物和技术外的其他货物和技术，均属于自由进出口范围。自由进出口货物和技术的进出口不受限制，但基于监测进出口情况的需要，国家对部分属于自由进口的货物实行自动进口许可管理，对自由进出口的技术实行技术进出口合同登记管理。

1. 货物自动进口许可管理

自动进口许可管理是在任何情况下对进口申请一律予以批准的进口许可制度。这种进口许可实际上是一种在进口前的自动登记性质的许可制度，通常用于国家对这类货物的统计和监测目的，是我国进出口许可管理制度中的重要组成部分，也是目前被各国普遍使用的一种进口管理制度。

目前，我国自动进口许可管理包括自动进口许可证管理和自动许可类可再利用固体废物管理两大类。进口属于自动进口许可管理的货物，进口经营者应当在办理海关报关手续前，向国务院主管部门或者国务院有关经济管理部门提交自动进口许可申请；然后凭相关部门发放的自动进口许可的批准文件，向海关办理报关手续。

2. 技术进出口合同登记管理

进出口属于自由进出口的技术，应当向国务院对外贸易主管部门或者其委托的机构办理合同备案登记。国务院对外贸易主管部门应当自收到规定的文件之日起 3 个工作日内，对技术进出口合同进行登记，颁发技术进出口合同登记证，申请人凭技术进出口合同登记证，办理外汇、银行、税务、海关等相关手续。

三、出入境检验检疫制度

出入境检验检疫制度是指由国家出入境检验检疫部门依据我国有关法律和行政法规及我国政府所缔结或者参加的国际条约、协定，对出入境的货物、物品及其包装物、交通运输工具、运输设备和出入境人员实施检验检疫监督管理的法律依据和行政手段的总和。其国家主管部门是国家质检总局。

出入境检验检疫制度是我国贸易管理制度的重要组成部分，其目的是为了维护国家声誉和对外贸易有关当事人的合法权益，保证国内生产的正常开展，促进对外贸易健康发展，保护我国的公共安全和人民生命财产安全等，是国家主权的具体体现。

（一）出入境检验检疫职责范围

（1）我国出入境检验检疫制度实行目录管理，即国家质检总局根据对外贸易需要，公布并调整《法检目录》，《法检目录》所列名的商品称为法定检验商品，即国家规定实施强制性检验的进出境商品。

（2）对于法定检验以外的进出境商品是否需要检验，由对外贸易当事人决定。对外贸易合同约定或者进出口商品的收发货人申请检验检疫时，检验检疫机构可以接受委托，实施检验检疫并制发证书。此外，检验检疫机构对法定检验以外的进出口商品，可以以抽查的方式予以监督管理。

（3）对关系国计民生、价值较高、技术复杂或涉及环境卫生、疫情标准的重要进出口商品，收货人应当在对外贸易合同中约定，在出口国装运前进行预检验、监造或监装，以及保留货到后最终检验和索赔的条款。

（二）出入境检验检疫制度的组成

我国出入境检验检疫制度内容包括进出口商品检验制度、进出境动植物检疫制度及国境卫生监督制度。

1. 进出口商品检验制度

进出口商品检验制度是指根据《进出口商品检验法》及其实施条例的规定，国家质检总局及其口岸出入境检验检疫机构对进出口商品所进行的品质、质量检验和监督管理的制度。我国实行进出口商品检验制度的目的是为了保证进出口商品的质量，维护对外贸易有关各方的合法权益，促进对外经济贸易关系的顺利发展。商品检验机构实施进出口商品检验的内容，包括商品的质量、规格、数量、重量、包装及是否符合安全、卫生的要求。我国商品检验的种类分为四种，即法定检验、合同检验、公证鉴定和委托检验。对法律、行政法规、部门规章规定有强制性标准或者其他必须执行的检验标准的进出口商品，依照法律、行政法规、部门规章规定的检验标准检验；对法律、行政法规、部门规章未规定有强制性标准或者其他必须执行的检验标准的，依照对外贸易合同约定的检验标准检验。

2. 进出境动植物检疫制度

进出境动植物检疫制度是指根据《进出境动植物检疫法》及其实施条例的规定，国家质检总局及其口岸出入境检验检疫机构对进出境动植物、动植物产品的生产、加工、存放过程实行动植物检疫的进出境监督管理制度。

我国实行进出境检验检疫制度的目的是为了防止动物传染病、寄生虫病和植物危险性病、虫、杂草及其他有害生物传入、传出国境，保护农、林、牧、渔业生产和人体健康，促进对外经济贸易的发展。口岸出入境检验检疫机构实施动植物检疫监督管理的方式有：实行注册登记、疫情调查、检测和防疫指导等，其内容主要包括：进境检疫、出境检疫、过境检疫、进出境携带和邮寄物检疫、出入境运输工具检疫等。

3. 国境卫生监督制度

国境卫生监督制度是指出入境检验检疫机构根据《国境卫生检疫法》及其实施细则，以及国家其他的卫生法律、法规和卫生标准，在进出口口岸对出入境的交通工具、货物、运输容器及口岸辖区的公共场所、环境、生活设施、生产设备所进行的卫生检查、鉴定、评价和采样检验的制度。

我国实行国境卫生监督制度是为了防止传染病由国外传入或者由国内传出，实施国境卫生检疫，保护人体健康。其监督职能主要包括：进出境检疫、国境传染病检测、进出境卫生监督等。

四、货物贸易外汇管理制度

对外贸易经营者在对外贸易交易活动中，应当依照国家有关规定结汇、用汇。国家外汇管理局依据国务院《外汇管理条例》及其他有关规定，对包括经常项目外汇业务、资本项目外汇业务、金融机构外汇业务、人民币汇率生成机制和外汇市场等领域实施监督管理。

（一）我国货物贸易外汇管理制度概述

为完善货物贸易外汇管理，大力推进贸易便利化，进一步改进货物贸易外汇服务和管理，我国自 2012 年 8 月 1 日起在全国实施货物贸易外汇管理制度改革。国家外汇管理局对企业的贸易外汇管理方式由现场逐笔核销改变为非现场总量核查。国家外汇管理局通过货物贸易外汇检测系统，全面采集企业货物进出口和外汇收支逐笔数据，定期比对、评估企业货物流与资金流总体匹配情况，一方面便利合规企业贸易外汇收支；另一方面对存在异常的企业进行重点监测，必要时实施现场核查。

国际贸易项下国际收支不予限制，出口收入可按规定调回境内或存放境外。从事对外贸易机构（以下简称企业）的外汇收支应当具有真实、合法的交易背景，与货物进出口应当一致。企业应当根据贸易方式、结算方式及资金来源或流向，凭进出口报关单外汇核销专用联等相关单证在金融机构办理贸易外汇收支。海关进出口报关单外汇核销专用联可在进出口货物海关放行后向海关申请取得。金融机构应当对企业提交的交易单证的真实性及其外汇收支的一致性进行合理审查。国家外汇管理局及其各级分支机构，依法对企业及经营结汇、售汇业务的金融机构进行监督检查，形成了企业自律、金融机构专业审查、国家外汇管理局监管的运行机制，落实了我国货物贸易外汇管理制度。

（二）国家外汇管理局对货物外汇的主要监管方式

1. 企业名录登记管理

企业依法取得对外贸易经营权后，应当持有关材料到国家外汇管理局办理名录登记手续，然后才能在金融机构办理贸易外汇收支业务。国家外汇管理局将登记备案的企业统一向金融机构发布名录，金融机构不得为不在名录内的企业办理外汇收支业务。国家外汇管理局可根据企业的外汇收支业务状况及其合规情况注销企业名录。

2. 非现场核查

国家外汇管理局对企业在一定期限内的进出口数据和贸易外汇收支数据进行总量比对，核查企业贸易外汇的真实性及其与进出口的一致性。非现场核查是国家外汇管理局常规监管方式。

3. 现场核查

国家外汇管理局可对企业非现场核查中发现的异常或可疑的贸易外汇收支业务实施现场核查，也可对金融机构办理贸易外汇业务的合规性与报送信息的及时性、完整性和准确性实施现场核查。国家外汇管理局实施现场核查时，被核查单位应当配合，如实说明情况，并提供有关文件、资料，不得拒绝、阻碍和隐瞒。

4. 分类管理

国家外汇管理局根据企业贸易外汇收支的合规性及其货物进出口的一致性，将企业分为 A、B、C 等三类。A 类企业进口付汇单证简化，可凭报关单、合同或发票等任何一种能够证明交易真实性的单证在银行直接办理付汇，出口收汇无须联网核查，银行办理收付汇手续相应简化。对 B、C 类企业在贸易外汇收支单证审核、业务类型、结算方式等方面实施严格监管。B 类企业贸易外汇收支由银行实施电子数据核查。C 类企业贸易外汇收支须经国家外汇管理局逐笔登记后办理。国家外汇管理局根据企业在分类监管期内遵守外汇管理规定的情况，对企业类别进行动态调整。

五、对外贸易救济措施

我国 2001 年年底正式成为世界贸易组织成员，世界贸易组织允许成员方在进口产品倾销、补贴和过激增长等给其国内产业造成损害的情况下，可以使用反倾销、反补贴和保障措施手段以保护国内产业不受损害。

反补贴、反倾销和保障措施都属于贸易救济措施。反补贴和反倾销措施针对的是价格歧视这种不公平贸易行为，保障措施针对的则是进口产品激增的情况。

为了充分利用世界贸易组织规则，维护国内市场上的国内外商品的自由贸易和公平竞争秩序，我国依据世界贸易组织《反倾销协议》《补贴与反补贴措施协议》《保障措施协议》及我国《对外贸易法》的有关规定，制定颁布了《反补贴条例》《反倾销条例》及《保障措施条例》。

（一）反倾销措施

反倾销措施包括临时反倾销措施和最终反倾销措施。

1. 临时反倾销措施

临时反倾销措施是指进口方主管机构经过调查，初步认定被指控产品存在倾销，并对国内同类产业造成损害，据此可以依据世界贸易组织所规定的程序进行调查，在全部调查结束之前，采取临时性的反倾销措施，以防止在调查期间国内产业继续受到损害。

临时反倾销措施有两种形式：一是征收临时反倾销税；二是要求提供现金保证金、保函或者其他形式的担保。

征收临时反倾销税，由商务部提出建议，国务院关税税则委员会根据其建议作出决定，商务部予以公告；要求提供现金保证金、保函或者其他形式的担保由商务部作出决定并予以公告。海关自公告规定实施之日起执行。

临时反倾销措施实施的期限，自临时反倾销措施决定公告规定实施之日起，不超过 4 个月；在特殊情形下，可以延长至 9 个月。

2. 最终反倾销措施

对终裁决定确定倾销成立并由此对国内产业造成损害的，可以在正常海关税费之外，征收反倾销税。征收反倾销税应当符合公共利益。征收反倾销税，由商务部提出建议，国务院关税税则委员会根据其建议作出决定，由商务部予以公告，海关自公告规定实施之日起执行。

（二）反补贴措施

反补贴与反倾销的措施相同，也分为临时反补贴措施和最终反补贴措施。

1. 临时反补贴措施

初裁决定确定补贴成立并由此对国内产业造成损害的，可以采取临时反补贴措施。临时反补贴措施采取以现金保证金或保函作为担保的征收临时反补贴税的形式。

采取临时反补贴措施，由商务部提出建议，国务院关税税则委员会根据其建议作出决定，由商务部予以公告。海关自公告规定实施之日起执行。

临时反补贴措施实施的期限，自临时反补贴措施决定公告规定实施之日起，不超过4个月。

2. 最终反补贴措施

在为完成磋商的努力没有取得效果的情况下，终裁决定确定补贴成立，并由此对国内产业造成损害的，征收反补贴税。征收反补贴税，由商务部提出建议，国务院关税税则委员会根据其建议作出决定，由商务部予以公告，海关自公告规定实施之日起执行。

（三）保障措施

保障措施分为临时保障措施和最终保障措施。

1. 临时保障措施

临时保障措施是指在有明确证据表明进口产品数量增加，将对国内产业造成难以补救的损害的紧急情况下，进口国与成员国之间可不经磋商而作出初裁决定，并采取临时性保障措施。临时保障措施的实施期限，自临时保障措施决定公告规定实施之日起，不得超过200天，并且此期限计入保障措施总期限。

临时保障措施采取提高关税的形式，如果事后调查不能证实进口激增对国内有关产业已经造成损害或损害威胁，则征收的临时关税应予以退还。

2. 最终保障措施

最终保障措施可以采取提高关税、数量限制等形式，但保障措施应限于防止、补救严重损害并便利调整国内产业所必要的范围内。

保障措施的实施期限一般不超过4年，在此基础上，如果继续采取保障措施则必须满足 4 个条件：对于防止或者补救严重损害仍有必要；有证据表明相关国内产业正在进行调整；已经履行有关对外通知、磋商的义务；延长后的措施不严于延长前的措施。保障措施全部实施期限（包括临时保障措施期限）不得超过 10 年。

第三节 我国贸易管制主要措施

对外贸易管制作为一项综合制度，所涉及的管理规定繁多。了解我国贸易管制各项措施所涉及的具体规定，是报关从业人员应当具备的专业知识。

一、进出口许可证管理

进出口许可证管理属于国家限制进出口管理范畴，分为进口许可证管理和出口许可证管理。商务部是全国进出口许可证的归口管理部门，负责制定进出口许可证管理办法及规章制度，监督、检查进出口许可证管理办法的执行情况，处罚违规行为。商务部会同海关总署制定、调整和发布年度《进口许可证管理货物目录》及《出口许可证管理货物目录》。

（一）主管部门

商务部统一管理、指导全国各发证机构的进出口许可证签发工作。商务部配额许可证事务局（以下简称商务部许可证局）、商务部驻各地特派员办事处（以下简称特派办）和商务部授权的地方主管部门发证机构［以下简称地方发证机构，包括各省、自治区、直辖市、计划单列市及商务部授权的其他省会城市商务厅（局）、外经贸委（厅、局）］为进出口许可证的发证机构，负责在授权内签发"中华人民共和国进口许可证"（以下简称进口许可证）、"中华人民共和国出口许可证"（以下简称进口许可证）。

进出口许可证是国家管理货物进出口的凭证，不得买卖、转证、涂改、伪造和变造。凡属于进出口许可证管理的货物，除国家另有规定外，对外贸易经营者应当在进口或出口前按规定向指定的发证机构申领进出口许可证，持证向海关办理申报和验放手续。

（二）管理范围

进口许可证是我国进出口许可证管理制度中具有法律效力，用来证明对外贸易经营者经营列入国家进口许可证管理目录商品合法进口的证明文件，是海关验放该类货物的重要依据。国家根据管理的实际情况，每年调整适用范围。

1. 2016 年实行进口许可证管理的商品

我国 2016 年实行进口许可证管理的商品有重点旧机电产品和消耗臭氧层物质两类，其中对重点旧机电产品实行进口许可证管理，对消耗臭氧层物质实行进口配额许可证管理，由商务部发证机构实行分级发证，具体如下。

（1）重点旧机电产品：包括旧化工设备、旧金属冶炼设备、旧工程机械、旧起重运输设备、旧造纸设备、旧电力、电气设备、旧食品加工包装设备、旧农业机械、旧印刷机、旧纺织机械、旧船舶、旧硒鼓等 12 大类。

国家对进口以上所列各类重点旧机电产品实行许可证管理，商务部许可证局负责签发进口许可证。

（2）消耗臭氧层物质：包括三氯氟甲烷（CFC－11）、二氯二氟甲烷（CFC－12）等 49 个商品编号的商品。

为履行《关于消耗臭氧层物质的蒙特利尔议定书》及其修正案，加强对消耗臭氧层物质进出口管理，我国于 2014 年修订了《中华人民共和国消耗臭氧层物质管理条例》，对列入《中国进出口受控消耗臭氧层物质名录》的消耗臭氧层物质实行进出口配额许可证管理，并于当年 3 月 1 日起实施。国务院环境保护主管部门根据消耗臭氧层物质淘汰进展情况，国务院商务主管部门确定国家消耗臭氧层物质年度进出口配额总量，并在每年 12 月 20 日前公布下一年度进出口配额总量。国务院环境保护主管部门、国务院商务主管部门和海关总署联合设立国家消耗臭氧层物质进出口管理机构，对消耗臭氧层物质的进出口实行统一监督管理。从事消耗臭氧层物质的进出口单位应当在每年 10 月 31 日前，向国家消耗臭氧层物质进出口管理机构申请下一年度进出口配额。在年度进出口配额指标内，进出口单位需要进出口消耗臭氧层物质的，应当向国家消耗臭氧层物质进出口管理机构申请领取进出口受控消耗臭氧层物质审批单。国家消耗臭氧层物质进出口管理机构对符合申请条件的进出口单位签发消耗臭氧层物质进出口审批单并对获准签发的单位名单进行公示；未予批准的，应当书面通知申请单位并说明理由。申请获准的进出口单位应当持进出口审批单，向所在地省级商务主管部门所属的发证机构申请领取消耗臭氧层物质进出口许可证。在京中央企业向国务院商务主管部门授权的发证机构申请领取消耗臭氧层物质进出口许可证。

消耗臭氧层物质进出口审批单实行一单一批制，审批单有效期为90日，不得超期或者跨年度使用。

海关特殊监管区域、保税监管场所与境外之间进出消耗臭氧层物质的，进出口单位应当按规定申请领取进出口审批单、进出口许可证；海关特殊监管区域、保税监管场所与境内其他区域之间进出的，或者在上述海关特殊监管区域、保税监管场所之间进出的，不需要申请领取进出口审批单、进出口许可证。通过捐赠、货样、广告物品、退运等方式将列入《中国进出口受控消耗臭氧层物质名录》的消耗臭氧层物质运入、运出中华人民共和国关境，其他法律法规另有规定的，从其规定。

2. 2016 年实行出口许可证管理的商品

我国 2016 年实行出口许可证管理的商品有 48 种，分别实行出口配额许可证、出口配额招标和出口许可证管理，具体如下。

（1）实行出口配额许可证管理的货物：活牛（对港澳出口）、活猪（对港澳出口）、活鸡（对港澳出口）、小麦、小麦粉、玉米、玉米粉、大米、大米粉、锯材、棉花、煤炭、原油、成品油（不含润滑油、润滑脂、润滑油基础油）、锑及锑制品、锡及锡制品、白银、铟及铟制品、磷矿石。出口上述货物的，需按规定申请取得配额（全球或国别、地区配额），凭配额证明文件申领出口许可证。

（2）实行出口配额招标管理的商品：甘草及甘草制品、蔺草及蔺草制品、镁砂、滑石块（粉）。出口上述货物的，需凭配额招标中标证明文件申领出口许可证。

（3）实行出口许可证管理的货物：活牛（对港澳以外市场）、活猪（对港澳以外市场）、活鸡（对港澳以外市场）、冰鲜牛肉、冻牛肉、冰鲜猪肉、冻猪肉、冰鲜鸡肉、冻鸡肉、矾土、稀土、焦炭、成品油（润滑油、润滑脂、润滑油基础油）、石蜡、钨及钨制品、碳化硅、消耗臭氧层物质、铂金（以加工贸易方式出口）、部分金属及制品、钼、钼制品、天然砂（含标准砂）、柠檬酸、青霉素工业盐、维生素C、硫酸二钠、氟石、摩托车（含全地形车）及其发动机和车架、汽车（包括成套散件）及其底盘等。其中，对向港、澳、台地区出口的天然砂实行出口许可证管理；对标准砂实行全球出口许可证管理。出口矾土、稀土、焦炭、钨及钨制品、碳化硅、锰、钼、柠檬酸、氟石的，凭货物出口合同申领出口许可证。消耗臭氧层物质的货样广告品需凭出口许可证出口。企业以一般贸易、加工贸易、边境贸易和捐赠贸易方式出口汽车、摩托车产品，需申领出口许可证，并符合申领许可证的条件，企业以上述贸易方式出口非原产于中国的汽车、摩托车产品，需凭进口海关单据和货物出口合同申领出口许可证。其他贸易方式出口汽车、摩托车产品免于申领出口许可证。

出口许可证实行分级发证，其中玉米、小麦、棉花、煤炭、原油、成品油等六种商品的出口许可证，由商务部许可证局签发；大米、玉米粉、小麦粉、大米粉、锯材、活牛、活猪、活鸡、锑及锑制品、钨及钨制品、锡及锡制品、白银、铟及铟制品、钼、磷矿石、蔺草及蔺草制品、滑石块（粉）、镁砂、甘草及甘草制品、铂金（以加工贸易方式出口）、天然砂（含标准砂）等21种商品的出口由各地的特派办签发；消耗臭氧层物质、石蜡、锆、钽、锗等部分金属及制品、汽车（包括成套散件）及其底盘、摩托车（含全地形车）及其发动机和车架、钼制品、柠檬酸、青霉素工业盐、维生素C、硫酸二钠、冰鲜牛肉、冻牛肉、冰鲜猪肉、冻猪肉、冰鲜鸡肉、冻鸡肉、氟石（萤石）、矾土、焦炭、碳化硅、稀土、成品油（润滑油、润滑脂、润滑油基础油）等22种商品的出口许可证，由各地方发证机构签发。在京中央企业的出口许可证由商务部许可证局签发。

（三）报关规范

（1）进口许可证的有效期为1年，当年有效。特殊情况需要跨年度使用时，有效期最长不得超过次年3月31日，逾期自行失效。

（2）出口许可证的有效期最长不得超过6个月，且有效期截止时间不得超过当年12月31日。商务部可视具体情况，调整某些货物出口许可证的有效期。出口许可证应当在有效期内使用，逾期自行失效。

（3）进出口许可证一经签发，不得擅自更改证面内容。如需更改，经营者应当在许可证有效期内提出更改申请，并将许可证交回原发证机构，由原发证机构重新换发许可证。

（4）商务部各进出口许可证签证机构与海关总署及各口岸海关对进出口许可证的发放及适用实施计算机联网核查，许可证电子数据与许可证纸面证书同时作为海关验放许可证商品的依据。口岸海关在确认纸面证书与电子数据内容一致后核注许可证和验放货物，并将信息反馈至发证机构。

（5）进出口许可证实行"一证一关"（进出口许可证只能在一个海关报关，下同）管理。一般情况下，进出口许可证为"一批一证"（进出口许可证在有效期内一次报关使用，下同）。

为实施出口许可证联网核销，对不属于"一批一证"制的货物，出口许可证签发时应在备注栏内填注"非一批一证"。在出口许可证有效期内，"非一批一证"制货物可以多次报关使用，但最多不超过 12 次。12 次报关后，出口许可证即使尚存余额，海关也停止接受报关。

（6）实行出口"非一批一证"管理的：外商投资企业出口货物、加工贸易方式出口货物、补偿贸易项下出口货物；以及小麦、玉米、大米、小麦粉、玉米粉、大米粉、活牛、活猪、活鸡、牛肉、猪肉、鸡肉、原油、成品油、煤炭、摩托车（含全地形车）及其发动机和车架、汽车（包括成套散件）及其底盘等货物。

（7）对实行"一批一证"进出口许可证管理的大宗、散装货物，以出口为例，其溢装数量在货物总量3%以内的原油、成品油予以免证，其他货物溢装数量在货物总量5%以内的予以免证；对实行"非一批一证"制的大宗、散装货物，在每批货物出口时，按其实际出口数量进行许可证证面数量核扣，在最后一批货出口时，应按该许可证剩余数量溢装上限，即5%（原油、成品油溢装上限3%）以内计算免证数额。

（8）以边境小额贸易方式出口以招标方式分配出口配额的货物和属于出口许可证管理的消耗臭氧层物质、摩托车（含全地形车）及其发动机和车架、汽车（包括成套散件）及其底盘等货物的，需按规定申领出口许可证。以边境小额贸易方式出口属于出口配额管理的货物的，由有关地方商务主管部门（省级）根据商务部下达的边境小额贸易配额和要求签发出口许可证，以边境小额贸易方式出口本款上述以外的列入《2016 年出口许可证管理货物目录》的货物，免于申领出口许可证。

（9）铈及铈合金（颗粒＜500μm）、锆、铍、钨及钨合金（颗粒＜500μm）的出口免于申领出口许可证，但需按规定申领两用物项和技术出口许可证。

（10）我国政府在对外援助项下提供的目录产品不纳入配额和许可证管理。

（11）加工贸易项下出口目录内货物的，按以下规定执行：

①以加工贸易方式出口属于配额管理的货物，凭配额证明文件、加工贸易企业注册地商务主管部门的"加工贸易业务批准证"和货物出口合同申领出口许可证。其中，出口以招标方式分配配额的货物，需凭省级商务主管

部门的"加工贸易业务批准证"、配额招标中标证明文件、海关加工贸易进口报关单和货物出口合同申领出口许可证。

②以加工贸易方式出口属于出口许可证管理的货物，凭加工贸易企业注册地商务主管部门的"加工贸易业务批准证"、有关批准文件、海关加工贸易进口报关单和货物出口合同申领出口许可证。其中，以加工贸易方式出口石蜡、白银的，需凭省级商务主管部门的"加工贸易业务批准证"、海关加工贸易进口报关单、货物出口合同申领出口许可证。申领白银出口许可证还需加验商务部批件。加工贸易项下出口成品油（不含润滑油、润滑脂、润滑油基础油）免于申领出口许可证。

③加工贸易项下签发的出口许可证有效期，按"加工贸易业务批准证"核定的出口期限（以下简称核定期限）确定，但不应超过当年12月31日，如核定期限超过当年12月31日，加工贸易企业需于原出口许可证有效期内申请换发下一年度出口许可证，有关发证机构收回并注销原证，扣除已使用的数量后，按核定期限签发下一年度出口许可证，并在备注栏中注明原证证号。

（12）对玉米、大米、煤炭、原油、成品油、棉花、锑及锑制品、钨及钨制品、白银等货物实行出口国营贸易管理，自2016年1月1日起，暂停对润滑油（海关商品编码27101991）、润滑脂（海关商品编码27101992）和润滑油基础油（海关商品编码27101993）一般贸易出口的国营贸易管理，实行出口许可证管理。企业凭货物出口合同申领出口许可证，海关凭出口许可证验放。

（13）为维护正常的经营秩序，对部分出口货物实行指定发证机构发证或指定口岸报关出口。企业出口此类货物，须向指定发证机构申领出口许可证，并在指定口岸报关出口。发证机构须按指定口岸签发出口许可证，国家对部分出口货物实行指定出口报关口岸管理。出口此类货物，均须到指定的口岸报关出口。

①甘草出口的报关口岸指定为天津海关、上海海关、大连海关。甘草制品出口的报关口岸指定为天津海关、上海海关。

②镁砂项下产品"按重量计含氧化镁70%以上的混合物"（海关商品编码3824909200）的出口不再指定报关口岸，镁砂项下其他产品的出口指定大连（大窑湾、营口、鲅鱼圈、丹东、大东港）、青岛（莱州海关）、天津（东港、新港）、长春（图们）、满洲里为报关口岸。

③稀土出口的报关口岸指定为天津海关、上海海关、青岛海关、黄埔海关、呼和浩特海关、南昌海关、宁波海关、南京海关和厦门海关。

④锑及锑制品出口的报关口岸指定为黄埔海关、北海海关、天津海关。

⑤对台港澳地区出口天然砂的报关口岸限定于企业所在省的海关。

（14）消耗臭氧层物质的进出口许可证实行"一批一证"制，在有效期内一次报关使用。

二、进口关税配额管理

关税配额管理属于限制进口，实行关税配额证管理，其主管部门为商务部和国家发展改革委。所有贸易方式进口关税配额范围的商品均列入关税配额管理范围。对外贸易经营者经批准取得关税配额证后允许按照关税配额税率征税进口，如超出则按限额外税率征税进口。2016年我国实施关税配额管理的农产品有小麦、玉米、稻谷和大米、糖、羊毛及羊毛条、棉花，实施关税配额管理的工业产品为化肥。

（一）实行关税配额管理的农产品

（1）农产品进口关税配额为全球关税配额，其主管部门为商务部及国家发展改革委。商务部、国家发展改革委按规定的期限对外公布每种农产品下一年度的关税配额总量、关税配额申请条件及国务院关税税则委员会确定的关税配额农产品税则号列和适用税率。其中糖、羊毛、毛条由商务部公布并由商务部授权机构负责办理本地区内申请；小麦、玉米、大米、棉花由国家发展改革委公布并由国家发展改革委授权机构负责受理本地区的申请。海关凭商务部及国家发展改革委各自授权机构向最终用户发放的加盖"商务部进口农产品关税配额证专用章"或"国家发展和改革委员会农产品进口关税配额专用章"的"农产品进口关税配额证"，办理验放手续。

（2）以加工贸易方式进口关税配额管理的农产品，海关凭企业提交的在"贸易方式"栏中注明"加工贸易"的进口关税配额证办理通关验放手续，由境外进入保税仓库、保税区、出口加工区的上述农产品，无须提交"农产品进口关税配额证"，海关按现行规定验放并实施监管。从保税仓库、保税区、出口加工区出库或出区进口的关税配额农产品，企业持进口关税配额证向海关办理进口手续。

（3）"农产品进口关税配额证"实行"一证多批"制，即最终用需分多批进口的，在有效期内，凭"农产品进口关税配额证"可多次办理通关手续，直至海关核注栏填满为止。

（二）实行关税配额管理的工业品

化肥进口关税配额为全球配额，商务部负责全国化肥关税配额管理工作。商务部的化肥进口关税配额管理机构负责管辖范围内化肥进口关税配额的发证、统计、咨询和其他授权工作。关税配额内化肥进口时，海关凭进口单位提交的"化肥进口关税配额证明"，按配额内税率征税并验放货物。

三、两用物项和技术进出口许可证管理

为维护国家安全和社会公共利益，履行我国在缔结或者参加的国际条约、协定中所承担的义务，国家限制两用物项和技术进出口，对两用物项和技术实行进出口许可证管理。

（一）主管部门

商务部是全国两用物项和技术进出口许可证的归口管理部门，负责制定两用物项和技术进出口管理办法及规章制度，监督、检查两用物项和技术进出口许可证管理办法的执行情况，处罚违规行为。商务部许可证局和受商务部委托的省级商务主管部门为两用物项和技术进出口许可证发证机构。两用物项和技术进出口前，进出口经营者应当向发证机关申领"中华人民共和国两用物项和技术进口许可证"（以下简称两用物项和技术进口许可证）或"中华人民共和国两用物项和技术出口许可证"（以下简称两用物项和技术出口许可证），凭以向海关办理进出口通关手续。

（二）管理范围

两用物项和技术是指《中华人民共和国核出口管制条例》《中华人民共和国核两用品及相关技术出口管制条例》《中华人民共和国导弹及相关物项和技术出口管制条例》《中华人民共和国生物两用品及相关设备和技术出口管制条例》《中华人民共和国监控化学品管理条例》《中华人民共和国易制毒化学品管理条例》及《有关化学品及相关设备和技术出口管制办法》所规定的相关物项及技术。为便于对上述物项和技术的进出口管制，商务部和海关总署依据上述法规颁布了《两用物项和技术进出口许可证管理办法》并联合发布《两用物项和技术进出口许可证管理目录》，规定对列入目录的物项及技术的进出口统一实行两用物项和技术进出口许可证管理。商务部指

导全国各发证机构的两用物项和技术进出口许可证的发证工作。商务部许可证局和受商务部委托的省级商务主管部门为两用物项和技术进出口许可证的发证机构。两用物项和技术进出口前，进出口经营者应当向发证机关申领两用物项和技术进口许可证或两用物项和技术出口许可证，凭以向海关办理进出口通关手续。

2016 年两用物项和技术进出口许可证管理目录，分为《两用物项和技术进口许可证管理目录》和《两用物项和技术出口许可证管理目录》两个部分，见表 3-3。

表 3-3　两用物项和技术进出口管理范围表

进口	出口
3 类： 1. 监控化学品管理条例名录所列物项（65 种）； 2. 易制毒化学品（45 种）； 3. 放射性同位素（10 种）。 易制毒化学品分为三类：第一类是可以用于制毒的主要原料；第二类、第三类是可以用于制毒的化学配剂	8 类： 1. 核出口管制清单所列物项和技术（159 种）； 2. 核两用品及相关技术出口管制清单所列物项和技术（202 种）； 3. 生物两用品及相关设备和技术管制清单所列货物（144 种）； 4. 监控化学品管理条例名录所列物项（65 种）； 5. 有关化学品及相关设备和技术出口管制清单所列物项和技术（37 种）； 6. 导弹及相关物项和技术出口管制清单所列物项和技术（186 种）； 7. 易制毒化学品包括向全球出口（45 种）；向缅甸、老挝、阿富汗等特定国家出口（17 种）； 8. 无人驾驶飞行器、飞行艇及设备等部分两用物项和技术（6 种）。 说明： 如果出口经营者拟出口的物项和技术存在被用于大规模杀伤性武器及其运载工具风险的，无论该物项和技术是否列入管理目录，都应当办理两用物项和技术出口许可证。 出口经营者在出口过程中，如发现拟出口的物项和技术存在被用于大规模杀伤性武器及其运载工具风险的，应及时向国务院相关行政主管部门报告，并积极配合采取措施中止合同执行

（三）办理程序

进出口属于两用物项和技术进出口许可证管理的货物，进出口经营者在进出口前获相关行政主管部门批准文件后，凭批准文件到所在地发证机构申领两用物项和技术进出口许可证（在京的中央管理企业向商务部许可证局申领），其中：

（1）核、核两用品、生物两用品、有关化学品、导弹相关物项、易制毒化学品和计算机的批准文件为商务主管部门签发的两用物项和技术进口或出口批复单。其中核材料的出口凭国防科工局（原国防科工委）的批准文件办理相关手续，外商投资企业进出口易制毒化学品凭商务部"商务部外商投资企业易制毒化学品进口批复单"或"商务部外商投资企业易制毒化学品出口批复单"申领两用物项和技术进出口许可证。

（2）监控化学品进出口批准文件为国家禁止化学武器公约工作领导小组办公室签发的监控化学品进口或者出口核准单。监控化学品进出口经营者向商务部许可证局申领两用物项和技术进出口许可证。

（3）进口放射性同位素须按《放射性同位素与射线装置安全防护条例》和《两用物项和技术进口许可证管理办法》有关规定，报国家环保部审批后，在商务部配额许可证事务局申领两用物项和技术进口许可证。

（四）报关规范

（1）对以任何方式进口或出口，以及过境、转运、通运列入《两用物项和技术进出口许可证管理目录》的商品，进出口经营者应向海关提交有效的两用物项和技术进出口许可证，进出口经营者未向海关出具两用物项和技术进出口许可证而产生的相关法律责任由其自行承担。

在境内与保税区、出口加工区等海关特殊监管区域、保税场所之间进出的，或者在上述海关监管区域、保税场所之间进出的两用物项和技术，无须办理两用物项和技术进出口许可证。

（2）海关对进出口经营者进出口的货物是否属于两用物项和技术提出质疑，进出口经营者应按规定向相关行政主管部门申请进口或者出口许可，或者向商务主管部门申请办理不属于管制范围的相关证明。对进出口经营者未能出具两用物项和技术进口或者出口许可证或者商务部相关证明的，海关不予办理有关手续。

（3）目录列明的物项和技术，不论该物项和技术是否在管理目录中列明海关商品编号，均应依法办理两用物项和技术进出口许可证。

（4）两用物项和技术进口许可证实行"非一批一证"制和"一证一关"制，两用物项和技术出口许可证实行"一批一证"制和"一证一关"制。"非一批一证"制的大宗、散装两用物项，每批进口时，按其实际进口数量进行核扣，最后一批进口物项报关时，其溢装数量按该两用物项和技术进口许可证实际剩余数量并在规定的溢装上限5%内计算。"一批一证"制的大宗、散装的两用物项在报关时溢装数量不得超过两用物项和技术出口许可证所列出口数量的5%。

（5）两用物项和技术进出口许可证有效期一般不超过1年。跨年度使用时，在有效期内只能使用到次年3月31日，逾期发证机构将根据原许可证有效期换发新证。

（6）两用物项和技术进出口许可证仅限于申领许可证的进出口经营者使用，不得买卖、转让、涂改、伪造或变造。两用物项和技术进出口许可证应在批准的有效期内使用，逾期自动失效，海关不予验放。

（7）两用物项和技术进出口许可证一经签发，任何单位和个人不得更改证面内容。如需对证面内容进行更改，进出口经营者应当在许可证有效期内，凭原许可证和新的批准文件向发证机构重新申领。

（8）两用物项和技术出口许可证实行联网核查管理，纸质许可证与许可证电子数据同时作为海关监管依据。

（9）两用物项和技术进出口许可证证面的进口商、收货人应分别与海关进口货物报关单的经营单位、收货单位相一致，两用物项和技术出口许可证证面的出口商和发货人应分别与海关出口货物报关单的经营单位、发货单位相一致。

四、自动进口许可证管理

除国家禁止、限制进出口货物、技术外的其他货物、技术，均属于自由进出口范围。自由进出口货物、技术不受限制，但基于监测进出口情况的需要，国家对部分属于自由进口的货物实行自动进口许可管理。

自动进口许可证管理是国家基于对这类货物的统计和监督需要而实行的一种在任何情况下对进口申请一律予以批准，具有自动登记性质的许可管理。

（一）主管部门

商务部是我国自动进口许可制度的管理部门。商务部会同国务院有关经济部门，根据《货物进出口管理条例》及国家其他法律法规的有关规定，调整、公布《自动进口许可证管理货物目录》。商务部许可证局、各地特派办、地方发证机构及地方机电产品进出口管理机构负责自动进口许可证货物的管理和自动进口许可证的签发工作。

（二）管理范围

（1）自动进口许可证管理的商品范围。

2016 年实施自动进口许可证管理的货物包括非机电类货物、机电类货物两大类，分为两个管理目录。

①目录一（非机电类货物产品）。

牛肉、猪肉、羊肉、肉鸡、鲜奶、奶粉、木薯、大麦、高粱、大豆、油菜子、植物油、食糖、豆粕、烟草、二醋酸纤维丝束、铜精矿、煤、铁矿石、铝土矿、原油、成品油、氧化铝、化肥、钢材，共 26 类商品。

由商务部授权的地方商务主管部门发证机构或者商务部许可证局负责发证。

②目录二（机电类货物产品）。

机电类货物分为两部分：

a. 由商务部许可证局发证的机电类货物，涉及烟草机械，移动通信产品，卫星广播、电视设备及关键部件，汽车产品（小客车、小轿车、越野车及其发动机等），飞机（中、大、特大型航空器），船舶（大型客、货轮），游戏机等七类商品。

b. 商务部授权地方、部门机电产品进出口办公室发证的机电类货物，涉及汽轮机、发动机（非第八十七章车辆用）及关键部件、水轮机及其他动力装置、化工装置、食品机械、工程机械、造纸机械、纺织机械、金属冶炼及加工设备、金属加工机床、电气设备、铁路机车、汽车产品（中、大型客、货车及其车身、底盘等）、飞机（直升机、无人机等）、船舶（拖轮、挖泥船等）、医疗设备等 16 类商品。

（2）免于交验自动进口许可证的情形进口列入《自动进口许可管理货物目录》的商品，在办理报关手续时须向海关提交自动进口许可证，但下列情形免于提交：

①加工贸易项下进口并复出口的（原油、成品油除外）；

②外商投资企业作为投资进口或者投资额内生产自用的（旧机电产品

除外）；

③货样广告品、实验品进口，每批次价值不超过5000元人民币的；

④暂时进口的海关监管货物；

⑤进入保税区、出口加工区等海关特殊监管区域及进入保税仓库、保税物流中心的属于自动进口许可管理的货物；

⑥加工贸易项下进口的不作价设备监管期满后留在原企业使用的；

⑦国家法律法规规定其他免领自动进口许可证的。

（三）报关规范

（1）自动进口许可证有效期为6个月，但仅限公历年度内有效。

（2）自动进口许可证项下货物原则上实行"一批一证"管理，对部分货物也可实行"非一批一证"管理。自2016年2月1日起，对实行自动进口许可"一批一证"管理的货物（原油、燃料油除外），实施自动进口许可证通关作业无纸化，每份进口货物报关单仅适用一份自动进口许可证。企业申请电子自动进口许可证后，根据海关相关规定采用无纸方式向海关申报，免于交验纸质自动进口许可证，海关将通过自动进口许可证联网核查方式验核电子许可证，不再进行纸面签注。对"非一批一证"管理的，在有效期内可以分批次累计报关使用，但累计使用不得超过6次。每次报关时，海关在自动进口许可证原件"海关签注"栏内批注后，留存复印件，最后一次使用后，海关留存正本。同一进口合同项下，收货人可以申请并领取多份自动进口许可证。

（3）对实行"一批一证"的自动进口许可证管理的大宗、散装货物，其溢装数量在货物总量3%以内的原油、成品油、化肥、钢材等4种大宗散装货物予以免证，其他货物溢装数量在货物总量5%以内的予以免证。对"非一批一证"的大宗、散装货物，每批货物进口时，按其实际数量核扣自动进口许可证额度数量。最后一批货物进口时，应按自动进口许可证实际剩余数量的允许溢装上限，即5%（原油、成品油、化肥、钢材在溢装上限3%）以内计算免证数额。

（4）商务主管部门发证机构与各海关实施自动进口许可证联网核查，海关验核商务主管部门签发的自动进口许可纸面证书和自动进口许可电子数据，接受企业报关。

五、固体废物进口管理

为了防治固体废物污染环境，保障人体健康，促进社会主义现代化建设的发展，根据《控制危险废物越境转移及其处置的巴塞尔公约》及我国《固体废物污染环境防治法》《固体废物进口管理办法》等法律法规，我国对可以弥补境内资源短缺，且根据国家经济、技术条件能够以无害化方式利用的可用作原料的固体废物，按照其加工利用过程的污染排放强度，实行限制进口和自动许可进口分类管理；对危险废物，以热能回收为目的的固体废物，不能用作原料或者不能以无害化方式利用的固体废物，我国境内产生量或者堆存量大且尚未得到充分利用的固体废物，经入境检验检疫不符合进口可用作原料的固体废物环境保护控制标准或者相关技术规范等强制性要求的或尚无适用国家环境保护控制标准或者相关技术规范等强制性要求的固体废物，以及指示交货（To Order）方式承运入境的固体废物，实施禁止进口管理。

（一）主管部门

国家环保部是进口废物的国家主管部门。固体废物利用单位在组织进口列入限制进口目录和自动许可进口目录的固体废物前，应当直接向国家环保部提出固体废物进口申请，由国家环保部审查批准，取得国家环保部签发的"中华人民共和国限制进口类可用作原料的固体废物进口许可证"或"中华人民共和国自动许可进口类可用作原料的固体废物进口许可证（以下统称为废物进口许可证）后才可组织进口。申请和审批进口固体废物，按照风险最小化原则，实行"就近口岸"报关。

国家对进口可用作原料的固体废物的国内收货人及国外供货商实行注册登记制度。向中国出口可用作原料的固体废物的国外供货商和国内收货人，应当取得国家质检总局颁发的注册登记证书。

进口固体废物境外装运前，应当由国家质检总局指定的装运前检验检疫机构实施装运前检验，检验合格的，出具装运前检验证书；进口的固体废物运抵固体废物进口相关许可证列明的口岸后，国内收货人应当持固体废物进口相关许可证检验检疫联、装运前检验证书及其他必要单证，向口岸出入境检验检疫机构报检。出入境检验检疫机构经检验检疫，对符合国家环境保护控制标准或者相关技术规范强制性要求的，出具入境货物通关单，并备注"经初步检验检疫，未发现不符合国家环境保护控制标准的物质"。对不符合国家环境保护控制标准或者相关技术规范强制性要求的，出具检验检疫处理通知书，并及时通知口岸海关和口岸所在地省、自治区、直辖市环境保护行政主管部门。海关凭有效废物进口许可证及入境货物通关单办理通关手续，除另有规定外，进口固体废物不得办理转关手续（废纸除外）。

（二）管理范围

固体废物是指《固体废物污染环境防治法》管理范围内的废物，即在生产建设、日常生活和其他活动中产生的污染环境的固态、半固态废弃物质。其包括：工业固态废物（在工业、交通等生产活动中产生的固体废物）、城市生活垃圾（在城市日常生活中或者为城市日常生活提供服务的活动中产生的固态废物，以及法律、行政法规规定视为城市生活垃圾的固态废物）、危险废物（列入国家危险废物名录或者根据国家规定的危险物鉴别方法认定的具有危险特性的废物），以及液态废物和置于容器中的气态废物。

2016年，我国对进口废物实施分类目录管理，分别实施限制进口、非限制进口和禁止进口三类管理。对列入《限制进口类可用作原料的废物目录》的固体废物实施限制进口管理，企业在进口前须向国家环保部申领"固体废物进口许可证"；对列入《非限制进口类可用作原料的固体废物目录》的固体废物，进口单位无需向国家环保部申领相关固体废物进口许可证；对列入《禁止进口固体废物目录》且未列入《限制进口类可用作原料的废物目录》及《非限制进口类可用作原料的废物目录》，或虽列入《限制进口类可用作原料的废物目录》及《非限制进口类可用作原料的废物目录》，但经入境检验检疫不符合进口可用作原料的固体废物环境保护控制标准或者相关技术规范等强制性要求的固体废物，实施禁止进口管理。

（三）报关规范

废物进口许可证是我国进出口许可证制度中具有法律效力，用来证明对外贸易经营者经营列入《限制进口类可用作原料的废物目录》的废物合法进口的证明文件，是海关验放货物的重要依据。不论以何种方式进口上述管理范围的固体废物，包括由境外进入保税区、出口加工区、物流园区、保税港区等海关特殊监管区域和保税物流中心、保税仓库等海关保税监管场所，均须事先申领废物进口许可证。

（1）向海关申报进口列入《限制进口类可用作原料的废物目录》的废物，报关单位应主动向海关提交有效的废物进口许可证、口岸检验检疫监管出具的入境货物通关单及其他有关单据；向海关申报进口列入《非限制进口类可用作原料的废物目录》的废物，报关单位应主动向海关提交口岸检验检疫监管出具的入境货物通关单及其他有关单据。

（2）废物进口许可证当年有效，因故在有效期内未使用完的，企业应当在有效期届满 30 日前向发证机关提出延期申请，发证机构扣除已使用数量后重新签发固体废物相关许可证，并在备注栏中注明"延期使用"和原证号，且只能延期一次，延期最长不超过 60 日。

（3）固体废物相关许可证实行"一证一关"管理。一般情况下固体废物进口相关许可证为"非一批一证"制，在有效期内可以多次报关使用，由海关逐批签注核减进口数量，最后一批进口时，允许溢装上限为固体废物进口相关许可证实际余额的 3%；如要实行"一批一证"，应当同时在固体废物进口相关许可证备注栏内打印"一批一证"字样。

（4）海关与国家环保部对固体废物进口许可证纸面数据与废物进口许可电子数据对接，实施联网核查，并根据实际进口数量进行核销。

（5）对废金属、废塑料、废纸等重点管理废物进口，实施分类管理。进口时不得与其他非重点及不属于固体废物的货物混合装运于同一集装箱内，因特殊原因无法分装的，进口企业应在境外起运地装运前向口岸直属海关提出申请，报经海关总署批准后，须在具备监管条件的口岸现场或园区按类别进行分拣，并按分拣后的状态，按规范要求逐项申报。对未按上述规定进口的固体废物，如无走私或违反海关监管规定的嫌疑，进口企业可办理直接退运。

（6）海关怀疑进口货物的收货人申报的进口货物为固体废物的，可以要求收货人送口岸检验检疫部门进行固体废物属性检验，必要时，海关可以直接送口岸检验检疫部门进行固体废物检验，并按照检验结果处理。口岸检验检疫部门应当出具检验结果，并注明是否属于固体废物，海关或者收货人对口岸所在地检验检疫部门的检验结论有异议的，国家环保部会同海关总署、国家质检总局指定专门鉴别机构对进口的货物、物品是否属于固体废物类别进行鉴别。

（7）固体废物从海关特殊监管区域和保税监管场所进口到境内区外或者在海关特殊监管区域和场所之间进出的，无须办理固体废物进口相关许可证。

（8）海关特殊监管区域和保税监管场所不得以转口货物为名存放进口固体废物。

六、野生动植物种进出口管理

野生动植物是人类的宝贵自然财富，挽救珍稀濒危动植物，保护、发展和合理利用野生动植物资源，对维护自然生态平衡，开展科学研究，发展经济、文化、教育、医药、卫生等事业有着极其重要的意义。为此，我国颁布了《中华人民共和国森林法》《野生动物保护法》《中华人民共和国野生植物保护条例》《中华人民共和国濒危野生动植物进出口管理条例》等相关法律法规，并颁布了我国物种保护目录。同时，我国也是《濒危野生动植物种国际贸易公约》成员方，因此，我国进出口管理的濒危物种包括《濒危野生动植物种国际贸易公约》成员方应履行保护义务的物种及为保护我国珍稀物种而自主保护的物种。

（一）主管部门

野生动植物种进出口管理是指国家濒危物种进出口管理办公室［由国务院林业、农业（渔业）主管部门组成，以下简称国家濒管办］会同国家其他部门，依法制定或调整《进出口野生动植物种商品目录》并以签发"濒危野生动植物种国际贸易公约允许进出口证明书"（以下简称公约证明）、"中华人民共和国濒危物种进出口管理办公室野生动植物允许进出口证明书"（以下简称非公约证明）或"非进出口野生动植物种商品目录物种证明"（以下简称物种证明）的形式，对该目录列明的依法受保护的珍贵、濒危野生动植物及其产品实施进出口限制管理。凡进出口列入《进出口野生动植物种商品目录》的野生动植物或其产品，必须严格按照有关法律、行政法规的程序进行申报和审批，并在进出口报关前取得国家濒管办或其授权的办事处签发的公约证明、非公约证明或物种证明后，向海关办理进出口手续。在境外与保税区、出口加工区等海关特殊监管区域、保税监管场所之间进出野生动植物及其产品的，申请人应当向海关交验允许进出口证明书或者物种证明。在境内与保税区、出口加工区等海关特殊监管区域、保税监管场所之间进出野生动植物及其产品的，或者在上述海关特殊监管区域、保税监管场所之间进出野生动植物及其产品的，无须办理允许进出口证明书或者物种证明。

（二）公约证明管理范围及报关规范

公约证明是我国进出口许可管理制度中具有法律效力，用来证明对外贸易经营者经营列入《进出口野生动植物种商品目录》中属于《濒危野生动植物种国际贸易公约》成员方应履行保护义务的物种合法进出口的证明文件，是海关验放该类货物的重要依据。

1. 管理范围

对列入《进出口野生动植物种商品目录》中属于《濒危野生动植物种国际贸易公约》成员方应履行保护义务的物种，不论以何种方式进出口，均需事先申领公约证明。

2. 报关规范

（1）向海关申报进出口列入《进出口野生动植物种商品目录》中属于《濒危野生动植物种国际贸易公约》成员方应履行保护义务的物种，报关单位应主动提交有效的公约证明及其他有关单证。

（2）公约证明实行"一批一证"制度有效期不得超过180天。

（三）非公约证明管理范围及报关规范

非公约证明是我国进出口许可管理制度中具有法律效力，用来证明对外贸易经营者经营列入《进出口野生动植物种商品目录》中属于我国自主规定管理的野生动植物及其产品合法进出口的证明文件，是海关验放该类货物的重要依据。

1. 管理范围

对列入《进出口野生动植物种商品目录》中属于我国自主规定管理的野生动植物及其产品，不论以何种方式进出口，均需事先申领非公约证明。

2. 报关规范

（1）向海关申报进出口列入《进出口野生动植物种商品目录》中属于我国自主规定管理的野生动植物及其产品，报关单位应主动提交有效的非公约证明及其他有关单证。

（2）非公约证明实行"一批一证"制度，有效期不得超过180天。

（四）物种证明适用范围及报关规范

由于受濒危物种进出口管理的动植物种很多，认定工作的专业性很强，为使濒危物种进出口监管工作做到既准确又严密，海关总署和国家濒管办共同商定启用物种证明，由国家濒管办指定机构进行认定并出具物种证明，报关单位凭以办理报关手续。

1. 适用范围

对进出口列入《进出口野生动植物种商品目录》中适用公约证明、非公约证明管理的《濒危野生动植物种国际贸易公约》附录及重点保护野生动植物以外的其他列入该目录的野生动植物及相关货物或物品、含野生动植物成分的纺织品，均须事先申领物种证明。

2. 报关规范

（1）物种证明由国家濒危物种管理办公室统一按确定格式制作，不得转让或倒卖，证面不得涂改、伪造。

（2）物种证明分为"一次使用"和"多次使用"两种。

①一次使用的物种证明有效期自签发之日起不得超过 180 天；多次使用的物种证明有效期不得超过 360 天。

②多次使用的物种证明只适用于同一物种、同一货物类型在同一报关口岸多次进出口的野生动植物及其产品。

（3）进出口企业必须按照物种证明规定的口岸、方式、时限、物种、数量和货物类型等进出口野生动植物，对于超越物种证明中任何一项许可范围的申报行为，海关均不予受理。

（4）海关对经营者进出口的商品或者物品是否为濒危野生动植物及其产品或者是否含有濒危野生动植物种成分提出质疑的，经营者应按海关的要求，向国家濒危物种管理办公室或其办事处申领物种证明。属于公约证明或非公约证明管理范围的，应申领公约证明或非公约证明，经营者未能出具证明书或物种证明的，海关不予办理有关手续。

（5）对进出境货物或物品包装或说明中标注含有商品目录所列野生动植物成分的，经营者应主动如实向海关申报，海关按实际含有该野生动植物的商品进行监管。

七、进出口药品管理

进出口药品管理指的是为加强对药品监督管理，保证药品质量，保障人体用药安全，维护人民身体健康和用药合法权益，国家食品药品监督管理总局（以下简称国家食药监局）依照《药品管理法》及有关国际公约和我国其他相关法规，对进出口药品实施监督管理的行政行为。

进出口药品管理是我国进出口许可管理制度的重要组成部分，药品属于国家限制进出口管理范畴，对其进出口实行分类和目录管理，所有进口药品必须符合《中华人民共和国药典》的有关要求，进口药品口岸检验应按照《中华人民共和国药典》2015 年版的相应要求对进口药品进行检验，不符合要求的不得进口。进出口药品从管理角度可分为进出口麻醉药品、进出口精神药品、进出口兴奋剂及进口一般药品。

（一）主管部门

国家食药监局是进出口药品的主管部门，会同国务院对外经济贸易主管部门对进出口药品依法制定并调整管理目录，以签发许可证件的形式对其进出口加以管制。

目前，我国公布的药品进出口管理目录有：《进出口药品目录》《生物制品目录》《精神药品管制品种目录》《麻醉品管制品种目录》《兴奋剂目录》。

药品必须经由国务院批准的允许药品进口的口岸进口。目前，允许进口药品的口岸有北京、天津、上海、大连、青岛、成都、武汉、重庆、厦门、南京、杭州、宁波、福州、广州、深圳、珠海、海口、西安、南宁等 19 个城市所在地直属海关所辖关区口岸。

（二）精神药品进出口管理范围及报关规范

精神药品进出口准许证是我国进出口精神药品的管理批件，国家食品药品监督管理部门依据《药品管理法》和国务院《精神药品管理办法》及有关国际条约，对进出口直接作用于中枢神经系统，使之兴奋或抑制，连续使用能产生依赖性的药品，制定和调整《精神药品管制品种目录》并以签发"精神药品进口准许证"及"精神药品出口准许证"的形式对该目录商品实行进出口限制管理。

精神药品进出口准许证是我国进出口许可管理制度中具有法律效力，用来证明对外贸易经营者经营列入《精神药品管制品种目录》管理药品合法进出口的最终证明文件，是海关验放该类货物的重要依据。

《精神药品管制品种目录》所列药品进出口时，货物所有人或其合法代理人在办理进出口报关手续前，均须取得国家食药监局核发的精神药品进出口准许证，凭以向海关办理报关手续。

1. 管理范围

（1）进出口列入《精神药品管制品种目录》的药品，包含精神药品标准品及对照品，如咖啡因、去氧麻黄碱、复方甘草片等。

（2）对于列入《精神药品管制品种目录》的药品可能存在的盐、酯、醚，虽未列入该目录，但仍属于精神药品管制范围。

（3）任何单位以任何贸易方式进出口列入上述范围的药品，不论用于何种用途，均须事先申领精神药品进出口准许证。

2. 报关规范

（1）向海关申报进出口精神药品管理范围的药品，报关单位应主动向海关提交有效的精神药品进出口准许证及其他有关单据。

（2）精神药品进出口准许证仅限在该证注明的口岸海关使用，并实行"一批一证"制度，证面内容不得自行更改，如需更改，应到国家食药监局办理换证手续。

（三）麻醉药品进出口管理范围及报关规范

麻醉药品进出口准许证是我国进出口麻醉药品的管理批件，国家食品药品监督管理部门依据《药品管理法》和国务院《麻醉药品管理办法》及有关国际条约，对进出口连续使用后易使身体产生依赖性、能成瘾癖的药品，制定和调整《麻醉药品管制品种目录》并以签发麻醉药品进口准许证或麻醉药品出口准许证的形式对该目录商品实行进出口限制管理。麻醉药品进出口准许证是我国进出口许可管理制度中具有法律效力，用来证明对外贸易经营者经营列入《麻醉药品管制品种目录》管理药品合法进出口的证明文件，是海关验放该类货物的重要依据。

《麻醉药品管制品种目录》所列药品进出口时，货物所有人或其合法代理人在办理进出口报关手续前，均须取得国家食药监局核发的麻醉药品进出口准许证，凭以向海关办理报关手续。

1. 管理范围

（1）进出口列入《麻醉药品管制品种目录》的麻醉药品，包括鸦片、可卡因、大麻、海洛因及合成麻醉药类和其他易成瘾癖的药品、药用原植物及其制剂。

（2）对于列入《麻醉药品管制品种目录》的药品可能存在的盐、酯、醚，虽未列入该目录，但仍属于麻醉药品管制范围。

（3）任何单位以任何贸易方式进出口列入麻醉药品管制目录的药品，不论用于何种用途，均须事先申领麻醉药品进出口准许证。

2. 报关规范

（1）向海关申报进出口麻醉药品管理范围的药品，报关单位应主动向海关提交有效的麻醉药品进出口准许证及其他有关单据。

（2）麻醉药品进出口准许证仅限在该证注明的口岸海关使用，并实行"一批一证"制度，证面内容不得自行更改，如需更改，应到国家食药监局办理换证手续。

（四）兴奋剂进出口管理范围及报关规范

为了防止在体育运动中使用兴奋剂，保护体育运动参加者的身心健康，维护体育竞赛的公平竞争，根据《中华人民共和国体育法》和其他有关法律法规的规定，国家体育总局会同商务部、国家卫生和计划生育委员会、海关总署、国家食药监局制定颁布了《兴奋剂目录》。

1. 管理范围

进出口列入《兴奋剂目录》的药品，包括蛋白同化制剂品种、肽类激素品种、麻醉药品品种、刺激剂（含精神药品）品种、药品类易制毒化学品品种、医疗用毒性药品品种、其他品种等七类。

2. 报关规范

（1）进出口列入《兴奋剂目录》的精神药品、麻醉品、医疗用毒性药品，应按照现行规定向海关办理通关验放手续，对《兴奋剂目录》中的"其他品种"，海关暂不按照兴奋剂实行管理。

（2）根据《蛋白同化制剂、肽类激素进出口管理办法（暂行)》的相关规定，国家对蛋白同化制剂、肽类激素实行进出口准许证管理。

①进出口单位进出口蛋白同化制剂、肽类激素，应当事先向国家食药监局申领进口准许证或出口准许证。

②进口准许证有效期1年，出口准许证有效期不超过3个月（有效期时限不跨年度)，进口准许证、出口准许证实行"一证一关"制度，只能在有效期内一次性使用，证面内容不得修改。

③以加工贸易方式进出口蛋白同化制剂、肽类激素的，海关凭药品进口准许证、出口准许证办理验放手续并实施监管。

④海关特殊监管区域和保税监管场所与境外进出及海关特殊监管区域、保税监管场所之间进出的蛋白同化制剂、肽类激素，免于办理药品进口准许证、出口准许证，由海关实施监管。

从海关特殊监管区域和保税监管场所进入境内区外的蛋白同化制剂、肽类激素，应当办理药品进口准许证。

从境内区外进入海关特殊监管区域和保税监管场所的蛋白同化制剂、肽类激素，应当办理药品出口准许证。

（五）一般药品进口管理范围及报关规范

国家对一般药品的管理实行目录管理。国家食药监局依据《药品管理法》《中华人民共和国药品管理法实施条例》制定和调整《进口药品目录》，国家食药监局授权的口岸药品检验所以签发进口药品通关单的形式对列入管理目录商品实行进口限制管理。

进口药品通关单是我国进出口许可管理制度中具有法律效力，用来证明对外贸易经营者经营列入《进口药品目录》的药品合法进口的证明文件，是海关验放的重要依据。

1. 管理范围

（1）进口列入《进口药品目录》的药品，包括：用于预防、治疗、诊断人的疾病，有目的地调节人的生理机能并规定有适应证、用法和用量的物质，包括中药材、中药饮品、中成药、化学原料药及其制剂、抗生素、生化药品、血清疫苗、血液制品和诊断药品。

（2）进口列入《生物制品目录》的药品，包括：疫苗类、血液制品类及血源筛查用诊断试剂等。

（3）首次在中国境内销售的药品。

（4）进口暂未列入《进口药品目录》的原料药的单位，必须遵守《进口药品管理办法》中的各项有关规定，主动到各口岸药品检验所报验。

（5）进口两用物项许可证管理的易制毒化学品，且属《易制毒化学品管理条例》中第一类（可用于制毒的主要原料）中的药品，还应当提交食品药品监督管理部门出具的进口药品通关单。

2. 报关规范

（1）向海关申报进口列入管理目录中的药品，报关单位应主动向海关提交有效的进口药品通关单及其他单据。

（2）进口药品通关单仅限在该单注明的口岸海关使用，并实行"一批一证"制度，证面内容不得更改。

目前，一般药品出口暂无特殊的管理要求。

八、出入境检验检疫管理

对列入《法检目录》及其他法律法规规定需要检验检疫的货物进出口

时，货物所有人或其合法代理人，在办理进出口通关手续前，必须向口岸检验检疫机构报检。海关凭口岸出入境检验检疫机构签发的"中华人民共和国检验检疫入境货物通关单"（以下简称入境货物通关单）或"中华人民共和国检验检疫出境货物通关单"（以下简称出境货物通关单）验放。

国家实行出入境货物通关单电子数据联网，出入境检验检疫机构对法检商品签发通关单，实时将通关单电子数据传输至海关，企业持通关单向海关办理法检商品验放手续，办结海关手续后将通关单使用情况反馈给检验检疫部门，实施联网核查。

（一）入境货物通关单

入境货物通关单是我国出入境检验检疫管理制度中，对进口列入《法检目录》及其他法律法规规定需要检验检疫的货物在办理进口报关手续前，口岸检验检疫机构依照有关规定接受报检后签发的单据，同时也是进口报关的专用单据，是海关验放该类货物的重要依据之一。入境货物通关单实行"一批一证"制度，证面内容不得更改。

入境货物通关单主要适用于下列情况：

（1）列入《法检目录》的入境商品；

（2）外商投资财产价值鉴定（受国家委托，为防止外商瞒骗对华投资额而对其以实物投资形式进口投资设备的价值进行鉴定）；

（3）进口可用作原料的废物；

（4）进口旧机电产品；

（5）进口货物发生短少、残损或其他质量问题需要对外索赔时，其赔付的进境货物；

（6）进口捐赠的医疗器械；

（7）其他未列入《法检目录》，但国家有关法律、行政法规明确规定由出入境检验检疫机构依照有关规定接受报检后签发的单据。

（二）出境货物通关单

出境货物通关单是我国出入境检验检疫管理制度中，对出口列入《法检目录》及其他法律法规规定需要检验检疫的货物在办理出口报关手续前，口岸检验检疫机构依照有关规定接受报检后签发的单据，同时也是出口报关专用单据，是海关验放该类货物的重要依据之一。出境货物通关单实行"一批一证"制度，证面内容不得更改。

出境货物通关单适用于以下情况：

（1）列入《法检目录》的出境货物；

（2）出口纺织品标识；

（3）对外经济技术援助物资及人道主义紧急救灾援助物资；

（4）其他未列入《法检目录》，但国家有关法律、行政法规明确由出入境检验检疫机构负责检验检疫的货物。

为简化进出口申报手续，提高通关效率，在通关单联网核查的基础上，多地检验检疫机构正在推进实施通关单无纸化，对企业申报的法定检验进出口商品，海关凭检验检疫部门发送的出入境货物通关单电子数据为企业办理进出口通关手续，除应急等特殊情况外，检验检疫部门不再签发纸质通关单，海关不再收取纸质通关单。

九、其他货物进出口管理

（一）密码产品和含有密码技术的设备进口许可证管理

密码技术属于国家秘密，为了加强商用密码管理，保护信息安全，保护公民和组织的合法权益，维护国家的安全和利益，国家对密码产品和含有密码技术的设备实行限制进口管理。

1. 主管部门

国家密码管理局是密码产品和含有密码技术设备进口的国家主管部门，会同海关总署依法制定、调整并公布《密码产品和技术的设备进口管理目录》，以签发"密码产品和含有密码技术设备进口许可证"（以下简称密码进口许可证）的形式，对该类产品实施进口限制管理。

2. 管理范围

密码产品和含有密码技术的设备进口管理范围包括列入《密码产品和技术的设备进口管理目录（第一批）》，以及虽暂未列入目录但含有密码技术的进口商品，列入管理目录的商品包括加密传真机、加密电话机、加密路由器、非光通信加密以太网交换机、密码机、密码卡（不包括数字电视智能卡、蓝牙模块和用于知识产权保护的加密狗）等商品。

3. 报关规范

密码进口许可证是我国进出口许可管理制度中具有法律效力，用来证明对外贸易经营者经营列入我国密码产品和含有密码技术的设备管理范围的商品合法进口证明文件，是海关验放货物的重要依据。对外贸易经营者进口列入《密码产品和技术的设备进口管理目录（第一批）》的商品，以及含有密码技术但暂未列入管理目录的商品，在组织进口前应事先向国家密码管理局申领密码进口许可证，凭以向海关办理通关手续。

（1）免于交验密码进口许可证的情形：

①加工贸易项下为复出口而进口的；

②由海关监管，暂时进口后复出口的；

③从境外进入保税区、出口加工区及其他海关特殊监管区和保税加工场所的，或在海关特殊监管区域、保税场所之间进出的。

（2）从海关特殊监管区域、保税加工场所进入区外的，需交验密码进口许可证。

（3）进口单位知道或者应当知道其所进口的商品含有密码技术，但暂未列入目录的，也应当申领密码进口许可证。进口时，应当主动向海关提交密码进口许可证。

（4）密码进口许可证实行计算机联网核销管理。国家密码管理局将密码进口许可证的电子数据发送给海关，海关将许可证核销数据反馈给国家密码管理局。目前，海关验核密码进口许可证纸面证书和密码进口许可电子数据，接受企业报关。联网核查系统运行成熟后，海关总署和国家密码管理局将试行密码进口许可证"通关作业无纸化"。

（5）在进口环节发现应提交而未提交密码进口许可证的，海关按有关规定进行处理。

（二）艺术品进出口管理

为加强对艺术品进出口经营活动、商业性艺术品展览活动的管理，促进中外文化交流，丰富人民群众文化生活，国家对艺术品进出口实施监督管理。

1. 主管部门

艺术品进出口管理是我国进出口许可管理制度的重要组成部分，属于国家限制进出口范畴，文化部是艺术品进出口经营活动的主管部门，海关负责对美术品进出境环节进行监管。为了适应行业发展实际，文化部于2016年3月修订并公布了《艺术品经营管理办法》，将原管理办法的"美术品"改为"艺术品"，将艺术品界定在"作品"范畴内，文化部负责制定艺术品经营管理政策，监督管理全国艺术品经营活动，建立艺术品市场信用监管体系。

省、自治区、直辖市人民政府文化行政部门负责艺术品进出口经营活动审批，建立专家委员会，为文化行政部门开展的内容审查、市场监管相关工作提供专业意见。

从事艺术品经营活动的经营单位，在领取工商营业执照后，应到其住所地县级以上人民政府文化行政部门备案。艺术品进出口单位应当在从境外进口或者向境外出口艺术品前（包括以销售、商业宣传为目的在境内公共展览场所举办的，有境外艺术品创作者或者境外艺术品参加的各类展示活动）向艺术品进出口口岸所在地省、自治区、直辖市人民政府文化行政部门提出申请，并报送规定材料；文化行政部门应当在受理之日起 5 日内作出决定，批准的，发给批准文件，批准文件中应附美术品详细清单，申请单位持批准文件到海关办理手续。

2. 管理范围

艺术品进出口活动应当遵守国家有关法律、法规，其主要管理事项如下。

（1）纳入我国进出口管理的艺术品是指是指绘画作品、书法篆刻作品、雕塑雕刻作品、艺术摄影作品、装置艺术作品、工艺美术作品等及上述作品的有限复制品。艺术品不包括文物。

（2）禁止经营以下艺术品：走私、盗窃等来源不合法的艺术品；伪造、变造或者冒充他人名义的艺术品；除有合法手续、准许经营的以外，法律、法规禁止交易的动物、植物、矿物、金属、化石等为材质的艺术品。

（3）我国禁止进出境含有下列内容的艺术品：违反宪法确定的基本原则的；危害国家统一、主权和领土完整的；泄露国家秘密、危害国家安全或者损害国家荣誉和利益的；煽动民族仇恨、民族歧视；破坏民族团结，或者侵害民族风俗习惯的；宣扬或者传播邪教迷信的；扰乱社会秩序，破坏社会稳定的；宣扬或者传播淫秽、色情、赌博、暴力、恐怖或者教唆犯罪的；侮辱或者诽谤他人、侵害他人合法权益的；蓄意篡改历史、严重歪曲历史的；危害社会公德或者有损民族优秀文化传统的；我国法律、行政法规和国家规定禁止的其他内容的。

（4）个人携带、邮寄艺术品超过海关认定的自用、合理数量，海关要求办理进出口手续的，应当按对艺术品经营单位的规定办理审批文件。

3. 报关规范

（1）向海关申报进出口管理范围内的艺术品，报关单位应主动向海关提交有效的进出口批准文件及其他有关单据。

（2）艺术品进出口单位向海关提交的批准文件不得擅自更改。如需更改，应当及时将变更事项向审批部门申报，经审批部门批准确认后方可变更。

（3）同一批已经批准进口或出口的艺术品复出口或复进口，进出口单位可持原批准文件正本到原进口或出口口岸海关办理相关手续，文化行政部门不再重复审批。上述复出口或复进口的艺术品如与原批准内容不符，进出口单位应当到文化行政部门重新办理审批手续。

（三）音像制品进出口管理

为了加强对音像制品的进口管理，促进国家文化交流，丰富人民群众的文化生活，我国颁布了《中华人民共和国音像制品管理条例》《音像制品进口管理办法》及其他有关规定，对音像制品实行进口许可管理制度。

1. 主管部门

国家新闻出版广电总局负责全国音像制品进口的监督管理和内容审查等工作，县级以上地方人民政府新闻出版行政部门负责本行政区域内的进口音像制品的监督管理工作；各级海关在其职责范围内负责音像制品进口的监督管理工作。

国家新闻出版广电总局设立音像制品内容审查委员会，负责审查进口音像制品的内容，委员会下设办公室，负责进口音像制品内容审查的日常工作，音像制品应在进口前报国家新闻出版广电总局进行内容审查；审查批准取得"进口音像制品批准单"后方可进口。进口单位持国家新闻出版广电总局进口音像制品批准单向海关办理音像制品的进口报关手续。

国家对设立音像制品成品进口单位实行许可制度，音像制品成品进口业务由国家新闻出版广电总局批准的音像制品成品进口单位经营；未经批准，任何单位或者个人不得从事音像制品成品进口业务。

2. 管理范围

（1）进口音像制品，是指从外国进口音像制品和进口用于出版、批发、零售、出租（包括利用信息网络出版）及其他用途的音像制品，包括录有内容的录音带、录像带、唱片、激光唱盘和激光视盘等。

（2）音像制品用于广播电视播放的，适用广播电视法律、行政法规。

（3）国家禁止进口有下列内容的音像制品：

①反对宪法确定的基本原则的；

②危害国家统一、主权和领土完整的；

③泄露国家秘密、危害国家安全或者损害国家荣誉和利益的；

④煽动民族仇恨、民族歧视，破坏民族团结，或者侵害民族风俗、习惯的；

⑤宣扬邪教、迷信的；

⑥扰乱社会秩序，破坏社会稳定的；

⑦宣扬淫秽、赌博、暴力或者教唆犯罪的；

⑧侮辱或者诽谤他人、侵害他人合法权益的；

⑨危害社会公德或者民族优秀文化传统的；

⑩有法律、行政法规和国家规定禁止的其他内容的。

3. 报关规范

（1）向海关申报进口音像制品，报关单位应主动向海关提交有效的"进口音像制品批准单"及其他有关单据。

（2）"进口音像制品批准单"内容不得更改，如需修改，应重新办理。"进口音像制品批准单"一次报关使用有效，不得累计使用。其中，属于音像制品成品的，批准单当年有效；属于用于出版的音像制品的，批准单有效期为1年。

（3）在经批准进口出版的音像制品版权授权期限内，音像制品进口经营单位不得进口该音像制品成品。

（4）随机器设备同时进口及进口后随机器设备复出口的记录操作系统、设备说明、专用软件等内容的音像制品，无须申领"进口音像制品批准单"，海关凭进口单位提供的合同、发票等有效单证验放。

（四）黄金及其制品进出口管理

进出口黄金管理指的是中国人民银行依据《中华人民共和国金银管理条例》等有关规定，对进出口黄金及其制品实施监督管理的行政行为。

黄金及制品进出口管理属于我国进出口许可管理制度中限制进出口管理范畴，中国人民银行是黄金及黄金制品进出口主管部门，对黄金及制品进出口实行准许证制度。中国人民银行根据国家宏观经济调控需求，可以对黄金及制品进出口的数量进行限制性审批。中国人民银行会同海关总署制定、调整并公布《黄金及其制品进出口管理目录》。列入《黄金及其制品进出口管理目录》的黄金及制品进口或出口通关时，应当向海关提交中国人民银行及其分支机构签发的"黄金及其制品进出口准许证"。进出口单位以下列贸易方式进出口黄金及制品的，应办理"黄金及其制品进出口准许证"：

（1）一般贸易；

（2）加工贸易转内销及境内购置黄金原料以加工贸易出口黄金制品的；

（3）海关特殊监管区域、保税监管场所与境内区外进出口的。

保税区、出口加工区及其他海关特殊监管区域和保税监管场所与境外之间进出，海关特殊监管区域、保税监管场所之间进出的黄金及其产品，免于办理"黄金及其制品进出口准许证"。

"黄金及其制品进出口准许证"是我国进出口许可管理制度中具有法律效力，用来证明对外贸易经营者经营黄金及其制品合法进出口的证明文件，是海关验放该类货物的重要依据。列入中国人民银行、海关总署联合发布的《黄金及其制品进出口管理目录》的黄金及其制品，主要包括：氰化金、氰化金钾（含金40%）、其他金化合物、非货币用金粉、非货币用未锻造金、非货币用半制成金、货币用未锻造金（包括镀铂的金）、金的废碎料、镶嵌钻石的黄金制首饰及其零件、其他黄金制首饰及其零件、其他贵金属制金器及其零件、金质铸币（金质贵金属纪念币）、黄金表壳（按重量计含金量80%以上）、黄金表带（按重量计含金量80%以上）等。

（五）民用爆炸物品进出口管理

为了加强对民用爆炸物品进出口的管理，维护国家经济秩序，保障社会公共安全，根据《中华人民共和国民用爆炸物品安全管理条例》，国家对民用爆炸物品实施进出口限制管理。

1. 主管部门

工业和信息化部（以下简称工信部）为国家进出口民用爆炸物品的主管部门，负责民用爆炸物品进出口的审批；公安机关负责民用爆炸物品境内运输安全监督管理；海关负责民用爆炸物品进出口环节的监管。

在进出口民用爆炸物品前，进出口企业应当向工信部申领"民用爆炸物品进/出口审批单"。在取得"民用爆炸物品进/出口审批单"后，进出口企业应当将获准进出口的民用爆炸物品的品种和数量等信息向收货地或者出境口岸所在地县级人民政府公安机关备案。在依法取得公安机关核发的"民用爆炸物品运输许可证"后方可运输民用爆炸物品。

2. 管理范围

管理范围包括：用于非军事目的、列入我国《民用爆炸物品品名表》的各类火药、炸药及其制品，雷管、导火索等点火和起爆器材。

3. 报关规范

（1）企业进出口民用爆炸物品的，凭"民用爆炸物品进/出口审批单"向口岸海关办理进出口手续。报关单位应主动向海关提交有效的"民用爆炸物品进/出口审批单"及其他有关单据。"民用爆炸物品进/出口审批单"实行"一批一单"和"一单一关"管理。

（2）海关无法确定进出口物品是否属于民用爆炸物品的，由进出口企业将物品样品送交具有民用爆炸物品检测资质的机构鉴定，海关依据有关鉴定结论实施进出口管理。

（3）民用爆炸物品在海关特殊监管区域或者场所与境外之间进出的，应当向海关提交"民用爆炸物品进/出口审批单"。

（六）有毒化学品管理

"有毒化学品"是指进入环境后通过环境蓄积、生物累积、生物转化或化学反应等方式损害健康和环境，或者通过接触对人体具有严重危害和具有潜在危险的化学品。

为了保护人体健康和生态环境，加强有毒化学品进出口的环境管理，国家根据《关于化学品国际贸易资料交流的伦敦准则》，发布了《中国禁止或严格限制的有毒化学品名录》，对进出口有毒化学品进行监督管理。

国家环保部在审批有毒化学品进出口申请时，对符合规定准予进出口的，签发"有毒化学品进出口环境管理放行通知单"，它是我国进出口许可管理制度中具有法律效力，用来证明对外贸易经营者经营列入《中国禁止或严格限制的有毒化学品名录》化学品合法出口的证明文件，是海关验放该类货物的重要依据。

国家环保部与海关总署对"有毒化学品进出口环境管理放行通知单"实施联网核查，国家环保部发证机关在签发通知单的同时，通过中国电子口岸信息平台，将通知单电子数据传输给海关总署。进口货物通关环节，海关凭通知单纸质件和通知单电子数据验放货物，并将通知单核销数据反馈给国家环保部。

（七）农药进出口管理

农药进出口管理是国家农业主管部门依据《中华人民共和国农药管理条例》（以下简称《农药管理条例》），对进出口用于预防、消灭或者控制危害农业、林业的病、虫、草和其他有害生物，有目的地调节植物、昆虫生长的化学合成或者来源于生物、其他天然物质的一种物质或者几种物质的混合物及其制剂实施的管理。

农业部是国家农药进出口的主管部门，会同海关总署依据《农药管理条例》和《在国际贸易中对某些危险化学品和农药采用事先知情同意程序的鹿特丹公约》，制定《中华人民共和国进出口农药登记证明管理名录》（以下简称《农药名录》）。进出口列入上述目录的农药，应事先向农业部农药检定所申领"农药进出口登记管理放行通知单"，凭以向海关办理报关手续。

"农药进出口登记管理放行通知单"是我国进出口许可管理制度中具有法律效力，用来证明对外贸易经营者经营《农药名录》所列农药合法进出口的证明文件，是海关验放该类货物的主要依据。农业部与海关总署对"农药进出口登记管理放行通知单"实施联网核查，农业部将通知单电子数据通过中国电子口岸实时发送给海关总署，现场海关根据电子数据验核纸质通知单办理通关手续，并将通知单核销情况反馈给农业部。

"农药进出口登记管理放行通知单"实行"一批一证"管理，进出口一批农药产品，办理一份通知单，对应一份海关进出口货物报关单，通知单一式两联，第一联由进出口单位交海关办理通关手续，由海关留存，与报关单一并归档，第二联由农业部留存。

（八）兽药进口管理

兽药进口管理是指国家农业主管部门（农业部）依据《进口兽药管理办法》，对进出口兽药实施监督管理。受管理的兽药是指用于预防、治疗、诊断畜禽等动物疾病，有目的地调节其生理机能并规定作用、用途、用法、用量的物质。

进口兽药实行目录管理，《进口兽药管理目录》由农业部会同海关总署制定、调整公布。企业进口列入《进口兽药管理目录》的兽药，应向进口口岸所在地省级人民政府兽医行政管理部门申请办理"进口兽药通关单"，进口单位进口时，需持《进口兽药通关单》向海关申报，海关按货物进口管理的相关规定办理通关手续。"进口兽药通关单"实行"一单一关"制，在30日有效期内只能一次性使用。

进口料件或加工制成品属于兽药且无法出口的，应当按照规定办理"进口兽药通关单"，海关凭"进口兽药通关单"办理内销手续。从保税区、出口加工区及其他海关特殊监管区域和保税监管场所进入境内区外的兽药，应当办理"进口兽药通关单"。

以暂时进口方式进口的不在中国境内销售的兽药，暂时进口期满后全部复运出境的，以及从境外进入保税区、出口加工区及其他海关特殊监管区域和保税监管场所的兽药及海关特殊监管区域、保税监管场所之间进出的兽药，免于办理"进口兽药通关单"，由海关按照有关规定实施监管。

兽药进口单位进口暂未列入《进口兽药管理目录》的兽药时，应如实申报，自动向海关出具进口兽药通关单；对进口同时列入《进口药品目录》的兽药，海关免于验核"进口药品通关单"；对进口的兽药，因企业申报不实或伪报用途所产生的后果，企业应承担相应的法律责任。

（九）水产品捕捞进口管理

我国已加入养护大西洋金枪鱼国际委员会、印度洋金枪鱼委员会和南极海洋生物资源养护委员会。为遏制非法捕捞活动和有效养护有关渔业资源，上述政府间渔业管理组织成员已对水产品实施合法捕捞证明制度，根据合法捕捞证明制度的规定，国际组织成员进口部分水产品时有义务验核船旗国政府主管机构签署的合法捕捞证明，没有合法捕捞证明的水产品被视为非法捕捞产品，各成员方不得进口。

为有效履行我国政府相关义务，树立我国负责任的渔业国际形象，农业部会同海关总署对部分水产品捕捞进口实施进口限制管理，并调整公布了《实施合法捕捞证明的水产品清单》，对进口列入《实施合法捕捞证明的水产品清单》的水产品（包括进境样品、暂时进口、加工贸易进口及进入海关特殊监管区域和海关保税监管场所等），有关单位应向农业部申领"合法捕捞产品通关证明"。

为加强对合法捕捞产品的进口监管，有效防范和打击非法捕鱼活动，提高通关效率，农业部、海关总署对"合法捕捞产品通关证明"实行联网核查，农业部不再签发纸质版"合法捕捞产品通关证明"，有关单位向农业部申领"合法捕捞产品通关证明",办结后,农业部授权的中国远洋渔业协会通知申请单位,并实时将"合法捕捞产品通关证明"电子数据传输至海关,海关凭电子数据接受企业报关。

申请"合法捕捞产品通关证明"时,应提交由船旗国政府主管机构签发的合法捕捞证明原件。如在船旗国以外的国家或地区加工的上述清单所列产品进入我国,申请单位应提交由船旗国政府主管机构签发的合法捕捞产品副本和加工国或者地区授权机构签发的再出口证明原件。

本章小结:通过本章的学习,要掌握如下几点:①对外贸易管制的目的及特点:发展本国经济,保护本国经济利益;达到国家政治或军事目的;实现国家职能。②我国对外贸易管制基本框架与法律体系。③我国货物、技术进出口许可管理制度:进出口许可是国家对进出口的一种行政管理制度,既包括准许进出口有关证件的审批和管理制度本身的程序,也包括以国家各类许可为条件的其他行政管理手续,这种行政管理制度称为进出口许可制度。④其他贸易管制制度:对外贸易经营者管理制度、出入境检验检疫制度、进出口货物收付汇管理制度、对外贸易救济措施。⑤我国贸易管制主要管理措施及报关规范。

思考题:

1. 对外贸易管制的目的有哪些?
2. 货物、技术进出口许可管理制度的管理范围包括哪些?
3. 对限制进口货物的管理主要有哪两个方面?
4. 简述进出口经营权的概念,并列举目前我国对外贸易经营者的种类。
5. 我国出入境检验检疫制度的内容有哪些?
6. 对外贸易救济措施有哪些?
7. 《自动许可证》管理的贸易类别范围是什么?
8. 自动进口许可证管理的含义是什么?
9. 什么是关税配额管理?
10. 什么是国营贸易?

第四章　一般进出口货物的通关制度

本章概要： 海关通关制度是主权国家维护本国政治、经济、文化利益，对进出口货物和物品在进出境口岸进行监督管理的基本制度。所谓通关，是指进出境运输工具的负责人、货物的收发货人及其代理人、进出境物品的所有人向海关申请办理进出口手续，海关对其呈交的单证和申请进出境的货物、运输工具和物品依法进行审核、查验、征缴税费，批准进口或者出口的全过程。

一般进出口货物的通关，分为四个环节，用流程图表明，即：

通关程序 = 1. 申报 → 2. 查验 → 3. 征税 → 4. 放行

加工贸易进出口货物、经海关批准的减免税或缓期缴纳进出口税费的进出口货物，以及其他在放行后一定期限内仍须接受海关监管的货物的通关，可以划分为五个基本环节：

通关程序 = 1. 申报 → 2. 查验 → 3. 征税 → 4. 放行 → 5. 结关

本章以进出口货物通关的五大环节为线索，重点介绍了申报、查验、征税、放行的程序和具体做法，并阐述了在这些环节中应该注意的问题。

本章学习目标： 海关通关制度的概念；通关的概念；一般进出口货物的通关的环节（申报、查验、征税、放行）程序、具体做法和应注意的问题。

第一节　进出口货物的申报制度

申报是进出口货物的收发货人或其代理人向海关申请办理通关程序的第一个环节，也是关键的环节。申报质量如何，直接影响到企业在对外贸易活动中能否顺利通关。本节主要介绍申报的程序及应注意的问题。

一、申报的定义

申报是指进出口货物收发货人、受委托的报关企业，依照《海关法》及有关法律、行政法规的要求，在规定的期限、地点，采用电子数据报关单和纸质报关单形式，向海关报告实际进出口货物的情况，并接受海关审核的行为。

申报是进出境货物通关的第一个环节。为保证申报行为的合法性，海关在进出口货物的申报地点、申报期限、申报日期、滞报金等方面均做了明确规定。

1. 申报地点

进口货物应当由收货人或其代理人在货物的进境地海关申报；出口货物应当由发货人或其代理人在货物的出境地海关申报。经收发货人申请，海关同意，进口货物的收货人或其代理人可以在设有海关的货物指运地申报，出口货物的发货人或其代理人可以在设有海关的货物起运地申报。以保税货物、特定减免税货物和暂准进境货物申报进境的货物，因故改变使用目的从而改变货物性质转为一般进口时，进口货物的收货人或其代理人应当在货物所在地的主管海关申报。

2. 申报期限

进口货物的申报期限为自装载货物的运输工具申报进境之日起 14 日内（从运输工具申报进境之日的第二天开始算，下同）。进口货物自装载货物的运输工具申报进境之日起超过 3 个月仍未向海关申报的，货物由海关提取并依法变卖，对属于不宜长期保存的货物，海关可以根据实际情况提前处理。出口货物的申报期限为货物运抵海关监管区后、装货的 24 小时以前。经电缆、管道或其他特殊方式进出境的货物，进出口货物收发货人或其代理人按照海关规定定期申报。

3. 申报日期

进出口货物收发货人或其代理人的申报数据自被海关接受之日起，其申报的数据就产生法律效力，即进出口货物收发货人或其代理人应当承担"如实申报""如期申报"等法律责任。因此，海关接受申报数据的日期非常重要。申报日期是指申报数据被海关接受的日期。不论是以电子数据报关单方式申报，还是以纸质报关单方式申报，海关接受申报数据的日期即为接受申报的日期。采用先电子数据报关单申报，后提交纸质报关单，或者仅以电子数据报关单方式申报的，申报日期为海关计算机系统接受申报数据时记录的日期，该日期将反馈给原数据发送单位，或公布于海关业务现场，或通过公共信息系统发布。电子数据报关单经过海关计算机检查被退回的，视为海关不接受申报，进出口货物收发货人或其代理人应当按照要求修改后重新申报，申报日期为海关接受重新申报的日期。海关已接受申报的报关单电子数据，送人工审核后，需要对部分内容进行修改的，进出口货物收发货人或其代理人应当按照海关规定进行修改并重新发送，申报日期仍为海关原接受申报的日期。先纸质报关单申报，后补报电子数据，或只提供纸质报关单申报的，海关工作人员在报关单上做登记处理的日期，为海关接受申报的日期。

4. 滞报金

进口货物收货人未按规定期限向海关申报产生滞报的，由海关按规定征收滞报金。进口货物收货人超过规定期限向海关申报的，滞报金的征收以自运输工具申报进境之日起第 15 日为起始日，以海关接受申报之日为截止日。进口货物滞报金按日计征，起始日和截止日均计入滞报期间。进口货物收货人在向海关传送报关单电子数据申报后，未在规定期限或核准的期限内提交纸质报关单，海关予以撤销电子数据报关单处理，进口货物收货人因此重新向海关申报产生滞报的，滞报金的征收，以自运输工具申报进境之日起第 15 日为起始日，以海关重新接受申报之日为截止日。进口货物收货人申报并经海关依法审核，必须撤销原电子数据报关单重新申报而产生滞报的，经进口货物收货人申请并经海关审核同意，滞报金的征收，以撤销原电子数据报关单之日起第 15 日为起始日，以海关重新接受申报之日为截止日。进口货物因收货人在运输工具申报进境之日起超过 3 个月未向海关申报，被海关提取作变卖处理后，收货人申请发还余款的，滞报金的征收，以自运输工具申报进境之日起第 15 日为起始日，以该 3 个月期限的最后一日为截止日。

滞报金的日征收金额为进口货物完税价格的 0.5‰，以人民币"元"为计征单位，不足人民币 1 元的部分免予计收。

征收滞报金的计算公式为：

$$滞报金额 = 进口货物完税价格 × 0.5‰ × 滞报期间（滞报天数）$$

滞报金的起征点为人民币 50 元。滞报金的计征起始日如遇法定节假日或休息日，则顺延至其后第一个工作日。因完税价格调整等原因需补征滞报金的，滞报金金额应当按照调整后的完税价格重新计算，补征金额不足人民币 50 元的，免予征收。因不可抗力等特殊情况产生的滞报可以向海关申请减免滞报金。

二、申报的程序

一般来说，报关企业向海关申报需要经过以下程序的运作：

（一）准备申报单证

准备申报的单证是报关员开始进行申报工作的第一步，是整个报关工作能否顺利进行的关键一步。申报单证可以分为报关单和随附单证两大类，其中随附单证包括基本单证和特殊单证。

报关单是由报关员按照海关规定格式填制的申报单，是指进出口货物报关单或者带有进出口货物报关单性质的单证，比如：特殊监管区域进出境备案清单、进出口货物集中申报清单、ATA 单证册、过境货物报关单、快件报关单，等等。一般来说，任何货物的申报都必须有报关单。

基本单证是指进出口货物的货运单据和商业单据，主要有：进口提货单据、出口装货单据、商业发票、装箱单等。一般来说，任何货物的申报都必须有基本单证。

特殊单证主要有：进出口许可证件、加工贸易手册（包括纸质手册、电子账册和电子化手册）、特定减免税证明、作为有些货物进出境证明的原进出口货物报关单证、出口收汇核销单、原产地证明书、贸易合同等。某些货物的申报必须有特殊单证，比如租赁贸易货物进口申报，必须有租赁合同，而别的货物进口申报则不一定需要贸易合同，所以贸易合同对于租赁贸易货物申报来说是一种特殊单证。

进出口货物收发货人或其代理人应向报关员提供基本单证、特殊单证，报关员审核这些单证后据以填制报关单。

准备申报单证的原则是：基本单证、特殊单证必须齐全、有效、合法；填制报关单必须真实、准确、完整；报关单与随附单证数据必须一致。

（二）申报前看货取样

进口货物的收货人在向海关申报前，为了确定货物的品名、规格、型号等，可以向海关提交查看货物或者提取货样的书面申请。海关审核同意的，派员到场监管。

涉及动植物及其产品和其他须依法提供检疫证明的货物，如需提取货样，应当按照国家的有关法律规定，事先取得主管部门签发的书面批准证明。提取货样后，到场监管的海关工作人员与进口货物的收货人在海关开具的取样记录和取样清单上签字确认。

（三）申报

1. 电子数据申报

进出口货物收发货人或其代理人可以选择终端申报方式、委托 EDI 方式、自行 EDI 方式、网上申报方式这 4 种电子申报方式中适用的一种，将报关单内容录入海关电子计算机系统，生成电子数据报关单。

进出口货物收发货人或其代理人在委托录入或自行录入报关单数据的计算机上接收到海关发送的接受申报信息，即表示电子申报成功；接收到海关发送的不接受申报信息后，则应当根据信息提示修改报关单内容后重新申报。

2. 提交纸质报关单及随附单证

海关审结电子数据报关单后，进出口货物收发货人或其代理人应当自接到海关"现场交单"或"放行交单"信息之日起 10 日内，持打印的纸质报关单，备齐规定的随附单证并签名盖章，到货物所在地海关提交书面单证，办理相关海关手续。

（四）补充申报

补充申报是指进出口货物的收发货人、受委托的报关企业依照海关有关行政法规和规章的要求，在"中华人民共和国海关进（出）口货物报关单"之外采用补充申请报单的形式，向海关进一步申报为确定货物完税价格、商品归类、原产地等所需信息的行为。

有下列情形的，收发货人、报关企业应当向海关进行补充申报：

——海关对申报时货物的价格、商品编码等内容进行审核时，为确定申报内容的完整性和准确性，要求进行补充申报的；

——海关对申报货物的原产地进行审核时，为确定货物原产地准确性，要求收发货人提交原产地证书，并进行补充申报的；

——海关对已放行货物的价格、商品编码和原产地等内容进行进一步核实时，要求进行补充申报的。

收发货人、报关企业可以主动向海关进行补充申报，并在递交报关单时一并提交补充申报单。

收发货人、报关企业应按要求如实、完整地填写补充申报单，并对补充申报内容的真实性、准确性承担相应的法律责任。补充申报的内容是对报关单申报内容的有效补充，不得与报关单填报的内容相抵触。

（五）修改申报内容或撤销申报

海关接受进出口货物申报后，电子数据和纸质的进出口货物报关单不得修改或者撤销；确有正当理由的，经海关审核批准，可以修改或撤销，其主要有以下两种情况：

1. 进出口货物收发货人要求修改或撤销

进出口货物收发货人或其代理人确有如下正当理由的，可以向原接受申报的海关申请修改或者撤销进出口货物报关单：

——由于报关人员操作或书写失误造成所申报的报关单内容有误，并且未发现有走私违规或者其他违法嫌疑的；

——出口货物放行后，由于装运、配载等原因造成原申报货物部分或全部退关、变更运输工具的；

——进出口货物在装载、运输、存储过程中因溢短装，不可抗力的灭失、短损等原因造成原申报数据与实际货物不符的；

——根据贸易惯例先行采用暂时价格成交，实际结算时按商检品质认定或国际市场实际价格付款方式，因而需要修改申报内容的；

——由于计算机、网络系统等方面的原因导致电子数据申报错误的；

——其他特殊情况经海关核准同意的。

海关已经决定布控、查验的，以及涉案的进出口货物的报关单在办结前不得修改或者撤销。

进出口货物收发货人或其代理人申请修改或者撤销进出口货物报关单的，应当向海关提交"进出口货物报关单修改/撤销申请表"，并相应提交可以证明进出口实际情况的合同、发票、装箱单等相关单证，外汇管理、国税、检验检疫、银行等有关部门出具的相关单证，应税货物的"海关专用缴款书"及用于办理收付汇和出口退税的进出口货物报关单证明联等海关出具的相关单证。

因修改或者撤销进出口货物报关单导致需要变更、补办进出口许可证件的，进出口货物收发货人或其代理人应当向海关提交相应的进出口许可证件。

2. 海关发现报关单需要进行修改或者撤销

海关发现进出口货物报关单需要进行修改或者撤销，但进出口货物收发货人或其代理人未提出申请的，海关应当通知进出口货物的收发货人或其代理人。海关在进出口货物收发货人或其代理人填写"进出口货物报关单修改/撤销确认书"，确认进出口货物报关单修改或者撤销的内容后，对进出口货物报关单进行修改或者撤销。

同样，因修改或者撤销进出口货物报关单导致需要变更、补办进出口许可证件的，进出口货物收发货人或其代理人应当向海关提交相应的进出口许可证件。

第二节 进出口货物的查验制度

查验是国家赋予海关的一种依法行政的权力，也是通关程序中一个必不可少的重要环节。根据《海关法》的规定，除经收发货人申请，海关总署特准可以免验的以外，进出口货物都应当接受海关的查验。这里主要介绍海关查验的要求及报关单位应注意的问题。

一、查验的定义

海关查验是指海关根据海关法确定进出境货物的性质、价格、数量、原产地、货物状况等是否与报关单上已申报的内容相符，对货物进行实际检查的行政执法行为。

海关查验的目的主要有两个：一是通过核对实际进出口货物与报关单证来验证申报环节所申报的内容是否一致，通过实际查验发现申报审单环节所不能发现的有无瞒报、伪报和申报不实等走私违规情事或其他进出口问题；

二是通过查验可以验证申报审单环节提出的疑点，为征税、统计和后续管理提供可靠的监管依据。进口货物的税则归类号列及适用税率、申报的到岸价格海关是否接受，均取决于查验的结果。如查验不实，税则归类及海关估价不当，不仅可能导致适用税率的差错，还可能导致估价的偏差，从而致使税负不公，给国家或进口货物的收发货人造成损失。

二、查验的地点

查验应当在海关监管区内实施。因货物易受温度、静电、粉尘等自然因素影响，不宜在海关监管区内实施查验，或者因其他特殊原因需要在海关监管区外查验的，经进出口货物收发货人或其代理人书面申请，海关可以派员到海关监管区外实施查验。

三、查验的方法和要求

海关实施查验可以彻底查验，也可以抽查。彻底查验是指对一票货物逐件开拆包装，验核货物实际状况；抽查是指按照一定比例有选择地对一票货物中的部分货物验核实际状况。

查验操作可以分为人工查验和设备查验：

人工查验包括外形查验、开箱查验。外形查验是指对外部特征直观、易于判断基本属性的货物的包装、运输标志和外观等状况进行验核，开箱查验是指将货物从集装箱、货柜车厢等厢体中取出并拆除外包装后对货物实际情况进行验核。

设备查验是指以技术检查设备为主对货物实际状况进行的验核。

海关可以根据货物情况及实际执法需要，确定具体的查验方式。

海关在查验中要求：

（1）进出口货物的收发货人或其代理人必须到场，并按海关的要求负责办理货物的搬运、拆装箱和重封货物的包装等工作。

（2）海关认为必要时，也可以径行开验、复验或者提取货样，货物保管人员应当到场作为见证人。

四、配合查验

海关查验货物时，进出口货物收发货人或其代理人应当到场，配合海关查验。

进出口货物收发货人或其代理人配合海关查验应当做好以下工作：

——负责按照海关要求搬移货物，开拆包装，以及重新封装货物；

——预先了解和熟悉所申报货物的情况，如实回答查验人员的询问及提供必要的资料；

——协助海关提取需要做进一步检验、化验或鉴定的货样，收取海关出具的取样清单；

——查验结束后，认真阅读查验人员填写的"海关进出境货物查验记录单"，注意以下情况的记录是否符合实际：开箱的具体情况、货物残损情况及造成残损的原因、提取货样的情况、查验结论。

查验记录清楚准确的，配合查验人员应即签名确认。配合查验人员如不签名，海关查验人员在查验记录中予以注明，并由货物所在监管场所的经营人签名证明。

五、被查验货物损坏的赔偿

在查验过程中，或者证实海关在径行查验过程中，因为海关关员的责任造成被查验货物损坏的，进口货物的收货人、出口货物的发货人或其代理人可以要求海关赔偿。海关赔偿的范围仅限于在实施查验过程中，由于海关关员的责任造成被查验货物损坏的直接经济损失。直接经济损失的金额根据被损坏货物及其部件的受损程度确定，或者根据修理费确定。

以下情况不属于海关赔偿范围：

——进出口货物的收发货人或其代理人搬移、开拆、重封包装或保管不善造成的损失；

——易腐、易失效货物在海关正常工作程序所需时间内（含扣留或代管期间）所发生的变质或失效；

——海关正常查验时产生的不可避免的磨损；

——在海关查验之前已发生的损坏和海关查验之后发生的损坏；

——由于不可抗拒的原因造成货物的损坏、损失。

进出口货物的收发货人或其代理人在海关查验时对货物是否受损坏未提出异议，事后发现货物有损坏的，海关不负赔偿的责任。

海关赔偿一般依下列程序办理：

（1）海关关员在查验进出口货物、物品造成损坏的，由海关查验人员据实填写"中华人民共和国海关查验货物、物品损坏报告书"一式两份，由查验关员和当事人双方签字，一份交当事人，一份交海关存查。如海关在依法径行查验、复验或者提取货样时造成被查货物、物品损坏，而当事人又不在场时，海关查验关员要请在场的货物、物品保管人员作为见证人在海关查验货物、物品损坏报告书上签字，并及时通知当事人。

（2）进出口货物的收发货人或其代理人收到损坏报告书后，可与海关共同协商确定被查货物、物品的受损程度，必要时可凭公证机构出具的鉴定证明来确定受损程度。受损程度确定后，以海关审定的完税价格为基数，确定实际的赔偿金额。进出口货物的收发货人和海关对赔偿金额有争议时，可向法院起诉，由法院裁定和判决赔偿金额。

赔偿金额如是以修理费用计算的，则按被损货物、物品的实际修理费用确定为赔偿金额。赔偿金额确定后，由海关填发"中华人民共和国海关损坏货物、物品赔偿通知单"，当事人应自收到上述赔偿通知单之日起 3 个月内凭单向填发海关领取赔款，或将银行账号通知海关，由海关直接从银行划拨，逾期海关不再赔偿。赔款一律以人民币支付。

第三节　进出口货物的征税制度

海关征税是海关根据国家的有关政策、法规对进出口货物征收关税及进口环节的税费。根据《海关法》和《进出口关税条例》的有关规定，进出口货物除国家另有规定外，均应征收关税。关税由海关依照《海关进出口税则》征收。

对进出口货物除征收关税外，还要对少数商品征收消费税，对进口货物征收进口环节增值税。根据国家法律规定，上述两种税款本应由税务机关征收。为简化征税手续，方便货物进出口，同时又可有效地避免货物进口后可能漏税，国家规定进口货物的增值税和消费税由海关在进口环节代税务机关征收，因此在实际工作中常称为海关代征税。

海关税费计征的一般程序是：

（一）税则归类

税则归类就是将进出口货物按照《海关进出口税则》的归类总规则归入适当的税则编号，以确定其适用的税率。

（二）税率的运用

《海关进出口税则》中的关税进口税率有最惠国税率、协定税率、优惠税率、普通税率、暂定税率、关税配额税率、非全税目信息技术产品税率和进境物品进口税率。出口税率只有一种。根据《进出口关税条例》规定，在选择适用的税率时，基本的原则是"从低适用"。

为了保证正确执行国家政策，维护货物进出口人的利益，使全国海关实施统一的税率，海关对进出口货物，按海关接受该货物申报进口或者出口之日实施的税率计征税款。对进口货物到达前已经海关核准先行申报的，海关按照装载此项货物的运输工具申报进境之日实施的税率计征税款。

（三）完税价格的审定

完税价格是指海关按照《海关法》和《进出口关税条例》以及《审价办法》的有关规定计算应征关税的进出口货物的价格。

进口货物是以成交价格为基础的，包括货物运抵中华人民共和国境内输入地点起卸前的运输及相关费用、保险费为完税价格。

出口货物以海关审定的货物售予境外的离岸价格，扣除出口税后作为完税价格。

海关征税环节的详细介绍可以参考本书相应章节。

第四节　进出口货物的放行制度

对进出口货物的放行是海关对进出口货物进行现场监管的一项工作，也是口岸海关通关程序的最后一个环节。根据《海关法》规定，除海关特准的外，进出口货物在收发货人缴清税款或提供担保后，由海关签印放行。本节主要介绍海关放行的有关规定及进出口货物海关担保制度。

一、放行的定义

海关放行是指海关在接受进出口货物的申报，经过审核报关单据、查验货物、征收税费或接受担保以后，对进出口货物做出结束海关现场监管决定，允许进出口货物离开海关监管现场的工作环节。

海关在决定放行进出口货物后，需在进口货物提货凭证或者出口货物装货凭证上签盖"海关放行章",进出口货物的收发货人或其代理人签收进口提货凭证或者出口装货凭证,凭此办理提取进口货物或将出口货物装上运输工具离境。

二、放行的规定

放行意味着进出口货物可解除海关现场监管,尤其是一般贸易进出口货物,海关放行即是结关,保税进口货物、加工贸易、减免税、缓税进出口货物及其他监管货物在口岸海关办理完毕放行手续后,还不能说是结关,只有待海关结束对其实施的后续管理行为才是真正意义的结关。因此,海关在口岸放行环节的工作重点是对通关程序中的申报、查验、征税几个环节的工作进行复核,复核内容有:

(1) 进出口货物的通关程序是否合法,手续是否齐全;各项签章是否完整、有效;

(2) 进出口货物的申报单证是否齐全、有效、有无遗漏;

(3) 海关查验进出口货物的记录和批注是否准确,符合规范;

(4) 应税、应费进出口货物缴纳税费的情况;

(5) 属于担保放行或缓税处理的进出口货物的手续的合法性;

(6) 有关监管货物的登记、备案记录是否完整正确;

(7) 构成走私违规行为的是否已经处罚。

进出口货物的收发货人或其代理人,及其报关员应在放行环节积极协助海关做好上述工作,随时答复海关的复核询问或提供有关单据,保证放行手续的迅速办理。只有以上各项全部复核完毕,均能满足有关法律、法规的要求后,海关才能对申报进出口的货物签章放行。

三、放行的手续

(一) 签印放行

对于一般进出口货物,在收发货人或其代理人如实向海关申报,并如数缴纳应缴税款和有关规费后,海关在货物的进出口货运单据(如进口提单或运单、出口装货单)或特制的放行条上签盖"海关放行章",进口货物的收货人凭以到海关监管仓库提取货物,出口货物的发货人凭以装船启运出境。

（二）签发"进（出）口货物证明书"

"进（出）口货物证明书"是证明某项货物经海关监管合法实际进口或出口的文件。海关一般在办完放行手续后签发。

海关签发"进（出）口货物证明书"主要是为了方便进出口货物的所有人办理有关业务。因此，在同时符合以下条件的情况下，海关才签发"进（出）口货物证明书"：

——报关员或货物所有人提出要求的；

——某项进口或出口的货物是经海关监管验放的、合法的进（出）口货物，且需要证明的。

为加强管理，防止不法的进出口货物收发货人伪造假"进（出）口货物证明书"进行走私，诈骗等违法活动，海关核发印有防伪标志的"进（出）口货物证明书"。

（三）签发出口退税报关单

对需出口退税的货物，出口货物的发货人应在向海关申报出口时，增附一份浅黄色的出口退税专用报关单。海关放行后，在报关单上加盖"验讫章"和已向税务机关备案的海关审核出口退税负责人的签章，并加贴防伪标签后，退还报关单位，送交退税地税务机关，对申报出口的高税率产品，海关将报关单制作关封退报关单位（或由报关单位转交出口发货人）送交退税地税务机关。

（四）签发进口付汇、出口收汇进出口货物报关单

对属于进口付汇、出口收汇进出口货物的报关单，海关在办结放行手续后，出具一份盖有海关验讫章的电脑打印报关单，并在报关单的右上角加贴防伪标签，交进口或出口单位专门用于办理进口付汇或出口收汇核销手续。

第五节 结 关

结关是指经口岸放行后仍需继续实施后续管理的货物，海关在规定的期限内进行核查，对需要补证、补税的货物做出处理，直至完全结束海关监管程序。有关后续管理的内容本书有关章节将另做详细介绍。

加工贸易进口货物的结关是指海关在加工贸易合同规定的期限内对其进

口、复出口及余料的情况进行核对，并经经营单位申请办理了批准内销部分货物的补证、补税手续，对原备案的加工贸易合同予以销案。

暂时进出口货物的结关是指在海关规定的期限内（含经批准延期的）暂时进口货物复运出口或者暂时出口货物复运进口，并办理了有关纳税销案手续，完全结束海关监管的工作程序。

特定减免税货物的结关是指有关进口货物的海关监管年限期满并向海关申请解除监管，领取了主管海关核发的"海关对减免税进口货物解除监管证明"，完全结束海关监管的工作程序。

第六节 进出口货物报关单的主要内容

一、进（出）口货物报关单概述

（一）进（出）口货物报关单的含义及类别

进（出）口货物报关单是指进出口货物的收发货人或其代理人，按照海关规定的格式对进出口货物的实际情况作出的书面申明，以此要求海关对其货物按适用的海关制度办理报关手续的法律文书。

按货物的进出口状态、表现形式、使用性质的不同，进（出）口货物报关单可进行如下分类：按进出口流向可以分为进口货物报关单和出口货物报关单；按表现形式分类分为纸质报关单和电子数据报关单；按使用性质可以分为进料加工进（出）口货物报关单、来料加工及补偿贸易进（出）口货物报关单和一般贸易及其他贸易进（出）口货物报关单。

（二）进（出）口货物报关单各联的用途

纸质进口货物报关单一式五联，分别是：海关作业联、海关留存联、企业留存联、海关核销联、证明联（进口付汇用）；纸质出口货物报关单一式六联，分别是：海关作业联、海关留存联、企业留存联、海关核销联、证明联（出口收汇用）、证明联（出口退税用）。

1. 进（出）口货物报关单海关作业联

进（出）口货物报关单海关作业联是报关员配合海关查验、缴纳税费、提取或装运货物的重要单据，也是海关查验货物、征收税费、编制海关统计及处理其他海关事务的重要凭证。

2. 进（出）口货物报关单加工贸易核销联

进（出）口货物报关单海关核销联是指接受申报的海关对已实际申报进口或出口的货物所签发的证明文件，是海关办理加工贸易合同核销、结案手续的重要凭证。该联在报关时与海关作业联一并提供，加工贸易的货物进出口后，申报人凭以向主管海关办理加工贸易合同核销手续。

3. 进口货物报关单付汇证明联

进口货物报关单付汇证明联是海关对已实际进境的货物所签发的证明文件，是银行和国家外汇管理部门办理售汇、付汇手续的重要依据之一。对需办理进口付汇、核销的货物，进口货物收货人或其代理人应当在海关放行货物后，向海关申领进口货物报关单进口付汇证明联，凭以向银行、国家外汇管理部门办理付汇、核销手续。

4. 出口货物报关单收汇证明联

出口货物报关单收汇证明联是海关对已实际出境的货物所签发的证明文件，是银行和国家外汇管理部门办理收汇及核销手续的重要依据之一。对需办理出口收汇、核销的货物，出口货物发货人或其代理人应当在出口货物结关以后，向海关申领出口货物报关单收汇证明联，凭以向银行、国家外汇管理部门办理收汇、核销手续。

5. 出口货物报关单退税证明联

出口货物报关单退税证明联是海关对已实际申报出口并已装运离境的货物所签发的证明文件，是国家税务部门办理出口货物退税手续的重要凭证之一。对可办理出口退税的货物，出口货物发货人或其代理人应当在载运货物的运输工具实际离境、海关办理结关手续后，向海关申领出口货物报关单出口退税证明联，以便凭以向国家税务管理部门申请办理出口货物退税手续。对不属于退税范围的货物，海关均不予签发该联。随着网络技术的成熟，上述各报关单证明联多已可凭电子数据进行相关作业，纸质报关单证明联在需要时可向海关申领。海关留存联、企业留存联报关单为海关及相关单位各自存查所用。

（三）进（出）口货物报关单的法律效力

《海关法》规定："进口货物的收货人、出口货物的发货人应当向海关如实申报，交验进出口许可证件和有关单证。"进（出）口货物报关单及其他进出境报关单证在对外经济贸易活动中具有十分重要的法律效力，是货物的收发货人向海关报告其进出口货物实际情况及适用海关业务制度、申请海关审查并放行货物的必备法律文书。它既是海关对进出口货物进行监管、征税、统计及开展稽查、调查的重要依据，又是出口退税和外汇管理的重要凭证，也是海关处理进出口货物走私、违规案件及税务、外汇管理部门查处骗税、逃套汇犯罪活动的重要书证。因此，申报人对所填报的进（出）口货物报关单的真实性和准确性应承担法律责任。同时，《海关法》规定："办理进出口货物的海关申报手续，应当采用纸质报关单和电子数据报关单的形式。"这从法律上确定了纸质报关单和电子数据报关单，都是办理进出口货物海关申报手续的法定形式，这两种报关单具有同样的法律效力。

（四）海关对进（出）口货物报关单填制的一般要求

1. 按照相应制度申报并承担相应法律责任

进出口货物的收发货人或其代理人应按照《中华人民共和国海关进出口货物申报管理规定》《报关单填制规范》《统计商品目录》《规范申报目录》等有关规定要求向海关申报，并对申报内容的真实性、准确性、完整性和规范性承担相应的法律责任。

2. "两个相符"

单证相符，即所填报关单各栏目的内容必须与合同、发票、装箱单、提单及批文等随附单据相符；

单货相符，即所填报关单各栏目的内容必须与实际进出口货物的情况相符，不得伪报、瞒报、虚报。

3. 分单填报

不同运输工具、不同航次、不同提运单、不同监管方式、不同备案号、不同征免性质的货物，均应分不同的进（出）口货物报关单填报。一份原产地证书，只能用于同一批次进口货物。含有原产地证书管理商品的一份报关单，只能对应一份原产地证书；同一批次货物中，实行原产地证书联网管理的，如涉及多份原产地证书或含非原产地证书商品，亦应分单填报。同一份报关单上的商品不能同时享受协定税率和减免税。

4. 分商品项填报

一份报关单所申报的货物，须分项填报的情况主要有：商品编号不同的，商品名称不同的，计量单位不同的，原产国（地区）/最终目的国（地区）不同的，币制不同的，征免性质不同的。

（五）进出口货物报关单结构修改

为落实国家简政放权措施，促进贸易便利化，提升海关履职能力，根据海关全面深化改革总体部署和金关工程二期建设安排，海关总署从 2016 年开始对进出口货物报关单结构进行分期修改，并于 3 月份完成首期结构修改，具体修改内容如下：

1. 删除 7 个指标

删除已失去法律依据或不具备监管意义的申报指标，包括"结汇证号/批准文号"出口"结汇方式""用途/生产厂家""税费征收情况""海关审单批注及放行日期""报关单打印日期/时间""报关员联系方式"等 7 个指标。

2. 调整 9 个指标或指标组

（1）"经营单位"指标名称调整为"收发货人"，"收发货单位"指标名称调整为"消费使用单位/生产销售单位"，连同"申报单位"统一使用 18 位统一社会信用代码申报。在统一社会信用代码推广过渡期内，原 10 位海关注册码可以继续使用。

（2）"保税仓库或者出口监管仓库编码"指标名称调整为"保税监管场所"。

（3）"报关员"指标名称调整为"报关人员"。

（4）"申报口岸"指标名称调整为"申报地海关"。

（5）"原产国（地区）/最终目的国（地区）"指标调整为"原产国（地区）"，进出口均需填报。

（6）报关单商品项指标组上限由 20 调整为 50，解决部分因商品项数限制导致的物流凭证拆分。

（7）建立"规格型号指标组"，完善商品申报要素参数，丰富商品申报内容，实现目前规范申报对"品牌"等要素申报的要求。

3. 增加 3 个指标或指标组

（1）增加"最终目的国（地区）"指标，进出口均需填报。

（2）增加"贸易国（地区）"指标，该指标指与国内企业签订贸易合同的外方客户所属国别（地区），未发生商业性交易的指拥有货物所有权的外方所属国别（地区）。

（3）增加其他说明事项指标组，含"特殊关系确认""价格影响确认""支付特许权使用费确认"等项目。首期结构修改后的进出口货物报关单样式如下。

中华人民共和国海关进口货物报关单（样式）

预录入编号：   海关编号：

收发货人		进口口岸	进口日期		申报日期	
消费使用单位		运输方式	运输工具名称			提运单号
申报单位		监管方式	征免性质		备案号	
贸易国（地区）	启运国（地区）		装货港		境内目的地	
许可证号	成交方式	运费		保费		杂费
合同协议号	件数	包装种类		毛重（千克）		净重（千克）
集装箱号	随附单证					
标记唛码及备注						

项号　商品编号　商品名称、规格型号　数量及单位　原产国（地区）　单价　总价　币制　征免

特殊关系确认：　　　价格影响确认：　　　　　　支付特许权使用费确认：

录入员　录入单位	兹申明以上内容承担如实申报、依法纳税之法律责任	海关批注及签章
报关人员		
	申报单位（签章）	

中华人民共和国海关出口货物报关单（样式）

预录入编号： 海关编号：

收发货人		出口口岸		出口日期		申报日期	
生产销售单位		运输方式		运输工具名称		提运单号	
申报单位		监管方式		征免性质		备案号	
贸易国（地区）	抵运国（地区）		指运港		境内货源地		
许可证号	成交方式		运费	保费		杂费	
合同协议号	件数		包装种类	毛重（千克）		净重（千克）	
集装箱号	随附单证						
标记唛码及备注							

项号 商品编号 商品名称、规格型号 数量及单位 原产国（地区） 单价 总价 币制 征免

特殊关系确认： 价格影响确认： 支付特许权使用费确认：

录入员 录入单位	兹申明以上内容承担如实申报、依法纳税之法律责任	海关批注及签章
报关人员		
	申报单位（签章）	

（六）《报关单填制规范》最新修订

为规范进出口货物收发货人的申报行为，统一进出口货物报关单填制要求，根据新修改的进出口货物报关单结构，海关总署于 2016 年 3 月 24 日发布了《关于修订〈中华人民共和国海关进出口货物报关单填制规范〉的公告》（海关总署公告 2016 年第 20 号），对原《报关单填制规范》（海关总署公告 2008 年第 52 号）再次进行了修订。主要修订内容如下：

（1）补充了 2008 年以来散落在相关文件中的关于报关单填制的内容。主要根据海关总署 2010 年第 22 号公告，海关总署 2014 年第 15 号公告，海关总署 2014 年第 33 号公告，海关总署、国家发展改革委、财政部、商务部第 125 号联合令，海关总署、国家发展改革委、财政部、商务部第 185 号联合令，海关总署第 213 号令，海关总署第 218 号令，海关总署第 219 号令等，对进出口货物报关单中的"合同协议号""申报单位""运输方式""提运单号""监管方式""备案号""许可证号""运费""保费""随附单证""标记唛码及备注""项号""商品编号""数量及单位""版本号""货号"和"海关批注及签章"等相关栏目的填制要求作了相应调整。

（2）新增"贸易国（地区）"、出口"原产国（地区）"、进口"最终目的国（地区）"的填制要求；为报关人员准确地填写"其他说明事项"栏目，增加"特殊关系确认""价格影响确认""支付特许权使用费确认"等项目的填制规范。

（3）删除"结汇证号/批准文号"、出口"结汇方式""用途/生产厂家""税费征收情况""海关审单批注及放行日期""报关单打印日期/时间""报关员联系方式"等已失去法律依据或不具备监管意义的申报指标。

（4）为与相关法律表述一致，调整相关项栏目名称：将原"经营单位"改为"收发货人"，将原"收货单位"改为"消费使用单位"，将原"发货单位"修改为"生产销售单位"，将"贸易方式（监管方式）"改为"监管方式"，并对调整项目的填制要求进行规范。"中华人民共和国海关进（出）境货物备案清单"原则上也按本次修订后的《报关单填制规范》的要求填制。

二、报关单填制规范

1. 收发货人

报关单中的"收发货人"是指在海关注册的对外签订并执行进出口贸

易合同的中国境内法人、其他组织或个人。本栏目应填报其名称及编码。编码可选填 18 位法人和其他组织统一社会信用代码或 10 位海关注册编码任一项。

2. 进（出）口口岸

报关单中的"进（出）口口岸"指货物实际进出境的口岸海关，应填报海关规定的"关区代码表"中相应口岸海关的名称及代码。"关区代码表"由 3 部分组成，包括关区代码、关区名称和关区简称。关区代码由 4 位数字组成，前两位为直属关区关别代码，后两位为隶属海关或海关监管场所的代码；关区名称指直属海关、隶属海关或海关监管场所的中文名称；关区简称指关区（海关）的中文简称，一般为 4 个汉字。例如，货物由天津新港口岸进境，"进口口岸"栏不能填报为"天津关区"＋"0202"，亦不能填报为"天津海关"＋"0201"，而应填报为"新港海关"＋"0202"。

3. 进口日期/出口日期

"进口日期"是指运载所申报进口货物的运输工具申报进境的日期。"出口日期"是指运载所申报出口货物的运输工具办结出境手续的日期。填报要求：日期均为 8 位数字，顺序为年（4 位）、月（2 位）、日（2 位）。例如，2011 年 8 月 10 日申报进口一批货物，运输工具申报进境日期为 2011 年 8 月 8 日，"进口日期"栏填报为"20110808"；进口货物进口日期以运载进口货物的运输工具申报进境日期为准，海关与运输企业实行舱单数据联网管理的，进口日期由海关自动生成；出口日期以运载出口货物的运输工具实际离境日期为准，海关与运输企业实行舱单数据联网管理，出口日期由系统自动生成，申报环节免于填报；集中申报的报关单，进出口日期以海关接受报关单申报的日期为准；无实际进出境的报关单，应填报向海关办理申报手续的日期，并以海关最终接受申报的日期为准。

4. 申报日期

申报日期是指海关接受进出口货物的收发货人或其委托的报关企业向海关申报货物进出口的日期。申报日期为 8 位数字，顺序为年（4 位）、月（2 位）、日（2 位）。以电子数据报关单方式申报的，申报日期为海关计算机系统接受申报数据时记录的日期。以纸质报关单方式申报的，申报日期为海关接受纸质报关单并对报关单进行登记处理的日期。本栏目在申报时免于填报。

5. 消费使用单位/生产销售单位

"消费使用单位"是指已知的进口货物在境内的最终消费、使用单位，包括自行从境外进口货物的单位、委托进出口企业进口货物的单位等。"生产销售单位"是指出口货物在境内的生产或销售单位，包括自行出口货物的单位、委托进出口企业出口货物的单位等。

6. 运输方式

报关单中的"运输方式"包括实际运输方式和海关规定的特殊运输方式：前者指货物实际进出境的运输方式，按进出境所使用的运输工具分类；后者指货物无实际进出境的运输方式，按货物在境内的流向分类。"运输方式"栏应根据货物实际进出境的运输方式或货物在境内流向的类别按海关规定的"运输方式代码表"选择填报相应的运输方式名称或代码。

7. 运输工具名称/航次号

"运输工具名称"指载运货物进出境的运输工具的名称或运输工具编号。"航次号"指载运货物进出境的运输工具的航次编。报关单运输工具名称与航次号的填报内容应与运输部门向海关申报的舱单（载货清单）所列相应内容一致、在纸质报关单上，运输工具名称与航次号合并填报在"运输工具名称"一个栏目。

8. 提运单号

"提运单号"是指进出口货物提单或运单的编号。报关单"提运单号"栏所填报的运输单证编号，主要包括海运提单号、海运单号、铁路运单号、航空运单号。提运单号必须与舱单数据一致。一份报关单只允许填报一个提单或运单号，一票货物对应多个提单或运单时，应分单填报。

9. 申报单位

"申报单位"是指向海关申报进出口货物的单位。自理报关的，本栏目填报进出口企业的名称及编码；委托代理报关的，本栏目填报报关企业的名称及编码。本栏目可选填18位法人和其他组织统一社会信用代码或10位海关注册编码任一项。本栏目还包括报关单左下方用于填报申报单位有关情况的相关栏目，包括报关人员、申报单位签章。

10. 监管方式

"监管方式"是以国际贸易中进出口货物的交易方式为基础，结合海关对进出口货物的征税、统计及监管条件综合设定的海关对进出口货物的管理方式。监管方式代码由4位数字构成。前两位是按照海关监管要求和计算机管理需要划分的分类代码，例如，02～08、44、46表示加工贸易货物，11～12表示保税仓储、转口货物，20～22表示外商投资企业进口货物，45表示退运货物，50～53 表示特殊区域货物。后两位是参照国际标准编制的监管方式代码，其中 10～39 表示列入海关贸易统计，41～66 表示列入单项统计；00 表示不列入海关贸易统计和单项统计。本栏目应根据实际对外贸易情况按海关规定的"监管方式代码表"选择填报相应的监管方式简称及代码。一份报关单只允许填报一种监管方式。

11. 征免性质

"征免性质"是指海关根据《海关法》《关税条例》及国家有关政策对进出口货物实施的征、减、免税管理的性质类别。它是海关对进出口货物征、减、免税进行分类统计分析的重要基础。本栏目应根据实际情况按海关规定的"征免性质代码表"选择填报相应的征免性质简称及代码，持有海关核发的征免税证明的，应按照征免税证明中批注的征免性质填报。一份报关单只允许填报一种征免性质，涉及多个征免性质的，应分单填报。

12. 备案号

"备案号"是指进出口货物收发货人办理报关手续时应递交的海关备案审批文件的编号，如加工贸易手册编号、加工贸易电子账册编号、征免税证明编号、实行联网核查的优惠贸易协定项下原产地证书编号、适用 ITA 税率的商品用途认定证明编号等。一份报关单只允许填报一个备案号。无备案审批文件的报关单，本栏目免于填报。备案号的首位标记应与报关单"监管方式""征免性质""征免""用途"及"项号"等栏目内容相对应。

13. 贸易国（地区）

"贸易国（地区）"是指对外贸易中与境内企业签订贸易合同的外方所属的国家（地区）。进口填报购自国，出口填报售予国。未发生商业性交易的填报货物所有权拥有者所属的国家（地区）。本栏目应按海关规定的"国别（地区）代码表"选择填报相应的贸易国（地区）或贸易国（地区）中文名称及代码。无实际进出境的，填报"中国"（代码 142）。

14. 启运国（地区）/运抵国（地区）

"启运国（地区）"是指进口货物起始发出直接运抵我国的国家或地区，或者在运输中转国（地区）未发生商业性交易的情况下运抵我国的国家或地区。"运抵国（地区）"是指出口货物离开我国关境直接运抵的国家或地区，或者在运输中转国（地区）未发生任何商业性交易的情况下最后运抵的国家或地区。进口货物报关单的"启运国（地区）"栏和出口货物报关单的"运抵国（地区）"栏，应按海关规定的"国别（地区）代码表"选择相应国别（地区）的中文名称或代码。

15. 装货港/指运港

"装货港"是指进口货物在运抵我国关境前最后一个境外装运港。"指运港"是指出口货物运往境外的最终目的港。出口货物最终目的港不可预知的，指运港按尽可能预知的目的港填报。本栏目应根据实际情况按海关规定的"港口航线代码表"选择填报相应的港口中文名称或代码。装货港/指运港在"港口航线代码表"中无港口中文名称及代码的，可选择填报相应的国家（地区）中文名称或代码。不经过第三国（地区）转运的直接运输货物，进口货物报关单"装货港"所属国家（地区）应与"启运国（地区）"一致，出口货物报关单"指运港"所属国家（地区）应与"运抵国（地区）"一致。发生运输中转的货物，最后一个中转港就是装货港，指运港不受中转影响。在运输中转地换装运输工具但未发生商业性交易的进口货物，运输单证上的装货港可与"启运国（地区）"不一致。无实际进出境的货物填报"中国境内"（142）。

16. 境内目的地/境内货源地

"境内目的地"是指已知的进口货物在我国关境内的消费、使用地区或最终运抵的地点。"境内货源地"是指出口货物在我国关境内的生产地或原始发货地（包括供货地点）。本栏目按海关规定的"国内地区代码表"选择填报相应的国内地区名称及代码。进口货物最终使用单位难以确定的，填报货物进口时预知的最终消费使用单位所在地；出口货物产地难以确定的，填报最早发运该出口货物的单位所在地。

17. 许可证号

"许可证号"是指商务部配额许可证事务局、驻各地特派员办事处及各省、自治区、直辖市、计划单列市及商务部授权的其他省会城市商务厅（局）、外经贸委（厅、局）签发的进出口许可证编号。本栏目填报以下许可证的编号：进（出）口许可证、两用物项和技术进（出）口许可证、两用物项和技术出口许可证（定向）、纺织品临时出口许可证。进（出）口上述许可证管理的商品，申报时应将相关证件编号（不包括证件代码）填报在此栏目。非许可证管理商品，此栏目为空。一份报关单只允许填报一个许可证号。

18. 成交方式

在对外贸易中，进出口商品的价格构成和买卖双方各自应承担的责任、费用和风险，以及货物所有权转移的界限，以贸易术语（价格术语）进行约定。这些贸易术语即"成交方式"。在填制进（出）口货物报关单时，应依据发票中的实际成交价格条款，按照海关"成交方式代码表"选择填报相应的成交方式代码。

19. 运费

进（出）口货物报关单所列的"运费"是指除货价以外，进口货物运抵我国境内输入地点起卸前的运输费用，出口货物运至我国境内输出地点装载后的运输费用。进口货物成交价格不包含前述运输费用或者出口货物成交价格含有前述运输费用，即进口成交方式为 FOB、C&I 或出口成交方式为 CIF、CFR 的，应在本栏填报运费。进口货物成交价格包含前述运输费用或者出口货物成交价格不包含前述运输费用的，本栏免于填报。本栏目应根据具体情况选择运费单价、运费总价或运费率三种方式之一填报，同时注明运费标记，并按海关规定的"货币代码表"选择填报相应的币种代码。运费标记"1"表示运费率，"2"表示每吨货物的运费单价，"3"表示运费总价。运保费合并计算的，运保费填报在本栏。纸质报关单采用运费单价或运费总价形式填制时，填制格式为"币值代码/运费金额/运费标记"。运费标记"2"表示每吨货物的运费单价，"3"表示运费总价。当采用运费率形式填制时，填制格式为"运费率/1"，"1"表示运费费率。

20. 保费

进（出）口货物报关单所列的"保费"是指进出口货物在国际运输过程中，由被保险人付给保险人的保险费用。其中，进口货物保费是指货物运抵我国境内输入地点起卸前的保险费用，出口货物保费是指货物运至我国境内输出地点装卸后的保险费用。进口货物成交价格包含前述保险费用或者出口货物成交价格不包含前述保险费用的，本栏目免于填报。进口货物成交价格不包含保险费的和出口货物成交价格含有保险费的，即进口成交方式为 FOB、CFR 或出口成交方式为 CIF、C&F 的，应在本栏填报保费。陆运、空运和海运进口货物的保险费，按照实际支付的费用计算。进口货物保险费无法确定或者未实际发生的，按货价加运费的 3‰计算保险费。计算公式为：保险费 =（货价＋运费）×3‰。本栏应根据具体情况选择保险费总价或保险费率两种方式之一填报，同时注明保险费标记，并按海关规定的"货币代码表"选择填报相应的币种代码。保险费标记"1"表示保险费率，"3"表示保险费总价。运保费合并计算的，运保费填报在"运费"栏中，本栏免于填报。纸质报关单按照保险费总价填制时，本栏填制格式为"币值代码/保险金额/3"，"3"表示保费总价。按照保险费率填制时，本栏填制格式为"保险费率/1"，"1"表示保险费率。其中，"保险费率"如为3‰，应转换为"0.3/1"格式填报。

21. 杂费

"杂费"是指成交价格以外的，按照《关税条例》等相关规定应计入完税价格或应从完税价格中扣除的费用，如手续费、佣金、折扣等费用。本栏根据具体情况选择杂费总价或杂费率两种方式之一填报，同时注明杂费标记，并按海关规定的"货币代码表"选择填报相应的币种代码。杂费标记"1"表示杂费率，"3"表示杂费总价。应计入完税价格的杂费填报为正值或正率，应从完税价格中扣除的杂费填报为负值或负率。无杂费时，本栏免填。

22. 合同协议号

"合同协议号"是指在进出口贸易中，买卖双方或数方当事人根据国际贸易惯例或国家有关法律、法规，自愿按照一定条件买卖某种商品而签订的合同（包括协议或订单）的编号。本栏填报进（出）口货物合同（包括协议或订单）的全部字头和号码。在原始单据上合同号一般表示为"Contract-No℧：　　　　　　　"，此处的"　　　　　　　"即为"合同协议号"所应填报内容。进（出）口货物报关单所申报货物必须是在合同中明确包含的货物。未发生商业性交易的，本栏目免于填报。

23. 件数

"件数"是指有外包装的单件进出口货物的实际件数，货物可以单独计数的一个包装称为一件。报关单件数填报数量，要求与舱单件数相同。填报数量大于舱单数量时，海关系统会退回电子数据，修改后重新发送。填报数量小于舱单数量时，报关单电子数据审结后，现场海关在审单或放行时，海关系统会显示舱单核销异常。舱单件数为集装箱的，填报集装箱个数；舱单件数为托盘的，填报托盘数。报关单件数栏不得为空，件数应大于或等于1，不得填报"0"。散装、裸装货物填报"1"。同一提运单下，需要多个报关单申报时，要求所有报关单的件数合计数量与舱单件数相同。

24. 包装种类

进（出）口货物报关单所列的"包装种类"，是指进出口货物在运输过程中外表所呈现的状态，包括包装材料、包装方式等。一般情况下，应以装箱单或提运单据所反映的货物处于运输状态时的最外层包装，或称运输包装作为"包装种类"向海关申报，并计算相应件数。本栏应根据进出口货物的实际外包装种类，选择填报相应的包装种类，如木箱、纸箱、铁桶、散装、裸装、托盘、包、捆、袋等。在原始单据（装箱单或提运单据）上件数和包装种类一般表示为"No. ofPKGS"，其后数字即表示应填报的"Packages"（包装）的件数。

25. 毛重

"毛重"是指商品重量加上外包装物料的重量。本栏填报进出口货物及其包装材料的重量之和，不得为空。毛重的计量单位为"千克"，毛重应大于或等于1，不足1千克的填报为"1"。

26. 净重

"净重"是指货物的毛重扣除外包装材料后的重量，即商品本身的实际重量。部分商品的净重还包括直接接触商品的销售包装物料的重量（如罐头装食品等）。本栏填报进出口货物实际净重，不得为空。净重的计量单位为"千克"，净重应大于或等于1，不足1千克的填报为"1"。以毛重作为净重计价的，可填毛重，如矿砂、粮食等大宗散货或裸装的钢管、钢板等。按照国际惯例，以公量重计价的货物，如未脱脂羊毛、羊毛条等，填报公量重。

27. 集装箱号

"集装箱号"是指在每个集装箱两侧标示的全球唯一的编号。其组成规则是：箱主代号（3位字母）+设备识别号"U"+顺序号（6位数字）+校验码（1位数字）。例如，CRCU5682365。进（出）口货物报关单所列的集装箱号是指装载进出口货物（包括拼箱货物）的集装箱的箱体信息，包括集装箱箱体上标示的全球唯一编码、集装箱的规格和自重。纸质报关单填报时涉及多个集装箱的，第一个集装箱号填报在"集装箱号"栏中，其余的依次填报在"标记唛码及备注"栏中。非集装箱货物，填报为"0"。非实际进出境货物采用集装箱运输的，本栏目免于填报。

28. 随附单证

"随附单证"是指随进（出）口货物报关单一并向海关递交的，除商业、货运单证及"许可证号"栏填报的进出口许可证以外的监管证件。本栏目分"随附单证代码"和"随附单证编号"两栏，其中代码栏应按海关规定的"监管证件代码表"选择填报相应证件代码，编号栏应填报证件编号。格式为：监管证件代码＋监管证件编号。所申报货物涉及多个监管证件的，一个监管证件代码和编号填报在"随附单证"栏，其余监管证件代码和编号填报在"标记唛码及备注"栏中。

29. 标记唛码及备注

"标记唛码"是运输标志的俗称。进（出）口货物报关单上"标记唛码"专指货物的运输标识。标记唛码英文表示为"Marks、Marking、MKS、Marks & No 或 ShippingMarks"等，通常是由一个简单的几何图形和一些字母、数字及简单的文字组成，包含收货人代号、合同号和发票号、目的地、原产国（地区）、最终目的国（地区）、目的港或中转港和件数号码等内容。"备注"是指除按报关单固定栏目申报进出口货物有关情况外，需要补充或特别说明的事项，包括关联备案号、关联报关单号，以及其他需要补充或特别说明的事项。

30. 项号

"项号"是指申报货物在报关单中的商品排列序号及该项商品在加工贸易手册、征免税证明等备案单证中的顺序编号。本栏目分两行填报及打印。第一行填报报关单中的商品顺序编号；第二行专用于加工贸易、减免税等已备案、审批的货物，填报和打印该项货物在加工贸易手册或征免税证明等备案、审批单证中的顺序编号。

31. 商品编号

"商品编号"由 10 位数字组成，前 8 位为《进出口税则》中的税则号列，后 2 位数为附加编号。进出口货物应填报 10 位海关商品编号。加工贸易货物，报关单商品编号应与加工贸易手册（账册）中备案的商品编号一致。减免税货物，报关单商品编号应与征免税证明备案数据一致。加工贸易保税货物跨关区深加工结转双方的商品编号的前 4 位必须一致。

32. 商品名称、规格型号

"商品名称"是指国际贸易缔约双方的商品名称。报关单中的商品名称是指进出口货物规范的中文名称。"规格型号"是指反映商品性能、品质和规格的一系列指标，如品牌、等级、成分、含量、纯度、尺寸等。

33. 数量及单位

报关单上的"数量及单位"栏指进出口商品的成交数量及计量单位，以及海关法定计量单位和按照海关法定计量单位计算的数量。海关法定计量单位又分为海关法定第一计量单位和法定第二计量单位。海关法定计量单位以《统计商品目录》中规定的计量单位为准。例如，天然水为千升/吨，烟卷为千克/千克，牛皮为千克/张，毛皮衣服为千克/件。

34. 原产国（地区）/最终目的国（地区）

"原产国（地区）"是指进口货物的生产、开采或加工制造的国家或地区。"最终目的国（地区）"是指已知的出口货物最后交付的国家或地区，也即最终实际消费、使用或作进一步加工制造的国家或地区。上述栏目均按"国别（地区）代码表"选择填报相应的国家（地区）名称或代码。

35. 单价、总价、币值

"单价"是指进出口货物实际成交的商品单位价格的金额部分。"总价"是指进出口货物实际成交的商品总价的金额部分。"币值"是指进出口货物实际成交的计价货币的名称。"单价"栏填报同一项号下进出口货物实际成交的商品总价的数字部分。无实际成交价格的，填报货值。"总价"栏填报同一项号下进出口货物实际成交的商品总价的数字部分。无实际成交价格的，填报货值。"币值"栏根据实际成交情况按海关规定的"货币代码表"选择填报相应的货币名称或代码。如"货币代码表"中无实际成交币种，需将实际成交币种按照申报日外汇折算率折算成"货币代码表"列明的货币填报。

36. 征免

"征免"是指海关依照《海关法》《关税条例》及其他法律、行政法规，对进口货物进行征税、减税、免税或特案处理的实际操作方式。同一份报关单上可以填报不同的征减免税方式。

37. 特殊关系确认

本栏目根据《中华人民共和国海关审定进出口货物完税价格办法》（以下简称《审价办法》）第十六条，填报确认进出口行为中买卖双方是否存在特殊关系，有下列情形之一的，应当认为买卖双方存在特殊关系，在本栏目应填报"是"，反之则填报"否"。

买卖双方为同一家族成员的；买卖双方互为商业上的高级职员或者董事的；一方直接或者间接地受另一方控制的；买卖双方都直接或者间接地受第三方控制的；买卖双方共同直接或者间接地控制第三方的；一方直接或者间接地拥有、控制或者持有对方5%以上（含5%）公开发行的有表决权的股票或者股份的；一方是另一方的雇员、高级职员或者董事的；买卖双方是同一合伙的成员的。买卖双方在经营上相互有联系，一方是另一方的独家代理、独家经销或者独家受让人，如果符合前款的规定，也应当视为存在特殊关系。

38. 价格影响确认

本栏目根据《审价办法》第17条，填报确认进出口行为中买卖双方存在的特殊关系是否影响成交价格，纳税义务人如不能证明其成交价格与同时或者大约同时发生的下列任何一款价格相近的，应当视为特殊关系对进出口货物的成交价格产生影响，在本栏目应填报"是"，反之则填报"否"：向境内无特殊关系的买方出售的相同或者类似进出口货物的成交价格；按照《审价办法》倒扣价格估价方法的规定所确定的相同或者类似进出口货物的完税价格；按照《审价办法》计算价格估价方法的规定所确定的相同或者类似进出口货物的完税价格。

39. 支付特许权使用费确认

本栏目根据《审价办法》第13条，填报确认进出口行为中买方是否存在向卖方或者有关方直接或者间接支付特许权使用费。特许权使用费是指进出口货物的买方为取得知识产权权利人及权利人有效授权人关于专利权、商标权、专有技术、著作权、分销权或者销售权的许可或者转让而支付的费用。如果进出口行为中买方存在向卖方或者有关方直接或者间接支付特许权使用费的，在本栏目应填报"是"，反之则填报"否"。

40. 录入员及录入单位

"录入员"，由负责将该份报关单内容的数据录入海关计算机系统并打印预录入报关单的实际操作人员签名确认。"录入单位"，填报经海关核准，允许其将有关报关单内容输入海关计算机系统的单位。

41. 报关人员及申报单位

"报关人员"指具体负责该批货物向海关办理报关手续的人员，由该报关人员在本栏中签印。"申报单位"填报申报单位的中文名称及编码，并签印。

42. 海关批注及签章

本栏是海关内部作业时签注的总栏目。

本章小结：通过本章的学习，要掌握如下几点：①海关通关制度的概念：海关通关制是主权国家维护本国政治、经济、文化利益，对进出口货物和物品在进出境口岸进行监督管理的基本制度。②通关的概念：指进出境运输工具的负责人、货物的收发货人及其代理人、进出境物品的所有人向海关申请办理进出口手续，海关对其呈交的单证和申请进出境的货物、运输工具和物品依法进行审核、查验、征缴税费、批准进口或者出口的全过程。③一般进出口货物的基本通关程序（申报、查验、征税、放行）以及各个环节需要注意的问题。

思考题：

    1. 什么是通关？

    2. 简述一般进出口货物通关的四个环节。

    3. 海关接受申报的方式有哪些？

    4. 报关企业向海关申报的程序如何？

    5. 海关审单的主要任务包括哪几项？

    6. 不同方式进口货物的滞报金起征日期有什么不同？

    7. 什么是查验？

    8. 海关在查验中造成损坏不予赔偿的范围是什么？

    9. 海关在放行环节的工作重点是什么？

    10. 什么是加工贸易货物的结关？

第五章 保税加工进出口 货物的通关制度

本章概要：为鼓励发展加工生产产品出口或在境内进行特定储存，国家设立了一项特殊的海关业务制度——保税制度。保税货物也因此成为海关监管的一类特殊而重要的货物。海关对保税加工货物的监管模式有两大类，一类是物理围网的监管模式，包括出口加工区和跨境工业区；另一类是非物理围网的监管模式，采用纸质手册管理或计算机联网监管。

本章首先介绍了保税加工基础概念和海关保税制度，介绍了保税加工和一般贸易、来料加工和进料加工的差异及电子化手册的特点和作业流程。

本章学习目标：充分理解保税加工基础概念和海关保税制度；准确理解保税加工和一般贸易、来料加工和进料加工的差异；基本掌握电子化手册的特点和作业流程。

第一节 保税加工概述

一、保税加工的基本概念

（一）保税加工

1. 含义

保税加工，即加工贸易，是指经营企业进口全部或者部分原辅材料、零部件、元器件、包装物料（统称料件），经过加工或者装配后，将制成品复出口的经营活动。

2. 特点

相对于采取一般货物进出口形式从事生产加工，采取保税加工形式，在进口料件环节暂缓征收关税和进口环节税。

（二）保税加工货物

保税加工货物，即加工贸易货物，是指加工贸易项下的进口料件、加工成品以及加工过程中产生的边角料、残次品、副产品等。

1. 边角料

边角料是指保税加工企业从事加工复出口业务，在海关核定的单位耗料量内（以下简称单耗，具体定义见下文）、加工过程中产生的、无法再用于加工该合同项下出口制成品的数量合理的废料、碎料及下脚料。例如，铁棒切削加工过程中产生的铁屑，服装裁剪加工过程中产生的布条，家具制造业及其他木材加工活动中产生的刨花、锯末及碎木片等。

2. 残次品

残次品是指保税加工企业从事加工复出口业务时，在生产过程中产生的有严重缺陷或者达不到出口合同标准，无法复出口的产品（包括完成品和未完成品）。

3. 副产品

副产品是指保税加工企业从事加工复出口业务时，在加工生产出口合同规定的制成品（即主产品）过程中同时产生的且出口合同未规定应当复出口的一个或者一个以上的其他产品。

二、海关保税制度

保税制度是指经海关批准暂时缓办纳税手续进境的货物在海关监管下储存、加工、装配后复运出境的海关监管制度。中国加工贸易保税制度具备以下几方面的本质特征：

1. 保税设立

企业只有依法向海关申报开展加工贸易的有效批准文件和保税加工企业生产能力证明，以及拟进出口的保税加工货物的贸易方式、单耗、进出口口岸、进口料件和出口成品的商品名称、商品编号、规格型号、价格、原产地、进出口期限等资料，海关才会给予办理电子化手册或者电子账册。

2. 纳税暂缓

纳税暂缓是众多涉外企业从事加工贸易的最基本的动因。由于进口环节暂缓征收关税和进口环节税，企业可以少占用相当数量的现金流。

3. 监管延伸

加工贸易保税制度本质上可以理解为海关的全过程监管制度，这体现为加工贸易的另一个重要的特征：监管延伸性。

海关保税加工货物监管延伸性体现在以下三方面：

（1）时间延伸性。保税加工的料件在进境地被提取，不是监管的结束而是海关保税监管的开始。海关一直要监管到加工、装配后复运出境或办结正式进口手续为止。海关自保税加工企业向海关申请办理保税加工业务设立手续之日起至海关对保税加工手册核销结案之日止，或者自实施联网监管的保税加工企业电子底账核销周期起始之日起至其电子底账核销周期核销结束之日止，根据需要开展对保税加工货物及相关的保税加工企业的保税核查。同时，在海关规定的保税货物监管期限内，或自复运出境放行之日起 3 年内，或经批准转为一般贸易进口放行之日起 3 年内，海关有权对加工贸易企业的会计账簿、会计凭证、报关单证及其他有关资料和有关进出口货物进行稽查。

（2）地点延伸性。保税加工的料件离开进境地口岸海关监管场所后进行加工、装配的地方都必须是海关监管的场所，加工贸易企业经营场所是海关许可存放保税加工货物的场所。未经许可将保税加工货物擅自外发加工、擅自内销转让、擅自深加工结转、擅自挪移都可能引发行政处罚，甚至是刑事处罚。

（3）期限延伸性。准予保税的期限是指海关批准保税后在境内加工、装配、复运出境的时间限制，海关规定企业需要将在一定期限内的进出口情况向海关申报核定。例如，针对加工贸易手册企业，海关要求经营企业应当在规定的期限内将进口料件加工复出口并自加工贸易手册项下最后一批成品出口或者加工贸易手册到期之日起 30 日内向海关报核，经营企业对外签订的合同因故提前终止的，应当自合同终止之日起 30 日内向海关报核。

三、保税加工海关监管模式

我国海关保税加工监管模式包含"物理围网"和"非物理围网"两种监管模式。

（一）物理围网模式

物理围网是指由海关对专门划定区域内开展保税加工业务实施封闭式管

理，主要适用于保税区、出口加工区、保税港区、综合保税区等海关监管的特殊区域企业开展加工贸易。在该模式下，海关对保税加工企业实行联网监管，以企业为海关监管单元，以核查企业电子底账作为海关监管的主要手段，不实行银行保证金台账管理。

（二）非物理围网模式

非物理围网是指海关针对经营企业的不同情况分别以电子化手册和电子账册作为海关监管手段的管理模式，海关对以电子账册作为海关监管手段的保税加工企业以企业作为监管单元实行联网监管，海关对以电子化手册作为海关监管手段的保税加工企业，以保税加工手册作为监管单元。

四、保税加工的形式

依据保税料件的所有权划分，保税加工分为：来料加工和进料加工。

1. 来料加工

来料加工是指进口料件由境外企业提供，经营企业不需要付汇进口，按照境外企业的要求进行加工或者装配，只收取加工费，制成品由境外企业销售的经营活动。

2. 进料加工

进料加工是指进口料件由经营企业付汇进口，制成品由经营企业外销出口的经营活动。

五、电子化手册的特点和作业流程

（一）纸质手册电子化和电子化手册

纸质手册电子化是以加工贸易手册为管理对象，在加工贸易手册设立、通关、核销等环节采用"电子手册 + 自动核算"的模式取代现有的纸质手册，并逐步通过与相关部委的联网取消纸质单证作业，最终实现"电子申报、网上申报、无纸通关、无纸报核"的监管模式。

由纸质手册电子化系统开设的手册称为"电子化手册"。

电子化手册具备以下特点：

（1）以电子数据取代传统纸质加工贸易手册，以企业 IC 卡或 I–KEY 卡作为系统操作的身份认证。

（2）企业的加工贸易设立、进出口数据申报、数据报核大部分通过网络办理。一般情况下，仅当企业需提交资料、样品或领取相关单证时才需要到海关业务现场。

（3）备案资料库管理：通过对加工贸易料件及成品进行预处理，建立企业备案资料库，企业在进行电子化手册设立时可直接调用备案资料库数据，以此减少企业在办理电子化手册时的审批时间。

（二）电子化手册的作业流程

1. 主管部门业务

加工贸易企业向商务主管部门申办"加工贸易企业经营情况及生产能力证明"和"加工贸易业务批准证申请表"。

2. 备案资料库设立和变更

其作用类似于经营范围备案，它可以决定企业的加工能力和贸易许可，对通关备案的范围进行限制，若企业由于规模及业务扩大等原因需增加其资料库底账，即增加进出口货物的范围，则必须进行资料库的变更。企业可通过 QP 系统的相关功能向海关申报变更数据。

3. 通关手册设立和变更

一家加工贸易企业可设立多本通关手册，但只能设立一个备案资料库。

4. 保证金台账管理

海关办理设立通关手续后，如企业需要缴纳保证金，海关出具银行台账开设联系单，企业至银行办理台账手续。

企业到海关办理银行台账开设联系单回执登记手续，海关登记回执后，系统生成电子化手册。

5. 进出口通关申报

企业可在 QP 报关申报系统中录入报关单向海关申报，可以直接申报通关手册备案项下的商品。

6. 电子化手册报核

企业的加工贸易手册完成后，可通过 QP 系统向海关进行电子化手册的报核。

（1）发送报关单与海关电子底账对碰。

（2）对碰进出口料件情况，核查余料数量。

（3）自动核算。

海关通过后，向企业返回通过信息，办理不通过的，返回退单信息。企业根据提示到海关业务现场提交相关单证。

海关核实相关单证通过后，对电子化手册进行结案并出具银行台账核销联系单，企业到银行办理台账核销手续，到海关办理台账核销联系单回执登记手续，即完成电子化手册核销全过程。

第二节　海关对加工贸易的管理

一、海关对加工贸易货物手册设立的管理规定

中华人民共和国海关总署令第 219 号《中华人民共和国海关加工贸易货物监管办法》第 11 条至第 19 条对加工贸易货物手册设立进行了专门的规定。

二、加工贸易手册设立商务主管部门出具的文件

海关对加工贸易货物手册设立的管理规定中提及的开展加工贸易业务的有效批准文件、加工贸易加工企业生产能力证明一般由商务主管部门出具。

（一）加工贸易企业经营情况及生产能力证明

加工贸易企业经营情况及生产能力证明（以下简称生产能力证明）是确定企业开展加工贸易业务资格和审批机构进行加工贸易业务审批的重要依据。申请从事加工贸易的企业必须如实申报生产能力证明的各项内容，各级商务主管部门须实地勘察，据实审核。未通过加工贸易企业经营情况及生产能力核查的企业，商务主管部门不得批准其从事加工贸易业务。加工贸易企业在生产能力证明有效期内申请加工贸易业务总量一般不超过生产能力证明核定的总量。

（二）加工贸易业务批准证

加工贸易业务批准证是指经营企业向商务主管部门申请开展加工贸易业务，由商务主管部门核发的加工贸易业务批准文件。加工贸易企业凭生产能力证明等材料向商务主管部门办理加工贸易业务批准证。

三、单耗管理

单耗管理可谓是中国加工贸易保税监管体系中最核心的内容之一。海关

通过保税设立核销机制监控企业保税货物的动态状态，其运算逻辑和监管的核心之一就是单耗管理。

（一）单耗的定义

单耗是指加工贸易企业在正常加工条件下加工单位成品所耗用的料件量，单耗包括净耗和工艺损耗，同一种料件既可以是保税料件，也可以包括保税和非保税。如果加工贸易同一料件有保税和非保税料件的，企业应当申报非保税料件的比例、商品名称、计量单位、规格型号和品质。

净耗是指在加工后，料件通过物理变化或者化学反应存在或者转化到单位成品中的量。

工艺损耗是指因加工工艺原因，料件在正常加工过程中除净耗外所必需耗用，但不能存在或者转化到成品中的量，包括有形损耗和无形损耗。边角料作为损耗备案到加工贸易手册中工艺损耗率，是指工艺损耗占所耗用料件的百分比。其公式为：

$$单耗 = 净耗 / (1 - 工艺损耗率)$$

以下六种情况不列入工艺损耗范围：

（1）因突发停电、停水、停气或者其他人为原因造成保税料件、半成品、成品的损耗；

（2）因丢失、破损等原因造成的保税料件、半成品、成品的损耗；

（3）因不可抗力造成保税料件、半成品、成品灭失、损毁或者短少的损耗；

（4）因进口保税料件和出口成品的品质、规格不符合合同要求，造成用料量增加的损耗；

（5）因工艺性配料所用的非保税料件所产生的损耗；

（6）加工过程中消耗性材料的损耗。

（二）单耗申报案例

有企业人员提出以下问题："工艺损耗到底指什么？我公司的产品是一对一组装的，但对每个料件都设有一个生产报废率，统计在加工过程中由于机器故障或者人员操作等原因造成料件报废的情况。我们一直是将这个生产报废率作为海关的工艺损耗率进行申报的，这样做对吗？"

以上这个案例反映企业人员对单耗相关概念的理解误区。

解答：净耗，是指在加工后，料件通过物理变化或者化学反应存在或者转化到单位成品中的量。工艺损耗，是指因加工工艺原因，料件在正常加工过程中除净耗外所必需耗用，但不能存在或者转化到成品中的量，包括有形损耗和无形损耗。工艺损耗率，是指工艺损耗占所耗用料件的百分比。单耗＝净耗／（1－工艺损耗率）。依此规定，因机器故障或者人员操作造成的料件报废不是在正常加工过程中所必须耗用的，当然不可能计入工艺损耗。

（三）　单耗与物料结构清单（BOM）

单耗是立足于海关保税监管的一套管理体系，其在概念定义和计算逻辑上与物料结构清单（BOM）存在一定的差异。

1. 两者基本概念定义的差异

企业在定义 BOM 时，经常会考虑不良品率和料件合格率，以便企业对生产过程进行合理的计划与控制。这种情况下，计划 BOM 用量时，按照"（料件需求量／料件合格率）×（1＋不良率）"计算。而单耗是指加工贸易企业在正常加工条件下加工单位成品所耗用的料件量，而不考虑不良品率和料件合格率。

2. 两者阶层结构的差异

企业的 BOM 结构往往是多阶的，而单耗结构为一阶的。

（四）　单耗标准

单耗标准是由海关总署和国家发展改革委牵头组织，相关部门、行业协会负责起草制定，专家委员会审定通过后公布执行的加工贸易单耗管理准则。

单耗标准的制定原则：

（1）以国家标准、行业标准和该行业加工贸易企业的平均生产水平为基础；

（2）贯彻国家税收政策、产业政策和外贸政策；

（3）有利于促进加工贸易企业技术进步和公平竞争；

（4）便于有效监管。

单耗标准是指供通用或者重复使用的加工贸易单位成品耗料量的准则，单耗标准设定最高上限值，其中出口应税成品单耗标准增设最低下限值。

规定单耗的上限值的作用：

（1）规范海关执法，提高通关效率；

（2）促进加工企业技术进步，提高管理水平，降低单耗；

（3）防止企业通过高报单耗节余保税料件，规避海关监管。

规定下限值的意义是对于出口征税和涉证的产品，防止加工企业通过低报单耗，多出成品，将非加工贸易成品以加工贸易方式出口，规避贸易管制。

四、电子化手册设立流程和核心事务

（一）电子手册设立流程

电子化手册设立包括备案资料库设立、通关手册设立两个步骤。

（二）备案资料库设立的核心事务

1. 备案资料库的内容和流程

加工贸易企业首先需要确定所有保税料件、成品的预归类信息，包含货号、商品编码、商品名称、计量单位、是否主料等。海关办理海关底账后，企业才可继续进行通关手册设立。

（1）内容。

备案资料库的内容包括：

①成品和料件的 HS 编码（8～10 位）；

②成品和料件的名称；

③成品和料件的计量单位；

④申报最近一年的加工贸易业绩（以进口总值计）。

（2）流程。

所有企业在通关手册设立前向主管海关提供该企业所涉及保税商品归类、商品归并资料，海关对其进行核对，经主管海关核对后，为企业建立加工贸易项号级备案资料数据库（或称备案底账）。备案资料库备案相当于对料件及成品进行预归类。

2. 商品归类

商品归类是企业权益的生命线，是备案资料库的核心内容之一。

3. 商品归并

企业和海关对货物（料件、成品）的管理重点不同：生产企业内部对货物管理的精确程度要求较高，企业必须区分全部不同种类、规格、功能、大小甚至颜色的货物。海关在进出口管理中，需要对不同货物进行区别管理，以提高管理效率。即对特殊的、敏感的、需重点监管的货物应详细管理，而对一般货物，无须对其逐项区分和计算，所以，企业一般会按照海关认可的归并原则对货物进行归并，将近似的、非敏感的货物合并为一项向海关申报。

商品归并就是根据《商品名称及编码协调制度》的要求，在商品归类的基础上，对加工贸易进口料件和出口成品按海关监管和申报的要求进行分类、合并工作。将多种或一种相同归类、相同属性料件或者成品合并为一项，即备案资料库中项目相同的料件归并情况。

（三）通关手册设立的核心事务

1. 通关手册设立的内容和流程

（1）内容。

通关手册的内容包括：

①进口料件的 HS 编码、名称、规格、计量单位、单价、数量；

②出口成品的 HS 编码、名称、规格、计量单位、单价、数量；

③出口成品的单损耗情况。

（2）流程。

企业首先将保税加工相关的料件、成品在备案资料库中建档，然后进行通关手册设立。当企业新设立下一本通关手册时，若所涉及的料件、成品不在备案资料库范围内，则应增加原备案资料库内容，再进行通关手册设立。

企业设立手册时依照资料库备案底账在海关电子申报系统中录入项号级数据设立通关手册，计算机对照"备案底账"进行电子核对，核对内容包括贸易许可、加工能力和是否已经经过海关归类。

加工贸易企业可通过 QP 系统进行通关备案表头、表体的录入及申报（表体录入时调用备案资料库数据，企业只需根据提示填写料件、成品的部分数据及单损耗数据）。海关办理设立通过手续后，向企业返回通过信息，若不通过的，返回退单信息。

2. 设立前期准备

首先要确定手册数量和使用周期：加工贸易企业应结合产品出口计划、企业自身管理特点等，确定通关手册的使用数量和每本手册的使用周期。

3. 出口成品和进口料件申报

为确保通关手册的出口成品申报数量更加接近实际生产需求数量，建议加工贸易企业结合销售订单、销售预测情况，由企业生产计划、销售等相关组织共同讨论确定出口成品申报信息，同时结合单耗数据确定进口料件申报信息。

4. 单耗申报

（1）企业在申报单耗时，若"单耗/净耗"栏申报内容为净耗，则须申报相应损耗率数据，损耗率栏不能为空；若"单耗/净耗"栏申报内容为单耗，则不得重复申报损耗率数据，损耗率栏应为空。加工贸易成品耗用的同一料件既有保税也有非保税的，企业应在申报单耗的同时在手册表体单耗表中逐项申报"非保税料件比率%"。

（2）单耗申报一经海关接受，其纸质申报表或电子数据均应成为明确海关与企业之间法律权责的主要凭据。企业向海关申报单耗的常规环节是保税加工的成品出口前、深加工结转前或者内销前，但一些生产工艺流程简单、产品净耗比较稳定、产品单耗关系不太复杂的企业，可以在通关手册设立环节一并向海关申报单耗，以便海关在手册设立和核销时给予便利。企业确实无法在成品出口前、深加工结转前或者内销前申报单耗，拟在合同报核前申报的，属于特殊情况，须事先报经主管海关批准。根据实际情况，在正式报核前，企业申请单耗变更，及时修正申报、出口、深加工结转或者内销前申报的单耗数据，做到如实申报。

（3）鉴于加工贸易单耗管理的复杂性、专业性，单耗申报和审核是一项难度较大的专业性、技术性工作。在单耗管理过程中，企业和海关在单耗管理过程中信息是不对称的。因此，设定质疑、磋商程序对海关、对企业都非常有必要。有助于促进海关与企业彼此之间的信息交流。《中华人民共和国海关加工贸易单耗管理办法》（海关总署令第 155 号）规定："海关对加工贸易企业申报单耗的真实性、准确性有疑问的，应当制发中华人民共和国海关加工贸易单耗质疑通知书，将质疑理由书面告知加工贸易企业的法定代表人或者其代理人"。

加工贸易企业的法定代表人或者其代理人应当自收到单耗质疑通知书之日起 10 个工作日内，以书面形式向海关提供有关资料。加工贸易企业未能在海关规定期限内提供有关资料、提供的资料不充分或者提供的资料无法确定单耗的，海关应当对单耗进行核定。

（4）凡是采取行政复议、行政赔偿和行政诉讼手段来解决管理人和被管理人之间的争议，无论是对管理相对人还是管理者本身而言，成本是比较高的。

加工贸易企业对隶属海关做出的单耗核定结果有异议的，可以在收到单耗核定结果之日起 5 个工作日内向直属海关提出书面复核申请；对直属海关做出的单耗核定结果有异议的，可以在收到单耗核定结果之日起 5 个工作日内向海关总署提出书面复核申请。

加工贸易企业对海关做出的单耗核定结果有异议的，也可以在收到单耗核定结果之日起 60 日内向做出单耗核定海关的上一级海关直接申请行政复议。

第三节　保税加工特殊作业

一、保税加工特殊作业定义

（一）外发加工

外发加工是指保税加工经营企业委托承揽者对保税加工货物进行加工，在规定期限内将加工后的产品最终复出口的行为。其中，承揽者是指与经营企业签订加工合同，承接经营企业委托的外发加工业务的企业或者个人。除外发加工等业务需要外，保税加工货物不得跨直属海关辖区进行存放。

（二）深加工结转

深加工结转是指保税加工企业将保税进口料件加工的产品转至另一保税加工企业进一步加工后复出口的经营活动。

（三）加工贸易货物内销

加工贸易货物内销包括加工贸易保税进口料件内销、加工贸易产成品内销以及保税进口料件在生产加工过程中产生的边角料、残次品、副产品和受灾保税货物的内销。保税进口料件内销是指经海关批准的保税进口的料件未经企业加工，也未改变料件原进口时的状态在国内市场上销售，成品内销则是企业对保税进口料件经过生产加工后的产成品在国内市场上销售。

二、海关对外发加工的管理规定

（1）经营企业开展外发加工业务，应当按照外发加工的相关管理规定自外发之日起3个工作日内向海关办理备案手续。经营企业开展外发加工业务，不得将加工贸易货物转卖给承揽者，承揽者不得将加工贸易货物再次外发。经营企业将全部工序外发加工的，应当在办理备案手续的同时向海关提供相当于外发加工货物应缴税款金额的保证金或者银行、非银行金融机构保函。外发加工的成品、剩余料件以及生产过程中产生的边角料、残次品、副产品等加工贸易货物，经营企业向所在地主管海关办理相关手续后，可以不运回本企业。

（2）企业应当在货物首次外发之日起3个工作日内向海关备案外发加工基本情况，企业应当在货物外发之日起10日内向海关申报实际收发货情况。同一手（账）册、同一承揽者的收、发货情况可合并办理。企业外发加工备案信息发生变化的，应当向海关变更有关信息。以合同为单元管理的，首次外发是指在本手册项下对同一承揽者第一次办理外发加工业务。以企业为单元管理的，首次外发是指本核销周期内对同一承揽者第一次办理外发加工业务。对全工序外发的，企业应当在外发加工备案时缴纳相当于外发加工货物应缴税款金额的保证金或者保函。企业变更外发加工信息时，涉及企业应缴纳外发加工保证金数量增加的，企业应补缴保证金或者保函。企业未按规定向海关办理外发加工手续或者实际外发情况与申报情况不一致的，按照《海关行政处罚实施条例》有关规定予以处罚。

三、海关对深加工结转的管理规定

（1）2016年海关总署令第219号规定，经营企业进口加工贸易货物，可以从境外或者海关特殊监管区域、保税监管场所进口，也可以通过深加工结转方式转入。经营企业出口加工贸易货物，可以向境外或者海关特殊监管区域、保税监管场所出口，也可以通过深加工结转方式转出。加工贸易企业开展深加工结转的，转入企业、转出企业应当向各自的主管海关申报，办理实际收发货以及报关手续。

有下列情形之一的，加工贸易企业不得办理深加工结转手续：

①不符合海关监管要求，被海关责令限期整改，在整改期内的；

②有逾期未报核手册的；

③由于涉嫌走私已经被海关立案调查，尚未结案的；

④加工贸易企业未按照海关规定进行收发货的，不得再次办理深加工结转手续。

（2）海关总署公告2014年第21号进一步明确：

①企业在办理深加工结转业务时，有未按照有关规定进行收发货申报及报关情形的，在补办有关手续前，海关不再受理新的深加工结转申报表，并可根据实际情况暂停已办理深加工结转申报表的使用。

②企业应按照有关规定撤销或者修改深加工结转报关单，对已放行的深加工结转报关单，不能修改，只能撤销。

③转出、转入企业违反有关规定的，海关按照《海关法》及《海关行政处罚实施条例》的规定处理，构成犯罪的，依法追究其刑事责任。

四、海关对加工贸易货物内销的管理规定

（1）《海关法》第33条第3款规定："加工贸易保税进口料件或者制成品因故转为内销的，海关凭准予内销的批准文件，对保税的进口料件依法征税；属于国家对进口有限制性规定的，还应当向海关提交进口许可证件。"该条文是加工贸易货物内销最根本和直接的法律依据。

（2）海关总署令第219号第33条规定："加工贸易保税进口料件或者成品因故转为内销的，海关凭主管部门准予内销的有效批准文件，对保税进口料件依法征收税款并且加征缓税利息，另有规定的除外。进口料件属于国家对进口有限制性规定的，经营企业还应当向海关提交进口许可证件。"

（3）海关总署公告2014年第21号进一步明确，经营企业申请办理加工贸易货物内销手续，除特别规定外，应当向海关提交下列单证：

①主管部门签发的"加工贸易保税进口料件内销批准证"；

②经营企业申请内销加工贸易货物的材料；

③提交与归类和审价有关的材料。经营企业申请办理加工贸易货物内销手续，应当如实申报"加工贸易货物内销征税联系单"，凭以办理通关手续。

（4）海关总署令第111号规定：

①加工贸易企业申请内销边角料的，商务主管部门免于审批，企业直接报主管海关核准并办理内销有关手续。

a. 海关按照加工贸易企业向海关申请内销边角料的报验状态归类后适用的税率和审定的边角料价格计征税款，免征缓税利息。

b. 海关按照加工贸易企业向海关申请内销边角料的报验状态归类后，属于发展改革委员会、商务部、环保总局及其授权部门进口许可证件管理范

围的，免于提交许可证件。

②加工贸易企业申请内销剩余料件或者内销用剩余料件生产的制成品，按照下列情况办理：

a. 剩余料件金额占该加工贸易合同项下实际进口料件总额 3% 以内（含3%）、且总值在人民币 1 万元以下（含 1 万元）的，商务主管部门免于审批，企业直接报主管海关核准，由主管海关对剩余料件按照规定计征税款和税款缓税利息后予以核销。剩余料件属于发展改革委、商务部、环保总局及其授权部门进口许可证件管理范围的，免于提交许可证件。

b. 剩余料件金额占该加工贸易合同项下实际进口料件总额 3% 以上或者总值在人民币 1 万元以上的，由商务主管部门按照有关内销审批规定审批，海关凭商务主管部门批件对合同内销的全部剩余料件按照规定计征税款和缓税利息。剩余料件属于进口许可证件管理的，企业还须按照规定向海关提交有关进口许可证件。

c. 使用剩余料件生产的制成品需内销的，海关根据其对应的进口料件价值，按照上述规定办理。

加工贸易企业需内销残次品的，根据其对应的进口料件价值，比照此规定办理。

加工贸易企业在加工生产过程中产生或者经回收能够提取的副产品，未复出口的，加工贸易企业在向海关备案或者核销时应当如实申报，加工贸易企业需内销的副产品，由商务主管部门按照副产品实物状态列明内销商品名称，并按加工贸易有关内销规定办理审批。海关凭商务主管部门批件办理内销有关手续，对需内销的副产品，海关按照加工贸易企业向海关申请内销副产品的报验状态归类后的适用税率和审定的价格计征税款和缓税利息。海关按照加工贸易企业向海关申请内销副产品的报验状态归类后，如属进口许可证件管理的，企业还须按照规定向海关提交有关进口许可证件。

③对实行进口关税配额管理的边角料、剩余料件、残次品、副产品和受灾保税货物，按照下列情况办理：

a. 边角料按照加工贸易企业向海关申请内销的报验状态归类属于实行关税配额管理商品的，海关按照关税配额税率计征税款。

b. 副产品按照加工贸易企业向海关申请内销的报验状态归类属于实行关税配额管理的，企业如能按照规定向海关提交有关进口配额许可证件，海关按照关税配额税率计征税款。企业如未按照规定向海关提交有关进口配额许可证件，海关按照有关规定办理。

c. 剩余料件、残次品对应进口料件属于实行关税配额管理的，企业如能按照规定向海关提交有关进口配额许可证件，海关按照关税配额税率计征税款。企业如未按照规定向海关提交有关进口配额许可证件，海关按照有关规定办理。

④因不可抗力因素造成的受灾保税货物，其对应进口料件属于实行关税配额管理商品的，海关按照关税配额税率计征税款。因其他经海关审核认可的正当理由造成的受灾保税货物，其对应进口料件属于实行关税配额管理的，企业如能按照规定向海关提交有关进口配额许可证件，海关按照关税配额税率计征税款。企业如未按照规定向海关提交有关进口配额许可证件，按照有关规定办理。

⑤属于加征反倾销税、反补贴税、保障措施关税或者报复性关税（以下统称特别关税）的，按照下列情况办理：

a. 边角料按照加工贸易企业向海关申请内销的报验状态归类属于加征特别关税的，海关免于征收需加征的特别关税。

b. 副产品按照加工贸易企业向海关申请内销的报验状态归类属于加征特别关税的，海关按照规定征收需加征的特别关税。

c. 剩余料件、残次品对应进口料件属于加征特别关税的，海关按照规定征收需加征的特别关税。

d. 因不可抗力因素造成的受灾保税货物，如失去原使用价值的，其对应进口料件属于加征特别关税的，海关免于征收需加征的特别关税。

e. 因其他经海关审核认可的正当理由造成的受灾保税货物，其对应进口料件属于加征特别关税的，海关按照规定征收需加征的特别关税。

f. 加工贸易企业办理边角料、剩余料件、残次品、副产品和受灾保税货物内销的，进出口通关手续时，应当按照下列情况办理：

Ⅰ. 加工贸易剩余料件、残次品以及受灾保税货物内销，企业按照其加工贸易的原进口料件品名进行申报。

Ⅱ. 加工贸易边角料以及副产品，企业按照向海关申请内销的报验状态申报。

五、海关对因故无法内销或者退运加工贸易货物的管理规定

加工贸易企业因故无法内销或者退运的边角料、剩余料件、残次品、副

产品或者受灾保税货物，由加工贸易企业委托具有法定资质的单位进行销毁处置，海关凭相关单证、处置单位出具的接收单据和处置证明等资料办理核销手续。

第四节　电子化手册的申报核销

一、加工贸易核销的定义

加工贸易核销是指加工贸易经营企业加工复出口或者办理内销等海关手续后，凭规定的单证向海关报核，海关按照规定进行核查以后办理解除监管手续的行为。

二、海关对加工贸易核销的管理规定

（1）加工贸易项下进口料件实行保税监管的，加工成品出口后，海关根据核定的实际加工复出口的数量予以核销。

（2）加工贸易货物的手册设立、进出口报关、核销，应当采用纸质单证、电子数据的形式。

（3）由于加工工艺需要使用非保税料件的，经营企业应当事先向海关如实申报使用非保税料件的比例、品种、规格、型号、数量，经营企业按照规定向海关申报的，海关核销时应当在出口成品总耗用量中予以核扣。

（4）经营企业应当在规定的期限内将进口料件加工复出口，并且自加工贸易手册项下最后一批成品出口或者加工贸易手册到期之日起 30 日内向海关报核，经营企业对外签订的合同提前终止的，应当自合同终止之日起30 日内向海关报核。

（5）经营企业报核时应当向海关如实申报进口料件、出口成品、边角料、剩余料件、残次品、副产品以及单耗等情况，并且按照规定提交相关单证。经营企业按照规定向海关报核，单证齐全、有效的，海关应当受理报核。

（6）海关核销可以采取纸质单证核销、电子数据核销的方式，必要时可以下厂核查，企业应当予以配合。海关应当自受理报核之日起 30 日内予以核销。特殊情况需要延长的，经直属海关关长或者其授权的隶属海关关长批准可以延长 30 日。

（7）加工贸易保税进口料件或者成品因故转为内销的，海关凭主管部门准予内销的有效批准文件，对保税进口料件依法征收税款并且加征缓税利息，另有规定的除外。进口料件属于国家对进口有限制性规定的，经营企业还应当向海关提交进口许可证件。

（8）经营企业因故将加工贸易进口料件退运出境的，海关凭有关退运单证核销。

（9）经营企业在生产过程中产生的边角料、剩余料件、残次品、副产品和受灾保税货物，按照海关对加工贸易边角料、剩余料件、残次品、副产品和受灾保税货物的管理规定办理，海关凭有关单证核销。

（10）经营企业遗失加工贸易手册的，应当及时向海关报告，海关按照有关规定处理后，对遗失的加工贸易手册予以核销。

（11）对经核销结案的加工贸易手册，海关向经营企业签发核销结案通知书。

（12）经营企业已经办理担保的，海关在核销结案后按照规定解除担保。

（13）加工贸易货物的手册设立和核销单证自加工贸易手册核销结案之日起留存 3 年。

（14）加工贸易企业出现分立、合并、破产、解散或者其他停止正常生产经营活动情形的，应当及时向海关报告，并且办结海关手续。加工贸易货物被人民法院或者有关行政执法部门封存的，加工贸易企业应当自加工贸易货物被封存之日起 5 个工作日内向海关报告。

上述规定明确了依据电子数据进行核销的做法，为深入推进无纸化通关和无纸化核销作了铺垫，经营企业应当在手册有效期内办理保税料件或者成品内销、深加工结转、退运、余料结转等海关手续，手册到期或报核后企业是无法操作上述手续的。经营企业应当在手册有效期限内进行报核，如确有履行合同困难的，企业应提前向海关申请办理手册的延期手续。对经营企业到期手册未报核的，海关将按《海关行政处罚实施条例》的有关规定进行处理。

从加工贸易核销的定义和相关规定可以看出，保税加工货物只有在核销后，才能在法律意义上正式解除监管。在解除监管之前，必须履行加工复出口手续或者内销等海关手续。

本章小结：本章主要介绍了如下内容：①保税加工的基本概念；海关保税制度的基本特征；保税加工海关监管模式及保税加工的形式；电子化手册的特点和作业流程。②海关对加工贸易货物手册设立的管理规定，加工贸易手册设立商务主管部门出具的文件，单耗管理相关内容，电子化手册设立流程和核心事务。③保税加工特殊作业定义及海关对外发加工、深加工结转、加工贸易货物内销、因故无法内销或者退运加工贸易货物的管理规定。④加工贸易核销的定义及海关对加工贸易核销的管理规定。

思考题：

1. 保税加工和一般货物进出口有哪些区别？
2. 来料加工和进料加工有哪些区别？
3. 简述电子化手册的基本作业流程。
4. 简述单耗、净耗、工艺损耗的定义以及三者的平衡关系。
5. 现阶段哪些损耗不允许列入工艺损耗范围？
6. 简述加工贸易手册设立的核心步骤。
7. 简述外发加工的基本程序。
8. 海关要求加工贸易企业在何时备案外发加工基本情况？
9. 简述深加工结转的基本程序。
10. 企业从事深加工结转业务时应当在何时向海关申报《收发货单》电子数据？
11. 海关对深加工结转报关申报时限有何要求？
12. 简述保税加工货物内销的基本程序。
13. 保税加工制成品内销时缓税利息如何计算？

第六章 其他进出口货物的通关制度

本章概要：前面章节已经介绍了一般进出口货物的通关制度和保税货物的通关制度。本章重点介绍了除保税货物之外的其他一些特殊进出口货物的通关制度，主要包括特定减免税货物的通关制度，暂准进出境货物的通关制度，过境、转运、通运货物等其他进出境货物的通关制度，转关运输货物的通关程序。此外，还具体介绍了一些与报关相关的海关事务，如海关事务担保、知识产权海关保护、海关行政裁定和海关行政复议。了解这些事务，能够帮助行政相对人更好地利用有效途径解决通关过程中发生的争议，加快通关速度。

特定减免税货物是指海关根据国家的政策规定准予减免税进境使用于特定地区、特定企业、特定用途的货物。特定减免税货物的报关程序分为前期报关阶段、进出境报关阶段和后续报关阶段。前期报关阶段主要是办理减免税申请手续，进出境报关阶段主要是办理货物进口申报手续，后续报关阶段主要是办理申请海关解除监管手续。

暂准进出境货物是指为了特定的目的暂时进境或暂时出境，有条件暂时免纳进出口关税并豁免进出口许可证件，在特定的期限内除因使用中正常的损耗外按原状复运出境或复运进境的货物。在通关程序上，ATA 单证册项下的暂时进出境货物和非 ATA 单证册项下的展览品有所不同。

其他进出境货物包括过境、转运、通运货物、进出境快件、无代价抵偿货物、进出境修理物品、出料加工货物、溢卸、误卸、放弃和超期未报关进口货物以及退运货物和退关货物。这些货物的通关过程中有各自需要注意的问题。

转关运输货物是指按转关运输方式在境内运输的海关监管货物。根据不同情况，分为进口转关运输货物、出口转关运输货物和境内转关运输货物。

海关事务担保是指与进出境活动有关的自然人、法人或者其他组织在向海关申请从事特定的进出境经营业务或者办理特定的海关事务时，以向海关提交现金、保函等方式，保证行为的合法性，或保证在一定期限内履行其承诺义务的法律行为。

知识产权海关保护是指海关对与进出口货物有关并受中华人民共和国法律、行政法规保护的商标专用权、著作权和与著作权有关的权利、专利权实施的保护。

海关行政裁定是海关依据关当事人的请求对有关海关法律的适用问题做出在一定范围内具有普遍约束力的解释，从而保证海关法律制度实施的可预见性、统一性、透明性，便利对外贸易经营者办理海关手续，方便合法进出口，提高通关效率。

海关行政复议一方面维护和监督了海关依法行使职权，防止和纠正违法的或者不当的海关具体行政行为；另一方面保护了公民、法人或者其他组织的合法权益。

本章学习目标：特定减免税货物的通关制度；过境、转运、通运货物等其他进出境货物的通关制度；暂准进出境货物的通关制度；转关运输货物的通关程序；了解一些与报关相关的海关事务如海关事务担保制度、知识产权海关保护、海关行政裁定和海关行政复议。

第一节　特定减免税货物通关

一、特定减免税货物概述

（一）含义

特定减免税货物是指海关根据国家的政策规定准予减免税进境使用于特定地区、特定企业、特定用途的货物。

特定地区是指我国关境内由行政法规规定的某一特别限定区域，享受减免税优惠的进口货物只能在这一特别限定的区域内使用。

特定企业是指由国务院制定的行政法规专门规定的企业，享受减免税优惠的进口货物只能由这些专门规定的企业使用。

特定用途是指国家规定可以享受减免税优惠的进口货物只能用于行政法规专门规定的用途。

（二）特征

特定减免税货物有以下特征：

1. 特定条件下减免税

特定减免税是我国关税优惠政策的重要组成部分，是国家无偿向符合条件的进口货物使用企业提供的关税优惠，其目的是优先发展特定地区的经济，鼓励外商在我国的直接投资，促进国有大中型企业和科学、教育、文化、卫生事业的发展。因而，这种关税优惠具有鲜明的特定性，只能在国家行政法规规定的特定条件下使用。

2. 除另有规定外，应提交进口许可证件

特定减免税货物是实际进口货物。按照国家有关进出境管理的法律法规，凡属于进口需要交验许可证件的货物，除另有规定外，进口收货人或其代理人都应当在进口申报时向海关提交进口许可证件。

3. 特定的海关监管期限

海关放行特定减免税进口货物，该货物进入关境后有条件地在境内使用。进口货物享受特定减免税的条件之一就是在规定的期限内，只能在规定的地区、企业内，规定的用途范围内使用，并接受海关的监管。特定减免税进口货物的海关监管期限按照货物的种类各有不同，以下是部分特定减免税货物的海关监管期限（监管年限）：

（1）船舶、飞机、建筑材料（包括钢材、木材、胶合板、人造板、玻璃等），海关监管年限是 8 年；

（2）机动车辆（特种车辆）、家用电器，海关监管年限是 6 年；

（3）机器设备、其他设备、材料，海关监管年限是 5 年。

上述海关监管期限到期时，特定减免税进口货物的收货人应当向海关申请解除对特定减免税货物的监管。

（三）报关要点

（1）特定减免税货物涉及三个报关阶段，这三个阶段既是分别进行的，又是有密切关联的。比如申领减免税证明时的商品名称、规格必须与实际进口的商品一致；而实际进口商品的状况又成为将来后续报关阶段的工作内容。

（2）特定减免税货物不豁免进口许可证件，但是对海外投资企业进口本企业自用的机器设备可以豁免进口许可证；外商投资企业在投资总额内进口涉及机电产品自动进口许可证的也可以豁免。

（3）外商投资企业在投资总额内进口的自用机器设备在填制报关单上的"贸易方式"栏目时，应当分别填写"合资合作设备"或"外资设备物品"；在投资总额以外用自有资金进口的自用机器设备，则应填写"一般贸易"。

（4）特定减免税进口设备可以在两个享受特定减免税优惠的企业之间结转。结转手续应当分别向企业主管海关办理。

（5）出口加工区企业进口免税的机器设备等应当填制"出口加工区进境备案清单"；但保税区企业进口免税的机器设备等则仍填制"进口货物报关单"。

二、特定减免税货物通关程序

特定减免税货物报关程序适用于前期报关阶段、进出境报关阶段和后续报关阶段。前期报关阶段主要是办理减免税申请手续，进出境报关阶段主要是办理货物进口申报手续，后续报关阶段主要是办理申请海关解除监管手续。

（一）减免税申请

1. 特定地区减免税货物进口申请

（1）备案登记

保税区企业向保税区海关办理减免税备案登记时，应当提交企业批准证书、营业执照、企业合同、章程等，并将有关企业情况输入海关计算机系统。海关审核后准予备案的，即签发企业征免税登记手册，企业凭以办理货物减免税申请手续。

出口加工区企业向出口加工区海关办理减免税备案登记时，应当提交出口加工区管理委员会的批准文件、营业执照等，并将有关企业情况输入海关计算机系统。海关审核后批准建立企业设备电子账册，企业凭以办理货物减免税申请手续。

（2）进口申请

保税区企业在进口特定减免税机器设备等货物以前，向保税区海关提交企业征免税登记手册、发票、装箱单等，并将申请进口货物的有关数据输入海关计算机系统。海关核准后签发"进出口货物征免税证明"交申请企业。

出口加工区企业在进口特定减免税机器设备等货物以前，向出口加工区海关提交发票、装箱单等，海关核准后在企业设备电子账册中进行登记。

2. 特定企业减免税货物进口申请

（1）备案登记

特定企业主要是指外商投资企业。外商投资企业向企业主管海关办理减免税备案登记，提交商务主管部门的批准文件、营业执照、企业合同、章程等，海关审核后准予备案的，即签发"外商投资企业征免税登记手册"，企业凭以办理货物减免税申请手续。

（2）进口申请

外商投资企业在进口特定减免税机器设备等货物以前，向主管海关提交"外商投资企业征免税登记手册"、发票、装箱单等，并将申请进口货物的有关数据输入海关计算机系统。经海关核准后签发"进出口货物征免税证明"交申请企业。

3. 特定用途减免税申请

（1）国内投资项目减免税申请

国内投资项目经批准以后，减免税货物进口企业应当持国务院有关部门或省、市人民政府签发的"国家鼓励发展的内外资项目确认书"、发票、装箱单等单证向项目主管直属海关提出减免税申请，海关审核后签发"进出口货物征免税证明"交申请企业。

（2）利用外资项目减免税申请

利用外资项目经批准以后，减免税货物进口企业应当持国务院有关部门或省、市人民政府签发的"国家鼓励发展的内外资项目确认书"、发票、装箱单等单证向项目主管直属海关提出减免税申请。海关审核后签发"进出口货物征免税证明"交申请企业。

（3）科教用品减免税进口申请

科教单位办理科学研究和教学用品免税进口申请时，应当凭有关主管部门的批准文件，向单位所在地主管海关申请办理资格认定手续。经海关审核批准的，签发"科教用品免税登记手册"。

科教单位在进口特定减免税科教用品以前，向主管海关提交"科教用品免税登记手册"、合同等单证，并将申请进口货物的有关数据输入海关计算机系统。经海关核准后签发"进出口货物征免税证明"交申请企业。

（4）残疾人专用品减免税申请

残疾人在进口特定减免税专用品以前，向主管海关提交民政部门的批准文件。经海关审核批准后签发"进出口货物征免税证明"交申请人。

民政部门或中国残疾人联合会所属单位在进口特定减免税专用品、专用仪器、专用生产设备以前，应当凭民政部门或中国残疾人联合会的批准文件，向海关总署提出申请。福利或康复单位所在地主管海关接到海关总署审批通知后，签发"进出口货物征免税证明"交申请单位。

4. "进出口货物征免税证明"的使用

"进出口货物征免税证明"的有效期为 6 个月，持证人应当在自海关签发该征免税证明的 6 个月内进口经批准的特定减免税货物。

"进出口货物征免税证明"实行"一证一批"的原则，即一份征免税证明上的货物只能在一个进口口岸一次性进口。如果一批特定减免税货物需要分两个口岸进口，或者分两次进口的，持证人应当事先分别申领征免税证明。

（二）进出口报关

特定减免税货物进口报关程序，可参见本书一般进出口货物的报关程序中的有关内容。但是特定减免税货物进口报关的有些具体手续与一般进出口货物的报关还是有所不同：

（1）特定减免税货物进口报关时，进出口货物收、发货人或其代理人除了向海关提交报关单及随附的基本单证以外，还应当向海关提交"进出口货物征免税证明"。海关在审单时从计算机调阅征免税证明的电子数据，核对纸质的"进出口货物征免税证明"。

（2）特定减免税货物一般应提交进出口许可证件，但对某些外商投资和某些许可证件种类，国家规定有特殊优惠政策，可以豁免进口许可证件。对规定可以豁免进口许可证件的，则不必向海关提交。

（三）申请解除监管

特定减免税货物根据不同的品种，在海关监管期限届满后，原特定减免税货物"进出口货物征免税证明"的申请人应当向原签发征免税证明的海关提出解除监管申请。特定减免税货物在海关监管期限以内，因特殊原因要求出售、转让、放弃，或者企业破产清算的，必须向海关申请提出有关解除监管的申请，办理海关的结关手续。

1. 监管期满申请解除监管

特定减免税货物监管期满，原减免税申请人应当向主管海关申请解除海关对减免税进口货物的监管。主管海关经审核批准，签发"减免税进口货物解除监管证明"。至此，特定减免税进口货物办结了全部海关手续。

2. 监管期内申请解除监管

特定减免税货物在海关监管期内要求解除监管的，主要是为了在国内销售、转让、放弃或退运境外。

特定减免税货物，这里主要是指外商投资企业投资项下进口的减免税设备，因特殊原因需要在海关监管期内销售、转让的，企业应当先向原审批进口的商务主管部门申请，凭批准文件向海关办理缴纳进口税费的手续。海关按照使用时间折旧估价征税后，签发解除监管证明书，企业即可将原减免税货物在国内销售、转让。

企业如将货物转让给同样享受进口减免税优惠的企业，接受货物的企业应当先向主管海关申领《进出口货物征免税证明》，凭以办理货物的结转手续。

企业要求将特定减免税货物退运出境的，也应当先向原审批进口的商务主管部门申请，凭批准文件向出境地海关办理货物出口退运申报手续。出境地海关监管货物出境后，签发《出口货物报关单》，企业持该报关单及其他有关单证向主管海关申领解除监管证明。

企业要求放弃特定减免税货物的，应当向主管海关提交放弃货物的书面申请，经海关核准后，按照海关处理放弃货物的有关规定办理手续。海关将货物拍卖，所得款项上缴国库后签发收据，企业凭以向主管海关申领解除监管证明。

3. 企业破产清算时特定减免税货物的处理

破产清算、变卖、拍卖处理其尚在海关监管期限内的特定减免税货物，企业应当事先向主管海关申请，主管海关审批同意并按规定征收税款后，签发解除监管证明；如该货物已经改变其进口时状态，经海关实际查验并做查验记录后，也可照此办理解除监管手续。只有在解除监管后，有关货物才可以进入破产清算、变卖、拍卖程序。

对进入法律程序清算、变卖、拍卖的特定减免税货物，如属于许可证件管理的原进口时未申领许可证件的，海关凭人民法院的判决或国家法定仲裁机关的仲裁证明，免予补办进口许可证件。

4. 申请提前解除海关监管

保税区内企业免税进口货物未满海关监管年限，申请提前解除监管的，应按规定照章征税。其中涉及国家实行许可证件管理的商品还需向海关提交有效的许可证件。

第二节 暂准进出境货物通关

一、暂准进出境货物概述

（一）含义

暂准进出境货物是指为了特定的目的暂时进境或暂时出境，有条件暂时免纳进出口关税并豁免进出口许可证件，在特定的期限内除因使用中正常的损耗外按原状复运出境或复运进境的货物。

（二）范围

暂准进出境货物分为两大类。

第一类包括：

（1）在展览会、交易会、会议及类似活动中展示或者使用的货物；

（2）文化、体育交流活动中使用的表演、比赛用品；

（3）进行新闻报道或者摄制电影、电视节目使用的仪器、设备及用品；

（4）开展科研、教学、医疗活动使用的仪器、设备和用品；

（5）在本款第（1）项至第（4）项所列活动中使用的交通工具及特种车辆；

（6）货样；

（7）供安装、调试、检测、修理设备时使用的仪器及工具；

（8）盛装货物的容器；

（9）其他用于非商业目的的货物。

第二类是指第一类以外的暂准进出境货物，如工程施工中使用的设备、仪器及用品。

（三）特征

暂时进出境货物有以下特征：

1. 暂时免予缴纳税费

第一类暂准进出境货物，在进境或者出境时向海关缴纳相当于应纳税款的保证金或者提供其他担保的，暂时免予缴纳全部税费；第二类应当按照该货物的完税价格和其在境内滞留时间与折旧时间的比例计算征收进口关税。

2. 免于提交进出口许可证件

暂时进出境货物不是实际进出口的货物，只要按照暂时进出境货物的海关法规、规章办理进出境手续，可以免予提交进出口许可证件。但是，涉及公共道德、公共安全、公共卫生所实施的进出境管制制度的，应当凭许可证件进出境。

3. 规定期限内按原状复运进出境

暂时进出境货物应当自进境或者出境之日起 6 个月内复运出境或者复运进境；经收发货人申请，海关可以根据规定延长复运出境或者复运进境的期限。

4. 按货物实际使用情况办结海关手续

海关对暂时进出境货物都有后续监管要求，因此所有的暂时进出境货物都必须在规定期限内，由货物的收发货人根据货物不同的情况向海关办理核销结关手续。

二、暂时进出境货物通关程序

（一）ATA 单证册项下的暂时进出境货物

1. ATA 单证册在我国的适用范围

我国于 1993 年加入《关于货物暂准进口的 ATA 单证册海关公约》（以下简称《ATA 公约》）及与其相关的《展览会、交易会公约》《货物暂准进口公约》及其附约 A《关于暂准进口单证的附约》和附约 B1《关于在展览会、交易会、会议及类似活动中供陈列或使用的货物的附约》。因此，在我国，使用"ATA 单证册"的范围仅限于展览会、交易会、会议及类似活动项下的货物。除此以外的货物，我国海关不接受持"ATA 单证册"办理进出口申报手续。

2. ATA 单证册制度

（1）ATA 单证册的含义

"暂准进口单证册"，简称"ATA 单证册"，是指世界海关组织通过的《货物暂准进口公约》及其附约 A 和《ATA 公约》中规定使用的、用于替代各缔约方海关暂准进出口货物报关单和税费担保的国际性通关文件。

ATA 是由法语 Admission Temporaire（暂准进口）和英语 Temporary Admission（暂准进口）的第一个字母的组合，表示"暂准进口"。ATA 单证册（《A. T. A. CARNET》）就是"暂准进口单证册"的简称，从国际公约中的规定来看，其确切含义是用于暂时免税进出口货物的文件。

（2）ATA 单证册的格式

一份"ATA 单证册"由若干页 ATA 单证组成，单证的具体数目依其经过的国家数目而定。一般由以下 8 页组成：一页绿色封面单证、一页黄色出口单证、一页白色进口单证、一页白色复出口单证、两页蓝色过境单证、一页黄色复进口单证、一页绿色封底。

"ATA 单证册"必须用英语或法语，如果需要的话，也可以同时用第三种语言印刷。我国的"ATA 单证册"就是用英文和中文印刷的。

（3）ATA 单证册系统

《货物暂准进口公约》和《ATA 公约》建立了一种为各成员国海关、货物所有人、有关团体共同遵守的简单有效的系统，以此来简化货物临时进出各成员国的各种进出境手续，为货物的暂时进出口提供最大限度的便利。

ATA 单证册系统之所以能够起到最大限度简化货物临时进出口的各种繁琐手续，是因为实施了以下两个措施：

①使用了"ATA 单证册"。

ATA 单证册是国际通用的向海关申报的单证，如某国商人要将一批展览品运送到另一个国家去参加展览会，该商人只需在本国申领一份 ATA 单证册，就可以持证向本国和进入国海关申报暂时出、进境，无须填制报关单，也无须另行向海关提供担保；当展览会结束，展览品复运出、进境时，也可持该份单证册申报出、进境；如果该展览品在其他第三国临时过境时，其一进一出也不必向第三国海关另外填制报关单，提供担保。因此，ATA 单证册实际上是暂时进出口货物在各缔约国（地区）之间自由通行的通行证。

②建立了国际担保连环系统。

这种担保连环系统是由各国担保协会，一般是各国指定商会组成，并由国际商会国际局（IBCC）进行统一管理，通常被称为"ATA/IBCC 担保连环系统"。ATA/IBCC 担保连环系统的担保协会成员，作为对各成员国海关的担保人，担保的标的是在 ATA 单证册项下的货物可能支付的进口关税和其他各税。公约的各缔约方都有一个担保协会，称为国家担保协会，一般担保协会也是出证协会，负责签发本国的 ATA 单证册。该担保协会必须得到该国海关的批准，也要得到国际商会国际局的批准，才能成为 ATA/IBCC 担保连环系统的成员。中国国际商会是我国 ATA 单证册的担保协会和出证协会。

ATA 单证册和 ATA/IBCC 担保连环系统的结合，就形成了 ATA 单证册系统。

（4） ATA 单证册的使用

①ATA 单证册的正常使用过程。

持证人向出证协会提出申请，缴纳一定的手续费，并按出证协会的规定提供担保。出证协会审核后签发 ATA 单证册；持证人凭 ATA 单证册将货物在出口国暂时出口，又暂时进口到进口国，进口国海关经查验签章放行；货物完成暂时进口的特定使用目的后，从进口国复运出口，又复运进口到原出口国；持证人将使用过的、经各海关签注的 ATA 单证册交还给原出证协会。ATA 单证册的整个使用过程到此结束。

②ATA 单证册未正常使用。

未正常使用一般可能有两种情况：一是货物未在规定的期限内复运出口，产生了暂时进口国海关对货物征税的问题；二是 ATA 单证册持证人未遵守暂时进口国海关有关规定，产生了暂时进口国海关对持证人罚款的问题。在这两种情况下，暂时进口国海关可以向本国担保协会提出索赔；暂时进口国担保协会代持证人垫付税款、罚款等款项后，可以向暂时出口国担保协会进行追偿；暂时出口国担保协会垫付款项后，可以向持证人追偿，持证人偿付款项后，ATA 单证册的整个使用过程到此结束。如果一个国家的出证协会和担保协会是两个不同的单位，则暂时进口国担保协会先向暂时出口国担保协会追偿，担保协会再向该国出证协会追偿。如果持证人拒绝偿付款项，则担保协会或出证协会可要求持证人的担保银行或保险公司偿付款项。如果后者也拒付，则采取法律行动。

3. 适用我国暂准进出境货物的 ATA 单证册的有效期

根据国际公约的规定，缔约方的出证协会不应签发自签发之日起有效期超过 1 年的 ATA 单证册。因此，ATA 单证册的有效期最长是 1 年。但我国海关只接受展览品及相关货物使用 ATA 单证册申报进出口，因此，ATA 单证册项下货物暂时进出境期限为自货物进出境之日起 6 个月。超过 6 个月的，需经直属海关批准可以延期，延期最多不超过 3 次，每次延长期限不超过 6 个月。如有特殊情况在 18 个月延长期届满后仍需要延期的，由主管地直属海关报海关总署审批。

4. 适用 ATA 单证册的暂时进出境货物的申报

（1）进境申报

进出境货物收、发货人或其代理人持 ATA 单证册向海关申报进境展览品时，先在海关核准的出证协会中国国际商会以及其他商会，将 ATA 单证册上的内容预录入进海关与商会联网的 ATA 单证册电子核销系统。然后向展览会主管海关提交纸质 ATA 单证册、提货单等单证。

海关在白色进口单证上签注，并留存白色进口单证正联，存根联随 ATA 单证册其他各联退进出境货物收、发货人或其代理人。

（2）出境申报

进出境货物收、发货人或其代理人持 ATA 单证册向海关申报出境展览品时，向出境地海关提交国家主管部门的批准文件、纸质 ATA 单证册、装货单等单证。

海关在绿色封面单证和黄色出口单证上签注，并留存黄色出口单证正联，存根联随 ATA 单证册其他各联退展览品所有人或其代理人。

（3）过境申报

展览品所有人或其代理人持 ATA 单证册向海关申报将货物通过我国转运至第三国参加展览会的，不必填制过境货物报关单。海关在两份蓝色过境单证上分别签注后，留存蓝色过境单证正联，存根联随 ATA 单证册其他各联退展览品所有人或其代理人。

（4）异地复运出境、进境申报

使用 ATA 单证册进出境的货物异地复运出境、进境申报，ATA 单证册持证人应当持主管地海关签章的海关单证向复运出境、进境地海关办理手续。货物复运出境、进境后，主管地海关凭复运出境、进境地海关签章的海关单证办理核销结案手续。

（5）担保和许可证件

持 ATA 单证册向海关申报进出境展览品，不需向海关提交进出口许可证，也不需另外再提供担保。但如果进出境展览品及相关货物受公共道德、公共安全、公共卫生、动植物检疫、濒危野生动植物保护、知识产权保护等限制的，展览品所有人或其代理人应当向海关提交进出口许可证件。

（6）ATA单证册申报文字

我国海关接受中文或英文填写的ATA单证册的申报。用英文填写的ATA单证册，海关可要求提供中文译本。用其他文字填写的ATA单证册，则必须随附忠实原文的中文或英文译本。

5.　　单证册项下暂准进出境货物的核销结关

（1）正常结关

持证人在规定期限内将进境展览品和出境展览品复运进出境，海关在白色复出口单证和黄色复进口单证上分别签注，留存单证（正联），将存根联和ATA单证册其他各联退还给持证人，正式核销结关。

（2）非正常结关

ATA单证册项下暂时进境货物复运出境时，因故未经我国海关核销、签注的，ATA核销中心凭由另一缔约国海关在ATA单证上签注的该批货物从该国进境或者复运进境的证明，或者我国海关认可的能够证明该批货物已经实际离开我国境内的其他文件，作为已经从我国复运出境的证明，对ATA单证册予以核销。

发生上述情形的，ATA单证册持证人应当按照规定向海关缴纳调整费。在我国海关尚未发出"ATA单证册追索通知书"前，如果持证人凭其他国海关出具的货物已经运离我国关境的证明要求予以核销单证册的，免予收取调整费。

使用ATA单证册暂准进出境货物因不可抗力的原因受损，无法原状复运出境、进境的，ATA单证册持证人应当及时向主管地海关报告，可以凭有关部门出具的证明材料办理复运出境、进境手续；因不可抗力的原因灭失或者失去使用价值的，经海关核实后可以视为该货物已经复运出境、进境。

使用ATA单证册暂准进出境货物因不可抗力以外的原因灭失或者受损的，ATA单证册持证人应当按照货物进出口的有关规定办理海关手续。

（二）非ATA单证册项下的展览品

1.进出境展览品的范围

（1）进境展览品

进境展览品包含在展览会中展示或示范用的货物、物品、为示范展出的机器或器具所需用的物品、展览者设置临时展台的建筑材料及装饰材料、供展览品做示范宣传用的电影片、幻灯片、录像带、录音带、说明书、广告等。

下列在境内展览会期间供消耗、散发的用品（以下简称展览用品），由海关根据展览会性质、参展商规模、观众人数等情况，对其数量和总值进行核定，在合理范围内的，按照有关规定免征进口关税和进口环节税：

①在展览活动中的小件样品，包括原装进口的或者在展览期间用进口的散装原料制成的食品或者饮料的样品；

②为展出的机器或者器件进行操作示范被消耗或者损坏的物料；

③布置、装饰临时展台消耗的低值货物；

④展览期间免费向观众散发的有关宣传品；

⑤供展览会使用的档案、表格及其他文件。

上述货物、物品应当符合下列条件：

①由参展人免费提供并在展览期间专供免费分送给观众使用或者消费的；

②单价较低，做广告样品用的；

③不适用于商业用途，并且单位容量明显小于最小零售包装容量的；

④食品及饮料的样品虽未包装分发，但确实在活动中消耗掉的。

展览用品中的酒精饮料、烟草制品及燃料不适用有关免税的规定。

展览会期间出售的小卖品，属于一般进口货物范围，进口时应当缴纳进口关税和进口环节海关代征税，属于许可证件管理的商品，应当交验许可证件。

（2）出境展览品

出境展览品包含国内单位赴国外举办展览会或参加外国博览会、展览会而运出的展览品，以及与展览活动有关的宣传品、布置品、招待品，及其他公用物品。

与展览活动有关的小卖品、展卖品，可以按展览品报关出境。

2. 展览品的暂准进出境期限

进口展览品的暂准进境期限是 6 个月，即自展览品进境之日起 6 个月内复运出境。如果需要延长复运出境的期限，应当向主管海关提出申请，经直属海关批准可以延期，延期最多不超过 3 次，每次延长期限不超过 6 个月。参加展期在 24 个月以上展览会的展览品，在 18 个月延长期届满后仍需要延期的，由主管地直属海关报海关总署审批。

出口展览品的暂准出境期限为自展览品出境之日起 6 个月内复运进境。如果需要延长复运进境的期限，应当向主管海关提出申请。

3. 展览品的进出境申报

（1）进境申报

境内展览会的办展人或者参加展览会的办展人、参展人（以下简称办展人、参展人）应当在展览品进境 20 个工作日前，向主管地海关提交有关部门备案证明或者批准文件及展览品清单等相关单证办理备案手续。

展览会不属于有关部门行政许可项目的，办展人、参展人应当向主管地海关提交展览会邀请函、展位确认书等其他证明文件及展览品清单办理备案手续。

展览品进境申报手续可以在展出地海关办理。从非展出地海关进口的，可以申请在进境地海关办理转关运输手续，将展览品在海关监管下从进境口岸转运至展览会举办地主管海关办理申报手续。

展览会主办单位或其代理人应当向海关提交报关单、展览品清单、提货单、发票、装箱单等。展览品中涉及检验检疫、知识产权等管制的，还应当向海关提交有关许可证件。

展览会主办单位或其代理人应当向海关提供担保。

海关一般在展览会举办地对展览品开箱查验。展览品开箱前，展览会主办单位或其代理人应当通知海关。海关查验时，展览品所有人或其代理人应当到场，并负责搬移、开拆、重封货物包装等。

展览会展出或使用的印刷品、音像制品及其他需要审查的物品，还要经过海关的审查，才能展出或使用。对我国政治、经济、文化、道德有害的以及侵犯知识产权的印刷品、音像制品，不得展出，由海关没收、退运出境或责令更改后使用。

（2）出境申报

境内出境举办或者参加展览会的办展人、参展人应当在展览品出境 20 个工作日前，向主管地海关提交有关部门备案证明或者批准文件及展览品清单等相关单证办理备案手续。

展览会不属于有关部门行政许可项目的，办展人、参展人应当向主管地海关提交展览会邀请函、展位确认书等其他证明文件及展览品清单办理备案手续。

展览品出境申报手续应当在出境地海关办理。在境外举办展览会或参加国外展览会的企业应当向海关提交国家主管部门的批准文件、报关单、展览品清单一式两份等单证。

展览品属于应当缴纳出口关税的，向海关缴纳相当于税款的保证金；属于核用品、核两用品及相关技术的出口管制商品的，应当提交出口许可证。随展览品出境的小卖品、展卖品，应当按一般出口申报，属于出口许可证管理的，还应当提交出口许可证。

海关对展览品开箱查验，核对展览品清单。查验完毕，海关留存一份清单，另一份封入关封交还给进出口货物收、发货人或其代理人，凭以办理展览品复运进境申报手续。

4. 进出境展览品的核销结关

（1）复运进出境

进境展览品和出境展览品在规定期限内复运出境或复运进境后，海关分别签发报关单证明联，展览品所有人或其代理人凭以向主管海关办理核销结关手续。

展览品未能在规定期限内复运进出境的，展览会主办单位或出国举办展览会的单位应当向主管海关申请延期，在延长期内办理复运进出境手续。

（2）转为正式进出口

进境展览品在展览期间被人购买的，由展览会主办单位或其代理人向海关办理进口申报、纳税手续，其中属于许可证件管理的，还应当提交进口许可证件。

出口展览品在境外参加展览会后被销售的，由海关核对展览品清单后要求企业补办有关正式出口手续。

（3）展览品放弃或赠送

展览会结束后，进口展览品的所有人决定将展览品放弃给海关的，由海关变卖后将款项上缴国库。有单位接受放弃展览品的，应当向海关办理进口申报、纳税手续。

展览品的所有人决定将展览品赠送的，受赠人应当向海关办理进口手续，海关根据进口礼品或经贸往来赠送品的规定办理。

（4）展览品毁坏、丢失、被窃

展览品因毁坏、丢失、被窃而不能复运出境的，展览会主办单位或其代理人应当向海关报告。对于毁坏的展览品，海关根据毁坏程度估价征税；对于丢失或被窃的展览品，海关按照进口同类货物征收进口税。

展览品因不可抗力遭受损毁或灭失的，海关根据受损情况，减征或免征进口税。

第三节　其他进出境货物的通关

一、过境、转运、通运货物

（一）过境货物

1. 过境货物的定义

过境货物是指从境外启运，在我国境内不论是否换装运输工具，通过陆路运输，继续运往境外的货物。

2. 过境货物的范围

（1）与我国签有过境货物协定国家的过境货物，或在同我国签有铁路联运协定的国家收、发货的过境货物，按有关协定准予过境；

（2）对于同我国未签有上述协定国家的过境货物，应当经国家经贸、运输主管部门批准，并向入境地海关备案后准予过境。

（3）下列货物禁止过境：

①来自或运往我国停止或禁止贸易的国家和地区的货物；

②各种武器、弹药、爆炸品及军需品（通过军事途径运输的除外）；

③各种烈性毒药、麻醉品和鸦片、吗啡、海洛因、可卡因等毒品；

④我国法律、法规禁止过境的其他货物物品。

3. 过境货物的经营人、承运人的定义及承运条件

（1）过境货物的经营人、承运人的定义

我国办理过境运输的全程经营人需经国家商务主管部门批准、认可，具有国际货物运输代理业务经营权并拥有过境货物运输代理业务经营范围（国际多式联运）的有关企业。

承担过境货物在中国境内运输的承运人，应是经国家运输主管部门批准从事过境货物运输业务的企业，并应承担符合海关监管要求的义务。

（2）过境货物的承运条件

①装载过境货物的运输工具，应当具有海关认可的加封条件或装置。海

关认为有必要时，可以对过境货物及其装载装置进行加封；

②运输部门和经营人应当负责保护海关封志的完整，任何人不得擅自开启或损毁；

③经营人应当持主管部门的批准文件和工商行政管理部门颁发的营业执照，向海关主管部门申请办理报关注册登记手续。

4. 海关对过境货物的监管及报关手续

（1）海关对过境货物的监管目的

海关对过境货物监管的目的是为了防止过境货物在我国境内运输过程中滞留在国内，或将我国货物混入过境货物随运出境，防止禁止过境货物从我国过境。因此过境货物的经营人应当按照海关有关规定办理过境货物的通关手续。

（2）过境货物的报关手续

①过境货物进境报关手续

过境货物进境时，经营人或报关企业应当向海关递交"过境货物报关单"以及海关规定的其他相关单证，办理过境手续；

过境货物经进境地海关审核无误后，进境地海关在提运单上加盖"海关监管货物"的戳记，并将"过境货物报关单"和过境货物清单制作关封后加盖"海关监管货物"专用章，连同上述提运单一并交经营人或报关企业；

经营人或承运人应当负责将上述单证完整及时地交出境地海关验核。

②过境货物复出境手续

过境货物出境时，经营人或报关企业应当及时向出境地海关申报，并递交进境地海关签发的关封和其他单证；

经出境地海关审核有关单证、关封和货物无讹后，由海关加盖放行章，在海关的监管下出境。

5. 海关对过境货物的特殊规定

（1）过境货物的过境期限

过境货物的过境期限为 6 个月，因特殊原因，在规定的 6 个月之内不能出境的，可以向海关申请延期，经海关同意后，可延期 3 个月。

过境货物超过规定的期限 3 个月，仍未过境的，海关按《海关法》的规定提取变卖，变卖后的货款按有关规定处理。

（2）过境货物境内暂存和运输的规定

①过境货物进境因换装运输工具等原因需卸地储存时，应当经海关批准

并在海关监管下存入海关指定或同意的仓库或场所。

②过境货物在进境以后、出境以前，应当按照运输主管部门规定的路线运输。运输部门没有规定的，由海关指定。

③根据实际情况，海关需要派员押运过境货物时，经营人或承运人应免费提供交通工具和执行监管任务的便利。

（3）其他管理规定

①民用爆炸品、医用麻醉品等的过境运输，应经海关总署商有关部门批准后，方可过境。

②有伪报货名和国别，借以运输我国禁止过境的货物以及其他违反我国法律、行政法规情事的，货物将被海关依法扣留处理。

③海关在对过境货物监管过程中，除发现有违法或者可疑情事外，一般仅做外形查验后，予以放行。海关在查验过境货物时，经营人或承运人应当到场，负责搬移货物，开拆和重封货物的包装。

④过境货物在境内发生损毁或者灭失的（除不可抗力的原因外），经营人应当负责向出境地海关补办进口纳税手续。

（二）转运货物

1. 转运货物的定义

转运货物是指由境外起运，通过我国境内设立海关的地点换装运输工具，而不通过境内陆路运输，继续运往境外的货物。

2. 转运货物的条件

进境运输工具载运的货物必须具备下列条件之一的，方可办理转运手续：

（1）持有转运或联运提货单的；

（2）进口载货清单上注明是转运货物的；

（3）持有普通提货单，但在起卸前向海关声明转运的；

（4）误卸的进口货物，经运输工具经理人提供确实证件的；

（5）因特殊原因申请转运，经海关批准的。

3. 转运货物的报关手续

（1）转运货物的报关手续

①载有转运货物的运输工具进境后，承运人应当在《进口载货清单》上列明转运货物的名称、数量、起运地和到达地，并向主管海关申报进境；

②申报经海关同意后，在海关指定的地点换装运输工具；

③在规定时间内运送出境。

（2）转运货物的报关程序

①海关对转运货物实施监管的主要目的在于防止货物在口岸换装过程中混卸进口或混装出口，因此，转运货物的承运人就有保证货物运往境外与接受海关全程监管的义务；

②外国转运货物在中国口岸存放期间，不得开拆、换包装或进行加工；

③转运货物必须在 3 个月之内办理海关有关手续并转运出境，超出规定期限 3 个月仍未转运出境或办理其他海关手续的，海关将按规定提取变卖。

口岸海关对转运的外国货物有权进行开箱查验，但是如果没有发现有违法或可疑情事，一般仅对转运货物做外形查验。

（三）通运货物

1. 通运货物的定义

通运货物是指由境外起运，不通过我国境内陆路运输，运进境后由原运输工具载运出境的货物。

2. 通运货物的报关手续

（1）运输工具进境时，运输工具的负责人应凭注明通运货物名称和数量的"船舶进口报告书"或国际民航机使用的"进口载货舱单"向进境地海关申报；

（2）进境地海关在接受申报后，在运输工具抵、离境时对申报的货物予以核查，并监管货物实际离境。运输工具因装卸货物需搬运或倒装货物时，应向海关申请并在海关的监管下进行。

二、进出境快件

（一）快件的概述

1. 进出境快件的含义

进出境快件是指进出境快件营运人，以向客户承诺的快速商业运作方式承揽、承运的进出境的货物、物品。

2. 进出境快件的分类

进出境快件分为文件类、个人物品类和货物类三类：

文件类快件是指法律、行政法规规定予以免税且无商业价值的文件、单证、单据及资料。

个人物品类进出境快件是指海关法规规定自用、合理数量范围内的进出境旅客分离运输行李物品、亲友间相互馈赠物品和其他个人物品。

货物类进出境快件是指文件类、个人物品类进出境快件以外的进出境快件。

（二）进出境快件的申报

进出境快件的营运人应当按照海关的要求采用纸质文件方式和电子数据交换方式向海关办理进出境快件的报关手续。

进境快件自运输工具申报进境之日起 14 天内，出境快件在运输工具离境 3 小时之前，应当向海关申报。

进出境快件需分类报关，其中：

文件类进出境快件报关时，运营人应当向海关提交"中华人民共和国进出境快件 KJ1 报关单"、总运单（副本）和海关需要的其他单证。

个人物品类进出境快件报关时，运营人应当向海关提交"中华人民共和国进出境快件个人物品报关单"、每一进出境快件的分运单、进境快件收件人或出境快件发件人身份证件影印件和海关需要的其他单证。

货物类进境快件报关时，运营人应当按下列情形分别向海关提交报关单证：

（1）对关税税额在人民币 50 元以下的货物和海关规定准予免税的货样、广告品，应提交"中华人民共和国进出境快件 KJ2 报关单"、每一进境快件的分运单、发票和海关需要的其他单证；

（2）对应予征税的货样、广告品（法律、行政法规规定实行许可证件管理的、需进口付汇的除外），应提交"中华人民共和国进出境快件 KJ3 报关单"、每一进境快件的分运单、发票和海关需要的其他单证；

（3）其他货物类进境快件，一律按进口货物的报关程序报关。

货物类出境快件报关时，运营人应当按下列情形分别向海关提交报关单证：

（1）对货样、广告品（法律、行政法规规定实行许可证管理的、应征出口税的、需进口收汇的、需出口退税的除外），应提交"中华人民共和国进出境快件 KJ2 报关单"、每一出境快件的分运单、发票和海关需要的其他单证；

（2）其他货物类出境快件，一律按出口货物报关程序报关。

（三）进出境快件的查验

（1）海关查验进出境快件时，运营人应派员到场，并负责进出境快件的搬移、开拆和重封包装。

（2）海关对进出境快件中的个人物品实施开拆查验时，运营人应通知进境快件的收件人或出境快件的发件人到场，收件人或发件人不能到场的，运营人应向海关提交其委托书，代理收、发件人的义务，并承担相应的法律责任。

（3）海关认为必要时，可对进出境快件予以径行开验、复验或者提取货样。

（四）快件报关程序

1. 进口快件报关程序

（1）A、B 类进口快件的报关程序

①快件运营企业用快件 EDI 通关申报系统录入"快件货物报关单"，并向海关申报；

②进境地海关收到电子报关数据后进行电子审核，并发送受理申报的电子回执；

③快件运营企业收到电子回执后，凭以提货；如海关决定查验的，则由海关查验部门办理查验手续；

④海关决定不查验或查验正常的，予以实物放行。

（2）C、D 类进口快件的报关程序

①快件运营企业或报关代理公司用快件 EDI 通关申报系统录入"快件货物报关单"，并向海关申报；

②进境地海关收到电子报关数据后进行电子审核，并发送受理申报的电子回执；

③快件运营企业或报关代理公司收到电子回执后，向海关递交"快件货物报关单"、发票、运单等书面单证；

④海关审核无误后，进入查验和缴纳税费的程序；

⑤在完成上述程序后，海关在运单上加盖海关货物放行章，快件运营企业或报关代理公司凭运单提货。

2. 出口快件报关程序

（1）A、B 类出口快件的报关程序

①快件运营企业用快件 EDI 通关申报系统录入"快件货物报关单"，其

中在运单栏内填报总运单号并加附三免清单，向海关申报；

②出境地海关收到电子报关数据后进行电子审核，并发送受理申报的电子回执；

③快件运营企业收到电子回执后，凭以装货。如海关决定查验的，则由海关查验部门办理查验手续。

A、B类快件又称"三免快件"，即免税、免证、免统计货物。

（2）C、D类出口快件的报关程序

C、D类出口快件报关程序类同于A、B类出口快件报关程序，它们的区别在于：

①A、B类出口快件报关的运单栏内填报的是总运单号，而C、D类则必须填报具体的运单号。

②A、B类出口快件报关可以凭总运单号合并申报，而C、D类则必须逐票按具体运单号申报。

3. 快件的申报时间

进境的快件应当在运输工具申报入境后24小时内向海关办理报关手续。

出境的快件应当在运输工具离境前4小时向海关办理报关手续。

三、无代价抵偿货物

（一）无代价抵偿货物的定义

无代价抵偿进口货物是指进口货物在征税或免税放行后，发现货物有残损、短少或品质不良或者规格不符，而由境外承运人、发货人或保险公司免费补偿或更换的与原货物相同或者与合同规定相符的货物。

（二）无代价抵偿进口货物的基本特征

1. 无代价抵偿货物是执行合同过程中发生的损害赔偿

无代价抵偿是指进口货物买卖双方在执行合同中，进口方根据货物的事实状态向货物供应商请求偿付，而供货商根据合同有关规定及国际惯例进行赔偿的一种行为；如果违反了有关进口管理规定而索赔进口的，不能按无代价抵偿货物办理。

2. 海关对原申报进口的货物已经放行

被抵偿货物的原有货物已经办理了海关的相关手续，并已经按规定缴纳了进口税或者享受减免税的优惠政策，经海关放行之后，发现了损害而索赔进口。

3. 抵偿货物是对损坏部分或短缺部分进行赔偿

根据国际惯例，除合同另有规定除外，抵偿一般只限于在成交商品所发生的直接损失方面（仅指残损、短少或品质不良方面的问题）以及合同规定的有关方面。对于所发生的间接损失（如因设备损坏而造成的经济损失等）一般不能包括在抵偿范围之内。

（三）无代价抵偿货物的报关程序

无代价抵偿大体上可以分为两种，一种是短少抵偿，一种是残损、品质不良或规格不符抵偿。对两种抵偿引起的两类进出口无代价抵偿货物在报关程序上有所区别。

其中残损、品质不良或规格不符引起的无代价抵偿货物，进出口前应当先办理被更换的原进出口货物中残损、品质不良或规格不符货物的有关海关手续。

（1）原进口货物退运出境，以及原出口货物退运进境

原进口货物的收货人或其代理人应当办理被更换的原进口货物中残损、品质不良或规格不符货物的退运出境的报关手续。被更换的原进口货物退运出境时不征收出口关税。

原出口货物的发货人或其代理人应当办理被更换的原出口货物中残损、品质不良或规格不符货物的退运进境的报关手续。被更换的原出口货物退运进境时不征收进口关税和进口环节海关代征税。

（2）原进口货物不退运出境，放弃交由海关处理

被更换的原进口货物中残损、品质不良或规格不符货物不退运出境，但原进口货物的收货人愿意放弃，交由海关处理的，海关应当依法处理并向收货人提供依据，凭以申报进口无代价抵偿货物。

（3）原进口货物不退运出境也不放弃，以及原出口货物不退运进境

被更换的原进口货物中残损、品质不良或规格不符货物不退运出境且不放弃交由海关处理的，原进口货物的收货人应当按照海关接受无代价抵偿货物申报进口之日适用的有关规定申报进口，并按照海关对原进口货物重新估定的价格计算的税额缴纳进口关税和进口环节海关代征税，属于许可证件管理的商品还应当交验相应的许可证件。

被更换的原出口货物中残损、品质不良或规格不符的货物不退运进

境，原出口货物的发货人应当按照海关接受无代价抵偿货物申报出口之日适用的有关规定申报出口，并按照海关对原出口货物重新估定的价格计算的税额缴纳出口关税，属于许可证件管理的商品还应当交验相应的许可证件。

四、进出境修理货物

（一）进出境修理货物适用的范围

进境修理货物是指运进境进行维护修理后复运出境的机械器具、运输工具或者其他货物，以及为维修这些货物需要进口的原材料、零部件。出境修理货物是指运出境进行维护修理后复运进境的机械器具、运输工具或者其他货物，以及为维修这些货物需要出口的原材料、零部件。进境修理包括原出口货物运进境修理和其他货物运进境修理。出境修理包括原进口货物运出境修理和其他货物运出境修理。原进口货物出境修理包括原进口货物在保修期内运出境修理和原进口货物在保修期外运出境修理。

（二）修理货物的暂时进出境期限

修理物品的进出境期限与暂时进出口货物进出境期限一样为6个月，即自修理物品运出境或运进境之日起6个月内复运进出境，如果需要延长复运进出境的期限，经批准可以延长，延长期限最长不超过6个月。

（三）进出境修理货物的保管程序

1. 进境修理货物

货物进境后，收货人或其代理人持维修合同或者含有保修条款的原出口合同及申报进口需要的所有单证办理货物进口申报手续，并提供进口税款担保。

修理货物复出境申报时应当提供原修理货物进口申报时的报关单（留存联或复印件）。

修理货物复出境后应当申请销案，正常销案的，海关应当退还保证金或撤销担保。未复出境部分货物应当办理进口申报纳税手续。

2. 出境修理货物

发货人在货物出境时，向海关提交维修合同或含有保修条款的原进口合同，以及申报出口需要的所有单证，办理出境申报手续。

货物复运进境时应当向海关申报在境外实际支付的修理费和材料费，由海关审查确定完税价格，计征进口关税和进口环节海关代征税。

超过海关规定期限复运进境的，海关按一般进口货物计征进口关税和进口环节海关代征税。

五、出料加工货物

（一）含义

出料加工货物是指我国境内企业运到境外进行技术加工后复运进境的货物。

出料加工的目的是为了借助国外先进的加工技术提高产品的质量和档次，因此只有在国内现有的技术手段无法或难以达到产品质量要求而必须运到境外进行某项工序加工的情况下，才可开展出料加工业务。

出料加工原则上不能改变原出口货物的物理形态。对完全改变原出口货物物理形态的出境加工，属于一般出口。

（二）期限

出料加工货物自运出境之日起 6 个月内应当复运进境；因故需要延期的，应当在到期之前书面提出申请，经海关批准方可延期，延长的期限最长不得超过 3 个月。

（三）备案登记

开展出料加工，须经商务主管部门批准。海关凭商务主管部门的批准证予以登记备案，并核发出料加工"登记手册"。

（四）进出境申报

1. 出境申报

出料加工货物出境，发货人或其代理人应当向海关提交"登记手册"、出口货物报关单、货运单据及其他海关需要的单证申报出口，属许可证件管理的商品，免交许可证件；属应征出口税的，应提供担保。

为有效监管，海关可以对出料加工出口货物附加标志、标记或留取货样。

2. 进境申报

出料加工货物复运进口，收货人或其代理人应当向海关提交"登记手册"、进口报关单、货运单据及其他海关需要的单证申报进口，海关对出料加工复进口货物以境外加工费和料件费以及复运进境的运输及其相关费用和保险费审查确定完税价格，征收进口税和进口环节海关代征税。

（五）核销结关

出料加工货物全部复运进境后，经营人应当向海关报核，海关进行核销，并对提供担保的予以退还保证金或撤销担保。

六、溢卸、误卸、放弃和超期未报关进口货物

（一）溢卸或误卸的进境货物

1. 溢卸、误卸的进境货物的含义

溢卸进境货物是指未列入进口载货清单、运单的货物，或者多于进口载货清单、提单或运单所列数量的货物。

误卸进境货物是指将指运境外港口、车站或境内其他港口、车站而在本港（站）卸下的货物。

2. 溢卸、误卸进境货物的报关手续

（1）溢卸进境货物由原收货人接受的，原收货人或其代理人应填写进口货物报关单向进境地海关申报，并提供相关的溢卸货物证明，如属于国家限制进口商品的，应提供有关的许可证件，海关验核后按规定征税放行货物。

（2）对运输工具负责人或其代理人要求以溢卸货物抵补短卸货物的，应与短卸货物原收货人协商同意，并限于同一运输工具、同一品种的货物。如非同一运输工具或不同航次之间以溢卸货物抵补短卸货物的，只限于同一运输公司、同一发货人、同一品种的进口货物。同时对上述两种情况都应填报进口货物申报单向海关申报。

（3）误卸进境货物，如属于应运往国外的，运输工具负责人或其代理人要求退运境外时，经海关核实后可退运至境外；如属于运往国内其他口岸的，可由原收货人或其代理人就地向进境地海关办理进口申报手续，也可以经进境地海关同意按转关运输管理办法办理转运手续。

（4）对溢卸、误卸进境货物，原收货人不接受或不办理退运手续的，运输工具负责人或其代理人可以要求在国内进行销售，由购货单位向海关办理相应的进口手续。

（5）溢卸、误卸进境货物，经海关审定确实的，由载运该货物的原运输工具负责人，自该运输工具卸货之日起3个月内，向海关申请办理退运出

境手续；或者由该货物的收发货人，自该运输工具卸货之日起 3 个月内，向海关申请办理退运或者申报进口手续。

经载运该货物的原运输工具负责人，或者该货物的收发人申请，海关批准，可以延期 3 个月办理退运出境或者申报进口手续。

超出上述规定的期限，未向海关办理退运或者申报进口手续的，由海关依法提取变卖处理。

（6）溢卸、误卸进境货物属于危险品或者鲜活、易腐、易烂、易失效、易变质、易贬值等不宜长期保存的货物的，海关可以根据实际情况，提前依法提取变卖处理，变卖所得价款按有关规定做出相应处理。

（二）放弃进口货物

1. 放弃进口货物的定义

放弃进口货物是指进口货物的收货人或其所有人声明放弃，由海关提取依法变卖处理的货物。

国家禁止或限制进口的废物、对环境造成污染的货物不得声明放弃。

2. 放弃进口货物的范围

（1）没有办结海关手续的一般进口货物；

（2）保税货物；

（3）在监管期内的特定减免税货物；

（4）暂准进境货物；

（5）其他没有办结海关手续的进境货物。

3. 放弃进口货物变卖价款的处理

由海关提取变卖处理的放弃进口货物的所得价款，优先拨付变卖处理实际支出的费用后，再扣除运输、装卸、储存等费用。所得价款不足以支付运输、装卸、储存等费用的，按比例支付。

变卖价款扣除相关费用后尚有余款的，上缴国库。

（三）超期未报关进口货物

1. 超期未报关进口货物的含义

超期未报关货物是指在规定的期限未办结海关手续的海关监管货物。

2. 超期未报关进口货物的范围

（1）自运输工具申报进境之日起，超过 3 个月未向海关申报的进口货物；

（2）在海关批准的延长期满仍未办结海关手续的溢卸、误卸进境货物；

（3）超过规定期限 3 个月未向海关办理复运出境或者其他海关手续的保税货物；

（4）超过规定期限 3 个月未向海关办理复运出境或者其他海关手续的暂准进境货物；

（5）超过规定期限 3 个月未运输出境的过境、转运和通运货物。

3. 超期未报关进口货物的处理

超期未报关进口货物由海关依据海关法规定提取变卖。

（1）被决定变卖处理的货物如属于《出入境检验检疫机构实施检验检疫的进出境商品目录》范围的，由海关在变卖前提请出入境检验检疫机构进行检验、检疫，检验、检疫的费用与其他变卖处理实际支出的费用从变卖款中支付。

（2）变卖所得价款，在优先拨付变卖处理实际支出的费用后，再按照以下顺序扣除相关费用和税款：①运输、装卸、储存等费用；②进口关税；③进口环节海关代征税；④滞报金。所得价款不足以支付同一顺序的相关费用的，按照比例支付。

（3）按照规定扣除相关费用和税款后，尚有余款的，自货物依法变卖之日起 1 年内，经进口货物收货人申请，予以发还。其中属于国家限制进口的，应当提交许可证件不能提供的，不予发还；不符合进口货物收货人资格、不能证明其对进口货物享有权利的，申请不予受理。逾期无进口货物收货人申请、申请不予受理或者不予发还的，余款上缴国库。

（4）经海关审核符合被变卖进口货物收货人资格的发还余款申请人，应当按照海关对进口货物的申报规定，补办进口申报手续。

七、退运货物和退关货物

（一）退运货物

退运货物是指原出口货物或进口货物因各种原因造成退运进口或者退运出口的货物。退运货物包括一般退运货物和直接退运货物。

1. 一般退运货物

（1）一般退运货物的定义

一般退运货物是指已办理申报手续且海关已放行出口或进口，因各种原因造成退运进口或退运出口的货物。

（2）一般退运货物的报关手续

①退运进口报关手续

原出口货物退运进境时，若该批出口货物已收汇、已核销，原发货人或其代理人应填写进口货物报关单向进境地海关申报，并提供原货物出口时的出口报关单，现场海关应凭加盖有已核销专用章的外汇核销单出口退税专用联正本（海关留存复印件，正本退交企业）或国税局"出口商品退运已补税证明"以及保险公司证明、承运人溢装、漏卸的证明等有关资料办理退运进口手续，同时签发一份进口货物报关单。

原出口货物退运进口时，若出口未收汇，原发货人或其代理人在办理退运手续时，凭原出口报关单、外汇核销单、报关单退税联向进口地海关申报退运进口，应同时填制一份进口货物报关单（备注栏上注明原出口报关单号）；若出口货物部分退运进口，海关在原出口报关单上应批注实际退运数量、金额后退回企业并留存复印件，海关核实无误后，验放有关货物进境。

因品质或者规格原因，出口货物自出口之日起1年内原状退货复运进境的，经海关核实后不予征收进口税，原出口时已经征收出口税的，只要重新缴纳因出口而退还的国内环节税的，自缴纳出口税款之日起1年内准予退还。

②退运出口报关手续

因故退运出口的境外进口货物，原收货人或其代理人应填写出口货物报关单申报出境，并提供原货物进口时的进口报关单，以及保险公司、承运人溢装、漏卸的证明等有关资料，经海关核实无误后，验放有关货物出境。

因品质或者规格原因，进口货物自进口之日起1年内原状退货复运出境的，经海关核实后可以免征出口税，已征收的进口税，自缴纳进口税款之日起1年内准予退还。

2. 直接退运货物

（1）直接退运货物的定义

直接退运货物是指在进境后、办结海关放行手续前，进口货物收发货人、原运输工具负责人或其代理人申请直接退运境外，或者海关根据国家有关规定责令直接退运境外的全部或者部分货物。

（2）直接退运货物的适用范围

海关按国家规定责令直接退运的货物。

货物进境后正式向海关申报进口前，由于下列原因之一，可以由收货人、发货人向海关申请办理直接退运批准手续：

——合同执行期间国家贸易管制政策调整，收货人无法补办有关审批手续，并能提供有关证明的；

——收货人因故不能支付进口税、费，或收货人未按时支付货款致使货物所有权已发生转移，并能提供发货人同意退运的书面证明的；

——收发货人双方协商一致同意退运，能够提供双方同意退运的书面证明文书的；

——属错发、误卸货物，并能提供发货人或运输部门书面证明的；

——发生贸易纠纷，未能办理报关进口手续，并能提供法院判决书、贸易仲裁部门仲裁决定书或无争议的有效货权凭证的。

经海关审核上述情况真实无讹且无走私违规嫌疑后，可予批准直接退运。

对在当事人申请直接退运前，海关已经确定查验或者认为有走私违规嫌疑的货物，不予办理直接退运，待查验或者案件处理完毕后，按照海关有关规定处理。

（3）直接退运货物的报关手续

①申请直接退运一般应在载运该批货物的运输工具申报进境之日起或自运输工具卸货之日起3个月内，由货物所有人或其代理人向进境地海关提出正式书面申请，并填写《直接退运货物审批表》；

②直接退运要先办理出口，再申报进口；

③出口报关单"标记唛码及备注"内填报进口报关单编号，进口报关单"标记唛码及备注"内填报出口报关单编号，进出口报关单"标记唛码及备注"内均应注明海关审批件编号。属承运人的责任造成的错发、误卸，获批准退运的，可免填报关单。

（二）退关货物

1. 退关货物的定义

退关货物又称出口退关货物，它是指出口货物在向海关申报出口后被海关放行，因故未能装上运输工具，发货单位请求将货物退运出海关监管区域不再出口的行为。

2. 出口退关货物的报关程序

（1）出口货物的发货人及其代理人应当在得知出口货物未装上运输工具，并决定不再出口之日起3天内，向海关申请退关；

（2）经海关核准且撤销出口申报后方能将货物运出海关监管场所；

（3）已缴纳出口税的退关货物，可以在缴纳税款之日起 1 年内，提出书面申请，向海关申请退税；

（4）出口货物的发货人及其代理人办理出口货物退关手续后，海关应对所有单证予以注销，并删除有关报关电子数据。

第四节　转关运输货物

一、转关运输概述

（一）含义和范围

1. 转关运输的含义和范围

转关运输是指进出口货物在海关监管下，从一个海关运至另一个海关办理某项海关手续的行为。

按照《海关法》的规定：进出口货物除应当在进出境地办理海关手续外，经收、发货人申请，海关同意，也可以在设有海关的进口货物的指运地或出口货物的启运地办理海关手续。这就是转关运输。

已经提货入境的海关监管货物，包括保税货物、特定减免税货物、暂准进境货物，经收货人申请，海关同意，也可以从一设关地运输到另一设关地，这也是转关运输。

可见转关运输有三种情况：

（1）货物由进境地入境，向海关申请转关、运往另一设关地点办理进口海关手续；

（2）货物在启运地已办理出口海关手续运往出境地，由出境地海关监管放行；

（3）海关监管货物从境内一个设关地点运往境内另一个设关地点。

2. 转关运输货物的含义和范围

转关运输货物是指按转关运输方式在境内运输的海关监管货物。

根据转关运输的各种情况，转关运输货物可以分为三类：

（1）进口转关运输货物

进口转关运输货物是指由进境地入境后，进口货物的收货人或其代理人向海关申请转关，运往另一设关地点办理进口海关手续的货物。

（2）出口转关运输货物

出口转关运输货物是指出口货物的发货人或其代理人在启运地已办理出口海关手续，运往出境地口岸，由出境地海关监管出口的货物。

（3）境内转关运输货物

境内转关运输货物是指从境内一个设关地点运往境内另一个设关地点，须经海关监管的货物。

（二）申请转关运输的条件

1. 申请转关运输应符合的条件

（1）转关的指运地和启运地必须设有海关；

（2）转关的指运地和启运地应当设有经海关批准的监管场所；

（3）转关承运人应当在海关注册登记，承运车辆符合海关监管要求，并承诺按海关对转关路线范围和途中运输时间所作的限定将货物运往指定的场所。

2. 不得申请转关的货物

（1）动物废料、冶炼渣、木制品废料、纺织品废物、贱金属及其制成品的废料、各种废旧五金、电机电器产品等、废运输设备、特殊需进口的废物、废塑料和碎料及下脚料；

（2）可作为化学武器的化学品、化学武器关键前体、化学武器原料、易制毒化学品、消耗臭氧层物质、氯化钠；

（3）汽车类，包括成套散件和二类底盘。

（三）转关运输的方式

1. 提前报关方式

提前报关方式是指进口货物在指运地先申报再到进境地办理进口转关手续，出口货物在货物未运抵启运地监管场所前先申报，货物运抵监管场所后再办理出口转关手续的方式。

2. 直转方式

直转方式是指进境货物在进境地海关办理转关手续，货物运抵指运地再在指运地海关办理报关手续的进口转关和出境货物，在货物运抵启运地海关监管场所报关后在启运地海关办理出口转关手续的出口转关。

3. 中转方式

中转方式是指在收、发货人或其代理人向指运地或启运地海关办理进出口报关手续后,由境内承运人或其代理人统一向进境地或启运地海关办理进口或出口转关手续。

具有全程提运单,须换装境内运输工具的进出口中转货物适用中转方式转关运输;其他进口转关、出口转关及境内转关的货物适用提前报关或直转方式办理转关手续;一般情况下中转转关适用提前报关。

(四) 报关要点

1. 转关运输的期限

(1) 直转方式转关的期限

直转方式转关的进口货物应当自运输工具申报进境之日起 14 天内向进境地海关办理转关手续,在海关限定期限内运抵指运地之日起 14 天内,向指运地海关办理报关手续。逾期按规定征收滞报金。

(2) 提前报关方式转关和中转方式转关的期限

①进口转关货物应在电子数据申报之日起的 5 日内,向进境地海关办理转关手续,超过期限仍未到进境地海关办理转关手续的,指运地海关撤销提前报关的电子数据;

②出口转关货物应于电子数据申报之日起 5 日内,运抵启运地海关监管场所,办理转关和验放等手续,超过期限的,启运地海关撤销提前报关的电子数据。

2. 税率和汇率的适用

(1) 直转方式的进口转关货物适用运抵指运地之日的税率和汇率;

(2) 中转方式和提前报关方式的进口转关货物适用指运地海关接收到进境地海关传输的转关放行信息之日的税率和汇率;

(3) 运输途中税率和汇率发生重大调整的,各种方式的进口转关货物均适用运抵指运地之日的税率和汇率。

3. 转关单证的法律效力

转关货物申报的电子数据与书面单证具有同等的法律效力,对确实因为填报或传输错误的数据,有正当的理由并经海关同意,可做适当的修改或者撤销。对海关已决定查验的转关货物,则不再允许修改或撤销申报内容。

二、报关程序

（一）进口货物的转关

1. 提前报关的转关

进口货物的收货人或其代理人在进境地海关办理进口货物转关手续前，向指运地海关录入"进口货物报关单"电子数据。指运地海关提前受理电子申报，同时由计算机自动生成"进口转关货物申报单"，并传输至进境地海关。

提前报关的转关货物收货人或其代理人应向进境地海关提供"进口转关货物申报单"编号，并提交下列单证办理转关运输手续：

（1）"进口转关货物核放单"（广东省内公路运输的，提交"进境汽车载货清单"）；

（2）"汽车载货登记簿"或"船舶监管簿"；

（3）提货单。

提前报关的进口转关货物应在电子数据申报之日起5日内，向进境地海关办理转关手续。超过期限仍未到进境地海关办理转关手续的，将被指运地海关撤销提前报关的电子数据。

提前报关的进口转关货物，进境地海关因故无法调阅进口转关数据时，可以按直转方式办理转关手续。

2. 直转方式的转关

货物的收货人或其代理人在进境地录入转关申报数据，持下列单证直接办理转关手续：

（1）"进口转关货物申报单"（广东省内公路运输的，提交"进境汽车载货清单"）；

（2）"汽车载货登记簿"或"船舶监管簿"。

直转的转关货物收货人或其代理人，应当在运输工具申报进境之日起14天内向进境地海关申报，办理转关运输手续。逾期办理的缴纳滞报金。

直转的转关货物应当在海关限定的时间内运抵指运地。货物运抵指运地之日起14天内，进口货物的收货人或其代理人向指运地海关申报。逾期申报的缴纳滞报金。

3. 中转方式的转关

中转方式的进口转关也是提前报关的转关。

具有全程提运单、需换装境内运输工具的中转转关货物,货物的收货人或其代理人向指运地海关办理进口报关手续后,由境内承运人或其代理人持"进口转关货物申报单"、"进口货物中转通知书"按指运地目的港分列的纸质舱单(空运方式提交联程运单)等单证向进境地海关办理货物转关手续。

(二) 出口货物的转关

1. 提前报关的转关

由货物的发货人或其代理人在货物未运抵启运地海关监管场所前,先向启运地海关录入"出口货物报关单"电子数据,由启运地海关提前受理电子申报,生成"出口转关货物申报单"数据,传输至出境地海关。

货物应于电子数据申报之日起 5 日内,运抵启运地海关监管场所,并持下列单证向启运地海关办理出口转关手续:

(1)"出口货物报关单";

(2)"汽车载货登记簿"或"船舶监管簿";

(3)广东省内公路运输的"出境汽车载货清单"。

超过期限的,将被启运地海关撤销提前报关的电子数据。

货物到达出境地后,发货人或其代理人应持下列单证向出境地海关办理转关货物出境手续:

(1)启运地海关签发的"出口货物报关单";

(2)"出口转关货物申报单"或"出境汽车载货清单";

(3)"汽车载货登记簿"或"船舶监管簿"。

2. 直转方式的转关

由发货人或其代理人在货物运抵启运地海关监管场所后,进入报关程序,向启运地海关录入"出口货物报关单"电子数据,启运地海关受理电子申报,生成"出口转关货物申报单"数据,传输至出境地海关。

发货人或其代理人应持下列单证在启运地海关办理出口转关手续:

(1)"出口货物报关单";

(2)"汽车载货登记簿"或"船舶监管簿";

(3)广东省内运输的"出境汽车载货清单"。

直转的出口转关货物到达出境地后,发货人或其代理人应持下列单证向出境地海关办理转关货物的出境手续:

(1)启运地海关签发的"出口货物报关单";

（2）"出口转关货物申报单"或"出境汽车载货清单"；

（3）"汽车载货登记簿"或"船舶监管簿"。

3. 中转方式的转关

具有全程提运单、需换装境内运输工具的出口中转转关货物，货物的发货人或其代理人向启运地海关办理出口报关手续后，由承运人或其代理人按出境运输工具分列舱单，向启运地海关录入并提交"出口转关货物申报单"、按出境运输工具分列的电子或纸质舱单、"汽车载货登记簿"或"船舶监管簿"等单证向启运地海关办理货物出口转关手续。

经启运地海关核准后，签发"出口货物中转通知书"，承运人或其代理人凭以办理中转货物的出境手续。

（三）海关监管货物的转关

海关监管货物的转关运输，除加工贸易深加工结转按有关规定办理外，均应按进口转关方式办理，即：

（1）提前报关的，由转入地（相当于指运地）货物收货人及其代理人，在转出地（相当于进境地）海关办理监管货物转关手续前，向转入地海关录入"进口货物报关单"电子数据报关；

由转入地海关提前受理电子申报，并生成"进口转关货物申报单"，传输至转出地海关。

转入地货物收货人或其代理人应持"进口转关货物核放单"和"汽车载货登记簿"或"船舶监管簿"，并提供"进口转关货物申报单"编号，向转出地海关办理转关手续。

（2）直转的，由转入地货物收货人或其代理人在转出地录入转关申报数据，持"进口转关货物申报单"和"汽车载货登记簿"或"船舶监管簿"，直接向转出地海关办理转关手续。

货物运抵转入地后，海关监管货物的转入地收货人或其代理人向转入地海关办理货物的报关手续。

第五节　与报关相关的海关事务

一、海关事务担保

（一）海关事务担保的含义

海关事务担保是指与进出境活动有关的自然人、法人或者其他组织在向海关申请从事特定的进出境经营业务或者办理特定的海关事务时，以向海关提交保证金、保函等担保，承诺在一定期限内履行其法律义务的法律行为。

（二）海关事务担保的范围

1. 一般适用

《海关事务担保条例》主要规定了四种情形下的海关事务担保：

（1）当事人申请提前放行货物的担保

有下列情形之一的，当事人可以在办结海关手续前向海关申请提供担保，要求提前放行货物：进出口货物的商品归类、完税价格、原产地尚未确定的；有效报关单证尚未提供的；在纳税期限内税款尚未缴纳的；滞报金尚未缴纳的；其他海关手续尚未办结的。

国家对进出境货物、物品有限制性规定，应当提供许可证件而不能提供的，以及法律、行政法规规定不得担保的其他情形，海关不予办理担保放行。

（2）当事人申请办理特定海关业务的担保：

当事人申请办理下列特定海关业务的，按照海关规定提供担保：运输企业承担来往内地与港澳公路货物运输、承担海关监管货物境内公路运输的；货物、物品暂时进出境的；货物进境修理和出境加工的；租赁货物进口的；货物和运输工具过境的；将海关监管货物暂时存放在海关监管区外的；将海关监管货物向金融机构抵押的；为保税货物办理有关海关业务的。

当事人不提供或者提供的担保不符合规定的，海关不予办理前款所列特定海关业务。

（3）税收保全担保

进出口货物的纳税义务人在规定的纳税期限内有明显的转移、藏匿其应税货物以及其他财产迹象的，海关可以责令纳税义务人提供担保；纳税义务人不能提供担保的，海关依法采取税收保全措施。

（4）免予扣留财产的担保

有违法嫌疑的货物、物品、运输工具应当或者已经被海关依法扣留、封存的，当事人可以向海关提供担保，申请免予或者解除扣留、封存。

有违法嫌疑的货物、物品、运输工具无法或者不便扣留的，当事人或者运输工具负责人应当向海关提供等值的担保；未提供等值担保的，海关可以扣留当事人等值的其他财产。

有违法嫌疑的货物、物品、运输工具属于禁止进出境，或者必须以原物作为证据，或者依法应当予以没收的，海关不予办理担保。

法人、其他组织受到海关处罚，在罚款、违法所得或者依法应当追缴的货物、物品、走私运输工具的等值价款未缴清前，其法定代表人、主要负责人出境的，应当向海关提供担保；未提供担保的，海关可以通知出境管理机关阻止其法定代表人、主要负责人出境。

受海关处罚的自然人出境的，适用前款规定。

2. 其他适用

进口已采取临时反倾销措施、临时反补贴措施的货物应当提供担保的，或者进出口货物收发货人、知识产权权利人申请办理知识产权海关保护相关事务等，依照本条例的规定办理海关事务担保。法律、行政法规有特别规定的，从其规定。

3. 免予适用

《海关法》规定，法律、行政法规规定可以免除担保的，则可免除海关事务担保。而且这种"免除担保"优先于"凭担保放行"。例如《保证金台账制度》中对一部分加工贸易项目实行具有免除担保意义的"不设台账"和虽设台账但可以"空转"的措施等。

当事人连续两年同时具备下列条件的，可以向直属海关申请免除担保，并按照海关规定办理有关手续：通过海关验证稽查；年度进出口报关差错率在3%以下；没有拖欠应纳税款；没有受到海关行政处罚，在相关行政管理部门无不良记录；没有被追究刑事责任等。

当事人不再符合前款规定条件的，海关应当停止对其适用免除担保。

4. 海关事务总担保

当事人在一定期限内多次办理同一类海关事务的，可以向海关申请提供总担保。海关接受总担保的，当事人办理该类海关事务，不再单独提供担保。总担保的适用范围、担保金额、担保期限、终止情形等由海关总署规定。

（三）海关事务担保的方式

海关事务担保的方式有：

1. 人民币、可自由兑换的货币的担保

人民币是我国的法定货币，支付我国境内的一切公共的和私人的债务，任何单位或个人均不能拒收；可自由兑换货币，指国家外汇管理局公布挂牌的作为国际支付手段的外币现钞。

2. 汇票、本票、支票、债券、存单的担保

汇票是指由出票人签发的委托付款人在见票时或在指定日期，无条件支付确定的金额给收款人或持票人的票据。分为银行承兑汇票和商业承兑汇票两种。

本票是由出票人签发的，承诺自己在见票时无条件支付确定的金额给收款人或持票人的票据。

支票是指出票人签发的，委托办理支票存款业务的银行或者其他金融机构，在见票时无条件支付确定的金额给收款人或持票人的票据。

债券是指依照法定程序发行的，约定在一定期限还本付息的有价证券。包括国债券、企业债券、金融债券等。

存单是指储蓄机构发给存款人的证明其债权的单据。

此外，本项可担保的权利还包括外币支付凭证、外币有价证券等。

3. 银行或者非银行金融机构出具的保函

（1）保函，即法律上的保证，属于人的担保范畴。保函不是以具体的财产提供担保，而是以保证人的信誉和不特定的财产为他人的债务提供担保；保证人必须是第三人；保证人应当具有清偿债务的能力。

根据《中国人民银行法》的规定：中国人民银行作为中央银行，不能为任何单位和个人提供担保，故不属担保银行的范畴。

（2）对于《ATA 单证册》项下进口的货物，可由担保协会这一特殊的第三方作为担保人，为展品等暂准进出境货物提供保函方式的担保。

4. 海关依法认可的其他财产、权利

指上述三项财产、权利外的财产和权利。

（四）海关事务担保的期限和销案

1. 期限

向海关提供的担保期限应当与被担保货物的海关监管期限相一致。

在一般的情况下，担保的期限为 20 天。暂时进出境货物的担保期限按照海关对暂时进出境货物监管规定执行，一般是在货物进出境之日起 6 个月内。超过担保期限，海关将对有关进出境货物按规定处理。遇有特殊情况时，应在担保期内向海关申请延长担保期限，由海关审核批准展期。这时，提供的担保的期限如果不足，也应当相应的展期。

2. 销案

在担保人履行了向海关承诺的义务后，海关将予以销案。如果用现金或者其他财产担保的，则予以退还，如果以保函担保的，则予以注销。

二、知识产权海关保护

（一）知识产权的含义

知识产权是指人们利用自己的知识，用脑力劳动所创造的智力成果而依法享有的一种权利，因此又称智力成果权。将智力成果称为"财产"或"产权"意味着这些受到法律保护的智力成果具有财产的性质，只有得到权利人的同意，其他人才能使用这些成果。

知识产权具有无形性、专有性、地域性、时间性和可复制性的特点。世界贸易组织关于《与贸易有关的知识产权协议》将与贸易有关的知识产权的范围定为：

（1）著作权；

（2）商标权；

（3）地理标志权；

（4）工业品外观设计权；

（5）专利权；

（6）集成电路布图设计权；

（7）未披露过的信息专有权。

以上权利均属"私权"范畴。

（二）知识产权海关保护的定义、范围和权力

1. 定义

知识产权海关保护是指海关对与进出口货物有关并受中华人民共和国法律、行政法规保护的商标专用权、著作权和与著作权有关的权利、专利权实施的保护。

2. 范围

（1）商标专用权；

（2）著作权和与著作权有关的权利；

（3）专利权。

3. 权力

侵犯受法律、行政法规保护的知识产权的货物，禁止进出口。海关依照有关法律、行政法规实施知识产权保护，行使《海关法》规定的权力。

（三）申请知识产权海关保护备案

1. 备案申请的内容

知识产权的权利人按规定将其知识产权向海关总署申请备案，提交申请书。申请书应当包括以下内容：

（1）知识产权权利人的名称或者姓名、注册地或者国籍等；

（2）知识产权的名称、内容及其相关信息；

（3）知识产权许可行使状况；

（4）知识产权权利人合法行使知识产权的货物的名称、产地、进出境地海关、进出口商、主要特征、价格等；

（5）已知的侵犯知识产权货物的制造商、进出口商、进出境地海关、主要特征、价格等。

2. 备案申请的受理

海关总署应当自收到全部申请文件之日起 30 个工作日内做出是否准予备案的决定，并书面通知申请人；不予备案的，应当说明理由。

有下列情形之一的，海关总署不予备案：

（1）申请文件不齐全或者无效的；

（2）申请人不是知识产权权利人的；

（3）知识产权不再受法律、行政法规保护的。

3. 备案的时效

（1）知识产权海关保护备案自海关总署准予备案之日起生效，有效期

为 10 年；

（2）知识产权有效的，知识产权权利人可以在知识产权海关保护备案有效期届满前 6 个月内，向海关总署申请续展备案。每次续展备案的有效期为 10 年；

（3）知识产权海关保护备案有效期届满而不申请续展或者知识产权不再受法律、行政法规保护的，知识产权海关保护备案随即失效。

4. 备案的变更和撤销

（1）海关发现知识产权权利人申请知识产权备案未如实提供有关情况或者文件的，海关总署可以撤销其备案；

（2）备案知识产权的情况发生改变的，知识产权权利人应当自发生变化之日起 30 个工作日内，向海关总署办理备案变更或者注销手续。知识产权权利人未依照前款规定办理变更或者注销手续，给他人合法进出口或者海关依法履行监管职责造成严重影响的，海关总署可以根据有关利害关系人的申请撤销有关备案，也可以主动撤销有关备案。

5. 备案的费用

知识产权权利人将其知识产权向海关总署备案的，应当按照国家规定缴纳备案费。

（四）扣留侵权嫌疑货物的申请

知识产权权利人请求海关实施知识产权保护的，应当向海关提出采取保护措施的申请。申请采取保护措施应当做以下工作：

1. 提交申请书及相关文件和证据

知识产权权利人发现侵权嫌疑货物即将进出口的，可以向货物进出境地海关提出扣留侵权嫌疑货物的申请，提交申请书及相关证明文件，并提供足以证明侵权事实明显存在的证据。申请书应当包括以下内容：

（1）知识产权权利人的名称或者姓名、注册地或者国籍等；

（2）知识产权的名称、内容及其相关信息；

（3）侵权嫌疑货物收货人和发货人的名称；

（4）侵权嫌疑货物名称、规格等；

（5）侵权嫌疑货物可能进出境的口岸、时间、运输工具等。

侵权嫌疑货物涉嫌侵犯备案知识产权的，申请书还应当包括海关备案号。

2. 提供担保

知识产权权利人请求海关扣留侵权嫌疑货物的，应当向海关提供不超过货物等值的担保，用于赔偿可能因申请不当给收货人、发货人造成的损失，以及支付货物由海关扣留后仓储、保管和处置等费用；知识产权权利人直接向仓储商支付仓储、保管费用的，从担保中扣除。

3. 承担责任

（1）海关依法扣留侵权嫌疑货物，知识产权权利人应当支付有关仓储、保管和处置等费用；侵权嫌疑货物被认定为侵犯知识产权的，知识产权权利人可以将其支付的有关仓储、保管和处置等费用计入其制止侵权行为所支付的合理开支。

（2）海关接受知识产权保护备案和采取知识产权保护措施的申请后，因知识产权权利人未提供确切情况而未能发现侵权货物、未能及时采取保护措施或者采取措施不力的，由知识产权权利人自行承担责任。

（3）知识产权权利人请求海关扣留侵权嫌疑货物后，海关不能认定被扣留的侵权嫌疑货物侵犯知识产权权利人的知识产权，或者人民法院判定不侵犯知识产权权利人的知识产权的，知识产权权利人应当依法承担赔偿责任。

（五）海关对侵权嫌疑货物的处理

1. 扣留

在两种情况下海关应当扣留侵权嫌疑货物：

（1）知识产权权利人按规定申请扣留嫌疑货物并提供担保的，海关扣留侵权嫌疑货物，书面通知知识产权权利人，并将海关扣留凭单送达收货人或者发货人；

（2）海关发现进出口货物有侵犯备案知识产权嫌疑的，立即书面通知知识产权权利人。知识产权权利人自通知送达之日 3 个工作日内按规定提出申请并提供担保的，海关扣留侵权嫌疑货物，书面通知知识产权权利人，并将扣留凭单送达收货人或者发货人。

2. 查看

知识产权权利人和收货人或者发货人提出要查看被海关扣留的侵权嫌疑货物，海关可以同意。

3. 调查

按第二种情况扣留侵权嫌疑货物的，海关应当自扣留之日起 30 个工作日内对被扣留的侵权嫌疑货物是否侵犯知识产权进行调查、认定；不能认定的，应当立即书面通知知识产权权利人。

海关对被扣留的侵权嫌疑货物进行调查，请求知识产权主管部门提供协助的，有关知识产权主管部门应当予以协助；

海关对被扣留的侵权嫌疑货物及有关情况进行调查时，知识产权权利人和收货人或者发货人应当予以配合。

4. 放行

有下列情形之一的，海关应当放行被扣留的侵权嫌疑货物：

（1）按第一种情况扣留侵权嫌疑货物，自扣留之日起20个工作日内未收到人民法院协助执行的通知的；

（2）按第二种情况扣留侵权嫌疑货物，自扣留之日起50个工作日内未收到人民法院协助执行通知，并且经调查不能认定被扣留的侵权嫌疑货物侵犯知识产权的；

（3）涉嫌侵犯专利权货物的收货人或者发货人在向海关提供与货物等值的担保金后，请求海关放行其货物的；

（4）海关认为收货人或者发货人有充分的证据证明其货物未侵犯知识产权权利人的知识产权的。

5. 没收

被扣留的知识产权嫌疑货物，经海关调查后认定侵犯知识产权的，由海关没收。海关没收侵犯知识产权货物后，应当将侵犯知识产权货物的有关情况书面通知知识产权权利人。被没收的侵权货物按下列方式处理：

（1）被没收的侵权货物可以用于社会公益事业的，海关应当转交给有关公益机构用于公益事业；知识产权权利人有收购意愿的，海关可以有偿转让给知识产权权利人。

（2）被没收的侵权货物无法用于社会公益事业且知识产权权利人无收购意愿的，海关可以在消除侵权特征后依法拍卖；但对进口假冒商标货物，除特殊情况外，不能仅清除货物上的商标标识即允许其进入商业渠道；侵权特征无法消除的，海关应当予以销毁。

三、海关行政裁定

（一）含义和适用

1. 含义

海关行政裁定是一种在借鉴国外先进管理经验的基础上建立的海关行政管理法律制度，它通过有关当事人依据一定的程序请求海关对有关海关法律的适用问题做出在一定范围内具有普遍约束力的解释，从而保证海关法律制度实施的可预见性、统一性、透明性，以便利对外贸易经营者办理海关手续，方便合法进出口，提高通关效率。

2. 适用

海关行政裁定主要适用于以下海关事务：

（1）进出口商品的归类；

（2）进出口货物原产地的确定；

（3）禁止进出口措施和许可证件的适用；

（4）海关总署决定可以适用行政裁定的其他海关事务。

（二）程序

1. 申请

（1）申请人

海关行政裁定的申请人应当是在海关注册登记的进出口货物经营单位。申请人可以自行向海关提出申请，也可以委托他人向海关提出申请。

（2）申请对象

海关行政裁定的对象，应为与拟进口或者出口的货物有关的进出口行为或其他交易行为，因此申请的对象不是任何假设的进出口行为或其他交易行为。

（3）申请时间

除特殊情况外，申请人应当在货物拟进口或出口的 3 个月前向海关提出。

（4）申请形式

申请应当以书面形式向海关提出。

一份申请只应包含一项海关事务。申请人对多项海关事务申请行政裁定的，应当逐项提出。

申请人不得就同一项海关事务向两个或者两个以上海关提交行政裁定申请。

（5）申请书

申请人应当按照海关要求填写行政裁定申请书，主要包括下列内容：

——申请人的基本情况；

——申请行政裁定的事项；

——申请行政裁定的货物的具体情况；

——预计进出口日期及进出口口岸；

——海关认为需要说明的其他情况。

（6）申请资料及样品的提交

——申请人应当按照海关要求提供足以说明申请事项的资料，包括进出口合同或意向书的复印件、图片、说明书、分析报告等。

——申请书所附文件如为外文，申请人应同时提供外文原件及中文译文。

——申请书应当加盖申请人印章，所提供文件与申请书应当加盖骑缝章。

——申请人委托他人申请的，应当提供授权委托书及代理人的身份证明。

——海关认为必要时，可要求申请人提供货物样品。

（7）商业秘密的保护

申请人为申请行政裁定向海关提供的资料，如果涉及商业秘密，可以要求海关予以保密。除司法程序要求提供的以外，未经申请人同意，海关不应泄露。

申请人对所提供资料的保密要求，应当书面向海关提出，并具体列明需要保密的内容。

2. 受理

（1）受理的海关机构

由海关总署或者总署授权机构受理海关行政裁定申请。

（2）初审

收到申请书的直属海关应当对申请及申请资料进行初审。对符合规定的申请，自接受申请之日起 3 个工作日内移送受理机构。

申请资料不符合有关规定的，应当书面通知申请人在 10 个工作日内补正。申请人逾期不补正的，视为撤回申请。

（3）受理

海关总署或其授权机构应当自收到申请书之日起 15 个工作日内，审核决定是否受理该申请，并书面告知申请人。对不予受理的应当说明理由。

有下列情形之一的，海关不予受理：

——申请超出行政裁定适用范围的。

——申请人主体不合格的。

——申请与实际进出口活动无关的。

——就相同海关事务，海关已经做出有效行政裁定或者其他明确规定的。

——经海关认定不予受理的其他情形。

3. 审查

行政裁定的审查机关是海关总署及其授权的机构。

海关在受理申请后，做出行政裁定以前，可以要求申请人补充提供相关资料或货物样品。

申请人主动向海关提供新的资料或样品作为补充的，应当说明原因。海关审查决定是否采用。

海关对申请人申请的海关事务应当根据有关事实和材料，依据有关法律、行政法规进行审查并做出行政裁定。

审查过程中，海关可以征求申请人以及其他利害关系人的意见。

4. 申请的撤回与终止审查

申请人可以在海关做出行政裁定前以书面形式向海关申明撤回其申请。

申请人在海关规定的期限内未提交有效、完整的资料或者样品，影响海关做出行政裁定的，海关可以终止审查。

5. 裁定

海关应当自受理申请之日起60日内做出行政裁定。

海关接受补充材料，根据补充的事实和资料为依据重新审查的，做出行政裁定的期限自收到申请人补充材料之日起重新计算。

海关做出的行政裁定应当书面通知申请人，并由海关总署统一对外公布。

6. 行政裁定的法律效力

海关做出的行政裁定与海关规章具有同等效力，自公布之日起在中华人民共和国关境内统一适用。

进口或者出口相同情形的货物，应当适用相同的行政裁定。

行政裁定无溯及力，对于裁定生效前已经办理完毕裁定事项有关手续的进出口货物，不适用该裁定。

7. 行政裁定的撤销与失效

（1）行政裁定的撤销

有下列情形之一的，由海关总署撤销原行政裁定：

——原行政裁定错误的。

——因申请人提供的申请文件不准确或者不全面，造成原行政裁定需要撤销的。

——其他需要撤销的情形。

海关撤销行政裁定的，应当书面通知原申请人，并对外公布。撤销行政裁定的决定，自公布之日起生效。

经海关总署撤销的行政裁定对已经发生的进出口活动无溯及力。

（2）行政裁定的失效

海关做出行政裁定所依据的法律、行政法规及规章中的相关规定发生变化，影响行政裁定效力的，原行政裁定自动失效。

海关总署定期公布自动失效的行政裁定。

8. 异议审查

进出口活动的当事人对于海关做出的具体行政行为不服，并对该具体行政行为依据的行政裁定持有异议的，可以在对具体行政行为申请复议的同时一并提出对行政裁定的审查申请。复议海关受理该复议申请后应将其中对于行政裁定的审查申请移送海关总署，由总署做出审查决定。

四、海关行政复议

（一）基本概念

1. 海关行政复议的含义

海关行政复议是指公民、法人或者其他组织认为海关及其工作人员的具体行政行为侵犯其合法权益，依法向海关复议机关提出申请，由海关复议机关依照法定程序对该具体行政行为进行审查，并做出决定的活动。

2. 海关行政复议的特征

（1）海关行政复议的申请人是公民、法人或者其他组织；

（2）海关行政复议的被申请人是做出具体行政行为的海关；

（3）海关行政复议是因公民、法人或者其他组织认为海关具体行政行为侵犯权益而提起的；

（4）海关行政复议的复议机关是海关。

3. 海关行政复议的作用

海关行政复议的作用主要体现在以下两个方面：

（1）维护和监督海关依法行使职权，防止和纠正违法的或者不当的海关具体行政行为；

（2）保护公民、法人或者其他组织的合法权益。

4. 海关行政复议的基本原则

（1）合法原则；

（2）公正原则；

（3）公开原则；

（4）及时原则；

（5）便民原则；

（6）有错必纠原则。

（二）适用范围

公民、法人或者其他组织对下列具体海关行政行为不服的，可以申请复议：

1. 海关行政处罚

海关做出的罚款、没收货物、运输工具，追缴无法没收的货物、运输工具的等值价款，没收违法所得，暂停从事有关业务，暂停执业，撤销报关注册登记，取消报关从业资格等行政处罚决定。

2. 行政强制措施

海关做出的对公民的人身自由进行限制或对公民、法人或其他组织的财产予以查封、扣押、冻结等的行政强制措施。

3. 其他行政行为

其他行政行为主要有以下五种：

（1）海关做出的责令退运进出境货物，收取保证金、保证函、抵押物、质押物，有关资质证、资格证等证书的变更、中止、撤销，关于企业的分类以及按该分类进行的管理等行政决定；

（2）海关收取保证金、监管手续费等费用或者违法要求履行其他义务如违反规定为公民、法人或者其他组织设定义务并令其履行以及要求公民、法人或者其他组织履行超过法定义务量的义务以及违反法定程序要求公民、法人或者其他组织履行义务；

（3）公民、法人或者其他组织认为其符合法定条件，向海关申请依法颁发的资质证、资格证、执业证等证书，申请依法审批、登记有关事项，或者申请办理报关、查验、放行等海关手续时，海关没有依法办理的；

（4）公民、法人或其他组织向海关申请履行保护人身权、财产权的法定职责，海关没有依法履行的；

（5）公民、法人或其他组织对海关在完税价格审定，税则归类，原产地认定，税率和汇率适用、缓征、减征或者免征税款，税款的征收、追缴、补税、退税，征收滞纳金，从银行账号划拨税款，拍卖或变卖财产抵缴税款及其他征税行为有异议的；

4. 对某些规定的审查申请

公民、法人或者其他组织认为海关的具体行政行为所依据的规定不合法，在对具体行政行为申请复议时，可以一并向海关行政复议机关提出对该规定的审查申请：

（1）海关总署以及国务院其他部门制发的规范性文件（不含行政规章）。

（2）海关总署有关部门对海关行政法规、行政规章以及其他规范性文件所作的解释或具有普遍约束力的批复、通知、指令等。

（3）地方海关制发的涉及公民、法人或者其他组织权利义务的规范性文件。

（4）地方政府制发的涉及公民、法人或者其他组织权利义务的规范性文件。

5. 不能申请复议的事项

公民、法人或者其他组织对下列事项不能申请海关复议：

（1）国务院部、委规章和地方人民政府规章；

（2）海关对海关工作人员做出的行政处分或者其他人事处理等决定；

（3）海关对民事纠纷所做出的调节或者其他处理行为。

（三）程序

海关行政复议程序共有申请、受理、审理、决定四个阶段，每个阶段都包含不同的要求。具体介绍如下：

1. 申请

海关行政复议的申请是指公民、法人或者其他组织认为海关具体行政行为侵犯其合法权益，而依法要求海关行政复议机关对该具体行政行为进行审查和处理，以保护自己的合法权益的一种意思表示。

（1）申请行政复议的期限

公民、法人或者其他组织认为具体行政行为侵犯其合法权益，可以自知道该具体行政行为之日起60日内提出行政复议的申请，但法律规定的申请期限超过60日的除外；两个或两个以上的复议申请人对同一海关具体行政行为分别向海关复议机关申请复议的，海关复议机关可以并案审理，并以复议机关收到后一个复议申请的日期为正式受理日期。

（2）申请行政复议的条件

——申请人应当是认为海关具体行政行为侵犯其合法权益的公民、法人或者其他组织；

——有明确的被申请人；

——有具体的复议请求；

——属于海关行政复议的范围；

——属于受理海关复议机关的管辖；

——法律、法规规定的其他条件。

2. 受理

海关行政复议机关收到复议申请后，对属于海关行政复议范围的自海关行政复议机关收到之日起即为受理。对于有下列情况的应不予受理：

（1）申请人不是认为海关具体行政行为侵犯其合法权益的公民、法人或者其他组织；

（2）不属于海关行政复议范围的；

（3）超过法定申请复议期限，且无法律、法规规定的特殊情况的；

（4）已向人民法院提起行政诉讼，人民法院已依法受理的；

（5）不属海关管辖的；

（6）已向其他有管辖权的机关申请复议的；

（7）申请复议未递交复议申请书的。

如海关行政复议机关决定不予受理的，应当在5日内做出决定并制作《行政复议申请不予受理决定书》，送达申请人。申请人对海关做出不予受理决定或受理后超过行政复议期限不做答复的，可以自收到不予受理决定书之日起或者行政复议期满之日起15日内，依法向人民法院起诉。

3. 审理

海关行政复议的审理是指海关行政复议机关受理复议案件后,对复议案件的事实是否清楚,适用依据是否正确,程序是否合法进行全面审查的过程。海关行政复议审理一般有以下步骤:

(1)海关行政复议人员必须首先认真阅读复议材料,审阅全案卷宗材料;

(2)核对证据材料,进行调查研究,收集证据。复议人员进行调查工作,应当出示证件,作调查笔录。同时复议机关在审查案卷时,有权要求申请人或被申请人补充提供有关证据、材料;

(3)审查原海关具体行政行为的做出是否有法律依据,适用法律是否正确;

(4)复议机关经过审理,对复议案件的处理提出意见。

4. 决定

海关行政复议机关经过审理,可分别做出以下复议的决定:

(1)决定维持

海关具体行政行为具备下列条件的,可决定维持:

——适用法律、法规、规章和具有普遍约束力的规范性文件正确;

——海关具体行政行为所认定的事实清楚,证据确凿;

——符合法定权限;

——符合法定程序;

——内容适当。

上述五个条件缺一不可,必须同时具备。

(2)决定被申请人限期履行法定职责

海关行政复议机关经过审理后,认为被申请人的不作为行为违反了海关法律、行政法规、海关规章及有关规范性文件的规定,属未履行法定职责的,应做出责令其在一定期限内履行法定职责的决定。

限期履行包括两种期限:一是由海关法律、行政法规、海关规章及有关规范性文件规定期限;二是海关行政复议机关根据具体情况确定期限。

做出这种决定必须具备下列条件:

——复议申请人要求被申请人履行某一法定职责有事实上和法律上的依据;

——被申请人具有这一法定职责；

——被申请人未履行此法定职责无正当理由。

（3）决定撤销、变更或者确认该具体行政行为违法，责令被申请人在一定期限内重新做出具体行政行为

复议机关对下列海关具体行政行为可以做出此类决定：

——主要事实不清、证据不足的；

——适用依据错误的；

——违反法定程序的；

——超越或滥用职权的；

——海关具体行政行为明显不当的。

（4）其他决定

在行政复议过程中，海关行政复议机关除了就海关具体行政行为是否合法、适当等问题做出上述决定外，还可就复议程序中出现的问题做出以下决定：

——受理决定、不受理决定和直接处理决定；

——停止原具体海关行政行为的决定；

——行政复议终止决定；

——撤销行政复议案件决定，等等。

本章小结：通过本章的学习，要掌握如下几点：①特定减免税货物的概念和通关程序。②过境、转运、通运货物等其他进出境货物的基本概念和通关程序。③暂准进出境货物的概念和通关程序。④转关运输货物的概念和通关程序。⑤海关事务担保的含义、适用范围和担保方式。⑥知识产权海关保护的含义、范围和程序。⑦海关行政裁定和海关行政复议的程序。

思考题：

1. 什么是特定减免税货物？

2. 特定减免税货物有哪些特征？

3. 什么是暂准进出境货物？

4. 暂准进出境货物的范围是什么？

5. 暂时进出境货物具有什么特征？

6. ATA 单证册的含义是什么？

7. 什么是过境货物?

8. 无代价抵偿进口货物具有什么特征?

9. 什么是出料加工货物?

10. 什么是海关事务担保?

第七章 进出境旅客所携带行李物品和邮递物品的通关制度

本章概要：随着中国改革开放的不断深入，对外交往活动的日益增多，进出境旅客的数量也是大量增加，因此，海关对进出境旅客所携带行李物品的管理就凸显出它的重要性；又由于进出口商品结构的变化，人们为了运输方便，将那些技术含量高、价值高而重量轻的商品，多采用邮递方式进出境，特别是通过快递的方式进出境，因此，海关对进出境旅客所携带的行李物品和邮递物品的监管就必须加强。本章正是针对这一突出现象，讲述了进出境旅客所携带的行李物品和邮递物品的通关制度。

本章学习目标：掌握进出境旅客及其所携带行李物品的定义和进出境邮递物品的定义。熟悉海关有关的法律法规和基本的通关制度以及有关管理规定。

第一节 进出境旅客所携带行李物品的通关

一、进出境旅客和行李物品的定义

（一）旅客

1. 定义

旅客，是指旅居在外为客之人。我国往往又有行旅和商旅之分，其中：行旅，是指外出旅行的人；商旅，是指外出经商之人，一般指无固定营业地址，经常往来于各地区之间贩卖商品的客人。

按国际海关公约的规定，进出境旅客包括暂时进入他通常不居住的一国境内的人（非居民）和暂时出国回到他通常定居的国境内的人（居民）。

进出境旅客分为居民旅客和非居民旅客，其中：居民旅客，是指进出境旅客中以境内为通常定居地者，出境居留或旅行但仍回到境内其通常定居地的人；非居民旅客，是指进出境旅客中以境外为通常定居地者进境居留或旅行后仍回到境外其通常定居地的人。

2. 具体分类

（1）居民旅客：包括长期居民旅客，中国籍长期居民旅客，外国籍长期居民旅客；短期居民旅客，中国籍短期居民旅客，外国籍短期居民旅客。

（2）非居民旅客：包括长期非居民旅客，中国籍长期非居民旅客，外国籍长期非居民旅客；短期非居民旅客，中国籍短期非居民旅客，外国籍短期非居民旅客。

（二）行李物品

1. 定义

行李物品，是指旅客为其进出境旅行或居留期间需用而携带进出境的物品。

2. 类型

（1）随身行李物品：指随旅客本人携带进出境的行李物品。

（2）托运行李物品：指随旅客本人乘坐的运输工具，由运输部门代运的行李物品。

（3）托带行李物品：指旅客本人不进出境而委托他人代带进出境的行李物品。

（4）分离运输行李物品：指旅客本人进境后或出境前，在规定期限内运入或运出的本人行李物品。

（三）旅行自用品

根据中华人民共和国海关总署 2007 年第 72 号公告的规定，自 2008 年 2 月 1 日起，在全国对外开放口岸实行新的进出境旅客申报制度。这一规定，照顾了旅客在旅途中的实际需要，简化了旅客通关手续，妥善解决了旅检现场对进出境旅客携带的旅行自用物品管理偏严的倾向，更好地向国际管理靠拢，服务于我国海关旅检业务的深化改革。

1. 定义和范围

"进出境旅客旅行自用物品"系指本次旅行途中，海关准予旅客随身携带的暂时免税进境或者复带进境的在境内外使用的自用物品，它的范围包括：（1）照相机、便携式收录音机、小型摄影机、手提式摄录机、手提式文字处理机；（2）经海关审核批准的其他物品。

2. 有关管理规定

（1）进境旅客（包括持有前往国家或地区签发的再入境签证的中国籍居民旅客）携带旅行自用物品（照相机、便携式收录音机、小型摄影机、手提式摄录机、手提式文字处理机以及经海关批准的其他物品）每种限一件，海关准予暂时免税放行。

（2）海关准予暂时免税的本次进境物品，须由旅客在回程时复带出境。由于特殊原因不能在本次回程时复带出境的，应事先报请出境地海关办结有关手续。

（3）中国籍居民、中国籍或外国籍非居民长期旅客携带旅行自用物品出境，如需复带进境，应在本次出境时，主动报请海关验核。复带进境时，海关验凭本次出境的有关单、证放行。

3. 对旅行自用物品从宽掌握的范围

（1）照相机、手提式摄影机，含合理数量的胶卷及附件、便携式幻灯机或放映机及其附件、合理数量的幻灯机和影片。

（2）便携式收录音机，含合理数量的录音带及附件，手提式组合音响（含激光唱盘机）、便携式激光唱盘机及合理数量的激光唱盘。

（3）手提式摄录机，含合理数量的录像带及附件、袖珍式（包括有投影功能或放像功能的）电视机、小型监视器、手提式录放像机。

（4）手提式文字处理机，含手提式电脑、电子记事簿及手提式电子、电脑打字机，合理数量的色带、磁盘和必要的附件。

（5）其他物品如便携式复印机、手提无线电话机。

二、通关的基本程序和主要规定

（一）申报

1. 定义

"申报"系指进出境旅客为履行《中华人民共和国海关法》规定的义务和责任，对其所携运物品实际情况向海关做出的书面或口头申明。

2．申报时限

按规定应向海关办理申报手续的进出境旅客通关时，应首先在申报台前向海关递交"中华人民共和国海关进出境旅客行李物品申报单"或海关规定的其他申报单证，如实申报其所携带运进出境的行李物品。进出境旅客对其携运的行李物品以上述以外的其他任何方式或在其他任何时间、地点所做出的说明，海关均不视为申报。

3．申报方式

申报方式有书面申报和口头申报两种。

4．申报要求

（1）申报手续应由旅客本人填写申报单证向海关办理，如委托他人办理，应由本人在申报单证上签字。接受委托办理申报手续的代理人应当遵守海关通关规定对其委托人的各项规定，并承担相应的法律责任。

（2）旅客向海关申报时，应主动出示本人的有效进出境旅行证件和身份证件，并交验中华人民共和国有关主管部门签发的准许有关物品进出境的证明、商业单证及其他必备文件。

（3）经海关办理手续并签单交由旅客收执的申报单副本或专用申报单证，在有效期内或在海关监管时限内，旅客应妥善保存，并在申请提取分离运输行李物品或购买征免税外汇商品或办理其他有关手续时，主动向海关出示。

对携带有进境时应予申报的物品的出境非居民旅客，应出示本次进境时填写的申报单证底联。

海关监管时限指非居民自本次进境之日始至最近一次出境之日止，或居民本次出境之日始至最近一次进境之日止的时间。在不同的时期规定有不同的时限，目前，行李物品申报进境期限为6个月。

（4）在海关监管场所，海关在通道内设置专用申报台供旅客办理有关进出境物品申报手续。

在实施双通道制的海关监管场所，海关设置"申报"通道（又称"红色通道"）和"无申报"通道（又称"绿色通道"）供进出境旅客按规定选择通关。

5．申报内容

进境旅客有下列情形，应向海关申报：

（1）动植物及其产品，微生物、生物制品、人体组织、血液及其制品；

（2）居民旅客在境外获取的总值超过人民币 5000 元（含 5000 元）的自用物品（自用物品不包括国家规定不予减免税的 20 种商品）；

（3）非居民旅客拟留在中国境内的总值超过 2000 元的物品；

（4）酒精饮料超过 1500 毫升（酒精含量 12 度以上），或香烟超过 400 支，或雪茄超过 100 支，或烟丝超过 500 克；

（5）人民币现钞超过 20000 元，或外币现钞折合超过 5000 美元；

（6）分离运输行李，货物、货样、广告品；

（7）其他需要向海关申报的物品。

出境旅客有下列情形，应当向海关申报：

（1）携带文物、濒危动植物及其制品、生物物种资源、金银等贵重金属；

（2）居民旅客需复带出境的单价超过 5000 元的照相机、摄像机、手提电脑等旅行自用物品；

（3）超过人民币 20000 元现钞，或折合超过 5000 美元外币现钞；

（4）携带货物、货样、广告品；

（5）其他需要向海关申报的物品。

进出境旅客如带有上述物品，需要按照规定填写"中华人民共和国进出境旅客行李物品申报单"向海关申报，经海关查验审核无误后放行。

（二）征税

行邮物品管理是坚持重点管理，管好禁止和限制物品，在宏观调控原则下充分放宽一般生活用品的管理，这是通过及时调整税制及物品分类来实现的。

关于行邮税制的调整，从长远目标看，按照目前国际上主要国家的通常做法和今后我国宏观经济政策的要求，我国行邮税将逐步过渡为"单一税级税率、限值验放"的办法。就是改变以限值为基础、按值归类、限量与列名相结合的管理模式，最终实现完全限值管理的目标。为此，近几年，中国海关努力合理设置行邮税率和税级，实现简化税率、减少税级，配之合理调整完税价格、降低税赋，最终过渡为单税级税率、限值验放的总体目标，逐步向国际惯例靠拢。

应征旅客行李物品和个人邮递物品进口税的税则号列分为 4 级，即 4 个税号。其中：

第 1 税号税率为 10%，适用于书报、刊物、教育专用的电影片、幻灯片、原版录音带、录像带、金银及其制品，食品、饮料，以及第 2、3、4 税号所不包括的其他商品；

第 2 税号税率为 20%，适用于纺织品、电器用具、照相机、自行车、手表、钟表；

第 3 税号税率为 30%，适用于高尔夫球及球具、高档手表；

第 4 税号税率为 50%，适用于烟、酒、化妆品。

进口物品的进口税从价计征。

（三）海关放行进出境物品

基本验放管理规定：

（1）行李物品、自用物品，尤其是重点物品对不同对象的限量、限值，按规定的手续验放；

（2）经海关暂准免税进境的物品，要在规定的期限内原物复带出境。因故不能复带出境的，应提前向海关办结手续。

（3）海关未放行的或者应予限运的行李物品，由旅客或其代理人，在海关规定的期限内办结手续，逾期由海关依法处理。

（四）禁止进出境物品

1. 禁止进境物品

（1）各种武器、弹药和爆炸物品（包括仿真武器）；

（2）伪造的货币及伪造的有价证券；

（3）对中国政治、经济、文化、道德有害的印刷品、胶卷、照片、唱片、影片、录像带、激光视盘、计算机存储介质及其他物品；

（4）各种烈性毒药；

（5）鸦片、吗啡、海洛因、大麻以及其他使人成瘾的麻醉品、精神药物；

（6）带有危险性病菌、害虫以及其他有害生物的动物、植物及其产品；

（7）有碍人畜健康的、来自疫区的以及其他能传播疾病的食品、药品或其他物品。

2. 禁止出境物品

（1）列入禁止进境范围的所有物品；

（2）内容涉及国家秘密的手稿、印刷品、胶卷、照片、唱片、影片、录音带、录像带、激光视盘、计算机存储介质及其他物品；

（3）珍贵文物及其他禁止出境的文物；

（4）濒危和珍贵的动物、植物（均含标本）及其种子和繁殖材料。

（五）限制进出境物品

1. 限制进境物品

（1）无线电收发信机及通信保密机；

（2）烟、酒；

（3）濒危的珍贵的动物、植物（均含标本）及其种子和繁殖材料；

（4）国家货币；

（5）海关限量管理的其他物品。

2. 限制出境物品

（1）金银等贵重金属及其制品；

（2）国家货币；

（3）外币及其有价证券；

（4）无线电收发信机及通信保密机；

（5）贵重中药材；

（6）一般文物；

（7）海关限量管理的其他物品。

第二节 特定人员携带物品的通关

一、驻外使领馆人员所携带物品进境的通关

（一）外交官自用物品的验放

按照中国政府规定，外交官及其配偶的身份是以中国外交部发给的外交官证明为准，其在进入中国国境后至离任之前，以及离任后未出中国国境之前，以所持外交护照上的中国外交签证为凭，外交官的配偶及其未成年之子与未婚之女也可享受同样的待遇。

外交官的"自用物品"是指外交官本人以及与他共同生活的配偶、子女在华期间自用的生活用品（包括安家用品）。

外交官进出中国国境时随身携带和附载于同一运输工具上的行李物品，包括其同行家属的行李物品，应当口头向海关申报，由海关凭其所持护照、签证给予相应优惠待遇，外交官私人行李免予查验、免征关税放行。

外交人员不得携带我国法令禁止进出境的物品，如果事先得到我国政府有关部门批准，在携带进出境时，应主动向海关申报，由海关审核放行。如外交官携运枪支、弹药进出境，按照我国枪支、弹药管理办法的规定，应事先经我外交部批准，办妥准予携运手续后海关才能放行。

外交官携带进境属于限制出境的珍贵文物、图书、金银及其复制品、珠宝饰物等物品，应按规定于入境后十天内备函向海关办理登记手续（托运、邮寄进口的应在申报单上列明）由海关加签证明，复运出境时，海关凭以放行。

外交官进出境的行李物品，必要时海关可查验，查验时物品所有人或其代理人应当到场。

根据中华人民共和国海关的规定，外交官离任回国可以携带一辆机动车辆进境，海关给予免征进口关税，但增值税和消费税照常征收。有关人员携带机动车进境，应该在入境后 6 个月内向其所居住地区直属海关或经直属海关授权的隶属海关提交书面申请，并提交下列单证：

（1）护照，居民身份证；
（2）驻外使领馆开具的驻外使领馆人员身份证明；
（3）国内外派部门出具的驻外使领馆人员离任回国证明；
（4）提（运）单、购车发票、装箱单等相关单证；
（5）中华人民共和国海关进出境自用物品申请表。

（二）外交代表机构公用物品

外交代表机构"公用物品"，是指各国、国际机构驻华外交代表机构及其领事机关本身所用的家具、陈设品、车辆、办公用品和招待等用品等。

按照规定，使领馆进出口公用物品免领进口许可证，免征关税放行。属使馆的公用物品，统一在北京海关办理进出口手续，属领馆的公用物品，在领馆所在地海关办理进出口手续。

（三）外交信使行李物品的验放

外交信使出入境携带的行李物品，可凭信使证明书或经外交签证的外交护照，免填"旅客行李物品申报单"，免予查验放行，必要时海关可以口头询问。

（四）外交代表机构公务人员的行李物品验放

按规定对外交代表机构公务人员进出境行李物品在自用合理数量范围内予以免税放行。但是进口的分离运输行李，应在本人入境后十天内向所在地海关提供清单，经海关核准并要在六个月内运进境。公务人员在离任半年内，准予免税进口小汽车一辆。

二、留学回国人员购买免税国产汽车的通关手续

（一）留学回国人员的范围

留学回国人员是指以学习和进修为目的，在境外正规大学（学院）注册学习和进修 1 学年以上，毕（结）业后回到国内定居工作的中国籍留学人员。

（二）留学回国人员购买免税国产小汽车的条件

（1）在国外学习不少于 1 学年；

（2）学成后在外停留不超过 2 年；

（3）学成后应在入境后 1 年内提出购车申请；

（4）已经办妥境内长期居住证明；

（5）已经取得国外大学颁发的毕（结）业证书。

（三）留学回国人员申请购车时应提交的单证

（1）驻外使领馆出具的留学回国人员证明；

（2）本人有效出入境证件；

（3）公安部门出具的境内居住证明；

（4）海关要求提供的其他证件（毕业证等）；

（5）填写"中华人民共和国海关进出境自用物品申请表"。

第三节　进出境邮递物品的通关

一、邮递物品的定义和分类

（一）定义

进出境邮递物品是指通过邮寄方式进出境的物品，包括包裹，小包邮件和印刷品等。

海关对邮递物品的监管是指海关对邮运进出境货物、货样、商业性宣传品、广告品、个人物品、使领馆公私用物品、企事业单位赠送、交换交流物品、贸易性和非贸易性印刷品、邮政快件等的行政执法行为。

（二）分类

按照国际惯例，对通过国际邮运方式进出口物品、函件称为"国际邮件"。国际邮件的种类从邮运方式来分，有水陆邮件、航空邮件、快递邮件。按邮件性质分为函件及包裹两类，函件包括信函、保价信函、明信片、印刷品和小包；包裹分为普通包裹、脆弱包裹和保价包裹。函件和包裹中除信件以外都属海关监管范围，也就是我们所称的进出境邮递物品。进出境邮递物品中有货物、货样、广告品、礼品、个人邮递物品及印刷品。本节专述个人邮递物品，即个人邮递包裹和小包按照国际邮件处理规则，小包限制在一公斤以内、包裹在 20 公斤以内，另有协议的按协议办。

邮递进出境个人包裹和小包（以下简称邮包），是国内外亲友间相互联系，表达情谊的一条主要渠道，也是对外交往的一种方式，由于同属非贸易性物品范畴，其监管方针、任务，大体上与旅客行李物品监管一致，同样具有涉及面广、情况复杂、政策性强等特点。对于时间性的要求，一般说来不如旅客行李物品监管那么紧迫，但对于航空邮件，尤其是快递邮件，却又表现为时间性要求特强，要求随到随验，不能延误。此外，由于邮包寄递方便、见物不见人，增加了监管工作的复杂性。因此在方便正常往来的前提下也要注意发现利用分散寄递和夹藏走私等方式进行非法活动的行为。

二、海关监管的有关规定

（一）海关监管的原则

进出境的个人邮递物品，应该以自用合理数量为限，并要符合海关关于个人物品限值及个人物品范围的规定。

（二）关于个人物品的限值

（1）个人寄自或寄往中国香港、澳门、台湾地区的，每次限值为800元人民币；寄自或寄往其他国家和地区的，每次限制为1000元人民币。

（2）个人邮寄进出境物品超出限值的，应办理退运手续或者按照货物的规定办理通关手续，如果邮包内只有一件物品且不可分割，虽然超出规定限值，经海关审核确实属于个人自用的，可以按照个人物品规定办理通关手续。

（3）依据相关规定，中药材、中成药均属国家限制出境物品。个人邮寄中药材、中成药出境，寄往中国香港、澳门、台湾地区的，限总值人民币100元，寄往国外的，限人民币200元。含有犀牛角、羚羊角、虎骨、天然麝香等濒危动物成分的药品及其制品禁止携带或邮寄出境。

（三）进出境印刷品及音像制品及分离运输行李的有关规定

进出境印刷品及音像制品的收发货人、所有人及其代理人，应当依法如实向海关申报，并且接受海关监管。

邮寄进境分离运输行李，寄件人应在包裹上注明"分离运输行李"字样。邮包寄达后，收件人应及时将"中华人民共和国海关进出境旅客行李申报单"带交或寄交邮包寄达地海关，由海关按《海关对进出境旅客行李监管办法》的有关规定办理。

（四）海关征税

（1）个人邮寄进境物品，海关依法征收进口税，但应征进口税额在50元（含50元）以下的，海关免于征收；

（2）进出境个人邮递物品应征的关税和其他法定由海关征收的税费，可由邮局凭海关签发的税款缴纳证代缴代收；

（3）邮运进出境的商业性邮件，应按照货物规定办理通关手续。

三、进出境邮递物品的通关手续

（1）进出境的个人邮递物品，应该由收件人到邮局向派驻邮局的海关办理进境报关手续，收件人不能亲自到海关办理手续的，可委托他人或邮局向海关办理报关手续。

（2）从设有海关的地区寄出的个人邮递物品，可由寄件人向驻邮局的海关申报交验，办理出境手续。在未设立海关的地区，可按上述手续直接向邮局投寄，由邮局交驻出境地驻邮局海关验放。

（3）寄件人在邮寄出境邮包时，应填写报关单、绿色验关标签等单证，如实填报内装物品的品名、数量、价值等（如邮寄大包裹应另外填写发寄单，免填绿色验关标签），向驻邮局的海关申报，经海关验放后，交邮局投寄。

第四节　进出境印刷品和音像制品的通关

一、印刷品、音像制品的概念和范围

海关对进出境印刷品、音像制品监管规定所称的印刷品，系指用机械或照相方法使用锌版、模型或底片，在纸张或常用的其他材料上翻印的内容相同的复制品，包括摄影底片、纸型、绘画、剪贴、手稿、手抄本、复印件、图书、报纸、杂志、拓印件、函件（私人信件除外）等。

音像制品包括唱片、录音带、录像带、激光视盘、激光唱盘、电影胶片、幻灯片等。

计算机信息存储介质包括计算机磁盘、光盘、磁带、集成电路卡等。

概括而言，海关对进出境印刷品、音像制品、计算机信息存储介质（以下统称"印刷品"）的监管，实质上是对涉及意识形态领域的所有进出境物品进行监管。

货币、票据、证券、契约、合同、单据、邮票、字画、证件、商标及公文、稿件、笔记等虽然具有印刷品主要特征。但由于其同时具有其他商品的性质，因此，海关主要以与其有关的其他规定为处理依据，并结合海关对进

出境印刷品监管的规定进行监管验放。

二、印刷品的分类

海关监管的进出境印刷品分为贸易性和非贸易性两大类。

贸易性印刷品以海运、陆运为主，邮寄和空运为辅。按我国现行规定，贸易性印刷品只准中国图书进出口公司等有权经营的单位开展进出口印刷品业务，其他任何单位和个人未经国家主管部门同意，均不得经营。目前主要的经营公司有：中国图书进出口公司、教育图书进出口公司、中国国际贸易图书进出口公司和上海图书进出口公司等。上述公司负责境外各类报刊图书的国内征订和进口等工作，并在每年年底负责向有关海关提供第二年度经新闻出版署批准进口的第二、三类报刊目录、数量及有关直寄订户名单，海关凭以验放，并按照《中华人民共和国海关进出口关税税则》和其他有关规定对进出口印刷品征收税费。

海关对贸易性印刷品主要按对进出口货物监管的有关规定办理征（免）税及验放手续。

非贸易性印刷品是指单位或个人自用、馈赠或交换进出境，而非以牟利为目的和不通过贸易途径购买和出售的。非贸易性印刷品以邮寄和个人携带为主，海运、空运、陆运为辅。

非贸易印刷品主要有以下几类：

（1）个人自用，包括中外籍人员携带、邮寄、托运进出境自用或馈赠的各种印刷品。

（2）广告品、宣传品。

（3）赠送或交换的科技、学术图书、报刊、资料。

三、海关管理的基本规定

海关对进出境印刷品的监管、查验、处理，一方面要依法有据，严格执法，另一方面要实事求是，合情合理。按职责分工，海关负责对进出境印刷品监管查验，国家安全、公安机关和边防检查站等监管现场的部门因工作需要也可进行抽查，但对禁止进出境的印刷品进行处理时，除当事人涉及敌特破坏活动等由上述部门处理外，统一由海关进行处理。

四、海关管理进出境旅客所携带的行李物品和印刷品、音像制品的主要法律依据和有关规定

（1）《中华人民共和国海关法》第 28 条规定：

个人携带进出境的行李物品、邮寄进出境的物品，应当以自用、合理数量为限，并接受海关监管。

（2）《中华人民共和国海关法》第 47 条第（1）项规定：

运输、携带、邮寄国家禁止进出口的毒品、武器、伪造货币进出境的，以牟利、传播为目的运输、携带、邮寄淫秽物品进出境的，或者运输、携带、邮寄国家禁止进出口的文物出境的，是走私罪。

（3）《中华人民共和国海关法》第 48 条规定：

有本法第四十七条第（2）（3）项所列行为之一，走私货物、物品数额不大的，或者携带邮寄淫秽物品进出境不构成走私罪的，由海关没收货物、物品、违法所得，可以并处罚款。

（4）《中华人民共和国海关法行政处罚实施细则》第 3 条第（2）项规定：

经过设立海关的地点，以藏匿、伪装、瞒报、伪报或者其他手法逃避海关监管，运输、携带、邮寄国家禁止进出境的物品、国家限制进出口或者依法应当缴纳关税的货物、物品进出境的，是走私行为。

（5）《中华人民共和国海关法行政处罚实施细则》第 5 条第 1 项规定：

走私国家禁止进出境的物品的，没收走私物品和违法所得，可以并处人民币五万元以下的罚款。

（6）《中华人民共和国海关法行政处罚实施细则》第 17 条规定：

携带、邮寄国家禁止进出境的物品进出境，在海关检查以前主动报明的、分别按规定予以没收或者责令退回，并可酌情处以罚款。

（7）有关行政规章和规定：

《中华人民共和国海关对个人携带和邮寄印刷品及音像制品进出境管理规定》是目前海关对个人携带和邮寄印刷品和音像制品进出境进行监管、查验、处理的主要依据和规范。

五、国家禁止进出境的物品

根据国家现行规定，目前禁止进出境的物品主要包括如下几类：

1. 禁止进境的物品

（1）内容反动的；

（2）淫秽色情的；

（3）封建迷信、凶杀暴力的；

（4）其他有害内容的。

2. 禁止出境的物品

（1）国家规定禁止出境的；

（2）涉及国家秘密的；

（3）属内部资料的；

（4）属于文物范围的。

本章小结：本章主要针对进出境旅客所携带的行李物品和进出境邮递物品的通关制度进行了阐述，解释了进出境旅客、进出境旅客所携带的行李物品及进出境邮递物品、印刷品和音像制品的通关手续和海关管理规定，同时列明了国家规定的禁止进出境的物品。通过本章的学习，读者可以掌握进出境旅客所携带行李物品、进出境邮递物品和印刷品、音像制品的通关手续，做到快捷通关。

思考题：

1. 简述进出境旅客的定义。

2. 简述进出境旅客的行李物品的定义。

3. 旅客自用物品的范围是什么？

4. 进出境邮递物品的通关手续是什么？

5. 邮寄进出境物品的限值是？

6. 邮寄进境物品的纳税手续有哪些？

7. 印刷品和音像制品的范围是什么？

8. 海关管理进出境旅客所携带的行李物品和印刷品、音像制品的法律依据是什么？

9. 禁止进境的物品有哪些？

10. 禁止出境的物品有哪些？

第八章　进出境运输工具的通关制度

本章概要：在国际贸易中，货物的交付通常需要国际长途运输来实现，而作为这种运输行为的主体——承运人和运输工具，则根据买方或卖方的要求将相关的货物载运到指定地点，起到完成国际买卖行为的纽带作用。离开了运输工具，就无法实现商品国际流通，买卖双方的货物不能进入对方关境，也就无法实现国际贸易。因此，当今世界各国海关在对国际贸易货物进出本国关境做出规定或限制的同时，也对载运国际贸易货物的运输工具进出本国关境的行为以法律形式予以界定，明确了相关的权利和义务，保证了国际贸易运输业的健康发展。本章首先介绍了现代国际贸易中使用的运输方式及各自的优缺点，针对不同运输方式使用的不同运输工具，具体介绍了海关对进出境运输工具范围的界定和相关的管理规定，重点阐述了国际航行船舶、国际民航机、国际联运列车、进出境汽车的通关制度。

本章学习目标：现代国际贸易中使用的运输方式及各自的优缺点；我国海关对进出境运输工具范围的界定及相关管理规定；国际航行船舶、国际民航机、国际联运列车、进出境汽车的通关制度。

第一节　概　　述

现代国际贸易中使用的运输方式主要有海洋运输、内河运输、铁路运输、公路运输、航空运输、邮递运输和联合运输等。

一、国际贸易的运输方式

（一）海洋运输

在国际贸易货物运输中，海洋运输以其运量大、运费低、通过能力大等特点，成为运用最为广泛的运输方式。以船舶经营方式不同，可分为班轮运输和租船运输。

班轮是指按照预定的航行时间表在固定的航线和港口往返运载货物的船只，租船是指租船人向船东租赁船舶用于运输货物。两者的最大区别是班轮具有固定航线、固定港口、固定船期、固定运费率，而租船的有关事宜则由租船人与船东双方商定。

（二）铁路运输

铁路运输主要指国际铁路货物联运，凡是从发货国家的始发站到收货国家的终点站，只要在始发站办妥托运手续，使用一份运输单据，即可由铁路以连带责任办理货物的全程运输，在由一国铁路向另一国铁路移交货物时，无须收、发货人参加。它具有受气候条件影响小、运量大、速度较快、运输手续简单、费用较低等特点。

（三）航空运输

航空运输是一种现代化的国际货运方式，具有速度快、航线不受地形限制、手续简便等特点，在国际贸易运输中的地位日益提高。

（四）邮递运输

邮递运输是一种较简便的运输方式，按照国际贸易惯例，卖方将邮包交给邮局取得邮包收据后，即视为完成交货义务。这种运输方式一般只适用于量轻体小的商品，如精密仪器、小工具、零配件、药品、样品和生产急需物品。

（五）联合运输

联合运输是指使用两种以上的运输方式完成某一项运输义务的联贯运输方式。主要包括陆空联运、陆海联运、大陆桥运输、国际多式联运等方式。

二、我国对外贸易运输发展状况

新中国成立以来，特别是改革开放以后，我国对外贸易发展迅速，进出口贸易额逐年增长，进出口货运量成倍上升，载运进出口贸易货物的运输工具进出我国关境的艘（次）数越来越多。据海关统计，1998年全国海关监管的进出境运输工具达1104万辆（艘），是改革开放前的16倍。众所周知，我国疆域辽阔，毗邻国家和地区众多，边境线、海岸线长，对外口岸多且经济发展不均衡，因而构成我国对外贸易运输业形式多样、多种运输方式相互交错并存的局面。从运输方式上看，以海洋运输为主，以空运、陆运（公路、铁路运输）作为补充。具体承运工具既有先进的民用航空器，也有大吨位的远洋船舶；既有现代化的列车、汽车等车辆，也有往返于边境互市的原始驮畜。运输工具所属国籍既有中国国籍的运输工具，也有外国国籍的运输工具。从运输线路来看既有跨国、跨洲的国际运输，也有固定于特定地区如香港，澳门的特定路线运输。由于上述特点，海关作为国家的进出境监督管理机关，为了依法对进出我国关境的运输工具实施有效监管，因而在管理方式和管理规定也是灵活多样的。

三、海关对进出境运输工具范围的界定

《海关法》第57条规定："进出境运输工具是指作以载运人员、货物、物品进出境的各种船舶、车辆、航空器和驮畜。"具体来说，包括以下几个方面：

（1）船舶，包括机动和非机动的进出我国关境的海上、国界江河上的往来船舶；转运、驳运进出口旅客或货物的船舶；兼营境内外旅客或货物运输的船舶以及其他进出境船舶。

（2）车辆，包括进出关境的客车、货车、行李车、邮政车、机车、发电车、轨道车和其他进出境的机动车、非机动车等。

（3）航空器，主要指载运进出境旅客或进出口货物的民用飞机。

（4）驮畜，指载运进出境旅客或进出口货物的马、驴、牛、骆驼等用于运输的牲畜。

四、海关对进出境运输工具的管理规定

《海关法》对进出境运输工具做了详细的规定，充分体现了海关维护国家主权和国家利益，促进对外友好往来的神圣职责。归纳起来，海关对进出境运输工具的具体管理规定有以下几个方面：

（1）所有进出境运输工具自进入我国关境之日起至驶离我国关境之日

止，均应接受海关监管。运输工具进入我国关境时或在驶离我国关境时，进出境运输工具负责人（机长、船长、车长或汽车驾驶员）要如实向海关申报运输工具所载旅客人数、进出口货物数量、装卸时间、下一航次指运的国家或港口等情况，并向海关递交有关运输工具动态的单证。海关有权随时对进出境的运输工具及所载货物、物品及旅客进行检查，运输工具负责人应当到场，并根据海关的要求开启舱室、房间、车门以及装载货物、物品的部位，搬移货物、物料，开启箱体或容器。海关根据工作需要派员随运输工具执行公务时，运输工具负责人应当向海关提供方便。

（2）所有进出我国关境的运输工具必须经由设有海关的港口、空港、车站、国界孔道、国际邮件交换局（站）及其他可办理海关监管业务的场所申报进出境，且在停留期间，未经海关许可，不得擅自驶离停靠地点，要保证申报进境地点与停靠地点相一致。

进出境运输工具从一个设立海关的地点驶往境内另一个设立海关的地点时，应当符合海关监管要求，并向海关办理申报手续。进境运输工具由进境地海关负责向境内下一个停靠港口海关，出境运输工具由启运地海关负责向下一个出境港口海关办理转关监管手续，签发记录记载运输工具及所载货物、物品及旅客清单的海关"关封"，交由进出境运输工具的负责人完好无损地转交下一个海关继续进行监管。所有进出境运输工具必须全部办结海关手续后，方准驶离我国关境。

（3）进境的境外运输工具和出境的境内运输工具，只能按照海关的要求专门从事进出境运输，未经海关许可并办结进出口手续和完纳海关关税的，不得擅自转让或者移做他用；对进出境运输工具所载的货物、物品和所需工具、燃料、物料等，未经海关许可，不得擅自转载、换取、买卖或者转让；未经海关许可，进出境运输工具不得兼营国内运输，不得载运境内货物及国内旅客。

（4）进出境运输工具由于不可抗力的原因，被迫在未设立海关的地点停泊、降落或者抛掷、起卸货物、物品的，运输工具的负责人应当立即报告附近海关。

第二节 国际航行船舶的通关制度

目前，全世界国际贸易商品运输仍然主要靠海运，海运占世界外贸货运总量的三分之二以上。我国的外贸进出口货物 90% 左右是通过国际航行船舶来完成运输任务的。因此，对国际航行船舶及其所载货物的监管是海关货运监管最大最重要的监管任务。本节将主要介绍海关对国际航行船舶进出境通关的监管规定等内容。

一、定义

国际航行船舶是指进出中华人民共和国口岸的外国籍船舶和航行国际航线的中华人民共和国国籍的船舶。口岸是指国家批准可以进出国际航行船舶的港口。

国际航行船舶在进出各国关境时，除应按各国海关的规定递交相应的报关单证外，还应按国际通行惯例同时附带下列证明船舶本身在运营过程中必须具备的有关书面证明文件：

（1）船舶国籍证书。也可称为船舶登记证书，是指经船舶所有国以法律程序证明认可船舶的国籍、船籍港和船舶所有权的证书文件，其主要内容包括船名、船舶所属国籍、运营性能、船舶用途、船舶所悬挂国旗以及船舶应受保护的权力等。

（2）吨位证书。船舶吨位证书是指船舶所属国家的航务主管机关对船舶总吨位和净吨位经丈量计算后，由国际公认的检验单位所签发的一种证明船舶设计运载能力和实际运载能力的书面证明。同时这也是各国海关征收船舶吨税的主要依据。

（3）航海日记。这是船舶记载航行停泊、装卸货物、海事等有关情况的具有法律效力的船舶必备资料。内容主要包括：船舶动态、船位记录、气象情况、装卸货物情况以及驶经港口有关当局（港务、海关等）上船办理有关手续的情况。

二、国际航行船舶的进出境通关

（一）进境船舶的报关

国际航行船舶在进入我国关境时，船方或其代理人应在船舶抵达口岸前或者抵达口岸后 24 小时内，向进境地海关递交以下单证进行申报：

（1）"船舶进口报告书" 1 份；

（2）"货物申报单" 1 份，附 "载货清单" 2 份（无进口货物的交 "无货清单"）；

（3）"船员名单" 1 份；

（4）"旅客名单" 1 份（无旅客免交）；

（5）"船员物品申报单" 1 份；

（6）"船用物品申报单" 1 份；

（7）"船舶进出境（港）海关监管簿"（外国籍船舶免交）；

（8）"国际航行船舶吨位证书"；

（9）海关监管需要的其他单证。

国际航行船舶到港时，船舶负责人或其代理人如果不能及时提供齐全的载货清单，须向海关出具保函，并经海关同意后可以先行卸货，但应当在卸货后 24 小时以内将齐全的载货清单补交给海关。船方或其代理人应当在船舶预计抵达口岸 7 日前（航程不足 7 日的，在驶离上一口岸时），填写 "国际航行船舶进口岸申请书"，报请抵达口岸的港务监督机构审批。如果船务或其代理人在船舶抵达口岸前未办妥进入口岸手续的，船舶抵达后，除办理进入口岸检查手续的工作人员和引航员外，其他人员不得上下船舶，不得装卸货物和其他物品；船舶进出的上一口岸是中华人民共和国口岸的，船舶抵达后即可上下人员、装卸货物和其他物品，但是应当立即办理进入口岸手续。卫生检疫机关对船舶实施电讯检疫。持有卫生证书的船舶，其船舶或其代理人可以向卫生检疫机关申请电讯检疫。对来自疫区的船舶，载有检疫传染病的染疫人、疑似检疫传染病染疫人、非意外伤害而死亡且死因不明尸体的船舶，未持有卫生证书或者证书过期或者卫生状况不符合要求的船舶，卫生检疫机关应当在锚地实施检疫。动植物检疫机关对来自动植物疫区的船舶和船舶装载的动植物产品及其他检疫物，可以在锚地实施检疫。

（二）出境船舶的报关

船方或其代理人应当在船舶驶离口岸前 24 小时通知海关（船舶在口岸停泊时间不足 24 小时的，在抵达口岸时），到海关办理出口岸手续，并由检查机关在"船舶出口岸手续联系单"上签注。

船舶驶往境外或境内其他港口时，船方或其代理人应向海关交验下列单证：

（1）"货物申报单" 1 份，附"载货清单" 2 份（无出口货物的交"无货清单"）；

（2）"船员名单" 1 份（无更动的免交）；

（3）"旅客名单" 1 份（无更动的免交）；

（4）"船舶进出境（港）海关监管簿"（外国籍船舶免交）；

（5）"船舶出口岸手续联系单"；

（6）海关监管需要的其他单证。

船舶领取出口岸许可证后，情况发生变化或者 24 小时内未能驶离口岸的，船方或其代理人应当报告港务监督机构，由港务监督机构商海关和其他检查机关决定是否重新办理出口岸手续。船方或其代理人应当在船舶驶离口岸前 4 小时内（船舶在口岸停泊时间不足 4 小时的，在抵达口岸时），到检查机关办理必要的出口岸手续，由检查机关在"船舶出口岸手续联系单"上签注；船方或其代理人持"船舶出口岸手续联系单"和港务监督机构要求的其他证件、资料，到港务监督机构申请领取出口岸许可证。船舶定航线、定船员并在 24 小时内往返一个或者一个以上航次的船舶，船方或其代理人可以向港务监督机构书面申请办理定期进出口岸手续。受理申请的港务监督机构商其他检查机关审查批准后，签发有效期不超过 7 天的定期出口岸许可证，在许可证有效期内对该船舶免办进口岸手续。

海关在接受上述有关申报单证并经审核符合监管条件后，可做出放行决定，船舶可以进入关境或驶离关境。

三、海关对国际航行船舶停港期的监管

国际航行船舶在停港期间装卸进出口货物、物品或上下进出境人员，应当如实向海关申报并接受海关检查。进口货物、物品起卸完毕后，国际航行船舶负责人应在 24 小时内递交反映实际起卸情况的交接单据和港、船双方

登记的溢、短、误、损记录。

经海关确认的溢卸、误卸货物，从起卸之日起3个月内，可由原装载船舶负责人或货物所有人向海关办理退运或进口手续。因故不能在3个月内办理的，经海关核准，可延期3个月。过期不办的，由海关依法处理。

国际航行船舶装载出口货物前，货物代理人应将预装清单报送海关。海关监管出口货物装船的依据是经海关签章放行的装货单。出口货物发生退载的，船舶负责人或其代理人应于货物装船完毕前向海关报明。

国际航行船舶起卸处理扫舱地脚和废旧物料，其负责人应书面向海关申请，由境内有经营权的单位向海关办理有关手续。

四、船舶吨税的缴纳

船舶吨税是海关代表国家交通管理部门在设关口岸对进出我国国境的船舶征收的用于航道设施建设的一种使用税。

船舶吨税的征收对象是：驶入我国港口或行驶于我国港口之间的外国籍船舶、外商租用的中国籍船舶、中外合营企业租用的外国籍船舶。

船舶吨税自船舶申报进境之日起征收，分3个月期缴纳和30天期缴纳两种，纳税人（亦即船舶负责人）可根据船舶航行的航次、航期和滞留港口时间自行选择纳税种类，如按3个月期缴纳的，按法定税级税率征收吨税，如按30天期缴纳的，按法定税级税率减半征收吨税。纳税人（船舶负责人）应自海关签发吨税缴款书之日起5日内缴清吨税，并由海关签发船舶吨税执照。

吨税税率分为一般税率和优惠税率两种，优惠税率适用于同中华人民共和国签有条约或协定，规定对船舶的税费相互给予最惠国待遇的国家的船舶。

已完成吨税缴纳的船舶，具有下列情况之一者，海关验凭所交港务机关证明文件，按实际日期，将执照有效日期批注延长：

（1）船舶驶离我国港口避难、修理者；

（2）船舶因防疫隔离不能上下客货者；

（3）船舶经中央或地方人民政府征用或租用者；

下列各种外籍船舶，免征吨税：

（1）与我国建立外交关系的国家的大使馆、公使馆、领事馆使用的船舶；

（2）有当地港务机关证明避难、修理、修驶或拆毁的船舶，并不上下客货者；

（3）专供上下客货及有货之泊定趸船、浮桥趸船及浮船；

（4）中央或地方人民政府征用或租用的船舶；

（5）毋庸向海关申报进口的国际航行船舶。

国际航行船舶船员携带自用物品上下船，应按规定向海关申报，办理有关手续。

《中华人民共和国海关船舶吨税暂行办法》规定的船舶吨税税级税率，见表8-1。

表8-1　船舶吨税税级税率表

船舶种类		净吨位	一般吨税（元/吨）		优惠吨税（元/吨）	
			90天	30天	90天	30天
机动船	轮船汽船拖船	500吨及以下	3.15	1.50	2.25	1.20
		501~1500	4.65	2.25	3.30	1.65
		1501~3000	7.05	3.45	4.95	2.25
		3001~10000	8.10	3.90	5.85	3.00
		10001吨以上	9.30	4.65	6.60	3.30
非机动船	各种人力驾驶及驳船、帆船	30吨以下	1.50	0.60	1.05	0.45
		31~150	1.65	0.90	1.35	0.60
		151吨以上	2.10	1.05	1.50	0.90

五、海关对国际航行船舶的其他监管要求

（1）国际航行船舶是一种远洋运输工具，在航行过程中需要添补所需燃料，并可根据载运货物的性质和航线需要配置部分压舱、垫舱物料。按照海关规定，国际航行船舶添装或起卸船用燃料、物料，船舶间调拨船用燃料、物料、物品等，均应由船舶负责人编制清单报请海关核准，并在海关监管下进行。船方如需卸地处理扫舱地脚和废旧物料，船舶负责人应书面向海关申请。申报复运出境的压舱、垫舱物料，应自物料起卸之日起6个月内复运出境；不能复运出境的压舱、垫舱物料，应由收货人自物料起卸之日起

14 天内向海关办理进口手续。

（2）船舶起卸的进口货物，应当存放在海关指定的仓库场所。在货物起卸完毕后，船舶负责人应会同港务机关编制交接货物证明，并将证明副本送交海关，如有溢装、短装或起卸破损等情事的，应同时在交接证明中记录载明。

（3）对经营国际运输兼营国内沿海运输的船舶以及经营国内运输兼营国际运输的中国籍船舶，须经海关同意，并符合海关监管要求，由海关审核核准签发"船舶进出境（港）海关监管簿"后，方可经营或兼营国内、国际运输。如需改营经营项目的，由船舶负责人在卸完进口货物，办结船舶、船员自用物品验放手续或者卸完载运的国内运输货物后，向海关提出申请，经海关审核符合条件并在"海关监管簿"上批注同意后，方能改营经营项目。

第三节　国际民航机的通关制度

航空运输作为一种现代化的运输方式，其快速、安全、不受地面条件限制的特点，适合快速、远途运输，越来越受到世界各国的青睐和重视。从旅客运输逐步发展到货物运输、邮件特快专递、样品专送等多种方式，成为国际贸易运输的一支新生力量。航空运输所载货物，一般为体积小价值高的精密、易碎物品和贵重物品，以及鲜活产品等。本节将主要介绍海关对国际民航机进出境通关的监管规定等内容。

一、定义

国际民航机是指一切进出我国关境的国际民用航空运输飞机，包括经我国政府批准进出我国关境执行商业性活动的外国籍军用运输机，但不包括国家元首和政府首脑乘坐的专机。

二、国际民航机的进出境报关

国际民航机除经特准的以外，只准在设有海关的国际航空站降停或者起飞。国际航空站应于民航机降停或者起飞前 2 个小时通知海关，经海关同意后，方可上下旅客、驳卸货物、邮件、行李物品及其他物品。

（一）进境民航机的报关

国际民航机在降停后，机长或其代理人应立即向海关递交以下单证申报进境：

（1）"入境和过境旅客以及行李物品舱单"1份；

（2）"进口和过境的货物、邮件和其他物品舱单"1份；

（3）"进口货物运单"1份；

（4）"机组人员及其自用物品、货币、金银清单"1份。

（二）出境民航机的报关

国际民航机在起飞前，机长或其代理人应向海关递交以下单证申报出境：

（1）"出境旅客及行李物品舱单"1份；

（2）"出口货物、邮件和其他物品舱单"1份；

（3）"出口货物运单"1份；

（4）"机组人员及其自用物品、货币、金银清单"1份（国际民航机进站后机组人员没有变动的免交）。

三、海关对国际民航机停站期间的监管

飞机停站期间，海关监管工作也与其他进出境运输工具停港期间一样，监管货物、行李、邮件的装卸，监管旅客和机组人员的上下机和监管机用物料、燃料、金银、货币。

（一）对进出口货物、邮件和行李的监管

国际民航机所载运的进出境货物、邮件、行李和其他物品，只有在办完海关手续，并由海关在有关运单或其他单据上签印放行后，航空站才可以交付或收运。

对原机通运上述物品，海关认为必要时，可予检查；对换机转运的，应卸存于海关同意的仓库场所，由海关监管，并且按有关规定办理转运手续；对过境的，按过境货物规定办理海关手续。

外国飞机机长代外国政府或外国驻华使馆携带的外交信袋入境或出境，必须由有关使馆具有专业信使、临时信使或者外交官身份的人员，亲自提取或交付，按外交信袋放行。外国飞机为他国驻华机构代理进口的报纸、杂志可准予进口免税放行。

（二）对机用燃料、油料、零备件、正常设备、供应品及金银、货币的监管

留置在飞机上的上述物品，海关认为必要时，可以检查或加封。机长应保护海关封志的完整，不准出售或移做他用。

卸下上述物品以备本民航企业所属飞机使用的，应由海关监管检查，并存放在海关同意的仓库场所，使用或复运出口时，报海关核销，飞机申报添装上述物品，报请海关监管免税放行。

我国飞机在国外修理、装配的仪器、零件和由航空机上拆下的废旧材料，以及在国外添装的自用燃料、物料，由民航机构证明，免证免税放行。

供应品指专为开设航班用的业务表格、资料、单据、票签和供飞机自用的物品，以及供机组人员、旅客在飞机上使用的餐具、食品、饮料、烟草和其他生活用品和小卖部供应品。正常设备指机上仪表、收发报机、救生衣、救生船、食品柜、水箱水瓶等，不包括摄影和侦察设备，但应包括飞机正常运转和修理、维护飞机所需的各种地面设备、工具及其零备件。

（三）对外国民航企业进出口物品的监管

外国民航企业驻华机构运进公用物品，除有互惠协定或有其他理由经总署通知的以外，应征税验放。对业务宣传品、纪念品、单据、票证等业务资料，凭申报表免税核放，不准出售。

外国民航企业收发的"公邮"，限于民航机构往来的信函。"公邮"进出口时，必须列入舱单，由海关查验放行。

四、海关对特殊情况的国际民航机的监管要求

国际民航机因气候或其他原因经民航管理部门同意在指定的备用机场临时降停时，如不上下旅客、装卸货物等，可不向海关递交申报文件，但机长应采取必要措施保证飞机上的货物和行李物品完整无缺。

如因机件发生故障或者其他特殊事故，被迫在我国境内空降旅客、抛掷货物；或者因遇险、失事坠落于我国境内时，机长或其代理人或境内民航管理机构应立即通知海关。

第四节 国际联运列车的通关制度

铁路运输具有速度快、受气候影响不大、安全程度高、可有规律地定时准确将货物运送到指定地点的特点，因此在国际贸易运输中占有相当重要的地位，对于内陆国家、地区显得尤为重要。我国与几个国家陆地相连，铁路相通，使亚欧大陆联成一片，有力地促进了我国与欧洲各国的贸易往来，同时，铁路运输也是我国对港澳贸易和经香港转运世界各地货物的一个重要渠道。本节将主要介绍国际联运列车进出境通关监管规定等内容。

一、定义

国际联运列车是指载运进出口或过境货物、物品，载运进出境或过境旅客的中国籍或外国籍列车，包括机车、客车、货车、邮政车、行李车、发电车、守车和轨道车等。上述货物、物品包括列车载运的货物、行李、包裹、邮递物品和其他物品。

国际铁路联运的最大特点是在相邻的两国或相连的数国的铁路上，使用一份运单，办理全程运送，相邻两国边境车站由双方铁路交接货物，进出口货物的所有人只需在本国办理发货或提货手续，无须负责中途运输、过境报关等作业。由于各国的铁路轨距不同，有准轨、宽轨和窄轨三种，因此对国际联运的列车，各国海关允许列车在本国边境车站进行换装或换车轮作业。

二、国际联运列车的进出境报关

国际联运列车必须在我国境内设有海关的边境进出车站停留，接受海关监管和检查。进境列车自到达车站起至海关检查完毕止，出境列车自海关开始检查起至海关放行止，未经海关许可不得移动、解体（客车换轮除外），或擅自驶离进出境车站。进出境车站应向海关递交反映进出境列车载运的货物、物品以及上、下进出境旅客等实际情况的交接单据及商务记录，同时将列车驶入或驶离进出境列车站的时间、车次、停发地点等事先通知海关。

联运列车载运的货物、物品进出境时，进出境列车站应向海关递交下列单据进行申报：

（1）货物运单或行李、包裹运行报单及随附文件；

（2）货物交接单或行李、包裹交接单；

（3）海关需要的其他有关文件。

对海关监管货物，如需变更国内到站或出境站的，办理变更的车站应负责通知海关。变更后的指运站或出境站必须是设有海关机构的车站。有关车站应将海关的关封转交到车长，连同运单一起带交变更后的指运地或出境地海关。如指运地车站没有设海关机构的，入境地车站必须取得指运地车站附近海关同意后方能受理变更。

三、海关对国际联运列车所载进出口货物、物品的监管规定

国际联运列车到达、驶离边境车站的时间、车次和停发车地点，边境车站必须事先通知海关。国际联运列车装卸进出口货物、物品，上下进出境旅客，应接受海关监管。货物、物品装卸交接完毕，车站应向海关递交反映实际情况的交接单据及商务记录。海关查验出境货物、物品，发现有走私情事或走私嫌疑的，可以书面通知车站将货物、物品卸到海关指定地点或将有关车辆调到指定地点进行处理。

海关查验货物时，进出境车站应当派人按照海关的要求负责开拆车辆封印、开启车门或揭开篷布；货物的收、发货人或其代理人应当搬移或起卸货物，开拆或重封货物的包装。海关认为必要时，可以自行开验、复验或提取货样，并对提取货样的名称、数量出具证明。

因不符合我国进口管理规定，海关决定退运境外的货物、物品，车站凭海关书面退运通知办理有关手续；对因违反国际铁路联运规定而拒收的货物，海关凭铁路部门的拒收记录准予退运。

海关对准予放行的进出口货物、物品，在货物运单或行李包裹运行报单上加盖放行章，铁路凭海关签章的货运单据给予交付或运往境外。

转关运输货物在起运之前，海关对有关单证、货物、物品查核无讹后，在货物运单上加盖"海关监管货物"戳记，连同关封一起退还车站凭以起运，海关关封由车站交列车车长，连同运单一起带交指运地或出境地海关。

为了修理进出境车辆而运进的材料、零部件、工具、轮对、转向架，在海关监管之下确实用于进出境车辆维修的，海关准予免征关税和增值税。

为车辆施封用的材料和铁路运送用具（包括篷布），车站应当向海关如实申报，由海关查验免税放行。

　　进出境车站工作人员和列车乘务人员携带执行职务所必需的公用物品和生活必需的合理数量自用物品（包括粮食、蔬菜等食品），以及进出境旅客列车所带供应旅途中食用的饮料、食品等，由海关查验免税放行。

　　对需要返还的篷布、空容器等，收、发货人或其代理人应当填写"免税返还证明书"，送交进出境海关签印发还车站凭以免税返还。

第五节　进出境汽车的通关制度

　　进出境汽车运输是我国与毗邻国家和地区进行联系、交流物资的主要运输方式。它具有运输灵活、方便、快捷等优点。公路汽车运输对加快进出口货物的运输、提高周转速度意义重大。对经济发展速度较快的毗邻港澳的华南地区来说，来往港澳的汽车更是大陆与港澳之间的重要运输工具。本节将主要介绍海关对进出境汽车通关的监管规定等内容。

一、定义

　　进出境汽车是指来往我国境内外毗邻国家和地区，专营客运、货运的车辆，以及境内外企业、厂商自有的运输车辆和个人自用的其他车辆。

二、进出境汽车的登记注册和技术条件要求

（一）车辆申请登记

　　进出境车辆必须向海关报验和登记注册，申领进出境汽车签证簿。办理登记注册手续时，需交验下列证件：

　　（1）政府主管部门准其进出境的批准文件及行驶证件；

　　（2）工商行证管理部门签发的经营客、货运输车辆所属企业的"营业执照"；

　　（3）经海关认可的境内单位出具的保证函件。

　　来往港、澳汽车（包括专营客运、货运汽车，厂商自有的运输汽车，和个人自用、不承运客货的小型汽车）必须具备下列条件，方能向海关申请登记。经海关核准并发给"来往香港、澳门汽车进出境签证簿"后，方能凭此办理进出境海关手续：

　　（1）政府主管部门准予进出境行驶的证件；

（2）香港、澳门厂商的汽车，应有经海关认可的境内单位出具的保证书，或缴纳保证金；

（3）货运汽车应有海关认可的加封设备。

进出境汽车登记的内容，包括汽车的牌号、车型、国籍、驾驶员和押运员的姓名、护照号码、驾驶执照号码、进出境的日期、起讫口岸、汽车所带备用物品、载运旅客的人数以及驾驶员和押运人员携带的个人重点物品和金银、货币等，海关在汽车进出境时应对上述情况做好有关登记验放记录。

（二）车辆技术条件要求

装载进出境货物、转关运输货物的货运车辆应具有海关认可的加封设备，其技术条件如下：

（1）与车架固定一体的厢体全部或局部密封，构成永久性的密封体，其密封部位应具有坚固性、可靠性；

（2）与车架固定一体的厢体没有隐蔽空隙；

（3）可以装卸货物的一切空间，都便于海关检查。

经海关检验认可的车辆，因故更换、改装或维修车厢车体的，必须及时报经海关重新检验认可。经海关签发的进出境签证簿由原核发的海关每年审核一次，未经审核的，不再有效。

三、进出境汽车的报关

进境汽车自进境起到办结该车辆及其所载货物的海关手续前，出境汽车自发车起到该车辆及其所载货物办结海关手续前，驾驶人员必须将签证簿所列项目填写清楚。其中对进境的汽车，还应申明在境内停留的时间。装载进出口货物的汽车，还应向海关交验载货清单1份。需到另一设关口岸办理放行手续的，应交验载货清单3份。

进出境汽车经海关查验并在签证簿上签印放行后，方可继续内驶或出境。

四、海关对进出境汽车的监管规定

（1）汽车进出境必须经由设有海关的地方通过。如因特殊原因需在未设关地点通过，须经有关省、市、自治区人民政府批准。汽车进出境的时间，除经海关会同有关机关批准外，限于日出后和日落前。

（2）进出境的汽车应在海关规定的地点停留，向海关申报，接受海关检查，经海关放行后，方可继续内驶或出境。

（3）海关检查车辆时，汽车服务人员应当在场，并按照海关要求开启车上的部位或搬运货物。

（4）进境汽车进境后到达海关规定的检查地点以前和出境汽车经海关放行后到出境前，非经海关许可，中途不准停留、上下旅客、装卸货物和其他物品。

（5）对经营客货运输的外国籍（包括港澳地区）汽车，如果进境后需要继续往国内行驶，还应当向海关办理内驶车辆的申报手续。

（6）对进境汽车所载进口货物一般应在进口口岸海关办理验放手续。如因特殊原因需在内地设关口岸办理进口手续时，进境地海关可酌情予以同意，并将其作为"海关监管货物"制作关封交目的地海关办理货物进口手续。

（7）对进出境汽车运载的转关运输货物，如在境内运输途中发生损坏、缺少情事，或运输工具出现故障，不能按时到达指定地或出境地时，货物所有人或汽车驾驶员应立即向就近海关报告。

（8）相关的法律责任。进出境汽车有下列走私违规情事之一的，海关可对汽车所有人或其代理人、汽车驾驶员处以有关汽车或其所载货物等值以下或者相当于税额三倍以下的罚款，或者并处没收汽车和其所载货物；情节严重的，可移送司法机关依法究办：

①车体或其所载货物藏匿走私物品的；

②进出境汽车未向海关申报的；

③向海关递交的单证有记载不实的；

④不按规定路线行驶的；

⑤没有正当理由超过在境内规定停留时间的；

⑥丢失海关关封或毁坏海关封志的；

⑦未经海关放行，擅自移动汽车、装卸货物和物品，上下旅客的；

⑧进境汽车不复出境和私自倒卖的；

⑨有其他违反海关法规行为的。

对于经常违反海关法规的，海关可以注销有关车辆的签证簿，不准其进出境。

第六节　其他进出境运输工具的通关制度

本节将主要介绍海关对航行港澳小型船舶、进出境驮运牲畜以及其他特殊方式的运输工具通关的监管规定等内容。

一、航行港澳小型船舶

（一）定义

来往香港、澳门小型船舶（以下简称小型船舶）是指经交通部或者其授权部门批准，专门来往于内地与香港、澳门之间，在境内注册从事货物运输的机动或者非机动船舶。

目前，航行港澳小型船舶一般体积小、吃水浅、周转快、装卸容易、便于内河航行，对装运粤、桂、闽三省（区），尤其是珠江三角洲进出港澳地区的货物，十分适用。这对加强内地与港澳经贸联系，扩大香港转口贸易，稳定港澳生活物资供应等起到了积极的作用。

（二）小型船舶的登记注册和年审手续

1. 登记注册

小型船舶登记注册按照属地原则进行。小型船舶经营企业应当到所在地主管海关办理有关手续。

小型船舶办理登记注册时，由船舶经营企业提出书面申请，向海关递交"往来港澳小型船舶登记备案表"，船舶正、两侧面彩色照片各三张，以及下列文件（副本或者复印件）：

（1）交通主管部门的批准文件；

（2）船舶检验证书；

（3）船员清单；

（4）船舶营业运输证；

（5）船舶国籍证书；

（6）担保文件（海关监管风险担保证书）；

（7）海关需要的其他证件。

小型船舶的船体不得设置暗格、夹层等可藏匿物品的场所。不符合海关监管要求的小型船舶，海关不予办理登记注册。对符合条件的，由海关核发"来往港澳小型船舶登记注册证书"（简称"注册证书"）、"来往港澳小型船舶进出境（港）海关监管簿"（简称"海关监管簿"）。

小型船舶如需到其他关区管辖的港口装卸进出境货物，船舶经营企业应当凭交通主管部门的批准文件和原注册海关的批准文件到有关海关办理异地备案手续。小型船舶未经海关登记注册的，不得从事进出境运输业务。

2. 年审手续

小型船舶的经营企业应当在每年 3 月 31 日前向原登记注册海关提交下列文件，办理年审手续：

（1）年审报告书；

（2）注册证书；

（3）海关监管簿；

（4）海关监管需要的其他文件。

年审报告书应当包括下列内容：上一年度货运量、航次等业务情况，遵守海关各项规定及经营管理等情况，未到海关年审或者年审不合格的，不得继续从事进出境运输。

3. 变更手续

小型船舶经营企业在海关登记注册的船舶名称、经营航线、法定代表人、地址、企业性质等内容发生变更的，应当持书面申请到原登记注册海关和异地备案海关办理变更手续。

4. 走私处理

小型船舶参与走私活动，情节严重的，收回"注册证书"和"海关监管簿"，同时将有关情况通报交通主管部门。

（三）进出境小型船舶的报关

为加强海关对小型船舶的监管，海关根据国务院的批复，在 1998 年 11 月 1 日起恢复大铲海关监管站，1999 年 1 月 1 日起恢复和设立惠州三门岛、珠海桂山岛、湾仔海关监管站。小型船舶进出境时，应按规定向指定的海关监管站办理海关关封和舱单确认手续。确认手续主要包括审核舱单内容，核实载货运输情况。舱单由小型船舶负责人按规定格式和要求填写。

来往于香港与珠江水域的小型船舶向大铲岛海关监管站办理海关关封和舱单确认手续。

来往于香港、澳门与磨刀门水道的小型船舶向湾仔监管站办理海关关封和舱单确认手续。

来往于香港、澳门与珠江口、磨刀门水道以西，广东、广西、海南沿海各港口的小型船舶向桂山岛海关监管站办理海关关封和舱单确认手续。

来往于香港、澳门与珠江口以东，广东、福建及以北沿海各港口的小型船舶向大三门岛海关监管站办理海关关封和舱单确认手续。

来往于香港与深圳赤湾、蛇口、妈湾、盐田港的小型船舶，直接在口岸海关办理进出境申报手续。

小型船舶从香港、澳门驶入内地境内口岸或者从内地境内口岸驶向香港、澳门时，小型船舶负责人应持"海关监管簿"向指运地或启运地口岸的海关递交下列单证进行申报：

（1）总申报单（船舶报告书）；

（2）货物申报单（附载货清单，无货的免交）；

（3）旅客清单（无旅客的免交）；

（4）船员清单；

（5）船舶航行签证簿（由海关签证后发还）；

（6）海关需要的其他单据证件。

海关经审核以上单证符合监管条件并做出放行决定后，进出境船舶方可上下旅客、装卸货物或者驶往内地、离境出口。海关认为必要时，可对船舶进行检查，船长应指派专人到场，并根据海关要求开启有关场所。

小型船舶进境时，应当在海关监管站附近的指定锚地停泊，由小型船舶负责人向海关监管站办理舱单确认手续：经海关监管站在《海关监管簿》上签批后，方可继续驶往境内目的港，同时应当将海关制作的关封完整无损地带交目的港。

小型船舶出境时，应当在海关监管站附近的指定锚地停泊，由小型船舶负责人将起运港海关制作的海关关封交海关监管站确认，经海关监管站在"海关监管簿"上签批后，方可继续驶往境外目的港。

（四）海关对小型船舶的监管规定

海关对小型船舶的监管规定如下：

（1）进境小型船舶进境后、办结海关手续前，出境小型船舶自起运港办理海关手续后至出境前，未经海关批准，不得中途停泊、装卸货物、物品和上下人员。

小型船舶由于不可抗力的原因，被迫在设立海关的地点停泊或者抛掷、起卸货物和物品、上下人员，小型船舶负责人应当立即报告附近海关。

小型船舶因遇到特大风浪，致使无法在海关监管站停泊办理进出境手续的，经海关监管站许可，可以直驶目的港。

（2）海关监管站可以根据需要对进境小型船舶所载货物的舱室或者所载货物施加封志，或者派员随小型船舶监管至目的港，小型船舶负责人应当提供便利。

海关检查小型船舶时，小型船舶负责人应当到场并按照海关要求指派人员开启有关场所、集装箱或者货物包装；有走私嫌疑的，应当开拆可能藏匿走私货物、物品的部位，搬移货物、物料等。

海关检查船员行李物品时，有关船员应当按海关要求准时到场，并且开启行李包件和储存物品的处所。海关检查发现的违反海关监管规定或者走私物品，由海关按规定处理。

（3）未办结海关手续的进口货物应当存放在海关监管区内或者海关指定的仓库场所。海关在提单上加盖放行章后，仓储、货运部门方可交付，收货人或者其代理人方可提取。对船边交接提取的货物，小型船舶负责人凭海关加盖放行章的提单向收货人或者其代理人交付。出口货物经海关在装货单上加盖放行章后方可装船，小型船舶负责人方可签收货物及单据。

（4）小型船舶装卸货物时，海关按照装箱单或者舱单核对货物，发现差错，小型船舶负责人应当予以更正。如有短卸、溢卸、误卸或者残损的货物，小型船舶负责人应当在舱单上注明，交由海关按规定处理。

（5）小型船舶在香港、澳门装配的机器零件，或者添装的船用燃料、物料和公用物品，应当向海关申报并交验有关单据和发票，并按照规定办理有关进口手续。

（6）小型船舶公用、船员自用的金银、货币、有价证券、票证和船员携带物品进出境，应当按规定如实向海关申报，由海关办理验放手续。

（7）小型船舶在国务院授权部门批准的二类口岸（装卸点、起运地）装卸进出口货物，必须遵守海关的有关规定，货物的种类不得超出海关限定的范围。

（8）小型船舶在规定的时间或者地点以外，需海关派员执行监管任务的，应当事先征得海关同意并按规定缴纳规费。

（9）经交通主管部门批准，可以经营境内运输（包括沿海、沿江运输）的小型船舶，每次由境外运输变更为境内运输或者由境内运输变更为境外运输时，应当报告主管海关，由海关在《海关监管簿》上进行签注并办理有关手续。

对未经交通主管部门批准超经营范围、超经营航线的小型船舶，属于进境的，由海关责令其退运；属于出境的，海关不予办理有关手续。

（10）小型船舶不得将进出口货物与非进出口货物同船混装。

（11）小型船舶在航行途中，海关发现下列情况之一时可以依法扣留小型船舶及所载货物做进一步调查处理：

①海关关封、海关监管簿、舱单、提单副本及小型船舶来往记录等单证不齐全、不真实的；

②小型船舶航行时间与航程实行所需时间出入较大且无正当理由的；

③小型船舶实际载运货物的品名、规格、数量、重量、集装箱号等与舱单内容明显不符的；

④在中途或者非指定口岸进出、停泊、装卸货物和物品、上下人员的；

⑤不按照正常航线航行或者航向与目的地港明显不符的；

⑥其他有违反海关规定或者走私嫌疑情况的。

（12）相关的法律责任：

小型船舱有下列行为的，海关对小型船舶及其负责人依照《海关法》和《处罚细则》的有关规定按走私处理：

——未按规定到海关监管站办理海关关封和舱单确认手续的；

——向海关监管站交验的舱单不真实或者与实际载运的货物不符的。

小型船舶有下列行为的，由海关对小型船舶及其负责人处 3 万元以下罚款：

——未按规定将关封带交指定海关或者擅自开启关封的；

——小型船舶同船混装进出口货物与非进出口货物的。

二、进出境驮运牲畜

在我国国境某些偏僻地区，与邻国之间的交通孔道，因无公路，双方均以牲畜如牛、马、象、驴等驮运货物进行贸易，海关在监管货物的同时，对于驮货的牲畜也进行监管。

《中华人民共和国西藏地区海关对进出国境驮运牲畜监管暂行办法》是海关对进出境驮运牲畜的监管依据，其规定：进境驮畜抵达后，或出境驮畜离境前，驮畜所有人或其代理人应向海关进行申报登记，注明驮畜的种类、数目。进境的外国牲畜要出具海关认可的保证书或缴纳保证金，保证复运出境，出境的中国牲畜要保证复运进境。登记后，海关即进行必要的检查。经海关核对无误后，发给登记证，凭此进出境。返回或出境时，交还登记证，由海关核销（或发还保证金）。海关已经放行的牲畜，在返回时如有短少应予追查。如因病死亡或被野兽所害，海关可核销放行。如转让出卖，海关则按违反海关监管规定行为处理。

三、其他特殊方式的运输工具

经电缆、管道或者其他特殊方式输送进出口水、电、油及其他货物的，由经营单位定期向指定的海关办理申报和验放手续。

本章小结：通过本章的学习，要掌握如下几点：①现代国际贸易中使用的运输方式：海洋运输、内河运输、铁路运输、公路运输、航空运输、邮递运输和联合运输等。②我国海关对进出境运输工具范围的界定：《海关法》第五十七条规定："进出境运输工具是指作以载运人员、货物、物品进出境的各种船舶、车辆、航空器和驮畜。"③国际航行船舶的定义和通关制度。④国际民航机的定义和通关制度。⑤国际联运列车定义和通关制度。⑥进出境汽车的定义和通关制度。

思考题：

1. 现代国际贸易中使用的运输方式主要有哪些？
2. 海关界定的进出境运输工具范围是什么？
3. 什么是国际航行船舶？
4. 船舶吨税的征收对象是什么？
5. 国际铁路联运具有怎样的特点？
6. 海关是如何对国际民航机停站期间进行监管的？
7. 什么是国际联运列车？
8. 什么是班轮？
9. 什么是航行港澳小型船舶？
10. 海关对进出境驮运牲畜的管理如何？

第九章　进出口商品归类

本章概要：在海关管理过程中，对进出口商品是按照其所属类别分别适用不同的监管条件，并按照不同税率征收关税的；海关统计中也将不同商品的类别作为一项重要的统计指标。

海关"商品归类是指在《商品名称及编码协调制度公约》商品分类目录体系下，以《中华人民共和国进出口税则》为基础，按照《进出口税则商品及品目注释》《中华人民共和国进出口税则本国子目注释》以及海关总署发布的关于商品归类的行政裁定、商品归类决定的要求，确定进出口货物商品编码的活动。"（引自《中华人民共和国海关进出口货物商品归类管理规定》）

海关进出口商品归类是海关监管、海关征税及海关统计的基础，归类的正确与否直接影响到进出口货物的顺利通关，与报关人的切身利益也密切相关，因此，进出口商品归类知识是报关员必须掌握的基本技能之一。本章主要介绍了《商品名称及编码协调制度》的基本结构和主要特点。

本章学习目标：《商品名称及编码协调制度》的基本结构和主要优点；《协调制度》六条归类总规则的内涵和具体运用。

第一节　《商品名称及编码协调制度》

《商品名称及编码协调制度》（Harmonized Commodity Description and Coding System，缩写为 HS，以下简称《协调制度》）是指原海关合作理事会（1994 年更名为世界海关组织）在《海关合作理事会商品分类目录》（CCCN）和联合国的《国际贸易标准分类》（SITC）的基础上，参照国际上主要国家的税则、统计、运输等分类目录而制定的一个多用途的国际贸易商品分类目录。经国务院批准,我国海关自 1992 年 1 月 1 日起开始采用《协调制度》,使进出口商品归类工作成为我国海关最早实现与国际接轨的执法项目之一。

一、《协调制度》的基本结构

从总体结构上讲,《协调制度》目录与《海关合作理事会商品分类目录》基本一致,它将国际贸易涉及的各种商品按照生产部类、自然属性和不同功能用途等分为 21 类、97 章。《协调制度》编码中的第一至第四位称为品目,第一至第五位称为一级子目,第一至第六位称为二级子目。为了避免各编码所列商品发生交叉归类等现象出现,在许多类、章下设有类注、章注和子目注释。在《协调制度》的卷首还设有归类总规则,作为指导整个《协调制度》商品归类的总原则。

《协调制度》是一部系统的国际贸易商品分类表,所列商品名称的分类和编排是有一定规律的。从类来看,它基本上按社会生产的分工(或称生产部类)分类的,将属于同一生产部类的产品归在同一类里,如农业在第一、二类;化学工业在第六类;纺织工业在第十一类;冶金工业在第十五类;机电制造业在第十六类等。

从章来看,基本上按商品的自然属性或用途(功能)来划分。第 1~83 章(第 64~66 章除外)基本上是按商品的自然属性来分章,而每章的前后顺序是按照动、植、矿物质和先天然后人造的顺序排列,如第 1~5 章是活动物和动物产品;第 6~14 章是活植物和植物产品;第 25~27 章是矿产品。又如第十一类包括了动、植物和化学纤维的纺织原料及其产品,第 50 和 51 章是蚕丝、羊毛及其他动物毛;第 52 和 53 章是棉花、其他植物纺织纤维、纸纱线;第 54 和 55 章为化学纤维。商品之所以按自然属性分类是因为其种类、成分或原料比较容易区分,同时也因为商品价值的高低往往取决于构成商品本身的原材料。又如第 64~65 章以及 84~97 章是按货物的用途或功能来分章的,其中第 64 章是鞋、第 65 章是帽,第 84 章是机械设备、第 85 章是电气设备、第 87 章是车辆、第 89 章是船舶等。这样分类的原因:一是因为这些货品往往由多种材料构成,难以将这些货品作为某一种材料制成的物品来分类;二是因为商品的价值主要体现在生产该物品的社会必要劳动时间,如一台机器,其价值一般主要看生产这台机器所耗费的社会必要劳动时间,而不是看机器用了多少贱金属等。从品目的排列看,一般也是按原材料先于成品，加工程度低的产品先于加工程度高的产品，列名具体的品种先于列名一般的品种。如第 44 章内，品目号 44.03 是原木；44.04～44.08 是经简单加工的木材；44.09～44.13 是木的半制成品；44.14～44.21 是木制品。

二、《协调制度》的主要优点

《协调制度》是各国专家长期共同努力的结晶，它综合了国际上多种商品分类目录的长处，成为国际贸易商品分类的一种"标准语言"，从而方便了国际贸易，避免了各工作环节的重新分类和重新编号。其主要优点是：

（一）完整

《协调制度》目录将迄今世界上国际贸易的主要商品全部分类列出，同时，为了适应各国征税、统计等商品分类的要求和将来技术发展的需要，还在各类章列有起到"兜底"作用的"其他"目，使国际贸易中的任何商品，包括目前还无法预计到的新产品都能在目录的体系中归入合适的位置，任何一种商品都不会被排斥在该目录范围之外。例如，第 1 章活动物，最后的品目号"01.06 其他活动物"，该品目包括了除本章章注中规定的不包括的以及本章其他品目号已有具体列名的以外的所有活动物。又如，第六类化学产品的最后品目号"38.25"，就包括了其他品目号未列名的化学工业及其相关工业的产品，这样，凡在其他地方找不到合适品目号的化工产品就可放在该项"兜底"品目号中。加之规则四"最相类似"原则的综合运用，这就保证了目录对所有货品无所不包的特点。

（二）系统

《协调制度》的分类原则遵循了一定的科学原理和规则，将商品按人们所了解的自然属性、生产部类和不同用途来分类排列，同时，还照顾了商业习惯和实际操作的可能。因此便于理解，便于归类，便于查找，便于记忆。

（三）通用

该目录在国际上影响很大，目前已为 200 多个国家（地区）所采用，并且还有许多国家正积极准备，以期尽快采用。由于采用同一分类目录的国家的进出口商品相互之间具有可比性，同时，该目录既适合于做海关税则目录，又适合于做对外贸易统计目录，还可适用于做国际运输、保险、生产、贸易等部门的商品分类目录，因此《协调制度》目录的通用性超过了以往任何一个商品分类目录。加之作为《协调制度》主体的《协调制度国际公约》规定了缔约国的权利和义务，这就保证了该目录的有效统一实施。

（四）准确

《协调制度》目录所列品目的概念明确，内涵和外延明了，不重复。为保证做到这一点，除了目录的品目条文有非常清楚的表述外，还有作为归类总纲的归类总规则以及类注、章注、子目注释加以具体说明，各条品目的范围都非常清楚。如品目号 12.09 的条文为"种植用的种子、果实及孢子"，凡种植用的种子一般均可归入此号，但 12 章的章注 3 又特地注明了谷物等项商品即使做种子用，也不归入品目号 12.09，这样就把品目号 12.09 所包括的范围规定得十分清楚了。

此外，《协调制度》目录作为《协调制度国际公约》的一个附件，在国际上有专门的机构和人员对其进行维护和管理，各国还可通过对《协调制度》目录提出修正意见，以争取本国的经济利益，统一疑难商品的归类。以上这些都不是一个国家的力量所能办到的，也是国际上采用的其他商品分类目录所无法比拟的。

第二节　《协调制度》归类总规则

《协调制度》将国际贸易中种类繁多的商品，根据其在国际贸易中所占的比重和地位，分成若干类、章、分章和商品组。为使人们在对各种商品进行归类时有所遵循，并使各类商品能准确无误地归入《协调制度》的恰当编码下，解决注释、品目条文及子目条文无法解决的货品的归类，《协调制度》将商品分类的普遍规律加以归纳总结，作为规则列出，并使之成为《协调制度》的基本组成部分，这就是《协调制度》的归类总规则。所有进出口货物在《协调制度》中的归类都必须遵循这些原则。

《协调制度》的归类总规则共有六条，现逐条介绍如下。

一、规则一

规则原文：

类、章及分章的标题，仅为查找方便而设。具有法律效力的归类，应按品目条文和有关类注或章注确定，如品目、类注或章注无其他规定，按以下规则确定。

对规则的解释及运用说明：

规则一有三层含义。首先，它指出："类、章及分章的标题，仅为查找方便而设。"《协调制度》系统地列出了国际贸易的货品，将这些货名分为类、章及分章，每类、章或分章都有标题，尽可能确切地列明所包括货品种类的范围。但是要将数以千万计的商品分别归入目录中几千个子目实非易事，为了便于寻找适当的品目号，便将一类或一章商品加以概括，列出该类或该章的标题。但在许多情况下，归入某类或某章的货品种类繁多，类、章及分章的标题不可能将其一一列出和全部包括进去。因此类、章及分章的标题，仅为查找方便而设，不是进行归类的法律依据。例如，第一类的标题是"活动物；动物产品"，按标题，它似应包括所有的活动物和动物产品，但第一类中不包括品目号 95.08 中的流动马戏团、动物园，也不包括第八类中的生皮、毛皮，第十一类的蚕丝、羊毛、动物细毛或粗毛，第十四类中的天然或养殖珍珠。又如，第 62 章的标题是"非针织或非钩编的服装及衣着附件"，按标题，这一章不应包括针织品或钩编织品，但品目号 62.12 却列明了包括针织或钩编的紧身胸衣等物品。

其次，该规则说明："具有法律效力的归类应按品目条文和有关类注或章注确定。"这里有两层意思：第一，只有按品目条文、类注或章注确定的归类，才是具有法律效力的商品归类；第二，许多货品可直接按目录条文规定进行归类，而类注、章注的作用在于限定类、章和品目的商品范围。

在《协调制度》中，常用的限定方法有：

（1）定义法：以定义形式来划分品目范围及对某些货品的含义做出解释。例如，第 72 章章注 1（5）对不锈钢的定义为：按重量计含碳量在 1.2% 及以下、含铬量在 10.5% 及以上的合金钢，不论是否有其他元素，凡符合以上定义的就归入不锈钢。

（2）列举法：列举出典型例子的方法。例如第 39 章章注 2，"本章不包括"的第（20）条：第 90 章的物品（例如，光学元件、眼镜架及绘图仪器）。

（3）详列法：通过详列具体商品名称来规定品目的具体范围。例如第 30 章章注 4 规定了只能归入品目号 30.06 的物品，一共详列了 11 种来限定该品目号的范围。

（4）排他法：用排他条款列出若干不能归入某一品目号、某一章或类的货品。例如第十一类纺织原料及纺织制品的类注 1 列出了 21 种不能归入该类的货品。

另外，某些注释把上述几种方法综合运用。如有的注释既做了定义，又列举了一系列包括或不包括的货品，从而使范围更加明确。例如，第 40 章"橡胶及其制品"章注 4 关于"合成橡胶"的定义。

再次，规则一说明了品目、类注和章注与其他归类原则的关系，即明确在商品归类时，品目条文及任何相关的类、章注释是最重要的，是首先必须遵循的规定。例如第 31 章肥料的注释规定该章某些品目号仅包括某些货品，因此，这些品目号就不能够根据总规则二（二）扩大为包括该章注释规定不包括的货品，只有在品目和类、章注释无其他规定的条件下，方可根据总规则二、三、四及五的规定办理。

二、规则二

规则原文：

（一）品目所列货品，应视为包括该项货品的不完整品或未制成品，只要在报验时该项不完整品或未制成品具有完整品或制成品的基本特征；还应视为包括该项货品的完整品或制成品（或按本款可作为完整品或制成品归类的货品）在报验时的未组装件或拆散件。

（二）品目中所列材料或物质，应视为包括该种材料或物质与其他材料或物质混合或组合的物品，品目所列某种材料或物质构成的货品，应视为包括全部或部分由该种材料或物质构成的货品，由一种以上材料或物质构成的货品，应按规则三归类。

对规则的解释及运用说明：

规则二旨在扩大品目条文所属货品的范围。

规则二（一）的第一部分将制成的某一些物品的品目范围扩大为不仅包括完整的物品，而且还包括该物品的不完整品或未制成品，只要报验时它们具有完整品或制成品的基本特征。所谓"不完整品"，是指一个物品主要的部分都有了，但缺少一些非关键部分，如一辆汽车缺个门，未安装座位等。所谓"未制成品"是指一个物品已具有制成品的形状、特征，还不能直接使用，还需经加工才能使用，如机器零件的毛坯，而对于尚未具有制成品基本形状的半制成品（如常见的杆、板、管等）不应作为"毛坯"（未制成品）看待。

规则二（一）的第二部分规定，完整品或制成品的未组装件或拆散件应归入已组装物品的同一品目号。所谓"报验时的未组装件或拆散件"是指其零件可通过简单紧固件（如螺钉、螺母、螺栓等）或通过铆接、焊等简单组装方法便可装配起来的物品。货品以未组装或拆散形式报验，通常是由于包装、装卸或运输上的需要，或是为了便于包装、装卸或运输。这一条规则也适用于以未组装或拆散形式报验的不完整品或未制成品，只要按照本规则第一部分的规定，它们可作为完整品或制成品看待。例如品目号 84.70 所列的电子计算器，不仅包括不缺任何零件的未装配的电子计算器成套散件，还应包括仅缺少一些非关键零件（如：垫圈、导线、螺丝等）的已装配好的电子计算器或未装配的电子计算机套装散件。

鉴于第一类至第六类的商品范围所限，规则二（一）一般不适于这六类（即第 38 章及以前各章所包括的货品）。

规则二（二）是关于混合及组合的材料或物质，以及由两种或多种材料或物质构成的货品的归类。这部分内容有两方面的含义：一是指品目号中所列某种材料或物质，既包括单纯的该种材料或物质，也包括以该种材料或物质为主，与其他材料或物质混合或组合而成的货品；二是指品目中所列某种材料或物质构成的货品，既包括单纯由该种材料或物质构成的货品，还包括以这种材料或物质为主，兼有或混有其他材料或物质的货品。这样，就将品目所列的适用范围扩大了，但其适用条件是加进去的东西或组合起来的东西不能使原来商品的特征或性质发生改变。例如，在鲜牛奶中添加了维生素，这时鲜牛奶已不是纯牛奶了，而是一种混合物，但它并没有改变鲜牛奶的基本特征和性质，所以仍按鲜牛奶归类。

同时，还应注意到，仅在品目条文和类、章注释无其他规定的条件下（即必须在遵守总规则一的前提下）才能运用本款规则。例如，品目号 15.03 列出"液体猪油、未经混合"，这就不能运用上述规则。

本规则最后规定，混合及组合的材料或物质，以及由一种以上材料或物质构成的货品，如果看起来可归入两个或两个以上品目号的，则必须按规则三的原则进行归类。

三、规则三

规则原文：

当货品按规则二（二）或由于其他任何原因看起来可归入两个或两个以上品目时，应按以下规则归类：

（一）列名比较具体的品目，优先于列名一般的品目。但是，如果两个或两个以上品目都仅述及混合或组合货品所含的某部分材料或物质，或零售的成套货品中的某些货品，即使其中某个品目对该货品描述得更为全面、详细，这些货品在有关品目的列名应视为同样具体。

（二）混合物、不同材料构成或不同部件组成的组合物以及零售的成套货品，如果不能按照规则三（一）归类时，在本款可适用的条件下，应按构成货品基本特征的材料或部件归类。

（三）货品不能按照规则三（一）或（二）归类时，应按号列顺序归入其可归入的最末一个品目。

对规则的解释及运用说明：

对于根据规则二（二）或由于其他原因看起来可归入两个或两个以上品目的货品，本规则规定了三条归类办法。这三条办法应按照其在本规则的先后顺序加以运用，据此，只有在不能按照规则三（一）和（二）两款归类时，才能运用规则三（三）。因此，它们优先权的次序为：（1）具体列名；（2）基本特征；（3）从后归类。同样，只有在品目条文和类、章注释无其他规定的条件下，才能运用本规则。例如，第 97 章注释 4（2）规定，根据品目条文既可归入品目号 97.01 至 97.05 中的一个品目号，又可归入品目号 97.06 的货品，应归入 97.01 至 97.05 中相应的品目号，如手绘的超过百年的古画应归入品目号 97.01，而不归入品目号 97.06，即货品应按第 97 章注释 4（2）的规定而不能根据本规则归类。

规则三（一）款是指当一种商品似乎在两个或更多的品目中都涉及的情况下，应该比较一下哪个品目的描述更为详细、具体，更为接近要归类的商品。这里有两种情况：一是同一类商品名称的比较，如品目号 85.09 "家用电动器具"，品目号 85.10 "电动剃须刀"，显然，后者要比前者列名更为详细具体，虽然电动剃须刀也是家用电动器具的一种，但仍应归入品目号 85.10 而不归入 85.09；二是不同类商品名称的比较，如用于小汽车的簇绒地毯，看起来两个品目号都涉及，一是品目号 87.08 "机动车辆的零件、附件"，另一个品目号是 57.03 "簇绒地毯"，相对来说，品目号 57.03 "簇绒地毯"更为具体，因此不应作为汽车配件归入 87.08，而应归入 57.03 "簇绒地毯"。但是，如果两个或两个以上品目都仅述及混合或组合货品所含的某部分材料或物质，或零售成套货品中的某些货品，即使其中某个品目比其他品目对该货品描述得更加全面详细，这些货品在有关品目的列名应视为同样具体，在这种情况下，货品应按规则三（二）或（三）的规定进行归类。

规则三（二）款是指对不能按以上规则归类的混合物、组合货品以及零售的成套货品，如能确定构成其主要特征的材料和部件，则应按这种材料或部件归类。但是，不同的货品，确定其基本特征的基本因素会有所不同，需要具体情况做具体分析，既可根据其所含材料或部件的性质、价值、重量、体积等来确定货品的基本特征，也可根据所含材料、货品的主要用途等诸多因素综合考虑来确定货品的基本特征。本款所谓的"不同部件的组合物"，不仅包括部件相互固定组合在一起构成了实际不可分离整体的货品，还包括其部件可相互分离的货品，但这些部件必须是相互补充、配合使用、构成一体并且通常不单独销售的。例如由一个特制的架子（通常为木制）及几个形状、规格相配的空调味料瓶组成的家用调味架，这类组合货品的各件一般都装于同一普通包装内。本款所谓的"零售的成套货品"，必须同时符合三个条件：（1）零售包装；（2）由归入不同品目号的货品组成；（3）为了迎合某种需要或开展某项专门活动将用途互补、配合使用的货品组合在一起。例如，一种成套的理发工具，由一个电动理发推子（品目号 85.10）、一把梳子（品目号 96.15）、一把剪子（品目号 82.13）、一把刷子（品目号 96.03）及一条毛巾（品目号 63.02），装于一个皮匣子（品目号 42.02）组成，则根据本规则该货品应归入品目号 85.10。本款不适用于归入同一品目号的相同物品（如六把乳酪叉不能作为本款所称的成套货品），也不适用于包装在一起的混合产品（如一瓶品目号 22.08 的烈性酒及一瓶品目号 22.04 的葡萄酒）。

如果不能按规则三（一）或（二）归类的上述货品，则应按规则三（三）办理，这是一条"从后归类"的原则，即将某个商品可以归入的所有品目号加以比较，并按排列在最后的品目号归类。例如，橡胶底的旅游鞋，鞋面材料一半是皮革一半是纺织材料的鞋靴，就难以确定其主要特征，似乎既可归入品目号 64.03，又可归入 64.04，根据从后归类的原则，该种商品就应归入品目号 64.04。

四、规则四

规则原文：

根据上述规则无法归类的货品，应归入与其最相类似的货品的品目。

对规则的解释及运用说明：

当今科学技术发展日新月异，新产品层出不穷，任何商品分类目录都会因形势的发展出现不尽适应的情况，因此，当一个新产品出现时，《协调制度》所列的商品不一定已经将其明确地包括进去。为了增强《协调制度》的适应能力，有利于解决这类归类问题，本规则规定了产品按最相类似的货品归入有关品目。货品在不能按规则一至三归类的情况下，应归入最相类似的货品的品目中。但是，货品的"最相类似"要看诸多因素，如货物的名称、特征、用途、功能、结构等，因此，这条规则实际应用起来有一定的困难。如不得不使用这条规则时，其归类方法是先列出最相类似的品目号，然后从中选择一个最为合适的品目号。

五、规则五

规则原文：

除上述规则外，本规则适用于下列货品的归类：

（一）制成特殊形状仅适用于盛装某个或某套物品并适合长期使用的，如照相机套、乐器盒、枪套、绘图仪器盒、项链盒及类似容器，如果与所装物品同时报验，并通常与所装物品一同出售的，应与所装物品一并归类。但本款不适用于本身构成整个货品基本特征的容器。

（二）除规则五（一）规定的以外，与所装货品同时报验的包装材料或包装容器，如果通常是用来包装这类货品的，应与所装货品一并归类。但明显可重复使用的包装材料和包装容器不受本款限制。

对规则的解释及运用说明：

规则五（一）仅适用于同时符合以下规定的容器：

（1）制成特定形状或形式，专门盛装某一物品或某套物品的，即专门按所要盛装的物品进行设计的，有些容器还制成所装物品的特殊形状；

（2）适合长期使用的，即容器的使用期限与所盛装的物品相比是相称的。在物品不使用期间（如运输或储藏期间），这些容器还起到保护物品的作用；

（3）与所装物品一同报验的，不论其是否为了运输方便而与所装物品分开包装，单独报验的容器则应归入其所应归入的品目号；

（4）通常与所装物品一同出售的；

（5）本身并不构成货品基本特征的，容器本身只是物品的包装物，无论是从价值或是从作用看，它都是从属于物品的，例如装有金首饰的木制首饰盒应归入品目号 71.13，装有电动剃须刀的皮套应归入品目号 85.10。

但本款规则不适用于本身构成了物品基本特征的容器，如装有茶叶的银质茶叶罐，银罐本身价值昂贵，已构成整个货品的基本特征，应按银制品归入品目号 71.14。

规则五（二）实际上是对规则五（一）规定的补充，它适用于明显不能重复使用的包装材料和容器。这些材料和容器都是货物的一次性包装物，向海关报验时，它们必须是包装着货物的，当货物开拆后，包装材料和容器一般不能再做原用途使用。例如包装大型机器设备的木板箱、装着玻璃器皿的纸板箱等，均应与所装物品一并归类。但本款不适用于明显可以重复使用的包装材料或包装容器，例如，用以装压缩或液化气体的钢铁容器。

六、规则六

规则原文：

货品在某一品目项下各子目的法定归类，应按子目条文或有关的子目注释以及以上各条规则来确定，但子目的比较只能在同一数级上进行。除《协调制度》条文另有规定的以外，有关的类注、章注也适用于本规则。

对规则的解释及运用说明：

规则六是专门为商品在《协调制度》子目中的归类而制定的，它有以下的含义：

（1）以上规则一至五在必要的地方加以修改后，也可适用于同一品目项下的各级子目。

（2）规则六中所称"同一数级"子目，是指五位数级子目或六位数级子目。据此，当按照规则三（一）规定考虑某一物品在同一品目项下的两个及两个以上五位数级子目的归类时，只能依据有关五位数级子目所列名称进行比较。只有确定了哪个五位数级子目列名更为具体后，而且该子目项下又再细分出六位数级子目，才能根据有关六位数级子目条文考虑物品应归入这些六位数级子目中的某个子目。如每平方米重 180 克的全棉染色平纹布，先确定该商品的四位数的品目号为 52.08，然后比较其所属的五位数级子目所列名称哪个更为具体，应归入五位数号 5208.3，最后再比较其所属六位数级子目的条文，确定本品应归入 5208.32。

　　本规则所称"除条文另有规定的以外"，是指类、章注释与子目条文或子目注释不一致的情况，如第 71 章注释 4（2）所规定的"铂"的范围比该章子目注释 2 所规定的"铂"的范围要大，在解释子目号 7110.11 和 7110.19 的商品范围时，应采用子目注释 2 的规定而不应考虑该章注释 4（2）的规定。

　　（3）六位数级子目的货品范围不得超出其所属的五位数级子目的范围；同样，五位数级子目的范围也不得超出其所属的品目范围，因此，只有在货品归入适当的四位数级品目后方可考虑将其归入合适的五位数级或六位数级子目，并且在任何情况下，应优先考虑五位数级、再考虑六位数级子目范围或子目注释。

　　本章小结：通过本章的学习，要掌握如下几点：①《商品名称及编码协调制度》的概念：是指原海关合作理事会（1994 年更名为世界海关组织）在《海关合作理事会商品分类目录》（CCCN）和联合国的《国际贸易标准分类》（SITC）的基础上，参照国际上主要国家的税则、统计、运输等分类目录而制定的一个多用途的国际贸易商品分类目录。②《商品名称及编码协调制度》的基本结构和主要优点。③《协调制度》的归类总规则的地位和作用：人们在对各种商品进行归类时必须遵循，保证各类商品能准确无误地归入《协调制度》的恰当编码，解决注释、品目条文及子目条文无法解决的货品归类，对商品分类的普遍规律进行了归纳总结。④《协调制度》归类总规则一至规则六的内容和具体运用。

思考题：

1. 什么是《商品名称及编码协调制度》？
2. 《协调制度》具有哪些主要优点？
3. 《协调制度》的归类总规则的地位和作用是什么？
4. 举例说明《协调制度》归类总规则一的内容。
5. 举例说明《协调制度》归类总规则二的内容。
6. 举例说明《协调制度》归类总规则三的内容。
7. 举例说明《协调制度》归类总规则四的内容。
8. 举例说明《协调制度》归类总规则五的内容。
9. 举例说明《协调制度》归类总规则六的内容。
10. 《协调制度》分类划章的原则是什么？

第十章　海关税收征管制度

本章概要：关税是国家税收的重要组成部分。征收关税也是海关的重要任务之一，而依法缴纳关税则是进出境货物的收发货人及其代理人的一项基本任务。因此，了解关税，掌握海关征收关税的基本程序和要求，有助于办理报关业务的报关员更好地办理纳税手续，加快通关速度。

本章介绍了关税的基本知识，包括关税的定义与分类、计征标准、作用等，概述了我国的关税政策和征税方针，重点介绍了计征关税过程中确定税率时涉及的原产地规则、进出口货物完税价格的审定和关税税款的具体计算。为了简化手续，海关在征收关税的同时代征进口货物的国内税，另外还对部分进口减免、免税和保税货物征收海关监管手续费，因此在本章后面的小节附带介绍了海关对进口环节国内税的征纳程序和征收监管手续费的相关规定。此外，还对关税减免、税款的缴纳和税收保全以及关税及进口环节税退补的有关规定做出了说明。

本章学习目标：关税的定义与分类、计征标准、作用等；我国的关税政策和征税方针；原产地规则、进出口货物完税价格的审定和关税税款的具体计算；海关对进口环节国内税的征纳程序和征收监管手续费的相关规定；关税减免、税款的缴纳和税收保全以及关税及进口环节税退补的有关规定。

第一节　关税综述

关税是国家税收的重要组成部分，征收关税是海关的重要任务之一。对于进出境货物的收发货人及其代理人来说，依法缴纳关税是其基本任务。因此，作为一名办理报关业务的报关员，必须要了解关税，懂得海关征收关税的基本程序和要求。

一、关税的定义

关税是专以进出口的货物、物品为征税对象的一种国家税收。具体地说，是指国家根据政治和经济的需要，由海关按照国家制定的法律、法规，对进出境的货物、物品所课征的一种流转税。从这一定义可以看出，关税的征收部门是海关，征收的对象是进出境的货物、物品，征收的依据是国家制订公布的关税法律、法规。

从起源上讲，关税是一个古老的传说。我国早在西周时期就有了关于关税的记载。在古代，由于统治者征收关税的主要目的是为了财政收入，沿海口岸、陆地边境、内地关卡都征收关税，国内关税与国境关税同时并存。封建社会末期，随着资本主义生产逐渐发展，新兴资产阶级为了发展商品生产和对外贸易，极力反对阻碍对外贸易发展的内地关税。随着资本主义生产方式的确立，逐步取消了内地关税，开始实行统一的国境关税，进出境的货物在边境口岸完纳一次关税，以后在同一国境内不再重征关税。这就是目前世界各国采用的国境关税。我国从 1931 年起逐步撤销了内地关税，统一在国境（关境）征收关税。

二、关税的分类

按照不同的标准，关税有多种分类方法。按征收对象分类，关税可分为进口税、出口税和过境税三类；按征收目的分类，可分为财政关税和保护关税；按征税计征标准分类，可分为从价税、从量税、复合税、滑准税等。在这里，仅介绍按征收对象分类的关税。

按征收对象分类的关税，又可以分成正税和特别关税，其中正税包括进口税、出口税和过境税三种。

（一）正税

1. 进口税

进口税是海关对进口货物和物品所征收的关税。进口税在进口货物和物品直接进入关境时征收，或者在国外货物和物品由自由港、自由贸易区海关保税仓库中提出运往进口国的国内市场销售、办理海关手续时征收。进口税是关税中最重要的一种，在许多废除了出口税和过境税的国家，进口税是唯一的关税。

2. 出口税

出口税是海关对出口货物和物品所征收的关税。目前，世界上大多数国家都不征收出口税，因为出口税的征收会提高本国出口商品的成本，削弱其竞争能力，不利于扩大出口。但有些国家，主要是一些发展中国家，现在仍对某些商品征收出口税，目的在于限制某些产品或自然资源的输出，保证本国市场粮食、工业必需原料的供应，或者是作为政治经济斗争的武器，同时也为了保证其财政收入。目前，我国对部分关系到国家经济发展的重要出口商品征收出口税。

3. 过境税

过境税是对外国经过本国国境运往另一国的货物所征收的关税。由于过境货物对本国市场和生产没有影响，而且外国货物过境时，可使本国的铁路、港口、仓储等方面从中获利，因此，目前世界上大多数国家不征收过境税。我国不征收过境税。

（二）特别关税

特别关税是因某种特定的目的而对进口的货物和物品征收的关税。通常是一种特定的临时措施。常见的特别关税有针对外国商品倾销出口而征收的反倾销税和对接受补贴的进口货物和物品所征收的反补贴税等。我国政府规定，任何国家或者地区对其进口的原产于中华人民共和国的货物征收歧视性关税或者给予其他歧视性待遇的，我国海关对原产于该国家或地区的进口货物，可以征收特别关税。

三、关税的计征标准

关税计征标准有从价税、从量税、复合税、滑准税。

（一）从价税

从价税是一种最常用的关税计税标准。从价税以货物的完税价格作为计税依据，以应征税额占货物完税价格的百分比作为税率，货物进口时，以此税率和海关审定的实际进口货物完税价格相乘计算应征税额。从价税的特点是相对进口商品价格的高低，其税额也相应高低，即：优质价高的商品税高，质劣价低的商品税低，从而可以体现税赋的合理性。但是，从价税也存在着一些不足，如：不同品种、规格、质量的同一货物价格有很大差异，海关估价有一定的难度，因此计征关税的手续也较繁杂。目前，我国海关计征关税标准主要是从价税。

（二）从量税

从量税是以货物的数量、体积、重量等计量单位为计税标准的一种关税计征方法。从量税的特点是，每一种货物的单位应税额固定，不受该货物价格的影响。计税时以货物的计量单位乘以每单位应纳税金额即可得出该货物的关税税额。从量税计算简便，通关手续快捷，并能起到抑制低廉商品或故意低瞒报价格货物的进口。但是，由于应税额固定，物价涨落时，税额不能相应变化，因此在物价上涨时，关税的调控作用相对减弱。关贸总协定第二条第六款甲项对从量税有这样的规定：当本国的货币在按国际货币基金协定的有关规定认可下贬值达 20% 时，可以调整其从量税税率。这样规定，既可以保护缔约国家利益，又可以防止缔约国频繁地改变从量税的税率。

（三）复合税

复合税是对某种进口货物混合使用从价税和从量税的一种关税计征标准。混合使用从价税和从量税的方法有多种，如：对某种货物同时征收一定数额的从价税和从量税；或对低于某一价格进口的货物只按从价税计征关税，高于这一价格，则混合使用从价税和从量税等。复合税既可发挥从量税抑制低价进口货物的特点，又可发挥从价税税负合理、稳定的特点。

（四）滑准税

滑准税是一种关税税率随进口货物价格由高至低而由低至高设置计征关税的方法。通俗地讲，就是进口货物的价格越高，其进口关税税率越低，进口商品的价格越低，其进口关税税率越高。滑准税的特点是可保持实行滑准税商品的国内市场价格的相对稳定不受国际市场价格波动的影响。我国目前对关税配额外进口的一定数量的棉花（税号：5201.0000）实行滑准税。

四、关税的作用

关税对一个国家的政治经济起着多方面的作用。具体而言，主要有财政作用、保护作用、调节作用和涉外作用等。

（一）财政作用

关税作为国家的一种税收，是国家凭借政治权利强制征收的，只要有货物和物品进出境，海关就可依法征收关税，因此，关税给国家提供的收入是稳定可靠的。从关税的发展历史来看，早期征收关税的目的单纯是为了财政收入，只是后来随着主要资本主义国家工商业的迅速发展，国民收入大大提高，加之关税的征收影响国际贸易的自由发展，关税的财政作用才逐渐削弱，但对于发展中国家来说，关税的财政作用仍然非常重要。

（二）保护作用

对进口货物征收关税，可以提高进口货物的销售成本，以削弱其与本国同类产品的竞争能力，保护和促进本国经济的发展。因此，各国都以本国产业需要保护的程度来制定适当的关税政策，并以此为依据制定相应的进口关税税率，以达到保护和促进本国产业发展的目的。对少数出口商品征收关税，可以限制这些产品的输出，以达到保护本国资源和国内市场的目的。

（三）调节作用

在市场经济下，关税作为一种国家宏观经济调节手段，起着重要的经济杠杆作用。国家通过制定不同的关税税率和实施不同的征、减、免税办法，利用关税来影响、调节纳税人的经济利益，引导对外经济贸易和国民经济向预定方向运转。关税的调节作用主要表现在以下两个方面：

1. 调节进口商品结构

提高某种商品的进口税率，会使其进口成本增加，其在国内销售的价格会相应提高，国内需求就会减少，进口数量下降；反之，如果降低某种商品的进口税率，就会促进该种商品进口数量的增加。因此，国家通过对不同商品制定高低不等的税率，就能调节进出口商品结构，提高本国产品在国内市场的竞争力，促进国民经济的发展。

2. 调节国内经济结构

关税税率的变动与关税政策的调整可以影响国内生产与需求，从而促使企业调整投资方向，改进技术和提高管理水平。从一个较长的时期来看，能够进一步影响一个国家的资源配置、生产结构与消费结构的变化，对国民经济的发展起着积极的推动作用。

（四）涉外作用

征收关税涉及贸易对方国家的经济利益，因此，关税一直与国际经济关系和外交关系有着密切联系。一方面，关税可以作为一个国家对外进行政治、经济制裁和歧视的重要手段；另一方面，各国普遍以关税为手段争取友好贸易往来，因此，它经常是国际上签订友好贸易往来协议的一项重要内容。

五、我国的关税政策

关税政策是一个国家在一定历史时期运用关税并使其达到预期目的的行动准则。关税政策是国家经济政策的重要组成部分。

从征收关税的目的来看，一般把为了增加国家财政收入而征收的关税称之为财政关税，把为了保护本国工农业生产而征收的关税称之为保护关税。因此，各国的关税政策基本上可以分为财政关税政策和保护关税政策两类。目前，世界各国以单纯增加财政收入为目的而征收的关税已非常少见，大都实行保护关税政策。

现阶段，我国的关税政策主要包括以下几个方面：贯彻国家的对外开放政策；体现鼓励出口和扩大必需品进口；保护和促进国民经济发展；保证国家的财政收入。

目前实施的《进出口税则》充分体现了我国的关税政策。制定《进出口税则》的主要原则是：对国家建设和人民生活所必需的，且国内不能生产或供应不足的动植物良种、肥料、饲料、药剂、精密仪器、仪表、关键机械设备和粮食等，予以免税或低税；对原材料的进口税率，一般比半成品、成品为低，特别是受自然条件制约、国内生产短期不能迅速发展的原料，其税率更低；对国内不能生产的机械设备和仪器、仪表的零件、部件，其税率应比整机为低；对国内已能生产的非国计民生必需品以及国内需要保护的商品制定较高的税率；对绝大多数出口商品不征出口税。

随着我国经济建设的发展和对外开放的扩大，为了进一步促进我国对外贸易的发展，最近几年，我国已连续几次降低了进口关税税率，特别是1996年，总体降低幅度达到36%，并取消了大部分不符合国际惯例的减免税措施，使我国的关税制度逐步趋于合理化。

六、我国海关征税工作方针

我国海关征税工作方针是："依率计征、依法减免、正确估价、科学归类、严肃退补、及时入库"。这个方针是我国海关在长期的征税工作实践基础上总结出来的，高度概括和体现了海关征税工作各个方面的要求。

"依率计征"就是要求海关征税人员要严格按照《海关法》《关税条例》和《进出口税则》的规定，正确地选择适用税率和计征税款，除国家另有规定外，不能有任何调整。

　　"依法减免"，强调的是对关税的减免的批准权限在中央，除《海关法》《关税条例》和《海关进出口税则》明确规定的以外，对关税的减免必须根据国务院的决定，由海关总署下达执行，任何地方部门、单位和个人无权擅自减免关税。

　　"正确估价"是指海关征税人员要严格按照海关估价的规则认真审定进出口货物的完税价格。

　　"科学归类"是要求海关征税人员按照《进出口税则》所规定的商品归类原则，科学地把每一种商品正确归入适当的税则号列。

　　"严肃退补"是依法治税精神的具体体现。在征税工作中，首先要求工作人员不出差错。如果发生错征、漏征或因其他特殊原因而发生退补税情况时，海关必须按法律的规定办理退补税手续。

　　"及时入库"要求海关征税人员要及时计税，及时填写税款缴款书并督促纳税人按海关规定的日期缴纳税款，对未按时缴纳税款的纳税人要课处滞纳金。同时，要求海关健全税款管理制度，保证税款及时入库，以保证国家财政收入。

第二节　原产地规则

一、原产地规则的含义

　　原产地规则指的是确定进出口产品生产或制造国家（或地区）的标准与方法。由于世界上大多数国家都实行复式税则，对原产于不同国家（地区）的产品给予不同的关税待遇，因此，进口产品的原产地或制造地将决定该产品适用哪种关税税率。同时，各国出于对外贸易政策的需要，海关要对各进口国（地区）的商品贸易进口量进行统计，也必须对进口产品的原产地加以确定。因此，原产地规则是各国海关关税制度的一项重要内容。

　　（一）我国海关对进口产品原产地的确定

　　根据《中华人民共和国进出口货物优惠原产地管理规定》，对于完全在一国（地区）获得或生产的货物，适用完全获得标准。对于非完全在一国

（地区）获得或生产的货物，适用实质性改变标准。

1. 完全获得标准

"完全在该成员国或者地区获得或者生产"的货物是指：

（1）在该成员国或者地区境内收获、采摘或者采集的植物产品；

（2）在该成员国或者地区境内出生并饲养的活动物；

（3）在该成员国或者地区领土或者领海开采、提取的矿产品；

（4）其他符合相应优惠贸易协定项下完全获得标准的货物。

2. 实质性改变标准

"非完全在该成员国或者地区获得或者生产"的货物，按照相应优惠贸易协定规定的税则归类改变标准、区域价值成分标准、制造加工工序标准或者其他标准确定其原产地。

（1）税则归类改变标准，是指原产于非成员国或者地区的材料在出口成员国或者地区境内进行制造、加工后，所得货物在《商品名称及编码协调制度》中税则归类发生了变化。

（2）区域价值成分标准，是指出口货物船上交货价格（FOB）扣除该货物生产过程中该成员国或者地区非原产材料价格后，所余价款在出口货物船上交货价格（FOB）中所占的百分比。

（3）制造加工工序标准，是指赋予加工后所得货物基本特征的主要工序。

（4）其他标准，是指除上述标准之外，成员国或者地区一致同意采用的确定货物原产地的其他标准。

（二）我国出口货物原产地证明的颁发

从 20 世纪 70 年代起，世界上一些发达国家根据协议开始给予发展中国家出口制成品、半制成品以及某些初级产品普遍的、非歧视性的、非互惠的关税优惠，即普遍优惠制。改革开放以来，我国充分利用普惠制的适用原则，主动争取到许多国家给予的普惠制待遇。根据普惠制的要求，受惠国必须保证其出口至给惠国的受惠商品为该国制造或者生产，受惠国出口商必须向给惠国出具由受惠国官方机构确认并出具的产品产地证明，即普惠原产地证。我国普惠原产地证的签证机关是国家授权的国家进出口商品检验局在各地设立的商品检验机构。

除了普惠原产地证以外，我国还签发一般原产地证和纺织品（配额）

原产地证。一般原产地证是我国为标明某种货物为我国生产和制造，主动出具的原产地证明；纺织品（配额）原产地证是对进口纺织品有配额数量限制的国家出具的原产地证明。这两种证明由各地的进出口商品检验机构、国际贸易促进委员会及其分会及由商务部指定的其他机构签发。

二、进出口税率的运用

（一）优惠税率与普通税率的确定

根据我国《进出口关税条例》的规定：对原产于与中华人民共和国未订有关税互惠协议的国家或地区的进口货物，按照普通税率征税；对于原产于与中华人民共和国订有关税互惠协议的国家或者地区的进口货物，按照优惠税率征税。因此，要确定进口货物适用的税率，首先要按我国进口产品原产地规则确定该货物的原产地。

对于无法确定原产国别（地区）的进口货物，按普通税率征税。对于某些包装特殊的产品，比如以中性包装或裸装形式进口经查验又无法确定原产国的货物，除申报时能提供原产地证明的仍可按其原产地确定税率外，一律按普通税率计征关税。对于原产地是香港、澳门、台湾的进口货物和我国大陆生产的货物复进口的，海关按优惠税率征收关税。

对于按规定应按普通税率征税的进口货物，经国务院关税税则委员会特别批准，可以按照优惠税率征税。

到目前为止，世界上已有100多个国家或地区与我国签有关税互惠条款的贸易条约或协定，我国海关对这些国家或地区的进口货物适用优惠税率征税。

（二）适用税率的时间

《中华人民共和国进出口关税条例》第8条规定：进出口货物，应当按照收发货人或者他们的代理人申报进口或出口之日实施的税率征税。

进口货物到达前，经海关核准先行申报的，应当按照装载此项货物的运输工具申报进境之日实施的税率征税。

对于进出口货物的补税和退税，一般按该进出口货物原申报进口或申报出口之日所实施的税率计算关税。具体来说，在实际运用时还要区分以下不同情况：

（1）按照特定减免税办法批准予以减免税的进口货物，后因情况改变经海关批准转让或出售需予补税时，应按其原进口日所施行的税则税率征税。

（2）来料加工、进料加工的进口料、件等属于保税性质的进口货物，如经批准转为内销，应按向海关申报转为内销当天的税则税率征税；如未经批准擅自转为内销的，则按海关查获日期所实施的税则税率征税。

（3）暂时进口货物转为正式进口需予补税时，应按其转为正式进口日所施行的税则税率征税。

（4）对于分期支付租金的租赁进口货物，各期付税时，都应按该项货物原进口日所施行的税则税率征税。

（5）溢卸、误卸货物事后确定需予征税时，应按其原申报进口日期所施行的税则税率征税。如原进口日期无法查明时，可按确定补税当天所施行的税则税率征税。

（6）对由于税则归类的改变、完税价格的审定或其他工作差错而需补征税款时，应按原征税日期所施行的税则税率计征。

（7）对于批准缓税进口货物，以后缴税时，不论是分期或一次缴清税款，都应按货物原进口日所施行的税率计征税款。

（8）查获的走私进口货物需予补税时，应按查获日期所施行的税则税率征税。

（9）在上述有关情况中，如发生退税的，都应按原征税或者补税日期所适用的税率计算退税。

第三节　进口货物完税价格的审定

一、进口货物完税价格的确定

所有货物经过海关的价格审核，其结果无非是符合成交价格或不符合成交价格。符合成交价格准则的进口货物，海关接受进口商的申报，海关按该申报价格对进口货物计征关税。申报价格不符合价格准则的，均应由海关按照规定予以确定。

（一）一般进境货物的完税价格的确定

这里所称的一般进境货物是指供境内消费并在其进境时，由海关对其全部价值一次性计征关税的货物。

当进口货物的价格经海关审查被认为不符合价格准则时，海关应当以一个符合价格准则、并且与被估货物最相近的货物的价格作为被估货物的完税价格。它们依次为相同货物的成交价格、类似货物的成交价格、倒扣价格和计算价格。

1. 相同货物的成交价格

被估货物的相同货物应认为是与被估货物最相近的货物。我国目前的《审价办法》中规定根据被估货物的同一出口国或地区购进的相同货物的成交价格确定被估货物的完税价格。所谓"相同货物"（Identical Goods）是指在所有方面都相同的货物，包括物理或化学的性质、质量和信誉，但表面上的微小差别或包装的差别允许存在。对相同货物的认定可能因被估货物的性质不同而不同。例如，对于彩色电视机其相同的货物应当是相同牌名、相同规格型号，但对于钢材则一般要求化学成分（包括含碳量、其他金属含量、非金属杂质的含量等），物理性能（包括抗拉强度、抗扭曲强度等），制造工艺（包括是冷轧或热轧等），规格（包括厚度、宽度、长度、断面形状等）等方面都相同。相同货物还包括使用的商标。海关合作理事会出版的《海关估价技术委员会文件·评价》中举例说明，同一系列尺寸、达到同一标准和同一质量水平、享有同等信誉但商标不同的内胎，不能视为相同货物。但该评价认为，如果未组装货物其设计是这种组装在普通使用过程中组装、拆卸的，则组装作业不应妨碍将未组装货物视为已组装货物的相同货物。

2. 类似货物的成交价格

在不能按被估货物的相同货物的成交价格确定被估货物的完税价格时，被估货物的类似货物是与被估货物最相近的货物。我国目前的《审价办法》中规定根据被估货物的同一出口国或地区购进的类似货物的成交价格确定被估货物的完税价格。

所谓"类似货物（Similar Goods）"是指虽然不是在所有方面都相同，但具有类似的性质和类似的组成材料，从而具有同样的实用价值并且在商业上可以互换。同时也应考虑货物的质量、信誉和商标。

应当指出，按照《新估价法规》第 15 条第 2 款之（4）和（5）的规定："除非货物和被估货物在同一国家制造，否则前者不得视为'相同货物'或'类似货物'。"同时，"只有被估货物的生产者未曾生产过'相同货物'或'类似货物'时，才考虑不同生产者生产的货物。"《新估价办法》同条第 2 款之（3）还规定，采用了在进口国内完成的工程、发展、工艺、设计、计划和图表等项目，而其价格又未做相应的调整的货物不得视为"相同货物"或"类似货物"。这与我国海关现行规定不同。我国海关现行《审价办法》规定相同或类似货物应当是从被估货物的同一出口国或者地区购进的。虽然从同一出口国或地区购进的相同或类似货物的价格有时可能较容易得到，但是从同一出口国购进的相同或类似货物可能会由于生产、制造的国家不同，因此原材料、工资水平等生产要素价格不同导致生产成本而有较大的差异，有时不能真实反映被估货物的价格。

3. 国际市场的公开成交价格

如果类似货物的成交价格仍未确定时，我国海关《审价办法》规定应根据该进口货物的相同或类似货物在国际市场上公开的成交价格，确定被估货物的完税价格。按照我们的理解，所谓国际市场上公开的成交价格是指，与被估货物在同一国家和不同国家制造的相同或类似货物向第三国出口的在其他方面符合价格准则的货物价格。如果相同货物和类似货物的价格都是可以得到的，应优先采用相同货物的价格作为估价依据。

根据《新估价法规》规定，作为相同或类似货物的货物不仅必须是由同一国家制造的，同时还必须是向被估货物的同一进口国出口的货物。由第三国生产或向第三国出口的货物均不能视为相同或类似货物用来作为估价的依据。我们认为，我国的现行规定与《新估价法规》规定的原则不一致，在我国加入"世界贸易组织"后，该价格将不能再作为我国海关的估价依据。

4. 倒扣价格

倒扣价格（Deductive Value）是指海关以被估货物的相同或类似货物在国内市场转售的价格，减去进口关税和进口环节其他税费以及进口后的正常运输、储运、营业费用及利润后的价格（《审价办法》第 7 条 4 项）。

通常，进口货物在国内出售时，进口商确定其价格是以进口货物的 CIF 价格加上关税、进口环节的国内税费、进口后运输费、仓储费、销售营业费以及利润。在前述各种方法都无法确定被估货物完税价格时，如果被估货物的相同或类似货物在进口国国内转售，海关在从该转售货物的转售价格扣除这些费用后即可得到货物的 CIF 价格。我国海关法规定，倒扣价格以进口货物的相同或类似货物在国内批发价格为基础，进口后的各项费用和利润按综合平均核定为货物 CIF 价格的 20% 。对于大多数进口货物来说进口环节的国内税费只是增值税。其倒扣价格的计算公式为：

$$CIF = \frac{国内市场批发价格}{(1 + 进口优惠关税税率)(1 + 增值税税率) + 20\%}$$

$$DPV = \frac{\dfrac{国内市场批发价格}{(1 + 进口优惠税率)(1 + 消费税税率)(1 + 增值税税率) + 20\%}}{1 - 消费税税率}$$

这里应当说明的是，由于被估价的进口货物的所有人可以在向海关做纳税申报前通过背书转让提单在进口国国内转售进口货物，因此，《新估价法规》规定用来计算倒扣价格的价格不仅包括被估货物相同或类似的货物的转售价格，而且应包括被估货物本身的转售价格。但目前我国海关法规定仅限于以被估货物相同或类似货物的转售价格作为倒扣价格的基础。

5. 合理价格

我国海关《审价办法》第八条规定按照"合理的办法"估定的价格，相当于《新估价法规》规定的计算价格（Computed Value）为依据确定的价格。包括下列项目的费用：

（1）生产该进口货物所使用的原料和进行生产、装配或其他加工作业所发生的费用或价值；

（2）相当于该国生产者制造并向进口国出口的被估货物的同级或同类货物的销售中通常所反映的利润和一般费用的金额。

（3）该货物运到我国输入地点起卸前的运输、保险、装卸等所支出的费用或价值。

（二）特殊进境货物的完税价格的确定

这里所谓特殊货物是指货物的价值不是一次全部进入我国境内，而是分多次或部分进入我国境内。因此海关不能按货物的全部价值一次估价征税。

1. 租赁进境货物

通常，承租人是按合同的约定分期向出租人缴纳租金，货物的价值是随承租人每次向出租人交纳而逐次转移到我国境内的，租金即是转移的价值。因此，海关应按每次交纳的租金计征关税。《审价办法》规定租赁进境的货物"以海关审查确定的货物的租金，作为完税价格"。在每次支付租金后，纳税义务人应立即到海关缴纳关税。

海关审查货物的租金时可以参考租赁业务中计算租金的方法。通常，出租人向承租人收取租金包括该设备的（CIF）价格、利息、手续费和利润。如果租赁合同规定由出租人负责支付有关保险、保养、维修、培训、特许权使用费等费用，则这些费用也会计入租金。每次应付租金的一般计算公式为：

$$租金 = \frac{租赁货物的价格 - 估价残值 + 利息 + 利润 + 手续费 + 其他费用}{租赁期}$$

租赁进境货物的纳税义务人有时由于某些原因而要求一次性支付关税（包括分期支付租金但为方便纳税而要求一次性支付税款，和一次性支付租金）。对于这种情况应根据租赁业务的形式的不同区别对待。租赁业务形式多种多样，但从海关管理角度分析，主要有两类：

一类是租赁合同期满后货物留在我国境内，不复运出境。此类租赁主要特点是虽然货物分期支付租金，但货物的价值将全部在我国境内消费。因此应按货物的全部价值计征关税。海关可按照前述海关确定被估货物的完税价格的方法确定该货物的完税价格。

另一类是租赁合同期满后货物复运出境。这类租赁的主要特点是货物的部分价值在我国境内消费，租赁期满后其价值尚有部分剩余，将随货物复运出境，不在我国境内消费。因此，海关应对实际在我国境内消费的那部分价值计征关税。具体计算方法是，海关先按照前述海关确定被估货物完税价格的方法确定该货物的完税价格，然后按照该货物的租赁合同中规定的计算租金的相同折旧方法，以该货物在我国境内使用时间内的折旧之和作为该货物的完税价格。租借进境的货物应比照租赁货物估价。

2. 加工或修理后复运进境的货物

根据我们对关税课税对象的经济学本质的分析，按照海关的规定运往境外加工或修理并在规定的时间内复运进境的货物，海关应以其在境外加工或修理产生的价值增值额为课税对象。具体地又分为加工后复进境和修理后复进境。

（1）加工后复进境货物

加工后复进境货物其在境外的增值额应当等于加工后复运进境货物的相同或类似货物的（CIF）价格减去未经加工货物的相同或类似货物的（CIF）价格的差额。由于，市场价格随时间变化而变化，因此，只有海关计征关税时同一时刻加工后的货物与未加工的货物的价格差额才真正反映货物在境外加工实际的增值额，应当以此为依据计算复运进境的被估货物的完税价格。我国海关法规定："应以加工后的货物进境时的到岸价格与原出境货物或者与原出境货物相同的或类似的货物在进境时的到岸价格的差额确定完税价格。"（《审价办法》第十条）

由于海关确定加工复进境货物的完税价格需要先确定上述两种不同的货物的价格，而在许多情况下海关得到有关货物的价格是很困难的。因此，《审价办法》规定，在"原出境货物再进境时的到岸价格无法得到时，可用原来出境货物申请出境时的离岸价格替代。"如果上述两种货物的到岸价格都无法得到时，"可用该出境货物在境外加工时支付的工缴费加上运抵中国关境内输入地点起卸前的包装费、运费、保险费和其他劳务费等一切费用作为完税价格"。

（2）修复后复进境货物

货物在境外修理使其由于使用和/或损坏而减少的价值得到恢复，其在境外修理产生的增值额表现为其在境外的修理费和更换损坏零件的料件费。修理后复运进境的货物应以海关审查确定的其在境外修理的修理费和料件费为其完税价格。

3. 超期未复出境的暂准进境货物

暂准进境的货物通常应在自进境之日起的6个月之内复运出境。但有时由于特殊情况有关货物不能在规定期限内复运出境。海关应对超过6个月经海关同意留在境内使用的施工机械、工程车辆、供安装使用的仪器和工具、电视或电影摄制机械，以及盛装货物的容器按月征税关税。其完税价格应为货物在境内应税使用期间的折旧总额。由于各种暂准进境货物的使用折旧年限不同，海关只能在对货物进行估价的基础上按平均4年折旧计算。应征关税的完税价格的计算公式为：

完税价格＝被估货物的相同或类似货物的成交价格×1/48×应税使用时间

海关计算关税时以货物在我国境内实际使用的时间减去允许不征税在境内使用的时间即为应税的使用时间。例如，某货物在我国境内实际使用1年8个月，则应税使用时间为20个月－6个月＝14个月。

4. 进口货物与合同规定的货物不相符的情况

主要包括：进口前在运输、装卸过程中损失或损坏的货物，海关放行前因不可抗力遭受损失或损坏的货物，海关查验时已经破漏、损坏或者腐烂，经证明不是保管不慎造成的货物，以及不符合我国国家规定标准或合同规定标准的货物。如果进口货物受损后并不再无代价补偿进口，则受损货物与合同规定货物是不同的货物。实际进口货物的价格应当按照原合同规定的货物的价格根据实际残次、损失或损坏的程度估定。如果虽然事后补偿进口，但原受损货物不退运境外，无代价抵偿货物进口后，留在我国境内的原受损货物也应按上述原则予以估价。

二、出口货物的完税价格

由于世界上绝大多数国家都不征出口税，因此，国际上没有统一的出口货物估价制度。我国海关对出口货物的海关估价制度是由我国自行制定的。出口货物海关估价制度与进口货物海关估价制度的主要区别是价格准则的差异。

（一）出口货物的价格准则

我国海关估价制度的出口货物的价格定义与进口货物的价格定义完全相同，即采用国际通行的"成交价格"为货物的价格准则。《海关审定进出口货物价格办法》第二条规定："海关以进出口货物的实际成交价格为基础审定完税价格，实际成交价格是一般贸易项下进口或出口货物的买方为购买该项货物向卖方实际支出或应当支出的价格。"但出口货物的价格构成要素与进口货物的价格构成要素完全不同，仅包括出口货物本身的价格。

1. 不应包括在完税价格中的费用

（1）销售佣金

如果出口货物的价格中包括向销售代理人支付的销售佣金，中国现行《审价办法》规定，向国外支付的销售佣金如果与货物价格分别列出，应予从出口货物的价格中扣除。扣除的佣金应是实际支出的佣金。为了计算方便，进出口商通常是以什么价格术语成交就以什么价格乘以佣金率计算佣金。根据成交价格的原则，佣金也应是已付或应付的金额，因此，海关应根据进出口商实际支付的佣金额，或按照进出口商实际计算佣金的方法计算出佣金额予以扣除。

（2）境外运输费

出口货物如果以 CIF 或 CFR 等包括货物国际运输运费的价格术语成交，价格中包括的实际支出的国际运输费应当予以扣除。计算扣除的运费时，应计算至出口货物装运出境的最后一个口岸。所谓最后一个口岸是指出口货物装上国际航行的运输工具的中国口岸。例如，以 CFP 西雅图的贸易术语成交的出口货物以联合运输方式从乌鲁木齐起运，通过欧亚大陆桥运至连云港装上国际航行的船舶，扣除运费时只应扣除从连云港至西雅图的海运运费。

（3）保险费

出口货物的价格中包括境外运输的保险费，则实际支付的保险费应予扣除。实际支付的保险费不能得到时，应以实际投保的险种的保险费率按下列公式直接计算 FOB 价格：

$$FOB = CIF \times (1 - 保险费率) - 运费$$

按 CIF 价格加成投保的，应按下列公式直接计算 FOB 价格：

$$FOB = CIF \times (1 - 投保加成 \times 保险费率) - 运费$$

（4）出口税额

海关对出口货物征收关税应当以货物本身的价格为基础，即货物在中国出口交货港口交货的价格。但是，如果海关对出口货物征收出口关税，则出口商一般会把出口关税税额加在出口货物的价格上。因此，海关法规定如果出口货物采用包括出口关税的价格术语成交，例如，FOB、CFR、CPT、CIF 或 CIP 价格条件，应当以出口货物的成交价格扣除应征出口关税后的价格作为货物的完税价格。《海关法》第 38 条规定："出口以海关审定的正常离岸价格扣除出口税为完税价格。"其计算公式是：

$$完税价格 = \frac{货物\ FOB\ 价格}{1 + 出口关税税率}$$

2. 应当计入的费用

货物的价格应包括货物的包装费。如果出口货物在货物价格之外买方还另行支付货物的包装费，则应将包装费计入货物价格。

（二）出口货物的价格审定与价格确定

出口货物的价格审定和价格确定基本上与进口货物的估价制度相同。

经海关审查不符合价格准则的出口货物，海关应以一个符合价格准则的、与被估货物最相近的、并在与被估货物大约同一时间向同一国家出口的货物的成交价格作为被估货物的完税价格。根据《海关对出口商品审价暂行办法》的规定，海关应依次以下列货物的成交价格确定出口货物的完税价格。

1. 相同货物的成交价格

相同货物的概念与进口货物海关估价制度中的相同货物相同。区别仅是出口货物的相同货物是指与被估货物同一时期向同一国家或地区销售出口的相同货物。

2. 类似货物的成交价格

类似货物的概念也与进口货物海关估价制度中的类似货物相同。其区别也仅是同一时期向同一国家或地区出口的类似货物。

3. 计算价格

所谓计算价格是指海关根据公认的会计准则对中国境内生产相同或类似货物的成本，加上该货物在中国境内的储运费、保险费、利润和其他为该货物出口生产、销售而实际支出的费用。具体应当包括下列费用：

（1）生产该出口货物所使用的原料和进行生产、装配或其他加工作业所发生的费用或价值；

（2）相当于中国生产者制造并向同一国家出口与被估货物同级或同类货物的销售中通常所反映的利润和一般费用的金额；

（3）出口货物运输到中国输出地点装运输工具前的中国国内运输、保险、装卸等所支出的费用或价值。

4. 合理价格

所谓合理价格是指海关用其他合理的方法确定的出口货物的价格。

第四节　进出口货物以外币计价时的税款的折算

我国海关法规定进出口关税应当以人民币计征，即货物的完税价格应当是以人民币表示的货物的价格。货物价格要素规定应计入货物完税价格的各项费用以外币计价的，应当折算成人民币。根据关税纳税环节的理论，理论上应当以货物进入境内消费之日（即适用关税税率之日）的人民币对外币的汇率折合为人民币。

通常，国家外汇管理部门对外公布的人民币对外汇的汇率是分别公布买入汇率（Buying Rate 或称买入价）和卖出汇率（Selling Rate 或称卖出价）。

买入汇率是银行等金融机构买进外国货币时所依据的汇率，卖出汇率是其卖出外国货币时所依据的汇率。买卖价格之差即是银行买卖外汇业务所赚取的利润。海关计征关税时应当以外币对人民币的买卖中间汇率（Medial Rate 或称中间价）折合人民币。买卖中间汇率的计算方法是：

$$买卖中间汇率 = \frac{买入汇价 + 卖出汇价}{2}$$

第五节　关税税款的计算

进出口货物在按《进出口税则》进行正确归类，根据产地规则选定适用的税率，审定正常的完税价格后，就要进行应征税款的计算。税款一经计算确定，海关即填发税款缴纳证交纳税义务人，纳税义务人应在规定期限内向指定银行交纳税款。

一、进口关税税款的计算

计算进口关税税款的基本公式是：

进口关税税额 = 完税价格 × 关税税率

在计算关税时应注意以下几点：

（1）进口税款缴纳形式为人民币。进口货物以外币计价成交的，由海关按照签发税款缴纳证之日国家外汇管理部门公布的人民币外汇牌价的买卖中间汇率折合人民币计征。人民币外汇牌价表未列入的外币，按国家外汇管理部门确定的汇率折合人民币。

（2）完税价格金额计算到元为止，元以下四舍五入。完税税额计算到分为止，分以下四舍五入。

（3）一票货物的关税税额在人民币 10 元以下的免税。

进口货物的成交价格，因有不同的成交条件而有不同的价格形式，常用的价格条款有 FOB、CFR、CIF 三种。现根据三种常用的价格条款分别举例介绍进口税款的计算。

（一）以 CIF 形式成交的进口货物

以 CIF 这一价格形式成交的进口货物，如果申报价格符合规定的"成交价格"条件，则可直接计算出税款。

【例】某公司从德国进口奔驰豪华小轿车 1 辆（排气量超 3000 毫升），其成交价格为每辆 CIF 天津新港 25000 美元，应征关税税款是多少？

已知海关填发税款缴款书之日的外汇牌价：

100 美元 = 868.82 元人民币（买入价）

100 美元 = 873.18 元人民币（卖出价）

税款计算如下：

①审核申报价格，符合"成交价格"条件。

②根据填发税款缴款书日的外汇牌价，将货价折算为人民币。当天外汇汇价如下：

$$外汇买卖中间价 100 美元 = \frac{868.82 + 873.18}{2} = 871 元人民币$$

即 1 美元 = 8.7100 元人民币

完税价格 = 25000 × 8.7100 = 217750 元人民币

③根据税则归类，排气量超 3000CC 的小轿车（应归入税目 87032430），德国与我国有优惠关税协议，应使用优惠税率，优惠税率为 100%。

④计算关税税款，即：217750 元人民币 × 100% = 217750 元人民币

（应当指出，进口小汽车除应征关税外，还应征进口环节国内税——增值税和消费税，计征方法见本章第五节）

（二）以 FOB、CFR 形式成交的进口货物

对以 FOB 和 CFR 条件成交的进口货物，在计算税款时应先把进口货物的申报价格折算成 CIF 价，然后再按上述程序计算税款。

【例】某公司自日本购进圆钢一批，其申报的发票价格及有关费用如下，求应征关税税款？

品名：圆钢	规格：6 × 6000 毫升
毛重：500 公吨	净重：499.46 公吨
单位：380 美元/公吨	总额：189794.80 美元

成交方式：FOB 日本大阪

运费为人民币 200 元/公吨

保险费率：0.27%

外汇牌价：100 美元 = 871.00 元人民币（中间价）

税额计算如下：

①将货价折算成人民币

（380 美元×499.46 公吨）×8.71＝1653112.71 元人民币

由于是以 FOB 条件成交的，因此进口货物的完税价格还应包括运费、保险费。

②运费为每公吨 200 元人民币，总运费为 500×200＝100000 元人民币。

③已知保险费率，求出 CIF 价：

$$完税价 = \frac{FOB + 运费}{1 - 保险费率} = \frac{1653112.7 + 100000}{1 - 0.27\%}$$

$$= 175789 \text{ 元人民币（完税价保留至元）}$$

④根据税则归类，圆钢应归入税目 72149900，日本与我国签有关税互惠协议，应使用优惠税率，优惠税率为 10% 。

该批货物进口税额为：

1757859×10%＝175785.9 元人民币（税款保留至分）

（应当指出，进口圆钢，除应征关税外，还应征收增值税，计征方法见本章第五节）

二、出口关税税款的计算

出口关税税款的基本计算公式如下：

$$出口税税额 = 完税价格 \times 出口税税率$$

$$完税价格 = \frac{离岸价格}{1 + 出口税率}$$

出口货物以 FOB 条件成交的，可按上述两个公式直接计算出税款；如出口货物以其他贸易成交，需先将货价折算成 FOB 价，再计算税款。

【例】某公司出口到香港甲苯 4500 桶，每桶净重 100 千克，毛重 102 千克，每公吨售价 CFR 香港 7610 元港币，求应征出口税多少？

已知申报运费为每公吨 850 元人民币，税款缴纳证填发之日的外汇牌价为：1 元港币＝1.1266 元人民币

税款计算如下：

①根据税则归类，甲苯应归入税号 29023000，出口税率 30% 。

②将 CFR 货价折算成人民币价：

7610 元港币×1.1266×450 公吨＝3858041.70 元人民币（计算保留至分）

③运费 = 850 元人民币 × 459 公吨 = 390150 元人民币（运费以毛重计）

④求出完税价格：

离岸价格（FOB 价）= CFR 价 – F（运费）

= 3858041. 70 – 390150

= 3467891. 7 元人民币

$$完税价格 = \frac{离岸价格}{1 + 出口税率} = \frac{3467891.790}{1 + 30\%} = 2667609 \text{ 元人民币}$$

（完税价格保留至元）

⑤该批货物的出口关税为：

2667609 元人民币 × 30% = 800282. 70 元人民币

第六节　海关征收进口环节税和海关监管手续费

　　进口货物在办理海关监管和纳税手续并经海关放行后，允许在国内流通，应该与国内产品同等对待。根据国际惯例，进口货物征收关税后可以视为未征收国内税费的国内产品，因此，进口货物进口后还应缴纳国内税。为了简化手续，进口货物的国内税一般在进口环节由海关征收。

　　目前，我国规定由海关征收的进口环节税主要是增值税和消费税。另外，海关还对部分进口减税、免税和保税货物征收海关监管手续费。

一、消费税

　　根据《中华人民共和国消费税暂行条例》的规定，我国仅对 11 类货物征收消费税。除 4 类货物从量征收外，其余货物均从价征税。

（一）从价征收的消费税

1. 征税货物种类及其税率

　　根据《中华人民共和国消费税暂行条例》随附的《消费税税目税率（税额）表》的规定，烟、酒和酒精、化妆品、护肤护发品、贵重首饰及珠宝玉石、鞭炮烟火、汽油、柴油、汽车轮胎、摩托车、小汽车这 11 类货物为消费税应税货物。该表中同时列名了各应税货物适用的税率，其中最高为 45%，最低为 3%。

2. 计税价格及税额计算

各国政府对进口品环节征税的计税价格所应包含的价格因素不尽相同。这主要取决于该国所规定的进口品的国内消费税的纳税环节。主要有两类：一类是纳税环节确定在向海关申报进境环节，其计税价格只包括货物价格和关税税额；另一类是纳税环节确定在进境后的第一次流转环节，则其计税价格除货物价格和关税税额外还应包括货物进境后第一次运输的运输费、包装费、仓储费和手续费等。我国采用前一类，其计税价格应由进口货物（成本加保费）价格（即关税完税价格）加关税税额组成，称为组成价格。由于我国消费税采用价内税计税方法，因此，组成计税价格中还应再加消费税税额。

组成计税价格计算公式为：

$$组成计税价格 = \frac{关税完税价格 + 关税税额}{1 - 消费税税率}$$

从价计征的消费税税额计算公式为：

$$应纳税额 = 组成计税价格 \times 消费税税率$$

【例】某公司向海关申报进口一批小轿车，价格为 FOB 横滨日元 1000000，运费日元 200000，保险费率 5‰。消费税税率 8%。100000 日元兑换人民币买卖中间价为 850000。

关税完税价格：$(10000000 + 200000)/(1 - 5\%) = 10251256.28141$

$10251256.28141 \times 8500 \div 100000 = 871356.7839196 \approx 871357$ 元

进口小轿车应当归入税号 8703.2314，关税税率 80%，故关税税额为：

871357 元 $\times 80\% = 697085.6$ 元

消费税计税价格：

$(871357$ 元 $+ 697085.6$ 元$)/(1 - 8\%) = 1704828.91$ 元 ≈ 1704829 元

消费税税额：$1704829 \times 8\% = 136386.32$ 元

（二）从量计征的消费税

从量计征的消费税应税货物有黄酒、啤酒、汽油、柴油四种，实行定额征收。黄酒每吨人民币 240 元，啤酒每吨人民币 220 元，汽油每升 0.2 元，柴油每吨 0.1 元。

从量计征的消费税税额计算公式为：

应纳税额 = 单位税额 × 进口数量

按从量税计征消费税的货品计量单位的换算标准是：

啤酒 1 吨 = 988 升

黄酒 1 吨 = 962 升

汽油 1 吨 = 1388 升

柴油 1 吨 = 1176 升

【例】某公司进口 1000 箱啤酒，每箱 24 听，每听净容量 335ml，价格为 CIFUSD10000，100 美元兑换人民币 824 元。关税普通税率 7.5 元/升，消费税税率 220 元/吨。

进口啤酒数量：335ml × 1000 箱 × 24 听 ÷ 1000ml = 8040L ≈ 8.1377 吨

关税税额：7.5 × 8040 = 60300 元

消费税税额：220 × 8.1377 = 1790.29 元

二、增值税

（一）税率

增值税应税货物全部从价定率计征，其税率有两个：13% 和 17%。

下列五类货物税率为 13%：

① 粮食、食用植物油；

②自来水、暖气、冷气、热水、煤气、石油液化气、天然气、沼气、居民用煤炭制品；

③图书、报纸、杂志；

④饲料、化肥、农药、农机、农膜；

⑤国务院规定的其他货物。

（二）计税价格及税额计算

由于进口品的全部增值过程均发生在境外，且在出口国生产过程中征收的增值税在出口时已被退还，因此，《中华人民共和国增值税暂行条例》规定，对进口应税货物不得抵扣任何税额。以关税完税价格加关税税额和消费税税额为组成计税价格。组成计税价格计算公式为：

组成计税价格 = 关税完税价格 + 关税税额 + 消费税税额

增值税税额计算公式为：

应纳税额＝组成计税价格×增值税税率

【例】某外贸公司代某手表厂进口瑞士产数控铣床一台，FOB Antwerp SFr223343，运费 RMB42240，保险费率 0.3%，填发海关代征税缴款书之日瑞士法郎对人民币外汇市场买卖中间价为 SFr100 ＝ RMB387.055。

关税完税价格：$223343 \times 387.055 \div 100 = 864460.24865$ 元

$(864460.24865 + 42240)/(1 - 0.3\%) = 909428.5342528$ 元

$$\approx 909429 \text{ 元}$$

数控铣床应归入税则税号列 8459.6100，税率为 15%，则其应征关税税额为 136414.35 元。

增值税组成计税价格：$909429 + 136414.35 = 1045843.35$ 元

应征增值税税额：$1045843 \times 17\% = 177793.31$ 元

上述进口啤酒征收消费税的案例中，海关在征收关税、消费税后还应征收增值税。

关税完税价格：$8.24 \times 10000 = 824000$ 元

增值税计税价格：$824000 + 60300 + 1790.29 = 886090.29 \approx 886090$ 元

增值税税额：$886090 \times 17\% = 150635.3$ 元

（三）增值税的免税

根据《中华人民共和国增值税暂行条例》第 15 条的规定，下列项目免征增值税：

①农业生产者销售的自产农产品；

②避孕药品和用具；

③古旧图书；

④直接用于科学研究、科学实验和教学的进口仪器、设备；

⑤外国政府、国际组织无偿援助的进口物资和设备；

⑥由残疾人的组织直接进口供残疾人专用的物品；

⑦销售的自己使用过的物品。

除上述项目外，其他增值税的减免和免税项目均由国务院规定。

三、进口环节国内税的征纳程序

海关征收进口环节国内税属于中央财政收入。海关在计算出应纳税额并审核无误后，即填发海关代征税缴款书，交由纳税义务人向指定银行或海关办理缴纳手续，收缴入国家金库。其征纳程序制度基本与关税征纳程序制度相同。如缴纳税款暂时有困难的，可在向海关申请缓税时一并申请缓纳海关代征国内税。构成滞纳的，由海关按滞纳税额每日征收1‰的滞纳金。

四、海关监管手续费

为了有利于海关提供服务，更好地贯彻对外开放政策，促进国家经济建设，经国务院批准，海关总署会商财政部、国家物价局制定了海关监管手续费的征收制度。

海关监管手续费是指海关按照《海关对进口减税、免税和保税货物征收海关监管手续费的办法》的规定，对减税、免税和保税货物实施监管、管理所提供服务征收的手续费。

（一）征收范围

海关监管手续费的征收范围仅限于下列进口减免关税的货物和保税货物，具体范围如下：

①现有企业为技术改造而进口的减免或免税的机器设备；

②科研机构和大、专院校进口免税的科研和教学专用设备；

③国内机构和企业利用外国政府或国际金融组织贷款进口的减免税货物；

④三资企业进口用于营业性的物资及进口料件加工后内销，仍予减免税的物资；

⑤来料加工和补偿贸易项下中进口免税的机器设备；

⑥来料加工项目中由外商免费提供并申明复出口的，但超过六个月而未复运出口的设备或工模具；

⑦进料加工和来料加工项目内的，以及境外客商提供的，准予暂时免税进口的在国内加工、装配后复出口的进口原料、材料、辅料、零件、部件和包装材料；

⑧供应国际行行船舶、飞机进口时予以免税的燃料、船（机）用物料、机器设备的零件、部件和其他货物；

⑨在国内保税、寄售的进口减免税货物；

⑩展览会的进口货物，国内单位留购并享受减免税优惠的；

⑪国务院特定的其他进口减免税货物；

⑫经海关总署或海关总署会同财政部按照国务院的规定审查批准的临时减免税进口货物。

下列减免税或保税货物，免于征收监管手续费：

①《进出口税则》列名进口免税的货物；

②外国政府、国际组织无偿赠送的物资；

③用于救灾的物资；

④进口供残疾人专用的设备和物品，以及残疾人福利工厂进口的机器设备；

⑤享受外交特权的豁免权的外国机构进口的办公用品；

⑥在海关放行前遭受损坏而准予减免税的进口货物；

⑦向国外索赔的准予减免税的进口货物；

⑧进口后未经加工，保留储存不足 90 天即转运复出口的货物；

⑨暂时进口货物；

⑩经国务院及海关总署特准免征监管手续费的其他减免税和保税货物。

（二）征收标准

海关监管手续费按以下标准征收：

（1）进料加工和来料加工中为装配出口机电产品而进口的料、件，按照海关审定的货物到岸价格的 1.5‰计征；

（2）来料加工中引进的先进技术设备，以及加工首饰、裘皮、高档服装、机织毛衣和毛衣片、塑料玩具所进口的料、件，按照海关审定的货物的到岸价格的 1‰计征；

（3）进口后保税储存 90 天以上（含 90 天）未经加工即转运复出口的货物，按关税完税价格的 1‰计征；

（4）其他进口免税和保税货物，按照海关审定的货物的到岸价格的 1‰计征；

（5）进口减税货物，按照实际减除税赋部分的货物的到岸价格的 3‰计征。即：

$$手续费金额 = 货物到岸价格 \times \frac{批准的减税税率}{法定税率} \times 手续费率$$

（三）缴纳期限及方式

根据规定，进口减免税货物和保税货物收发货人或代理人，是海关监管手续费的纳税人。纳税人应当自海关签发手续费缴纳证次日起七天内向海关缴纳手续费。逾期不缴的，海关除依法追缴外，还要自到期之日起至缴清手续费之日止，按日征收手续费总额的千分之一的滞纳金。滞纳金的起征点为人民币 10 元，10 元以下的免予征收。

海关监管手续应在货物进口时由口岸海关征收，特殊情况可由主管海关在审批减免税货物时征收。海关征收手续费后，对纳税人发给手续费缴纳凭证。

第七节　关税和进口环节国内税减免、补退及纳税争议复议

一、缴纳关税的有关规定

关税《关税条例》《消费税暂行条例》和《增值税暂行条例》的规定，海关在计算出税额并审核无误后，即填发关税税款缴纳证和海关代征税缴纳证，交由进出口货物的纳税义务人向指定的银行办理缴纳手续。根据《关税条例》的规定，进出口货物的收发货人或者他们的代理人，应当在海关填发税款缴纳证的次日起七日内（星期六、日和法定节假日除外），向指定的银行缴纳税款。逾期未交的，除限期追缴外，由海关自到期的次日起至缴清税款日止，按日加收欠缴税款总额的千分之一的滞纳金。超过了 3 个月仍未缴纳的，海关可以责令担保人缴纳税款或者将货物变价抵缴。

海关征收滞纳金，按人民币征，并制发规定格式的收据。

二、关税及进口环节国内税的减免

（一）关税及进口环节增值税的减免

根据《海关法》第 39 条、40 条和 42 条的规定，关税的减免分成三大类，即法定减免、特定减免和临时减免。

1. 法定减免

法定减免是指按照《海关法》《进出口关税条例》和其他法律、行政法规的规定给予的减免税。

凡是完全符合上述法律规定可予减免的货物，进出口人或其代理人无须

事先向海关提出申请，海关征税人员在进口环节可按规定直接办理减免税。

法定减免的范围：

（1）应征关税税额在人民币 50 元以下的一票货物；

（2）无商业价值的广告品货样；

（3）国际组织、外国政府无偿赠送的物资；

（4）在海关放行前遭受损坏或者损失的货物；

（5）进出境运输工具装载的途中必需的燃料、物料和饮食用品；

（6）中华人民共和国缔结或者参加的国际条约规定减征、免征关税的货物、物品；

（7）法律规定减征、免征关税的其他货物、物品。

进口环节增值税或消费税税额在人民币 50 元以下的一票货物也应免征。

属于下列情形之一的进口货物，海关可酌情减免关税：

（1）在境外运输途中或起卸时，遭受损坏或损失的；

（2）起卸后海关放行前，因不可抗力遭受损坏或损失的；

（3）海关查验时已经破漏、损坏或者腐蚀，经证明不是保管不慎所致的。

2. 特定减免税

特定减免税是政策性减免税，根据国家政治、经济政策的需要，对特定地区、特定用途、特定的贸易性质和特定的资金来源的进出口货物，按照国务院制定的减免税规定实行的减免税。

为配合全国增值税转型改革，规范税制，自 2009 年 1 月 1 日起，国家对部分进口税收优惠政策进行相应调整。目前实施特定减免税的项目主要有：

（1）外商投资项目投资额度内进口自用设备

根据对外商投资的法律法规规定，在中国境内依法设立，并领取中华人民共和国外商投资企业批准证书和外商投资企业营业执照等有关法律文件的中外合资经营企业、中外合作经营企业和外资企业（以下统称外商投资企业），所投资的项目符合《外商投资产业指导目录》中鼓励类或《中西部地区外商投资优势产业目录》的产业条目，在投资总额内进口的自用设备及随设备进口的配套技术、配件、备件（以下简称自用设备），除《外商投资项目不予免税的进口商品目录》《进口不予免税的重大技术装备和产品目录》所列商品外，免征关税，进口环节增值税照章征收。

《外商投资项目不予免税的进口商品目录》主要有电视机、摄像机、录像机、放像机、音响设备、空调器、电冰箱（电冰柜）、洗衣机、照相机、复印机、程控电话交换机、微型计算机及外设、电话机、无线寻呼系统、传真机、电子计算器、打字机及文字处理机、汽车、摩托车及《中华人民共和国进出口税则》中第1章至第83章、第91章至第97章的所有税号商品。

《进口不予免税的重大技术装备和产品目录》主要有非数控机床、数控机床、压力成型机械、农业机械、矿用挖掘机、全断面掘进机、煤炭采掘设备、矿用自卸车、风力发电设备、石化设备、煤化工设备、火电水电设备、输变电设备、连铸设备以及按照合同随上述设备进口的技术及配套件、备件。

中外投资者采取发起或募集方式在境内设立外商投资股份有限公司，或已设立的外商投资有限责任公司转变为外商投资股份有限公司，并且外资股比不低于25%的，在投资总额内进口的自用设备，以及内资有限责任公司和股份有限公司转变为外资股比不低于25%的外商投资股份有限公司，并且同时增资，其增资部分对应的进口自用设备，可享受外商投资项目进口税收优惠政策。

持有外商投资企业批准证书的A股上市公司股权分置改革方案实施后增发新股，或原外资法人股股东出售股份，但外资股比不低于25%，在投资总额内进口的自用设备可享受外商投资项目进口税收优惠政策。

外商投资企业向中西部地区再投资设立的企业或其通过投资控股的公司，注册资本中外资比例不低于25%，并取得外商投资企业批准证书，其在投资总额内进口的自用设备可享受外商投资项目进口税收优惠政策。

下列情况中，所投资项目符合《外商投资产业指导目录》中鼓励类或《中西部地区外商投资优势产业目录》的产业条目，在投资总额内进口的自用设备，除《国内投资项目不予免税的进口商品目录》《进口不予免税的重大技术装备和产品目录》所列商品外，可以免征关税，进口环节增值税照章征收：

①外国投资者的投资比例低于25%的外商投资企业；

②境内内资企业发行B股或发行海外股（H股、N股、S股、T股或红筹股）转化为外商投资股份有限公司；

③外商投资企业向中西部地区再投资设立的外资比例低于25%的企业，以及向中西部以外地区再投资设立的企业。

（2）外商投资企业自有资金项目

属于国家鼓励发展产业的外商投资企业（外国投资者的投资比例不低于25％）、外商研究开发中心、先进技术型、产品出口型的外商投资企业，在企业投资额以外的自有资金（指企业储备基金、发展基金、折旧、税后利润）内，对原有设备更新（不包括成套设备和生产线）和维修进口国内不能生产或性能不能满足需要的设备，以及与上述设备配套的技术、配件、备件，除《国内投资项目不予免税的进口商品目录》《进口不予免税的重大技术装备和产品目录》所列商品外，可以免征进口关税，进口环节增值税照章征收。

（3）国内投资项目进口自用设备

属国家重点鼓励发展产业的国内投资项目，在投资总额内进口的自用设备，以及按照合同随设备进口的技术及配套件、备件，除《国内投资项目不予免税的进口商品目录》《进口不予免税的重大技术装备和产品目录》所列商品外，免征进口关税，进口环节增值税照章征收。

（4）贷款项目进口物资

外国政府贷款和国际金融组织贷款项目，在项目额度或投资总额内进口的自用设备，以及按照合同随设备进口的技术及配套件、备件，除《外商投资项目不予免税的进口商品目录》《进口不予免税的重大技术装备和产品目录》所列商品外，免征进口关税。

对贷款项目进口自用设备，经确认按有关规定增值税进项税额无法抵扣的，除《外商投资项目不予免税的进口商品目录》《进口不予免税的重大技术装备和产品目录》所列商品外，同时免征进口环节增值税。

（5）重大技术装备

为提高我国企业的核心竞争力及自主创新能力，推动产业结构调整和升级，促进国民经济可持续发展，贯彻落实国务院关于装备制造业振兴规划和加快振兴装备制造业有关调整进口税收优惠政策的决定，自2009年7月1日起，对经认定符合规定条件的国内企业为生产国家支持发展的重大技术装备和产品进口规定范围的关键零部件、原材料商品，除《进口不予免税的重大技术装备和产品目录》所列商品外，免征关税和进口环节增值税。

国家支持发展的重大技术装备和产品，以及重大技术装备和产品进口关键零部件、原材料商品主要是：大型清洁高效发电装备，特高压输变电设备，大型石化设备，大型煤化工设备，大型冶金成套设备，大型煤炭综合设备，大型施工机械及基础设施专用设备，大型、精密、高速数控设备、数控系统、功能部件与基础制造装备（振兴规划），新型纺织机械，新型、大马力农业装备等。

（6）特定区域物资

保税区、出口加工区等特定区域进口的区内生产性基础设施项目所需的机器、设备和基建物资可以免税；区内企业进口企业自用的生产、管理设备和自用合理数量的办公用品及其所需的维修零配件，生产用燃料，建设生产厂房、仓储设施所需的物资、设备可以免税；行政管理机构自用合理数量的管理设备和办公用品及其所需的维修零配件，可以免税。

（7）科教用品

为了促进科学研究和教育事业的发展，推动科教兴国战略的实施，国务院规定对国务院部委和直属机构以及省、自治区、直辖市、计划单列市所属专门从事科学研究工作的科学研究机构和国家承认学历的实施专科及以上高等学历教育学校，或财政部会同国务院有关部门核定的其他科学研究机构和学校，以科学研究和教学为目的，在合理数量范围内进口国内不能生产或者性能不能满足需要的科学研究和教学用品，免征进口关税和进口环节增值税、消费税。

（8）科技开发用品

为了鼓励科学研究和技术开发，促进科技进步，规范科技开发用品的免税进口行为，国务院规定对经国家有关部门核准从事科技开发的科学研究、技术开发机构，在 2010 年 12 月 31 日前，在合理数量范围内进口国内不能生产或者性能不能满足需要的科技开发用品，免征进口关税和进口环节增值税、消费税。

（9）无偿援助项目进口物资

外国政府、国际组织无偿赠送及我国履行国际条约规定进口物资，其减免税范围包括根据中国与外国政府、国际组织间的协定或协议，由外国政府、国际组织直接无偿赠送的物资或由其提供无偿赠款，由我国受赠单位按照协定或协议规定用途自行采购进口的物资；外国地方政府或民间组织受外国政府委托无偿赠送进口的物资；国际组织成员受国际组织委托无偿赠送进口的物资；我国履行国际条约规定减免税进口的物资。

（10）救灾捐赠物资

对外国民间团体、企业、友好人士和华侨、港澳居民和台湾同胞无偿向我境内受灾地区（限于新华社对外发布和民政部中国灾情信息公布的受灾地区）捐赠的直接用于救灾的物资，在合理数量范围内，免征关税和进口环节增值税、消费税。

（11）扶贫慈善捐赠物资

为促进公益事业的健康发展，经国务院批准下发了《扶贫、慈善性捐赠物资免征进口税收的暂行办法》，对境外捐赠人（指中华人民共和国关境外的自然人、法人或者其他组织）无偿向受赠人捐赠的直接用于扶贫、慈善事业（指非营利的扶贫济困、慈善救助等社会慈善和福利事业）的物资，免征进口关税和进口环节增值税。

（12）残疾人专用品

为支持残疾人的康复工作，国务院制定了《残疾人专用品免征进口税收暂行规定》，对民政部直属企事业单位和省、自治区、直辖市民政部门所属福利机构、假肢厂、荣誉军人康复医院等，中国残疾人联合会直属事业单位和省、自治区、直辖市残联所属福利机构和康复机构进口国内不能生产的残疾人专用物品，免征进口关税和进口环节增值税、消费税。

（13）集成电路项目进口物资

我国对集成电路生产企业进口自用生产性原材料及净化室专用建筑材料等实施税收优惠政策，对在中国境内设立的投资额超过 80 亿元或集成电路线宽小于 0.25 微米的集成电路生产企业进口自用生产性原材料、消耗品、净化室专用建筑材料、配套系统，集成电路生产设备零配件，免征进口关税，进口环节增值税照章征收。

（14）海上石油、陆上石油项目进口物资

国家对在我国海洋［指我国内海、领海、大陆架以及其他属于中华人民共和国海洋资源管辖海域（包括浅海滩涂）］和陆上特定地区开采石油（天然气）进口物资实施税收优惠政策。凡在我国海洋和特定区域内进行石油和天然气开采作业的项目，进口直接用于开采作业的设备、仪器、零附件、专用工具，依照规定免征进口关税和进口环节增值税。

（15）远洋渔业项目进口自捕水产品

对经农业部批准获得"农业部远洋渔业企业资格证书"的远洋渔业企业运回的品种及产地符合要求的自捕水产品执行不征进口关税和进口环节增值税的政策。

此外，国家还根据不同时期的需要制定相关的减免税政策。

3. 临时减免

临时减免指的是法定减免税和特定减免税以外的其他形式的减免税，国务院根据某个单位、某类商品、某个时期或某批货物的特殊情况和需要，给予特别的临时性减免税优惠。如汶川地震灾后重建进口物资。为支持和帮助汶川地震受灾地区积极开展生产自救，重建家园，自 2008 年 7 月 1 日起，对受灾地区企业、单位，或支援受灾地区重建的企业、单位，进口国内不能满足供应并直接用于灾后重建的大宗物资、设备等，3 年内免征进口关税和进口环节增值税。

（二）消费税的减免

进口货物的消费税，一律不能减免。纳税人出口应税消费品，除国务院另有规定者外，免征消费税。

三、关税及进口环节国内税的退、补

（一）退税的范围、期限及要求

退税是指纳税义务人缴纳税款后，由海关按章退还误征、溢征和其他应退还的款项的行为。

1. 退税的适用范围

以下情况经海关核准可予以办理退税手续：

（1）已缴纳进口关税和进口环节代征税税款的进口货物，因品质或者规格原因原状退货复运出境的；

（2）已缴纳出口关税的出口货物，因品质或者规格原因原状退货复运进境，并已重新缴纳因出口而退还的国内环节有关税收的；

（3）已缴纳出口关税的货物，因故未装运出口，已退关的；

（4）已征税放行的散装进出口货物发生短卸、短装，如果该货物的发货人、承运人或者保险公司已对短卸、短装部分退还或者赔偿相应货款的，纳税义务人可以向海关申请退还进口或者出口短卸、短装部分的相应税款；

（5）进出口货物因残损、品质不良、规格不符的原因，由进出口货物的发货人、承运人或者保险公司赔偿相应货款的，纳税义务人可以向海关申请退还赔偿货款部分的相应税款；

（6）因海关误征，致使纳税义务人多缴税款的。

2. 退税的期限和要求

海关发现多征税款的，应当立即通知纳税义务人办理退还手续。

纳税义务人发现多缴税款的，自缴纳税款之日起1年内，可以以书面形式要求海关退还多缴的税款并加算银行同期活期存款利息。所退利息按照海关填发收入退还书之日中国人民银行规定的活期储蓄存款利息计算，计算所退利息的期限自纳税义务人缴纳税款之日起至海关填发收入退还书之日止。

进口环节增值税已予抵缴的除国家另有规定外不予退还。已征收的滞纳金不予退还。

海关应当自受理退税申请之日起30日内查实并通知纳税义务人办理退还手续。纳税义务人应当自收到通知之日起3个月内办理有关退税手续。

退税必须在原征税海关办理。办理退税时，纳税义务人应填写"退税申请表"并持凭原进口或出口报关单、原盖有银行收款章的税款缴纳收据正本及其他必要单证（合同、发票、协议、商检机构证明等）送海关审核，海关同意后，应按原征税或者补税之日所实施的税率计算退税额。

（二）追补税的范围、适用税率及期限

追补税是指海关短征和纳税人短缴或漏缴的税款，由海关照章进行追补和补征的行为。

1. 补税的范围及使用税率

（1）按照特定减免税办法批准予以减免税的进口货物，后因情况改变，经海关批准转让或出售需予补税时应按其原进口日所实施的税率征税；

（2）属于保税性质的来料加工、进料加工的进口料件，如经批准转为内销的，应按向海关申报转内销当天的税率补税；

（3）暂时进口货物转为正式进口需补税时，应按其转为正式进口日期所实施的税则税率征税；

（4）对于未经批准擅自转为内销的来（进）料加工的进口料件及暂时进口货物擅自处理的，按海关查获之日所实施的税则税率补税；

（5）由于税则归类的改变，完税价格的审定或其他工作差错而需补征税款的，应按原征税日期实施税则税率补税；

（6）溢卸、误卸货物事后确定需征税的，应按其原申报进口日期所实施的税则税率补税。如原进口日期无法查明时，可按确定补税当天所实施的税则税率补税；

（7）海关查获的走私进口货物需补税时，应按查获日期所实施的税则

税率补税。

2. 补税的期限及要求

进口货物完税后，由于海关方面的原因造成的少征或者漏征税款，海关应当自缴纳税款或者货物放行之日起一年内，向收发货人或者他们的代理人补征。因收发货人或者他们的代理人违反规定而造成的少征或者漏征，海关在 3 年内可以追征。

因海关原因造成的少征、漏征税款，由原征税海关补征；对于查获的违规案件中需补征税款的，如果查获海关不是进口地海关，由查获海关补征税款。因发货人或者他们的代理人违反规定而造成的少征或漏征海关可以视其错误和具体情节，给予处罚。

四、纳税争议复议

为了保护纳税人的合法权益，《海关法》和《进出口关税条例》都规定了纳税义务人对海关确定的进出口货物的征税、减免税、补税或退税等有异议时，有向海关提出申诉的权利，即纳税争议的复议。但是，纳税义务人在提出申诉前，应当先按海关核定的税额缴纳税款。

纳税复议的基本程序是纳税人—海关—海关总署—法院逐级申诉。具体程序如下：

（1）当纳税义务人对纳税存有异议时，应当先按海关核定的税额缴纳税款，然后自海关填发税款缴纳证之日起 30 日内，向原征税海关书面申请复议。

（2）海关应当自收到复议申请之日起 15 日内做出复议决定，制发《纳税争议复议决定书》答复纳税人。

（3）纳税人对原征税海关复议决定不服时，可以自收到复议决定书之日起 15 日内向海关总署申请复议，海关总署收到纳税人的复议申请后，应当在 30 日内做出复议决定，并制成决定书交原征税海关送达申请人。

（4）纳税人对海关总署的复议决定仍然不服的，可以自收到复议决定书之日起 15 日内向人民法院起诉。对海关总署维持地方海关决定的案件，应向原做出征税决定的海关所在地人民法院起诉，由地方海关出庭应诉；海关总署变更了地方海关决定的案件，应向海关总署所在地的人民法院起诉，由海关总署出庭应诉。

　　本章小结：通过本章的学习，要掌握如下几点：①关税的定义与分类、计征标准和作用。②我国的关税政策和征税方针：我国的关税政策主要包括贯彻国家的对外开放政策、体现鼓励出口和扩大必需品进口、保护和促进国民经济发展、保证国家的财政收入；遵循"依率计征、依法减免、正确估价、科学归类、严肃退补、及时入库"的方针。③原产地规则：原产地规则指的是确定进出口产品生产或制造国家（或地区）的标准与方法，是各国海关关税制度的一项重要内容。④进出口货物完税价格的审定和关税税款的具体计算。⑤海关对进口环节国内税的征纳程序和征收监管手续费的相关规定。⑥关税减免、税款的缴纳和税收保全以及关税及进口环节税退补的有关规定。

思考题：

　　1. 什么是关税？

　　2. 关税是如何分类的？

　　3. 关税具有什么作用？

　　4. 海关征税工作方针是什么？

　　5. 原产地规则的含义是什么？

　　6. 什么是完税价格？

　　7. 什么是相同货物？

　　8. 海关对租赁进境的货物如何估价？

　　9. 海关监管手续费的征收范围是什么？

　　10. 什么是关税减免？

《中国海关通关实务》 教学大纲

本课程是国际贸易专业、物流管理专业级其他相关专业开设的专业基础课。主要包括进出口货物的通关、进出境运输工具的通关、进出口商品归类、海关税收征管制度等。

主要教学目标：学习本课程，学生可以熟悉海关的性质、任务，有关的法律、法规和海关的规定，掌握进出口货物的通关程序。

本课共 2 学分，教学时间为 36 学时。

本课采用教师授课和课堂讨论相结合的学习方法，学生必须按教学大纲的要求、根据教学内容完成所有作业，通过阶段测试和期末考试合格后方可取得相应学分；其中平时作业占总成绩的 30%，期末考试占总成绩的 70%。

第一章　海关概论

一、海关的性质和任务

  1. 海关的性质

  2. 海关的任务

二、海关管理的对象和范围

  1. 海关管理的概念

  2. 海关管理的对象

  3. 海关管理的范围

三、海关监督管理的法律依据

  1. 法律

2. 行政法规

3. 行政规章

4. 国际条约

四、海关的权力

1. 海关权力的特点

2. 海关权力的内容

3. 海关权力行使的基本原则

4. 海关权力的监督

五、海关管理体制与机构

1. 海关领导体制

2. 海关的设关原则

3. 海关的组织机构

教学目标：通过本章的学习，学生要掌握海关的基本知识，海关的性质、任务，海关的工作方针，海关行政执法的法律依据，海关的组织机构，以及海关的权力等。

教学方法：老师讲解

授课时间：2 课时

第二章 海关对报关企业和报关员的管理制度

一、报关管理制度概述

1. 我国报关管理制度的建立与发展

2. 报关制度的作用

二、海关对报关单位的注册登记管理制度

1. 报关单位的定义

2. 报关单位的分类

3. 报关注册登记管理

三、海关对报关员的管理

1. 报关员的概念及其职业化路径

2. 报关员职业建设

3. 报关员职业风险规避

教学目标：通过本章的学习，学生要掌握海关对报关企业和报关员的管理规定，熟悉有关的政策规定和有关要求，明确报关企业和报关员的责任和义务。

教学方法：老师讲解，学生自学

授课时间：2 课时

第三章　对外贸易管制制度

一、对外贸易管制概述

1. 对外贸易政策
2. 对外贸易政策的实现
3. 对外贸易政策措施
4. 对外贸易管制

二、对外贸易管制制度

1. 对外贸易经营资格管理制度
2. 货物与技术进口许可管理制度
3. 出入境检验检疫制度
4. 进出口货物收付汇管理制度
5. 对外贸易救济制度

三、我国贸易管制主要措施

1. 进、出口许可证管理
2. 进口关税配额管理
3. 两用物项和技术进出口许可证管理
4. 自动进口许可证管理
5. 固体废物管理
6. 野生物种进出口管理
7. 进出口药品管理
8. 出入境检验检疫管理
9. 其他进出口管理

教学目标：通过本章的学习，学生要掌握我国的对外贸易管制政策，熟悉有关的管理规定，熟悉在对外贸易中应该把握的一些政策规定。

教学方法：老师讲解，学生自学

授课时间：6 课时

第四章 一般进出口货物的通关制度

一、进出口货物的申报制度

    1. 申报的定义

    2. 申报的程序

    3. 申报应注意的问题

二、进出口货物的查验制度

    1. 查验的定义

    2. 查验的地点

    3. 查验的方法和要求

    4. 报关员应注意事项

    5. 被查验货物损坏的赔偿

三、进出口货物的征税制度

四、进出口货物的放行制度

    1. 放行的定义

    2. 放行的规定

    3. 放行的手续

五、结关

六、进出口货物报关单的主要内容

    1. 进出口货物报关单概述

    2. 报关单填制规范

教学目标：通过本章的学习，学生要掌握一般进出口货物的通关程序及
           应注意的问题，掌握申报、查验、征税、放行的基本通关
           环节。

教学方法：老师讲解，学生自学

授课时间：4 课时

第五章 保税加工进出口货物的通关制度

一、保税加工概述

1. 保税加工的基本概念
2. 海关保税制度
3. 保税加工海关监管模式
4. 保税加工的形式
5. 电子化手册的特点和作业流程

二、海关对加工贸易的管理

1. 加工贸易手册设立的管理规定
2. 商务主管部门出具的相关文件
3. 单耗管理
4. 手册设立流程和核心事务

三、保税加工特殊作业

1. 保税加工特殊作业概述
2. 海关对外发加工的管理规定
3. 海关对深加工结转的管理规定
4. 海关对加工贸易货物内销的管理规定
5. 海关对因故无法内销或退运加工贸易货物的管理规定

四、电子化手册的申报核销

1. 加工贸易核销的定义
2. 海关的相关管理规定

教学目标：通过本章的学习，学生要掌握保税货物进出境的通关基本知识，各种保税货物的类别及有关的海关管理规定，熟悉办理通关手续的程序及要求。

教学方法：老师讲解，学生自学

授课时间：4 课时

第六章 其他进出口货物的通关制度

一、特定减免税货物通关

    1. 特定减免税货物概述

    2. 特定减免税货物通关程序

二、暂准进出境货物通关

    1. 暂准进出境货物概述

    2. 暂时进出境货物通关程序

三、其他进出境货物通关

    1. 过境、转运、通运货物

    2. 过境快件

    3. 无代价抵偿货物

    4. 进出境修理货物

    5. 出料加工货物

    6. 溢卸、误卸、放弃和超期未报关进口货物

    7. 退运货物和退关货物

四、转关运输货物

    1. 转关运输概述

    2. 报关程序

五、与报关相关的海关事务

    1. 海关事务担保

    2. 知识产权海关保护

    3. 海关行政裁定

    4. 海关行政复议

教学目标：通过本章的学习，学生要掌握特定减免税货物过境、转运、通运货物进出境通关程序及应注意的问题，了解海关担保、知识产权海关保护、海关行政裁定以及海关行政复议等基本知识。

教学方法：老师讲解，学生自学

授课时间：4 课时

第七章　进出境旅客所携带行李物品和邮递物品的通关制度

一、进出境旅客所携带行李物品的通关

    1. 进出境旅客和行李物品的定义

    2. 通关的基本程序和主要规定

二、特定人员携带物品的通关

    1. 驻外使领馆人员所携带物品进境的通关

    2. 留学回国人员购买免税国产汽车的通关手续

三、进出境邮递物品的通关

    1. 邮递物品的定义和范围

    2. 海关监管的有关规定

    3. 进出境邮递物品的通关手续

四、进出境印刷品和音像制品的通关

    1. 印刷品、音像制品的概念和范围

    2. 印刷品的分类

    3. 海关管理的基本规定

    4. 相关法律依据和有关规定

    5. 国家禁止进出境的物品

教学目标：通过对本章的学习，学生要掌握进出境旅客的及其所携带行李物品的和进出境邮递物品的定义。熟悉海关有关的法律法规和基本的通关制度和有关管理规定。

教学方法：老师讲解，学生自学

授课时间：2 课时

第八章　进出境运输工具的通关制度

一、进出境运输工具概述

    1. 海关对进出境运输工具范围的界定

2. 海关对进出境运输工具的管理规定

二、国际航行船舶的通关制度

1. 国际航行船舶的定义

2. 国际航行船舶的进出境通关

3. 海关对国际航行船舶停港期间的监管

4. 船舶吨税的缴纳

5. 海关对国际航行船舶的其他监管要求

三、国际民航机的通关制度

1. 国际民航机的定义

2. 国际民航机的进出境通关

3. 海关对国际民航机停站期间的监管

4. 海关对特殊情况的国际民航机的监管要求

四、国际联运列车的通关制度

1. 国际联运列车的定义

2. 国际联运列车的进出境通关

3. 海关对国际联运列车所载进出口货物、物品的监管规定

五、进出境汽车的通关制度

1. 进出境汽车的定义

2. 进出境汽车的登记注册和技术条件要求

3. 进出境汽车的通关

4. 海关对进出境汽车的监管规定

六、其他进出境运输工具的通关制度

1. 航行港澳小型船舶

2. 进出境驮运牲畜

3. 其他特殊方式的运输工具

教学目标：通过本章的学习，学生要掌握进出境运输工具的种类，有关的海关管理规定，办理通关手续的程序及要求。

教学方法：老师讲解，学生自学

授课时间：4 课时

第九章　进出口商品归类

一、商品名称及编码协调制度
1. 《协调制度》的基本结构
2. 《协调制度》的主要优点

二、《协调制度》归类总规则
1. 规则一
2. 规则二
3. 规则三
4. 规则四
5. 规则五
6. 规则六

教学目标：通过本章的学习，学生要掌握进出口商品归类的基本知识，
　　　　　掌握归类的几个基本原则。

教学方法：老师讲解，学生自学

授课时间：2 课时

第十章　海关税收征管制度

一、关税综述
1. 关税的定义与分类
2. 关税的计征标准
3. 关税的作用
4. 我国的关税政策
5. 我国海关征税工作方针

二、原产地规则
1. 原产地规则的含义
2. 进出口税率的运用

三、进出口货物完税价格的审定

1. 进口货物完税价格的确定
2. 出口货物完税价格的审定

四、进出口货物以外币计价时的税款的折算

五、关税税款的计算

1. 进口关税税款的计算
2. 出口关税税款的计算

六、海关征收进口环节税

1. 消费税
2. 增值税
3. 进口环节国内税的征纳程序

七、关税和进口环节国内税减免、补退及纳税争议复议

1. 缴纳关税的有关规定
2. 关税及进口环节国内税的减免
3. 关税及进口环节国内税的退、补
4. 纳税争议复议

教学目标：通过本章的学习，学生要掌握关税的种类，税率的运用，进出口完税价格的审定。

教学方法：老师讲解，学生自学

授课时间：6课时

附录二

中华人民共和国海关法

1987 年 1 月 22 日第六届全国人民代表大会常务委员会第十九次会议通过；根据 2000 年 7 月 8 日第九届全国人民代表大会常务委员会第十六次会议《关于修改〈中华人民共和国海关法〉的决定》修正；根据 2013 年《全国人民代表大会常务委员会关于修改〈中华人民共和国文物保护法〉等十二部法律的决定》（主席令第五号）第二次修正；根据全国人大常委会关于修改《海洋环境保护法》等七部法律的决定第三次修正。

目　　录

第一章 总 则

第一条 为了维护国家的主权和利益，加强海关监督管理，促进对外经济贸易和科技文化交往，保障社会主义现代化建设，特制定本法。

第二条 中华人民共和国海关是国家的进出关境（以下简称进出境）监督管理机关。海关依照本法和其他有关法律、行政法规，监管进出境的运输工具、货物、行李物品、邮递物品和其他物品（以下简称进出境运输工具、货物、物品），征收关税和其他税、费，查缉走私，并编制海关统计和办理其他海关业务。

第三条 国务院设立海关总署，统一管理全国海关。

国家在对外开放的口岸和海关监管业务集中的地点设立海关。海关的隶属关系，不受行政区划的限制。

海关依法独立行使职权，向海关总署负责。

第四条 国家在海关总署设立专门侦查走私犯罪的公安机构，配备专职缉私警察，负责对其管辖的走私犯罪案件的侦查、拘留、执行逮捕、预审。

海关侦查走私犯罪公安机构履行侦查、拘留、执行逮捕、预审职责，应当按照《中华人民共和国刑事诉讼法》的规定办理。

海关侦查走私犯罪公安机构根据国家有关规定，可以设立分支机构。各分支机构办理其管辖的走私犯罪案件，应当依法向有管辖权的人民检察院移送起诉。

地方各级公安机关应当配合海关侦查走私犯罪公安机构依法履行职责。

第五条 国家实行联合缉私、统一处理、综合治理的缉私体制。海关负责组织、协调、管理查缉走私工作。有关规定由国务院另行制定。

各有关行政执法部门查获的走私案件，应当给予行政处罚的，移送海关依法处理；涉嫌犯罪的，应当移送海关侦查走私犯罪公安机构、地方公安机关依据案件管辖分工和法定程序办理。

第六条 海关可以行使下列权力：

（一）检查进出境运输工具，查验进出境货物、物品；对违反本法或者其他有关法律、行政法规的，可以扣留。

（二）查阅进出境人员的证件；查问违反本法或者其他有关法律、行政法规的嫌疑人，调查其违法行为。

（三）查阅、复制与进出境运输工具、货物、物品有关的合同、发票、账册、单据、记录、文件、业务函电、录音录像制品和其他资料；对其中与违反本法或者其他有关法律、行政法规的进出境运输工具、货物、物品有牵连的，可以扣留。

（四）在海关监管区和海关附近沿海沿边规定地区，检查有走私嫌疑的运输工具和有藏匿走私货物、物品嫌疑的场所，检查走私嫌疑人的身体；对有走私嫌疑的运输工具、货物、物品和走私犯罪嫌疑人，经直属海关关长或者其授权的隶属海关关长批准，可以扣留；对走私犯罪嫌疑人，扣留时间不超过 24 小时，在特殊情况下可以延长至 48 小时。

在海关监管区和海关附近沿海沿边规定地区以外，海关在调查走私案件时，对有走私嫌疑的运输工具和除公民住处以外的有藏匿走私货物、物品嫌疑的场所，经直属海关关长或者其授权的隶属海关关长批准，可以进行检查，有关当事人应当到场；当事人未到场的，在有见证人在场的情况下，可以径行检查；对其中有证据证明有走私嫌疑的运输工具、货物、物品，可以扣留。

海关附近沿海沿边规定地区的范围，由海关总署和国务院公安部门会同有关省级人民政府确定。

（五）在调查走私案件时，经直属海关关长或者其授权的隶属海关关长批准，可以查询案件涉嫌单位和涉嫌人员在金融机构、邮政企业的存款、汇款。

（六）进出境运输工具或者个人违抗海关监管逃逸的，海关可以连续追至海关监管区和海关附近沿海沿边规定地区以外，将其带回处理。

（七）海关为履行职责，可以配备武器。海关工作人员佩带和使用武器的规则，由海关总署会同国务院公安部门制定，报国务院批准。

（八）法律、行政法规规定由海关行使的其他权力。

第七条 各地方、各部门应当支持海关依法行使职权，不得非法干预海关的执法活动。

第八条 进出境运输工具、货物、物品，必须通过设立海关的地点进境或者出境。在特殊情况下，需要经过未设立海关的地点临时进境或者出境的，必须经国务院或者国务院授权的机关批准，并依照本法规定办理海关手续。

第九条 进出口货物，除另有规定的外，可以由进出口货物收发货人自行办理报关纳税手续，也可以由进出口货物收发货人委托海关准予注册登记的报关企业办理报关纳税手续。

进出境物品的所有人可以自行办理报关纳税手续，也可以委托他人办理报关纳税手续。

第十条　报关企业接受进出口货物收发货人的委托，以委托人的名义办理报关手续的，应当向海关提交由委托人签署的授权委托书，遵守本法对委托人的各项规定。

报关企业接受进出口货物收发货人的委托，以自己的名义办理报关手续的，应当承担与收发货人相同的法律责任。

委托人委托报关企业办理报关手续的，应当向报关企业提供所委托报关事项的真实情况；报关企业接受委托人的委托办理报关手续的，应当对委托人所提供情况的真实性进行合理审查。

第十一条　进出口货物收发货人、报关企业办理报关手续，必须依法经海关注册登记。未依法经海关注册登记，不得从事报关业务。

报关企业和报关人员不得非法代理他人报关，或者超出其业务范围进行报关活动。

第十二条　海关依法执行职务，有关单位和个人应当如实回答询问，并予以配合，任何单位和个人不得阻挠。

海关执行职务受到暴力抗拒时，执行有关任务的公安机关和人民武装警察部队应当予以协助。

第十三条　海关建立对违反本法规定逃避海关监管行为的举报制度。

任何单位和个人均有权对违反本法规定逃避海关监管的行为进行举报。

海关对举报或者协助查获违反本法案件的有功单位和个人，应当给予精神的或者物质的奖励。

海关应当为举报人保密。

第二章　进出境运输工具

第十四条　进出境运输工具到达或者驶离设立海关的地点时，运输工具负责人应当向海关如实申报，交验单证，并接受海关监管和检查。

停留在设立海关的地点的进出境运输工具，未经海关同意，不得擅自驶离。

进出境运输工具从一个设立海关的地点驶往另一个设立海关的地点的，应当符合海关监管要求，办理海关手续，未办结海关手续的，不得改驶境外。

第十五条 进境运输工具在进境以后向海关申报以前，出境运输工具在办结海关手续以后出境以前，应当按照交通主管机关规定的路线行进；交通主管机关没有规定的，由海关指定。

第十六条 进出境船舶、火车、航空器到达和驶离时间、停留地点、停留期间更换地点以及装卸货物、物品时间，运输工具负责人或者有关交通运输部门应当事先通知海关。

第十七条 运输工具装卸进出境货物、物品或者上下进出境旅客，应当接受海关监管。

货物、物品装卸完毕，运输工具负责人应当向海关递交反映实际装卸情况的交接单据和记录。

上下进出境运输工具的人员携带物品的，应当向海关如实申报，并接受海关检查。

第十八条 海关检查进出境运输工具时，运输工具负责人应当到场，并根据海关的要求开启舱室、房间、车门；有走私嫌疑的，并应当开拆可能藏匿走私货物、物品的部位，搬移货物、物料。

海关根据工作需要，可以派员随运输工具执行职务，运输工具负责人应当提供方便。

第十九条 进境的境外运输工具和出境的境内运输工具，未向海关办理手续并缴纳关税，不得转让或者移作他用。

第二十条 进出境船舶和航空器兼营境内客、货运输，应当符合海关监管要求。

进出境运输工具改营境内运输，需向海关办理手续。

第二十一条 沿海运输船舶、渔船和从事海上作业的特种船舶，未经海关同意，不得载运或者换取、买卖、转让进出境货物、物品。

第二十二条 进出境船舶和航空器，由于不可抗力的原因，被迫在未设立海关的地点停泊、降落或者抛掷、起卸货物、物品，运输工具负责人应当立即报告附近海关。

第三章　进出境货物

第二十三条　进口货物自进境起到办结海关手续止，出口货物自向海关申报起到出境止，过境、转运和通运货物自进境起到出境止，应当接受海关监管。

第二十四条　进口货物的收货人、出口货物的发货人应当向海关如实申报，交验进出口许可证件和有关单证。国家限制进出口的货物，没有进出口许可证件的，不予放行，具体处理办法由国务院规定。

进口货物的收货人应当自运输工具申报进境之日起 14 日内，出口货物的发货人除海关特准的外应当在货物运抵海关监管区后、装货的 24 小时以前，向海关申报。

进口货物的收货人超过前款规定期限向海关申报的，由海关征收滞报金。

第二十五条　办理进出口货物的海关申报手续，应当采用纸质报关单和电子数据报关单的形式。

第二十六条　海关接受申报后，报关单证及其内容不得修改或者撤销，但符合海关规定情形的除外。

第二十七条　进口货物的收货人经海关同意，可以在申报前查看货物或者提取货样。需要依法检疫的货物，应当在检疫合格后提取货样。

第二十八条　进出口货物应当接受海关查验。海关查验货物时，进口货物的收货人、出口货物的发货人应当到场，并负责搬移货物，开拆和重封货物的包装。海关认为必要时，可以径行开验、复验或者提取货样。

海关在特殊情形下对进出口货物予以免验，具体办法由海关总署制定。

第二十九条　除海关特准的外，进出口货物在收发货人缴清税款或者提供担保后，由海关签印放行。

第三十条　进口货物的收货人自运输工具申报进境之日起超过 3 个月未向海关申报的，其进口货物由海关提取依法变卖处理，所得价款在扣除运输、装卸、储存等费用和税款后，尚有余款的，自货物依法变卖之日起 1 年内，经收货人申请，予以发还；其中属于国家对进口有限制性规定，应当提交许可证件而不能提供的，不予发还。逾期无人申请或者不予发还的，上缴国库。

确属误卸或者溢卸的进境货物，经海关审定，由原运输工具负责人或者货物的收发货人自该运输工具卸货之日起 3 个月内，办理退运或者进口手续；必要时，经海关批准，可以延期 3 个月。逾期未办手续的，由海关按前款规定处理。

前两款所列货物不宜长期保存的，海关可以根据实际情况提前处理。

收货人或者货物所有人声明放弃的进口货物，由海关提取依法变卖处理；所得价款在扣除运输、装卸、储存等费用后，上缴国库。

第三十一条　经海关批准暂时进口或者暂时出口的货物，应当在 6 个月内复运出境或者复运进境；在特殊情况下，经海关同意，可以延期。

第三十二条　经营保税货物的储存、加工、装配、展示、运输、寄售业务和经营免税商店，应当符合海关监管要求，经海关批准，并办理注册手续。

保税货物的转让、转移以及进出保税场所，应当向海关办理有关手续，接受海关监管和查验。

第三十三条　企业从事加工贸易，应当持有关批准文件和加工贸易合同向海关备案，加工贸易制成品单位耗料量由海关按照有关规定核定。

加工贸易制成品应当在规定的期限内复出口。其中使用的进口料件，属于国家规定准予保税的，应当向海关办理核销手续；属于先征收税款的，依法向海关办理退税手续。

加工贸易保税进口料件或者制成品因故转为内销的，海关凭准予内销的批准文件，对保税的进口料件依法征税；属于国家对进口有限制性规定的，还应当向海关提交进口许可证件。

第三十四条　经国务院批准在中华人民共和国境内设立的保税区等海关特殊监管区域，由海关按照国家有关规定实施监管。

第三十五条　进口货物应当由收货人在货物的进境地海关办理海关手续，出口货物应当由发货人在货物的出境地海关办理海关手续。

经收发货人申请，海关同意，进口货物的收货人可以在设有海关的指运地、出口货物的发货人可以在设有海关的启运地办理海关手续。上述货物的转关运输，应当符合海关监管要求；必要时，海关可以派员押运。

经电缆、管道或者其他特殊方式输送进出境的货物，经营单位应当定期向指定的海关申报和办理海关手续。

第三十六条　过境、转运和通运货物，运输工具负责人应当向进境地海关如实申报，并应当在规定期限内运输出境。

海关认为必要时，可以查验过境、转运和通运货物。

第三十七条　海关监管货物，未经海关许可，不得开拆、提取、交付、发运、调换、改装、抵押、质押、留置、转让、更换标记、移作他用或者进行其他处置。

海关加施的封志，任何人不得擅自开启或者损毁。

人民法院判决、裁定或者有关行政执法部门决定处理海关监管货物的，应当责令当事人办结海关手续。

第三十八条　经营海关监管货物仓储业务的企业，应当经海关注册，并按照海关规定，办理收存、交付手续。

在海关监管区外存放海关监管货物，应当经海关同意，并接受海关监管。

违反前两款规定或者在保管海关监管货物期间造成海关监管货物损毁或者灭失的，除不可抗力外，对海关监管货物负有保管义务的人应当承担相应的纳税义务和法律责任。

第三十九条　进出境集装箱的监管办法、打捞进出境货物和沉船的监管办法、边境小额贸易进出口货物的监管办法，以及本法未具体列明的其他进出境货物的监管办法，由海关总署或者由海关总署会同国务院有关部门另行制定。

第四十条　国家对进出境货物、物品有禁止性或者限制性规定的，海关依据法律、行政法规、国务院的规定或者国务院有关部门依据法律、行政法规的授权做出的规定实施监管。具体监管办法由海关总署制定。

第四十一条　进出口货物的原产地按照国家有关原产地规则的规定确定。

第四十二条　进出口货物的商品归类按照国家有关商品归类的规定确定。

海关可以要求进出口货物的收发货人提供确定商品归类所需的有关资料；必要时，海关可以组织化验、检验，并将海关认定的化验、检验结果作为商品归类的依据。

第四十三条　海关可以根据对外贸易经营者提出的书面申请，对拟作进口或者出口的货物预先做出商品归类等行政裁定。

进口或者出口相同货物，应当适用相同的商品归类行政裁定。

海关对所作出的商品归类等行政裁定，应当予以公布。

第四十四条 海关依照法律、行政法规的规定，对与进出境货物有关的知识产权实施保护。

需要向海关申报知识产权状况的，进出口货物收发货人及其代理人应当按照国家规定向海关如实申报有关知识产权状况，并提交合法使用有关知识产权的证明文件。

第四十五条 自进出口货物放行之日起3年内或者在保税货物、减免税进口货物的海关监管期限内及其后的3年内，海关可以对与进出口货物直接有关的企业、单位的会计账簿、会计凭证、报关单证以及其他有关资料和有关进出口货物实施稽查。具体办法由国务院规定。

第四章　进出境物品

第四十六条 个人携带进出境的行李物品、邮寄进出境的物品，应当以自用、合理数量为限，并接受海关监管。

第四十七条 进出境物品的所有人应当向海关如实申报，并接受海关查验。

海关加施的封志，任何人不得擅自开启或者损毁。

第四十八条 进出境邮袋的装卸、转运和过境，应当接受海关监管。邮政企业应当向海关递交邮件路单。

邮政企业应当将开拆及封发国际邮袋的时间事先通知海关，海关应当按时派员到场监管查验。

第四十九条 邮运进出境的物品，经海关查验放行后，有关经营单位方可投递或者交付。

第五十条 经海关登记准予暂时免税进境或者暂时免税出境的物品，应当由本人复带出境或者复带进境。

过境人员未经海关批准，不得将其所带物品留在境内。

第五十一条 进出境物品所有人声明放弃的物品、在海关规定期限内未办理海关手续或者无人认领的物品，以及无法投递又无法退回的进境邮递物品，由海关依照本法第三十条的规定处理。

第五十二条 享有外交特权和豁免的外国机构或者人员的公务用品或者自用物品进出境，依照有关法律、行政法规的规定办理。

第五章 关 税

第五十三条 准许进出口的货物、进出境物品，由海关依法征收关税。

第五十四条 进口货物的收货人、出口货物的发货人、进出境物品的所有人，是关税的纳税义务人。

第五十五条 进出口货物的完税价格，由海关以该货物的成交价格为基础审查确定。成交价格不能确定时，完税价格由海关依法估定。

进口货物的完税价格包括货物的货价、货物运抵中华人民共和国境内输入地点起卸前的运输及其相关费用、保险费；出口货物的完税价格包括货物的货价、货物运至中华人民共和国境内输出地点装载前的运输及其相关费用、保险费，但是其中包含的出口关税税额，应当予以扣除。

进出境物品的完税价格，由海关依法确定。

第五十六条 下列进出口货物、进出境物品，减征或者免征关税：

（一）无商业价值的广告品和货样；

（二）外国政府、国际组织无偿赠送的物资；

（三）在海关放行前遭受损坏或者损失的货物；

（四）规定数额以内的物品；

（五）法律规定减征、免征关税的其他货物、物品；

（六）中华人民共和国缔结或者参加的国际条约规定减征、免征关税的货物、物品。

第五十七条 特定地区、特定企业或者有特定用途的进出口货物，可以减征或者免征关税。特定减税或者免税的范围和办法由国务院规定。

依照前款规定减征或者免征关税进口的货物，只能用于特定地区、特定企业或者特定用途，未经海关核准并补缴关税，不得移作他用。

第五十八条 本法第五十六条、第五十七条第一款规定范围以外的临时减征或者免征关税，由国务院决定。

第五十九条 经海关批准暂时进口或者暂时出口的货物，以及特准进口的保税货物，在货物收发货人向海关缴纳相当于税款的保证金或者提供担保后，准予暂时免纳关税。

第六十条 进出口货物的纳税义务人，应当自海关填发税款缴款书之日起 15 日内缴纳税款；逾期缴纳的，由海关征收滞纳金。纳税义务人、担保人超过 3 个月仍未缴纳的，经直属海关关长或者其授权的隶属海关关长批准，海关可以采取下列强制措施：

（一）书面通知其开户银行或者其他金融机构从其存款中扣缴税款；

（二）将应税货物依法变卖，以变卖所得抵缴税款；

（三）扣留并依法变卖其价值相当于应纳税款的货物或者其他财产，以变卖所得抵缴税款。

海关采取强制措施时，对前款所列纳税义务人、担保人未缴纳的滞纳金同时强制执行。

进出境物品的纳税义务人，应当在物品放行前缴纳税款。

第六十一条 进出口货物的纳税义务人在规定的纳税期限内有明显的转移、藏匿其应税货物以及其他财产迹象的，海关可以责令纳税义务人提供担保；纳税义务人不能提供纳税担保的，经直属海关关长或者其授权的隶属海关关长批准，海关可以采取下列税收保全措施：

（一）书面通知纳税义务人开户银行或者其他金融机构暂停支付纳税义务人相当于应纳税款的存款；

（二）扣留纳税义务人价值相当于应纳税款的货物或者其他财产。

纳税义务人在规定的纳税期限内缴纳税款的，海关必须立即解除税收保全措施；期限届满仍未缴纳税款的，经直属海关关长或者其授权的隶属海关关长批准，海关可以书面通知纳税义务人开户银行或者其他金融机构从其暂停支付的存款中扣缴税款，或者依法变卖所扣留的货物或者其他财产，以变卖所得抵缴税款。

采取税收保全措施不当，或者纳税义务人在规定期限内已缴纳税款，海关未立即解除税收保全措施，致使纳税义务人的合法权益受到损失的，海关应当依法承担赔偿责任。

第六十二条 进出口货物、进出境物品放行后，海关发现少征或者漏征税款，应当自缴纳税款或者货物、物品放行之日起 1 年内，向纳税义务人补征。因纳税义务人违反规定而造成的少征或者漏征，海关在 3 年以内可以追征。

第六十三条 海关多征的税款，海关发现后应当立即退还；纳税义务人自缴纳税款之日起 1 年内，可以要求海关退还。

第六十四条 纳税义务人同海关发生纳税争议时，应当缴纳税款，并可以依法申请行政复议；对复议决定仍不服的，可以依法向人民法院提起诉讼。

第六十五条　进口环节海关代征税的征收管理，适用关税征收管理的规定。

第六章　海关事务担保

第六十六条　在确定货物的商品归类、估价和提供有效报关单证或者办结其他海关手续前，收发货人要求放行货物的，海关应当在其提供与其依法应当履行的法律义务相适应的担保后放行。法律、行政法规规定可以免除担保的除外。

法律、行政法规对履行海关义务的担保另有规定的，从其规定。

国家对进出境货物、物品有限制性规定，应当提供许可证件而不能提供的，以及法律、行政法规规定不得担保的其他情形，海关不得办理担保放行。

第六十七条　具有履行海关事务担保能力的法人、其他组织或者公民，可以成为担保人。法律规定不得为担保人的除外。

第六十八条　担保人可以以下列财产、权利提供担保：

（一）人民币、可自由兑换货币；

（二）汇票、本票、支票、债券、存单；

（三）银行或者非银行金融机构的保函；

（四）海关依法认可的其他财产、权利。

第六十九条　担保人应当在担保期限内承担担保责任。担保人履行担保责任的，不免除被担保人应当办理有关海关手续的义务。

第七十条　海关事务担保管理办法，由国务院规定。

第七章　执法监督

第七十一条　海关履行职责，必须遵守法律，维护国家利益，依照法定职权和法定程序严格执法，接受监督。

第七十二条　海关工作人员必须秉公执法，廉洁自律，忠于职守，文明服务，不得有下列行为：

（一）包庇、纵容走私或者与他人串通进行走私；

（二）非法限制他人人身自由，非法检查他人身体、住所或者场所，非法检查、扣留进出境运输工具、货物、物品；

（三）利用职权为自己或者他人牟取私利；

（四）索取、收受贿赂；

（五）泄露国家秘密、商业秘密和海关工作秘密；

（六）滥用职权，故意刁难，拖延监管、查验；

（七）购买、私分、占用没收的走私货物、物品；

（八）参与或者变相参与营利性经营活动；

（九）违反法定程序或者超越权限执行职务；

（十）其他违法行为。

第七十三条　海关应当根据依法履行职责的需要，加强队伍建设，使海关工作人员具有良好的政治、业务素质。

海关专业人员应当具有法律和相关专业知识，符合海关规定的专业岗位任职要求。

海关招收工作人员应当按照国家规定，公开考试，严格考核，择优录用。

海关应当有计划地对其工作人员进行政治思想、法制、海关业务培训和考核。海关工作人员必须定期接受培训和考核，经考核不合格的，不得继续上岗执行职务。

第七十四条　海关总署应当实行海关关长定期交流制度。

海关关长定期向上一级海关述职，如实陈述其执行职务情况。海关总署应当定期对直属海关关长进行考核，直属海关应当定期对隶属海关关长进行考核。

第七十五条　海关及其工作人员的行政执法活动，依法接受监察机关的监督；缉私警察进行侦查活动，依法接受人民检察院的监督。

第七十六条　审计机关依法对海关的财政收支进行审计监督，对海关办理的与国家财政收支有关的事项，有权进行专项审计调查。

第七十七条　上级海关应当对下级海关的执法活动依法进行监督。上级海关认为下级海关做出的处理或者决定不适当的，可以依法予以变更或者撤销。

第七十八条　海关应当依照本法和其他有关法律、行政法规的规定，建立健全内部监督制度，对其工作人员执行法律、行政法规和遵守纪律的情况，进行监督检查。

第七十九条　海关内部负责审单、查验、放行、稽查和调查等主要岗位的职责权限应当明确，并相互分离、相互制约。

第八十条　任何单位和个人均有权对海关及其工作人员的违法、违纪行为进行控告、检举。收到控告、检举的机关有权处理的，应当依法按照职责分工及时查处。收到控告、检举的机关和负责查处的机关应当为控告人、检举人保密。

第八十一条　海关工作人员在调查处理违法案件时，遇有下列情形之一的，应当回避：

（一）是本案的当事人或者是当事人的近亲属；

（二）本人或者其近亲属与本案有利害关系；

（三）与本案当事人有其他关系，可能影响案件公正处理的。

第八章　法　律　责　任

第八十二条　违反本法及有关法律、行政法规，逃避海关监管，偷逃应纳税款、逃避国家有关进出境的禁止性或者限制性管理，有下列情形之一的，是走私行为：

（一）运输、携带、邮寄国家禁止或者限制进出境货物、物品或者依法应当缴纳税款的货物、物品进出境的；

（二）未经海关许可并且未缴纳应纳税款、交验有关许可证件，擅自将保税货物、特定减免税货物以及其他海关监管货物、物品、进境的境外运输工具，在境内销售的；

（三）有逃避海关监管，构成走私的其他行为的。

有前款所列行为之一，尚不构成犯罪的，由海关没收走私货物、物品及违法所得，可以并处罚款；专门或者多次用于掩护走私的货物、物品，专门或者多次用于走私的运输工具，予以没收，藏匿走私货物、物品的特制设备，责令拆毁或者没收。

有第一款所列行为之一，构成犯罪的，依法追究刑事责任。

第八十三条 有下列行为之一的，按走私行为论处，依照本法第八十二条的规定处罚：

（一）直接向走私人非法收购走私进口的货物、物品的；

（二）在内海、领海、界河、界湖，船舶及所载人员运输、收购、贩卖国家禁止或者限制进出境的货物、物品，或者运输、收购、贩卖依法应当缴纳税款的货物，没有合法证明的。

第八十四条 伪造、变造、买卖海关单证，与走私人通谋为走私人提供贷款、资金、账号、发票、证明、海关单证，与走私人通谋为走私人提供运输、保管、邮寄或者其他方便，构成犯罪的，依法追究刑事责任；尚不构成犯罪的，由海关没收违法所得，并处罚款。

第八十五条 个人携带、邮寄超过合理数量的自用物品进出境，未依法向海关申报的，责令补缴关税，可以处以罚款。

第八十六条 违反本法规定有下列行为之一的，可以处以罚款，有违法所得的，没收违法所得：

（一）运输工具不经设立海关的地点进出境的；

（二）不将进出境运输工具到达的时间、停留的地点或者更换的地点通知海关的；

（三）进出口货物、物品或者过境、转运、通运货物向海关申报不实的；

（四）不按照规定接受海关对进出境运输工具、货物、物品进行检查、查验的；

（五）进出境运输工具未经海关同意，擅自装卸进出境货物、物品或者上下进出境旅客的；

（六）在设立海关的地点停留的进出境运输工具未经海关同意，擅自驶离的；

（七）进出境运输工具从一个设立海关的地点驶往另一个设立海关的地点，尚未办结海关手续又未经海关批准，中途擅自改驶境外或者境内未设立海关的地点的；

（八）进出境运输工具，不符合海关监管要求或者未向海关办理手续，擅自兼营或者改营境内运输的；

（九）由于不可抗力的原因，进出境船舶和航空器被迫在未设立海关的地点停泊、降落或者在境内抛掷、起卸货物、物品，无正当理由，不向附近海关报告的；

（十）未经海关许可，擅自将海关监管货物开拆、提取、交付、发运、调换、改装、抵押、质押、留置、转让、更换标记、移做他用或者进行其他处置的；

（十一）擅自开启或者损毁海关封志的；

（十二）经营海关监管货物的运输、储存、加工等业务，有关货物灭失或者有关记录不真实，不能提供正当理由的；

（十三）有违反海关监管规定的其他行为的。

第八十七条　海关准予从事有关业务的企业，违反本法有关规定的，由海关责令改正，可以给予警告，暂停其从事有关业务，直至撤销注册。

第八十八条　未经海关注册登记从事报关业务的，由海关予以取缔，没收违法所得，可以并处罚款。

第八十九条　报关企业非法代理他人报关或者超出其业务范围进行报关活动的，由海关责令改正，处以罚款；情节严重的，撤销其报关注册登记。

报关人员非法代理他人报关或者超出其业务范围进行报关活动的，由海关责令改正，处以罚款。

第九十条　进出口货物收发货人、报关企业向海关工作人员行贿的，由海关撤销其报关注册登记，并处以罚款；构成犯罪的，依法追究刑事责任，并不得重新注册登记为报关企业。

报关人员向海关工作人员行贿的，处以罚款；构成犯罪的，依法追究刑事责任。

第九十一条　违反本法规定进出口侵犯中华人民共和国法律、行政法规保护的知识产权的货物的，由海关依法没收侵权货物，并处以罚款；构成犯罪的，依法追究刑事责任。

第九十二条　海关依法扣留的货物、物品、运输工具，在人民法院判决或者海关处罚决定做出之前，不得处理。但是，危险品或者鲜活、易腐、易失效等不宜长期保存的货物、物品以及所有人申请先行变卖的货物、物品、运输工具，经直属海关关长或者其授权的隶属海关关长批准，可以先行依法变卖，变卖所得价款由海关保存，并通知其所有人。

人民法院判决没收或者海关决定没收的走私货物、物品、违法所得、走私运输工具、特制设备，由海关依法统一处理，所得价款和海关决定处以的罚款，全部上缴中央国库。

第九十三条 当事人逾期不履行海关的处罚决定又不申请复议或者向人民法院提起诉讼的，做出处罚决定的海关可以将其保证金抵缴或者将其被扣留的货物、物品、运输工具依法变价抵缴，也可以申请人民法院强制执行。

第九十四条 海关在查验进出境货物、物品时，损坏被查验的货物、物品的，应当赔偿实际损失。

第九十五条 海关违法扣留货物、物品、运输工具，致使当事人的合法权益受到损失的，应当依法承担赔偿责任。

第九十六条 海关工作人员有本法第七十二条所列行为之一的，依法给予行政处分；有违法所得的，依法没收违法所得；构成犯罪的，依法追究刑事责任。

第九十七条 海关的财政收支违反法律、行政法规规定的，由审计机关以及有关部门依照法律、行政法规的规定做出处理；对直接负责的主管人员和其他直接责任人员，依法给予行政处分；构成犯罪的，依法追究刑事责任。

第九十八条 未按照本法规定为控告人、检举人、举报人保密的，对直接负责的主管人员和其他直接责任人员，由所在单位或者有关单位依法给予行政处分。

第九十九条 海关工作人员在调查处理违法案件时，未按照本法规定进行回避的，对直接负责的主管人员和其他直接责任人员，依法给予行政处分。

第九章　附　则

第一百条 本法下列用语的含义：

直属海关，是指直接由海关总署领导，负责管理一定区域范围内的海关业务的海关；隶属海关，是指由直属海关领导，负责办理具体海关业务的海关。

进出境运输工具，是指用以载运人员、货物、物品进出境的各种船舶、车辆、航空器和驮畜。

过境、转运和通运货物，是指由境外启运、通过中国境内继续运往境外的货物。其中，通过境内陆路运输的，称过境货物；在境内设立海关的地点换装运输工具，而不通过境内陆路运输的，称转运货物；由船舶、航空器载运进境并由原装运输工具载运出境的，称通运货物。

海关监管货物，是指本法第二十三条所列的进出口货物，过境、转运、通运货物，特定减免税货物，以及暂时进出口货物、保税货物和其他尚未办结海关手续的进出境货物。

保税货物，是指经海关批准未办理纳税手续进境，在境内储存、加工、装配后复运出境的货物。

海关监管区，是指设立海关的港口、车站、机场、国界孔道、国际邮件互换局（交换站）和其他有海关监管业务的场所，以及虽未设立海关，但是经国务院批准的进出境地点。

第一百零一条 经济特区等特定地区同境内其他地区之间往来的运输工具、货物、物品的监管办法，由国务院另行规定。

第一百零二条 本法自 1987 年 7 月 1 日起施行。1951 年 4 月 18 日中央人民政府公布的《中华人民共和国暂行海关法》同时废止。

中华人民共和国进出口关税条例

第一章　总　　则

第一条　为了贯彻对外开放政策，促进对外经济贸易和国民经济的发展，根据《中华人民共和国海关法》（以下简称《海关法》）的有关规定，制定本条例。

第二条　中华人民共和国准许进出口的货物、进境物品，除法律、行政法规另有规定外，海关依照本条例规定征收进出口关税。

第三条　国务院制定《中华人民共和国进出口税则》（以下简称《税则》）、《中华人民共和国进境物品进口税税率表》（以下简称《进境物品进口税税率表》），规定关税的税目、税则号列和税率，作为本条例的组成部分。

第四条　国务院设立关税税则委员会，负责《税则》和《进境物品进口税税率表》的税目、税则号列和税率的调整和解释，报国务院批准后执行；决定实行暂定税率的货物、税率和期限；决定关税配额税率；决定征收反倾销税、反补贴税、保障措施关税、报复性关税以及决定实施其他关税措施；决定特殊情况下税率的适用，以及履行国务院规定的其他职责。

第五条　进口货物的收货人、出口货物的发货人、进境物品的所有人，是关税的纳税义务人。

第六条　海关及其工作人员应当依照法定职权和法定程序履行关税征管职责，维护国家利益，保护纳税人合法权益，依法接受监督。

第七条　纳税义务人有权要求海关对其商业秘密予以保密，海关应当依法为纳税义务人保密。

　　第八条　海关对检举或者协助查获违反本条例行为的单位和个人，应当按照规定给予奖励，并负责保密。

　　第九条　进口关税设置最惠国税率、协定税率、特惠税率、普通税率、关税配额税率等税率。对进口货物在一定期限内可以实行暂定税率。

　　出口关税设置出口税率。对出口货物在一定期限内可以实行暂定税率。

　　第十条　原产于共同适用最惠国待遇条款的世界贸易组织成员的进口货物，原产于与中华人民共和国签订含有相互给予最惠国待遇条款的双边贸易协定的国家或者地区的进口货物，以及原产于中华人民共和国境内的进口货物，适用最惠国税率。

　　原产于与中华人民共和国签订含有关税优惠条款的区域性贸易协定的国家或者地区的进口货物，适用协定税率。

　　原产于与中华人民共和国签订含有特殊关税优惠条款的贸易协定的国家或者地区的进口货物，适用特惠税率。

　　原产于本条第一款、第二款和第三款所列以外国家或者地区的进口货物，以及原产地不明的进口货物，适用普通税率。

　　第十一条　适用最惠国税率的进口货物有暂定税率的，应当适用暂定税率；适用协定税率、特惠税率的进口货物有暂定税率的，应当从低适用税率；适用普通税率的进口货物，不适用暂定税率。

　　适用出口税率的出口货物有暂定税率的，应当适用暂定税率。

　　第十二条　按照国家规定实行关税配额管理的进口货物，关税配额内的，适用关税配额税率；关税配额外的，其税率的适用按照本条例第十条、第十一条的规定执行。

　　第十三条　按照有关法律、行政法规的规定对进口货物采取反倾销、反补贴、保障措施的，其税率的适用按照《中华人民共和国反倾销条例》、《中华人民共和国反补贴条例》和《中华人民共和国保障措施条例》的有关规定执行。

　　第十四条　任何国家或者地区违反与中华人民共和国签订或者共同参加的贸易协定及相关协定，对中华人民共和国在贸易方面采取禁止、限制、加征关税或者其他影响正常贸易的措施的，对原产于该国家或者地区的进口货物可以征收报复性关税，适用报复性关税税率。

　　征收报复性关税的货物、适用国别、税率、期限和征收办法，由国务院关税税则委员会决定并公布。

第十五条 进出口货物，应当适用海关接受该货物申报进口或者出口之日实施的税率。

进口货物到达前，经海关核准先行申报的，应当适用装载该货物的运输工具申报进境之日实施的税率。

转关运输货物税率的适用日期，由海关总署另行规定。

第十六条 有下列情形之一，需缴纳税款的，应当适用海关接受申报办理纳税手续之日实施的税率：

（一）保税货物经批准不复运出境的；

（二）减免税货物经批准转让或者移做他用的；

（三）暂准进境货物经批准不复运出境，以及暂准出境货物经批准不复运进境的；

（四）租赁进口货物，分期缴纳税款的。

第十七条 补征和退还进出口货物关税，应当按照本条例第十五条或者第十六条的规定确定适用的税率。

因纳税义务人违反规定需要追征税款的，应当适用该行为发生之日实施的税率；行为发生之日不能确定的，适用海关发现该行为之日实施的税率。

第三章　进出口货物完税价格的确定

第十八条 进口货物的完税价格由海关以符合本条第三款所列条件的成交价格以及该货物运抵中华人民共和国境内输入地点起卸前的运输及其相关费用、保险费为基础审查确定。

进口货物的成交价格，是指卖方向中华人民共和国境内销售该货物时买方为进口该货物向卖方实付、应付的，并按照本条例第十九条、第二十条规定调整后的价款总额，包括直接支付的价款和间接支付的价款。

进口货物的成交价格应当符合下列条件：

（一）对买方处置或者使用该货物不予限制，但法律、行政法规规定实施的限制、对货物转售地域的限制和对货物价格无实质性影响的限制除外；

（二）该货物的成交价格没有因搭售或者其他因素的影响而无法确定；

（三）卖方不得从买方直接或者间接获得因该货物进口后转售、处置或者使用而产生的任何收益，或者虽有收益但能够按照本条例第十九条、第二十条的规定进行调整；

（四）买卖双方没有特殊关系，或者虽有特殊关系但未对成交价格产生影响。

第十九条 进口货物的下列费用应当计入完税价格：

（一）由买方负担的购货佣金以外的佣金和经纪费；

（二）由买方负担的在审查确定完税价格时与该货物视为一体的容器的费用；

（三）由买方负担的包装材料费用和包装劳务费用；

（四）与该货物的生产和向中华人民共和国境内销售有关的，由买方以免费或者以低于成本的方式提供并可以按适当比例分摊的料件、工具、模具、消耗材料及类似货物的价款，以及在境外开发、设计等相关服务的费用；

（五）作为该货物向中华人民共和国境内销售的条件，买方必须支付的、与该货物有关的特许权使用费；

（六）卖方直接或者间接从买方获得的该货物进口后转售、处置或者使用的收益。

第二十条 进口时在货物的价款中列明的下列税收、费用，不计入该货物的完税价格：

（一）厂房、机械、设备等货物进口后进行建设、安装、装配、维修和技术服务的费用；

（二）进口货物运抵境内输入地点起卸后的运输及其相关费用、保险费；

（三）进口关税及国内税收。

第二十一条 进口货物的成交价格不符合本条例第十八条第三款规定条件的，或者成交价格不能确定的，海关经了解有关情况，并与纳税义务人进行价格磋商后，依次以下列价格估定该货物的完税价格：

（一）与该货物同时或者大约同时向中华人民共和国境内销售的相同货物的成交价格；

（二）与该货物同时或者大约同时向中华人民共和国境内销售的类似货物的成交价格；

（三）与该货物进口的同时或者大约同时，将该进口货物、相同或者类似进口货物在第一级销售环节销售给无特殊关系买方最大销售总量的单位价格，但应当扣除本条例第二十二条规定的项目；

（四）按照下列各项总和计算的价格：生产该货物所使用的料件成本和加工费用，向中华人民共和国境内销售同等级或者同种类货物通常的利润和一般费用，该货物运抵境内输入地点起卸前的运输及其相关费用、保险费；

（五）以合理方法估定的价格。

纳税义务人向海关提供有关资料后，可以提出申请，颠倒前款第（三）项和第（四）项的适用次序。

第二十二条 按照本条例第二十一条第一款第（三）项规定估定完税价格，应当扣除的项目是指：

（一）同等级或者同种类货物在中华人民共和国境内第一级销售环节销售时通常的利润和一般费用以及通常支付的佣金；

（二）进口货物运抵境内输入地点起卸后的运输及其相关费用、保险费；

（三）进口关税及国内税收。

第二十三条 以租赁方式进口的货物，以海关审查确定的该货物的租金作为完税价格。

纳税义务人要求一次性缴纳税款的，纳税义务人可以选择按照本条例第二十一条的规定估定完税价格，或者按照海关审查确定的租金总额作为完税价格。

第二十四条 运往境外加工的货物，出境时已向海关报明并在海关规定的期限内复运进境的，应当以境外加工费和料件费以及复运进境的运输及其相关费用和保险费审查确定完税价格。

第二十五条 运往境外修理的机械器具、运输工具或者其他货物，出境时已向海关报明并在海关规定的期限内复运进境的，应当以境外修理费和料件费审查确定完税价格。

第二十六条 出口货物的完税价格由海关以该货物的成交价格以及该货物运至中华人民共和国境内输出地点装载前的运输及其相关费用、保险费为基础审查确定。

出口货物的成交价格，是指该货物出口时卖方为出口该货物应当向买方直接收取和间接收取的价款总额。

出口关税不计入完税价格。

第二十七条 出口货物的成交价格不能确定的，海关经了解有关情况，并与纳税义务人进行价格磋商后，依次以下列价格估定该货物的完税价格：

（一）与该货物同时或者大约同时向同一国家或者地区出口的相同货物的成交价格；

（二）与该货物同时或者大约同时向同一国家或者地区出口的类似货物的成交价格；

（三）按照下列各项总和计算的价格：境内生产相同或者类似货物的料件成本、加工费用，通常的利润和一般费用，境内发生的运输及其相关费用、保险费；

（四）以合理方法估定的价格。

第二十八条　按照本条例规定计入或者不计入完税价格的成本、费用、税收，应当以客观、可量化的数据为依据。

第四章　进出口货物关税的征收

第二十九条　进口货物的纳税义务人应当自运输工具申报进境之日起14日内，出口货物的纳税义务人除海关特准的外，应当在货物运抵海关监管区后、装货的24小时以前，向货物的进出境地海关申报。进出口货物转关运输的，按照海关总署的规定执行。

进口货物到达前，纳税义务人经海关核准可以先行申报。具体办法由海关总署另行规定。

第三十条　纳税义务人应当依法如实向海关申报，并按照海关的规定提供有关确定完税价格、进行商品归类、确定原产地以及采取反倾销、反补贴或者保障措施等所需的资料；必要时，海关可以要求纳税义务人补充申报。

第三十一条　纳税义务人应当按照《税则》规定的目录条文和归类总规则、类注、章注、子目注释以及其他归类注释，对其申报的进出口货物进行商品归类，并归入相应的税则号列；海关应当依法审核确定该货物的商品归类。

第三十二条　海关可以要求纳税义务人提供确定商品归类所需的有关资料；必要时，海关可以组织化验、检验，并将海关认定的化验、检验结果作为商品归类的依据。

第三十三条　海关为审查申报价格的真实性和准确性，可以查阅、复制与进出口货物有关的合同、发票、账册、结付汇凭证、单据、业务函电、录音录像制品和其他反映买卖双方关系及交易活动的资料。

海关对纳税义务人申报的价格有怀疑并且所涉关税数额较大的，经直属海关关长或者其授权的隶属海关关长批准，凭海关总署统一格式的协助查询账户通知书及有关工作人员的工作证件，可以查询纳税义务人在银行或者其他金融机构开立的单位账户的资金往来情况，并向银行业监督管理机构通报有关情况。

第三十四条　海关对纳税义务人申报的价格有怀疑的，应当将怀疑的理由书面告知纳税义务人，要求其在规定的期限内书面做出说明、提供有关资料。

纳税义务人在规定的期限内未作说明、未提供有关资料的，或者海关仍有理由怀疑申报价格的真实性和准确性的，海关可以不接受纳税义务人申报的价格，并按照本条例第三章的规定估定完税价格。

第三十五条　海关审查确定进出口货物的完税价格后，纳税义务人可以以书面形式要求海关就如何确定其进出口货物的完税价格做出书面说明，海关应当向纳税义务人做出书面说明。

第三十六条　进出口货物关税，以从价计征、从量计征或者国家规定的其他方式征收。

从价计征的计算公式为：应纳税额＝完税价格×关税税率

从量计征的计算公式为：应纳税额＝货物数量×单位税额

第三十七条　纳税义务人应当自海关填发税款缴款书之日起 15 日内向指定银行缴纳税款。纳税义务人未按期缴纳税款的，从滞纳税款之日起，按日加收滞纳税款万分之五的滞纳金。

海关可以对纳税义务人欠缴税款的情况予以公告。

海关征收关税、滞纳金等，应当制发缴款凭证，缴款凭证格式由海关总署规定。

第三十八条　海关征收关税、滞纳金等，应当按人民币计征。

进出口货物的成交价格以及有关费用以外币计价的，以中国人民银行公布的基准汇率折合为人民币计算完税价格；以基准汇率币种以外的外币计价的，按照国家有关规定套算为人民币计算完税价格。适用汇率的日期由海关总署规定。

第三十九条　纳税义务人因不可抗力或者在国家税收政策调整的情形

下，不能按期缴纳税款的，经海关总署批准，可以延期缴纳税款，但是最长不得超过6个月。

第四十条 进出口货物的纳税义务人在规定的纳税期限内有明显的转移、藏匿其应税货物以及其他财产迹象的，海关可以责令纳税义务人提供担保；纳税义务人不能提供担保的，海关可以按照《海关法》第六十一条的规定采取税收保全措施。

纳税义务人、担保人自缴纳税款期限届满之日起超过3个月仍未缴纳税款的，海关可以按照《海关法》第六十条的规定采取强制措施。

第四十一条 加工贸易的进口料件按照国家规定保税进口的，其制成品或者进口料件未在规定的期限内出口的，海关按照规定征收进口关税。

加工贸易的进口料件进境时按照国家规定征收进口关税的，其制成品或者进口料件在规定的期限内出口的，海关按照有关规定退还进境时已征收的关税税款。

第四十二条 经海关批准暂时进境或者暂时出境的下列货物，在进境或者出境时纳税义务人向海关缴纳相当于应纳税款的保证金或者提供其他担保的，可以暂不缴纳关税，并应当自进境或者出境之日起6个月内复运出境或者复运进境；经纳税义务人申请，海关可以根据海关总署的规定延长复运出境或者复运进境的期限：

（一）在展览会、交易会、会议及类似活动中展示或者使用的货物；

（二）文化、体育交流活动中使用的表演、比赛用品；

（三）进行新闻报道或者摄制电影、电视节目使用的仪器、设备及用品；

（四）开展科研、教学、医疗活动使用的仪器、设备及用品；

（五）在本款第（一）项至第（四）项所列活动中使用的交通工具及特种车辆；

（六）货样；

（七）供安装、调试、检测设备时使用的仪器、工具；

（八）盛装货物的容器；

（九）其他用于非商业目的的货物。

第一款所列暂准进境货物在规定的期限内未复运出境的，或者暂准出境货物在规定的期限内未复运进境的，海关应当依法征收关税。

第一款所列可以暂时免征关税范围以外的其他暂准进境货物，应当按照该货物的完税价格和其在境内滞留时间与折旧时间的比例计算征收进口关税。具体办法由海关总署规定。

第四十三条 因品质或者规格原因，出口货物自出口之日起 1 年内原状复运进境的，不征收进口关税。

因品质或者规格原因，进口货物自进口之日起 1 年内原状复运出境的，不征收出口关税。

第四十四条 因残损、短少、品质不良或者规格不符原因，由进出口货物的发货人、承运人或者保险公司免费补偿或者更换的相同货物，进出口时不征收关税。被免费更换的原进口货物不退运出境或者原出口货物不退运进境的，海关应当对原进出口货物重新按照规定征收关税。

第四十五条 下列进出口货物，免征关税：

（一）关税税额在人民币 50 元以下的一票货物；

（二）无商业价值的广告品和货样；

（三）外国政府、国际组织无偿赠送的物资；

（四）在海关放行前损失的货物；

（五）进出境运输工具装载的途中必需的燃料、物料和饮食用品。

在海关放行前遭受损坏的货物，可以根据海关认定的受损程度减征关税。

法律规定的其他免征或者减征关税的货物，海关根据规定予以免征或者减征。

第四十六条 特定地区、特定企业或者有特定用途的进出口货物减征或者免征关税，以及临时减征或者免征关税，按照国务院的有关规定执行。

第四十七条 进口货物减征或者免征进口环节海关代征税，按照有关法律、行政法规的规定执行。

第四十八条 纳税义务人进出口减免税货物的，除另有规定外，应当在进出口该货物之前，按照规定持有关文件向海关办理减免税审批手续。经海关审查符合规定的，予以减征或者免征关税。

第四十九条 需由海关监管使用的减免税进口货物，在监管年限内转让或者移作他用需要补税的，海关应当根据该货物进口时间折旧估价，补征进口关税。

特定减免税进口货物的监管年限由海关总署规定。

第五十条 有下列情形之一的，纳税义务人自缴纳税款之日起 1 年内，可以申请退还关税，并应当以书面形式向海关说明理由，提供原缴款凭证及相关资料：

（一）已征进口关税的货物，因品质或者规格原因，原状退货复运出境的；

（二）已征出口关税的货物，因品质或者规格原因，原状退货复运进境，并已重新缴纳因出口而退还的国内环节有关税收的；

（三）已征出口关税的货物，因故未装运出口，申报退关的。

海关应当自受理退税申请之日起 30 日内查实并通知纳税义务人办理退还手续。纳税义务人应当自收到通知之日起 3 个月内办理有关退税手续。

按照其他有关法律、行政法规规定应当退还关税的，海关应当按照有关法律、行政法规的规定退税。

第五十一条 进出口货物放行后，海关发现少征或者漏征税款的，应当自缴纳税款或者货物放行之日起 1 年内，向纳税义务人补征税款。但因纳税义务人违反规定造成少征或者漏征税款的，海关可以自缴纳税款或者货物放行之日起 3 年内追征税款，并从缴纳税款或者货物放行之日起按日加收少征或者漏征税款万分之五的滞纳金。

海关发现海关监管货物因纳税义务人违反规定造成少征或者漏征税款的，应当自纳税义务人应缴纳税款之日起 3 年内追征税款，并从应缴纳税款之日起按日加收少征或者漏征税款万分之五的滞纳金。

第五十二条 海关发现多征税款的，应当立即通知纳税义务人办理退还手续。

纳税义务人发现多缴税款的，自缴纳税款之日起 1 年内，可以以书面形式要求海关退还多缴的税款并加算银行同期活期存款利息；海关应当自受理退税申请之日起 30 日内查实并通知纳税义务人办理退还手续。

纳税义务人应当自收到通知之日起 3 个月内办理有关退税手续。

第五十三条 按照本条例第五十条、第五十二条的规定退还税款、利息涉及从国库中退库的，按照法律、行政法规有关国库管理的规定执行。

第五十四条 报关企业接受纳税义务人的委托，以纳税义务人的名义办理报关纳税手续，因报关企业违反规定而造成海关少征、漏征税款的，报关企业对少征或者漏征的税款、滞纳金与纳税义务人承担纳税的连带责任。

报关企业接受纳税义务人的委托，以报关企业的名义办理报关纳税手续的，报关企业与纳税义务人承担纳税的连带责任。

除不可抗力外，在保管海关监管货物期间，海关监管货物损毁或者灭失的，对海关监管货物负有保管义务的人应当承担相应的纳税责任。

第五十五条　欠税的纳税义务人，有合并、分立情形的，在合并、分立前，应当向海关报告，依法缴清税款。纳税义务人合并时未缴清税款的，由合并后的法人或者其他组织继续履行未履行的纳税义务；纳税义务人分立时未缴清税款的，分立后的法人或者其他组织对未履行的纳税义务承担连带责任。

纳税义务人在减免税货物、保税货物监管期间，有合并、分立或者其他资产重组情形的，应当向海关报告。按照规定需要缴税的，应当依法缴清税款；按照规定可以继续享受减免税、保税待遇的，应当到海关办理变更纳税义务人的手续。

纳税义务人欠税或者在减免税货物、保税货物监管期间，有撤销、解散、破产或者其他依法终止经营情形的，应当在清算前向海关报告。海关应当依法对纳税义务人的应缴税款予以清缴。

第五章　进境物品进口税的征收

第五十六条　进境物品的关税以及进口环节海关代征税合并为进口税，由海关依法征收。

第五十七条　海关总署规定数额以内的个人自用进境物品，免征进口税。

超过海关总署规定数额但仍在合理数量以内的个人自用进境物品，由进境物品的纳税义务人在进境物品放行前按照规定缴纳进口税。

超过合理、自用数量的进境物品应当按照进口货物依法办理相关手续。

国务院关税税则委员会规定按货物征税的进境物品，按照本条例第二章至第四章的规定征收关税。

第五十八条　进境物品的纳税义务人是指，携带物品进境的入境人员、进境邮递物品的收件人以及以其他方式进口物品的收件人。

第五十九条　进境物品的纳税义务人可以自行办理纳税手续，也可以委托他人办理纳税手续。接受委托的人应当遵守本章对纳税义务人的各项规定。

第六十条 进口税从价计征。进口税的计算公式为：进口税税额＝完税价格×进口税税率

第六十一条 海关应当按照《进境物品进口税税率表》及海关总署制定的《中华人民共和国进境物品归类表》、《中华人民共和国进境物品完税价格表》对进境物品进行归类、确定完税价格和确定适用税率。

第六十二条 进境物品，适用海关填发税款缴款书之日实施的税率和完税价格。

第六十三条 进口税的减征、免征、补征、追征、退还以及对暂准进境物品征收进口税参照本条例对货物征收进口关税的有关规定执行。

第六章　附　　则

第六十四条 纳税义务人、担保人对海关确定纳税义务人、确定完税价格、商品归类、确定原产地、适用税率或者汇率、减征或者免征税款、补税、退税、征收滞纳金、确定计征方式以及确定纳税地点有异议的，应当缴纳税款，并可以依法向上一级海关申请复议。对复议决定不服的，可以依法向人民法院提起诉讼。

第六十五条 进口环节海关代征税的征收管理，适用关税征收管理的规定。

第六十六条 有违反本条例规定行为的，按照《海关法》《中华人民共和国海关法行政处罚实施细则》和其他有关法律、行政法规的规定处罚。

第六十七条 本条例自2004年1月1日起施行。1992年3月18日国务院修订发布的《中华人民共和国进出口关税条例》同时废止。

中华人民共和国海关行政处罚实施条例

第一章 总 则

第一条 为了规范海关行政处罚，保障海关依法行使职权，保护公民、法人或者其他组织的合法权益，根据《中华人民共和国海关法》（以下简称《海关法》）及其他有关法律的规定，制定本实施条例。

第二条 依法不追究刑事责任的走私行为和违反海关监管规定的行为，以及法律、行政法规规定由海关实施行政处罚的行为的处理，适用本实施条例。

第三条 海关行政处罚由发现违法行为的海关管辖，也可以由违法行为发生地海关管辖。

2 个以上海关都有管辖权的案件，由最先发现违法行为的海关管辖。

管辖不明确的案件，由有关海关协商确定管辖，协商不成的，报请共同的上级海关指定管辖。

重大、复杂的案件，可以由海关总署指定管辖。

第四条 海关发现的依法应当由其他行政机关处理的违法行为，应当移送有关行政机关处理；违法行为涉嫌犯罪的，应当移送海关侦查走私犯罪公安机构、地方公安机关依法办理。

第五条 依照本实施条例处以警告、罚款等行政处罚，但不没收进出境货物、物品、运输工具的，不免除有关当事人依法缴纳税款、提交进出口许可证件、办理有关海关手续的义务。

第六条 抗拒、阻碍海关侦查走私犯罪公安机构依法执行职务的，由设在直属海关、隶属海关的海关侦查走私犯罪公安机构依照治安管理处罚的有关规定给予处罚。

抗拒、阻碍其他海关工作人员依法执行职务的，应当报告地方公安机关依法处理。

第二章　走私行为及其处罚

第七条　违反《海关法》及其他有关法律、行政法规，逃避海关监管，偷逃应纳税款、逃避国家有关进出境的禁止性或者限制性管理，有下列情形之一的，是走私行为：

（一）未经国务院或者国务院授权的机关批准，从未设立海关的地点运输、携带国家禁止或者限制进出境的货物、物品或者依法应当缴纳税款的货物、物品进出境的；

（二）经过设立海关的地点，以藏匿、伪装、瞒报、伪报或者其他方式逃避海关监管，运输、携带、邮寄国家禁止或者限制进出境的货物、物品或者依法应当缴纳税款的货物、物品进出境的；

（三）使用伪造、变造的手册、单证、印章、账册、电子数据或者以其他方式逃避海关监管，擅自将海关监管货物、物品、进境的境外运输工具，在境内销售的；

（四）使用伪造、变造的手册、单证、印章、账册、电子数据或者以伪报加工贸易制成品单位耗料量等方式，致使海关监管货物、物品脱离监管的；

（五）以藏匿、伪装、瞒报、伪报或者其他方式逃避海关监管，擅自将保税区、出口加工区等海关特殊监管区域内的海关监管货物、物品，运出区外的；

（六）有逃避海关监管，构成走私的其他行为的。

第八条　有下列行为之一的，按走私行为论处：

（一）明知是走私进口的货物、物品，直接向走私人非法收购的；

（二）在内海、领海、界河、界湖，船舶及所载人员运输、收购、贩卖国家禁止或者限制进出境的货物、物品，或者运输、收购、贩卖依法应当缴纳税款的货物，没有合法证明的。

第九条　有本实施条例第七条、第八条所列行为之一的，依照下列规定处罚：

（一）走私国家禁止进出口的货物的，没收走私货物及违法所得，可以并处 100 万元以下罚款；走私国家禁止进出境的物品的，没收走私物品及违法所得，可以并处 10 万元以下罚款；

（二）应当提交许可证件而未提交但未偷逃税款，走私国家限制进出境的货物、物品的，没收走私货物、物品及违法所得，可以并处走私货物、物品等值以下罚款；

（三）偷逃应纳税款但未逃避许可证件管理，走私依法应当缴纳税款的货物、物品的，没收走私货物、物品及违法所得，可以并处偷逃应纳税款 3 倍以下罚款。

专门用于走私的运输工具或者用于掩护走私的货物、物品，2 年内 3 次以上用于走私的运输工具或者用于掩护走私的货物、物品，应当予以没收。藏匿走私货物、物品的特制设备、夹层、暗格，应当予以没收或者责令拆毁。使用特制设备、夹层、暗格实施走私的，应当从重处罚。

第十条　与走私人通谋为走私人提供贷款、资金、账号、发票、证明、海关单证的，与走私人通谋为走私人提供走私货物、物品的提取、发运、运输、保管、邮寄或者其他方便的，以走私的共同当事人论处，没收违法所得，并依照本实施条例第九条的规定予以处罚。

第十一条　报关企业、报关人员和海关准予从事海关监管货物的运输、储存、加工、装配、寄售、展示等业务的企业，构成走私犯罪或者 1 年内有 2 次以上走私行为的，海关可以撤销其注册登记、取消其报关从业资格。

第三章　违反海关监管规定的行为及其处罚

第十二条　违反《海关法》及其他有关法律、行政法规和规章但不构成走私行为的，是违反海关监管规定的行为。

第十三条　违反国家进出口管理规定，进出口国家禁止进出口的货物的，责令退运，处 100 万元以下罚款。

第十四条　违反国家进出口管理规定，进出口国家限制进出口的货物，进出口货物的收发货人向海关申报时不能提交许可证件的，进出口货物不予放行，处货物价值 30% 以下罚款。

违反国家进出口管理规定，进出口属于自动进出口许可管理的货物，进出口货物的收发货人向海关申报时不能提交自动许可证明的，进出口货物不予放行。

第十五条 进出口货物的品名、税则号列、数量、规格、价格、贸易方式、原产地、启运地、运抵地、最终目的地或者其他应当申报的项目未申报或者申报不实的，分别依照下列规定予以处罚，有违法所得的，没收违法所得：

（一）影响海关统计准确性的，予以警告或者处 1000 元以上 1 万元以下罚款；

（二）影响海关监管秩序的，予以警告或者处 1000 元以上 3 万元以下罚款；

（三）影响国家许可证件管理的，处货物价值 5% 以上 30% 以下罚款；

（四）影响国家税款征收的，处漏缴税款 30% 以上 2 倍以下罚款；

（五）影响国家外汇、出口退税管理的，处申报价格 10% 以上 50% 以下罚款。

第十六条 进出口货物收发货人未按照规定向报关企业提供所委托报关事项的真实情况，致使发生本实施条例第十五条规定情形的，对委托人依照本实施条例第十五条的规定予以处罚。

第十七条 报关企业、报关人员对委托人所提供情况的真实性未进行合理审查，或者因工作疏忽致使发生本实施条例第十五条规定情形的，可以对报关企业处货物价值 10% 以下罚款，暂停其 6 个月以内从事报关业务或者执业；情节严重的，撤销其报关注册登记、取消其报关从业资格。

第十八条 有下列行为之一的，处货物价值 5% 以上 30% 以下罚款，有违法所得的，没收违法所得：

（一）未经海关许可，擅自将海关监管货物开拆、提取、交付、发运、调换、改装、抵押、质押、留置、转让、更换标记、移作他用或者进行其他处置的；

（二）未经海关许可，在海关监管区以外存放海关监管货物的；

（三）经营海关监管货物的运输、储存、加工、装配、寄售、展示等业务，有关货物灭失、数量短少或者记录不真实，不能提供正当理由的；

（四）经营保税货物的运输、储存、加工、装配、寄售、展示等业务，不依照规定办理收存、交付、结转、核销等手续，或者中止、延长、变更、转让有关合同不依照规定向海关办理手续的；

（五）未如实向海关申报加工贸易制成品单位耗料量的；

（六）未按照规定期限将过境、转运、通运货物运输出境，擅自留在境内的；

（七）未按照规定期限将暂时进出口货物复运出境或者复运进境，擅自留在境内或者境外的；

（八）有违反海关监管规定的其他行为，致使海关不能或者中断对进出口货物实施监管的。

前款规定所涉货物属于国家限制进出口需要提交许可证件，当事人在规定期限内不能提交许可证件的，另处货物价值30%以下罚款；漏缴税款的，可以另处漏缴税款1倍以下罚款。

第十九条 有下列行为之一的，予以警告，可以处物品价值20%以下罚款，有违法所得的，没收违法所得：

（一）未经海关许可，擅自将海关尚未放行的进出境物品开拆、交付、投递、转移或者进行其他处置的；

（二）个人运输、携带、邮寄超过合理数量的自用物品进出境未向海关申报的；

（三）个人运输、携带、邮寄超过规定数量但仍属自用的国家限制进出境物品进出境，未向海关申报但没有以藏匿、伪装等方式逃避海关监管的；

（四）个人运输、携带、邮寄物品进出境，申报不实的；

（五）经海关登记准予暂时免税进境或者暂时免税出境的物品，未按照规定复带出境或者复带进境的；

（六）未经海关批准，过境人员将其所带物品留在境内的。

第二十条 运输、携带、邮寄国家禁止进出境的物品进出境，未向海关申报但没有以藏匿、伪装等方式逃避海关监管的，予以没收，或者责令退回，或者在海关监管下予以销毁或者进行技术处理。

第二十一条 有下列行为之一的，予以警告，可以处10万元以下罚款，有违法所得的，没收违法所得：

（一）运输工具不经设立海关的地点进出境的；

（二）在海关监管区停留的进出境运输工具，未经海关同意擅自驶离的；

（三）进出境运输工具从一个设立海关的地点驶往另一个设立海关的地

点，尚未办结海关手续又未经海关批准，中途改驶境外或者境内未设立海关的地点的；

（四）进出境运输工具到达或者驶离设立海关的地点，未按照规定向海关申报、交验有关单证或者交验的单证不真实的。

第二十二条　有下列行为之一的，予以警告，可以处 5 万元以下罚款，有违法所得的，没收违法所得：

（一）未经海关同意，进出境运输工具擅自装卸进出境货物、物品或者上下进出境旅客的；

（二）未经海关同意，进出境运输工具擅自兼营境内客货运输或者用于进出境运输以外的其他用途的；

（三）未按照规定办理海关手续，进出境运输工具擅自改营境内运输的；

（四）未按照规定期限向海关传输舱单等电子数据、传输的电子数据不准确或者未按照规定期限保存相关电子数据，影响海关监管的；

（五）进境运输工具在进境以后向海关申报以前，出境运输工具在办结海关手续以后出境以前，不按照交通主管部门或者海关指定的路线行进的；

（六）载运海关监管货物的船舶、汽车不按照海关指定的路线行进的；

（七）进出境船舶和航空器，由于不可抗力被迫在未设立海关的地点停泊、降落或者在境内抛掷、起卸货物、物品，无正当理由不向附近海关报告的；

（八）无特殊原因，未将进出境船舶、火车、航空器到达的时间、停留的地点或者更换的时间、地点事先通知海关的；

（九）不按照规定接受海关对进出境运输工具、货物、物品进行检查、查验的。

第二十三条　有下列行为之一的，予以警告，可以处 3 万元以下罚款：

（一）擅自开启或者损毁海关封志的；

（二）遗失海关制发的监管单证、手册等凭证，妨碍海关监管的；

（三）有违反海关监管规定的其他行为，致使海关不能或者中断对进出境运输工具、物品实施监管的。

第二十四条　伪造、变造、买卖海关单证的，处 5 万元以上 50 万元以下罚款，有违法所得的，没收违法所得；构成犯罪的，依法追究刑事责任。

第二十五条　进出口侵犯中华人民共和国法律、行政法规保护的知识产权的货物的，没收侵权货物，并处货物价值 30% 以下罚款；构成犯罪的，依法追究刑事责任。

需要向海关申报知识产权状况，进出口货物收发货人及其代理人未按照规定向海关如实申报有关知识产权状况，或者未提交合法使用有关知识产权的证明文件的，可以处 5 万元以下罚款。

第二十六条 报关企业、报关人员和海关准予从事海关监管货物的运输、储存、加工、装配、寄售、展示等业务的企业，有下列情形之一的，责令改正，给予警告，可以暂停其 6 个月以内从事有关业务或者执业：

（一）拖欠税款或者不履行纳税义务的；

（二）报关企业出让其名义供他人办理进出口货物报关纳税事宜的；

（三）损坏或者丢失海关监管货物，不能提供正当理由的；

（四）有需要暂停其从事有关业务或者执业的其他违法行为的。

第二十七条 报关企业、报关人员和海关准予从事海关监管货物的运输、储存、加工、装配、寄售、展示等业务的企业，有下列情形之一的，海关可以撤销其注册登记、取消其报关从业资格：

（一）1 年内 3 人次以上被海关暂停执业的；

（二）被海关暂停从事有关业务或者执业，恢复从事有关业务或者执业后 1 年内再次发生本实施条例第二十六条规定情形的；

（三）有需要撤销其注册登记或者取消其报关从业资格的其他违法行为的。

第二十八条 报关企业、报关人员非法代理他人报关或者超出海关准予的从业范围进行报关活动的，责令改正，处 5 万元以下罚款，暂停其 6 个月以内从事报关业务或者执业；情节严重的，撤销其报关注册登记、取消其报关从业资格。

第二十九条 进出口货物收发货人、报关企业、报关人员向海关工作人员行贿的，撤销其报关注册登记、取消其报关从业资格，并处 10 万元以下罚款；构成犯罪的，依法追究刑事责任，并不得重新注册登记为报关企业和取得报关从业资格。

第三十条 未经海关注册登记和未取得报关从业资格从事报关业务的，予以取缔，没收违法所得，可以并处 10 万元以下罚款。

第三十一条 提供虚假资料骗取海关注册登记、报关从业资格的，撤销其注册登记、取消其报关从业资格，并处 30 万元以下罚款。

第三十二条 法人或者其他组织有违反海关法的行为，除处罚该法人或者组织外，对其主管人员和直接责任人员予以警告，可以处 5 万元以下罚款，有违法所得的，没收违法所得。

第四章　对违反《海关法》行为的调查

第三十三条 海关发现公民、法人或者其他组织有依法应当由海关给予行政处罚的行为的，应当立案调查。

第三十四条 海关立案后，应当全面、客观、公正、及时地进行调查、收集证据。

海关调查、收集证据，应当按照法律、行政法规及其他有关规定的要求办理。

海关调查、收集证据时，海关工作人员不得少于 2 人，并应当向被调查人出示证件。

调查、收集的证据涉及国家秘密、商业秘密或者个人隐私的，海关应当保守秘密。

第三十五条 海关依法检查走私嫌疑人的身体，应当在隐蔽的场所或者非检查人员的视线之外，由 2 名以上与被检查人同性别的海关工作人员执行。

走私嫌疑人应当接受检查，不得阻挠。

第三十六条 海关依法检查运输工具和场所，查验货物、物品，应当制作检查、查验记录。

第三十七条 海关依法扣留走私犯罪嫌疑人，应当制发扣留走私犯罪嫌疑人决定书。对走私犯罪嫌疑人，扣留时间不超过 24 小时，在特殊情况下可以延长至 48 小时。

海关应当在法定扣留期限内对被扣留人进行审查。排除犯罪嫌疑或者法定扣留期限届满的，应当立即解除扣留，并制发解除扣留决定书。

第三十八条 下列货物、物品、运输工具及有关账册、单据等资料，海关可以依法扣留：

（一）有走私嫌疑的货物、物品、运输工具；

（二）违反《海关法》或者其他有关法律、行政法规的货物、物品、运输工具；

（三）与违反《海关法》或者其他有关法律、行政法规的货物、物品、运输工具有牵连的账册、单据等资料；

（四）法律、行政法规规定可以扣留的其他货物、物品、运输工具及有关账册、单据等资料。

第三十九条 有违法嫌疑的货物、物品、运输工具无法或者不便扣留的，当事人或者运输工具负责人应当向海关提供等值的担保，未提供等值担保的，海关可以扣留当事人等值的其他财产。

第四十条 海关扣留货物、物品、运输工具以及账册、单据等资料的期限不得超过1年。因案件调查需要，经直属海关关长或者其授权的隶属海关关长批准，可以延长，延长期限不得超过1年。但复议、诉讼期间不计算在内。

第四十一条 有下列情形之一的，海关应当及时解除扣留：

（一）排除违法嫌疑的；

（二）扣留期限、延长期限届满的；

（三）已经履行海关行政处罚决定的；

（四）法律、行政法规规定应当解除扣留的其他情形。

第四十二条 海关依法扣留货物、物品、运输工具、其他财产以及账册、单据等资料，应当制发海关扣留凭单，由海关工作人员、当事人或者其代理人、保管人、见证人签字或者盖章，并可以加施海关封志。加施海关封志的，当事人或者其代理人、保管人应当妥善保管。

海关解除对货物、物品、运输工具、其他财产以及账册、单据等资料的扣留，或者发还等值的担保，应当制发海关解除扣留通知书、海关解除担保通知书，并由海关工作人员、当事人或者其代理人、保管人、见证人签字或者盖章。

第四十三条 海关查问违法嫌疑人或者询问证人，应当个别进行，并告知其权利和作伪证应当承担的法律责任。违法嫌疑人、证人必须如实陈述、提供证据。

海关查问违法嫌疑人或者询问证人应当制作笔录，并当场交其辨认，没有异议的，立即签字确认；有异议的，予以更正后签字确认。

严禁刑讯逼供或者以威胁、引诱、欺骗等非法手段收集证据。

海关查问违法嫌疑人，可以到违法嫌疑人的所在单位或者住处进行，也可以要求其到海关或者海关指定的地点进行。

　　第四十四条　海关收集的物证、书证应当是原物、原件。收集原物、原件确有困难的，可以拍摄、复制，并可以指定或者委托有关单位或者个人对原物、原件予以妥善保管。

　　海关收集物证、书证，应当开列清单，注明收集的日期，由有关单位或者个人确认后签字或者盖章。

　　海关收集电子数据或者录音、录像等视听资料，应当收集原始载体。收集原始载体确有困难的，可以收集复制件，注明制作方法、制作时间、制作人等，并由有关单位或者个人确认后签字或者盖章。

　　第四十五条　根据案件调查需要，海关可以对有关货物、物品进行取样化验、鉴定。

　　海关提取样品时，当事人或者其代理人应当到场；当事人或者其代理人未到场的，海关应当邀请见证人到场。提取的样品，海关应当予以加封，并由海关工作人员及当事人或者其代理人、见证人确认后签字或者盖章。

　　化验、鉴定应当交由海关化验鉴定机构或者委托国家认可的其他机构进行。

　　化验人、鉴定人进行化验、鉴定后，应当出具化验报告、鉴定结论，并签字或者盖章。

　　第四十六条　根据《海关法》有关规定，海关可以查询案件涉嫌单位和涉嫌人员在金融机构、邮政企业的存款、汇款。

　　海关查询案件涉嫌单位和涉嫌人员在金融机构、邮政企业的存款、汇款，应当出示海关协助查询通知书。

　　第四十七条　海关依法扣留的货物、物品、运输工具，在人民法院判决或者海关行政处罚决定做出之前，不得处理。但是，危险品或者鲜活、易腐、易烂、易失效、易变质等不宜长期保存的货物、物品以及所有人申请先行变卖的货物、物品、运输工具，经直属海关关长或者其授权的隶属海关关长批准，可以先行依法变卖，变卖所得价款由海关保存，并通知其所有人。

　　第四十八条　当事人有权根据《海关法》的规定要求海关工作人员回避。

第五章　海关行政处罚的决定和执行

第四十九条　海关做出暂停从事有关业务、暂停报关执业、撤销海关注册登记、取消报关从业资格、对公民处 1 万元以上罚款、对法人或者其他组织处 10 万元以上罚款、没收有关货物、物品、走私运输工具等行政处罚决定之前，应当告知当事人有要求举行听证的权利；当事人要求听证的，海关应当组织听证。

海关行政处罚听证办法由海关总署制定。

第五十条　案件调查终结，海关关长应当对调查结果进行审查，根据不同情况，依法做出决定。

对情节复杂或者重大违法行为给予较重的行政处罚，应当由海关案件审理委员会集体讨论决定。

第五十一条　同一当事人实施了走私和违反海关监管规定的行为且二者之间有因果关系的，依照本实施条例对走私行为的规定从重处罚，对其违反海关监管规定的行为不再另行处罚。

同一当事人就同一批货物、物品分别实施了 2 个以上违反海关监管规定的行为且二者之间有因果关系的，依照本实施条例分别规定的处罚幅度，择其重者处罚。

第五十二条　对 2 个以上当事人共同实施的违法行为，应当区别情节及责任，分别给予处罚。

第五十三条　有下列情形之一的，应当从重处罚：

（一）因走私被判处刑罚或者被海关行政处罚后在 2 年内又实施走私行为的；

（二）因违反海关监管规定被海关行政处罚后在 1 年内又实施同一违反海关监管规定的行为的；

（三）有其他依法应当从重处罚的情形的。

第五十四条　海关对当事人违反《海关法》的行为依法给予行政处罚的，应当制作行政处罚决定书。

对同一当事人实施的 2 个以上违反《海关法》的行为，可以制发 1 份行政处罚决定书。

对2个以上当事人分别实施的违反《海关法》的行为，应当分别制发行政处罚决定书。

对2个以上当事人共同实施的违反《海关法》的行为，应当制发1份行政处罚决定书，区别情况对各当事人分别予以处罚，但需另案处理的除外。

第五十五条 行政处罚决定书应当依照有关法律规定送达当事人。

依法予以公告送达的，海关应当将行政处罚决定书的正本张贴在海关公告栏内，并在报纸上刊登公告。

第五十六条 海关做出没收货物、物品、走私运输工具的行政处罚决定，有关货物、物品、走私运输工具无法或者不便没收的，海关应当追缴上述货物、物品、走私运输工具的等值价款。

第五十七条 法人或者其他组织实施违反《海关法》的行为后，有合并、分立或者其他资产重组情形的，海关应当以原法人、组织作为当事人。

对原法人、组织处以罚款、没收违法所得或者依法追缴货物、物品、走私运输工具的等值价款的，应当以承受其权利义务的法人、组织作为被执行人。

第五十八条 罚款、违法所得和依法追缴的货物、物品、走私运输工具的等值价款，应当在海关行政处罚决定规定的期限内缴清。

当事人按期履行行政处罚决定、办结海关手续的，海关应当及时解除其担保。

第五十九条 受海关处罚的当事人或者其法定代表人、主要负责人应当在出境前缴清罚款、违法所得和依法追缴的货物、物品、走私运输工具的等值价款。在出境前未缴清上述款项的，应当向海关提供相当于上述款项的担保。未提供担保，当事人是自然人的，海关可以通知出境管理机关阻止其出境；当事人是法人或者其他组织的，海关可以通知出境管理机关阻止其法定代表人或者主要负责人出境。

第六十条 当事人逾期不履行行政处罚决定的，海关可以采取下列措施：

（一）到期不缴纳罚款的，每日按罚款数额的3%加处罚款；

（二）根据《海关法》规定，将扣留的货物、物品、运输工具变价抵缴，或者以当事人提供的担保抵缴；

（三）申请人民法院强制执行。

第六十一条 当事人确有经济困难，申请延期或者分期缴纳罚款的，经海关批准，可以暂缓或者分期缴纳罚款。

当事人申请延期或者分期缴纳罚款的，应当以书面形式提出，海关收到申请后，应当在 10 个工作日内做出决定，并通知申请人。海关同意当事人暂缓或者分期缴纳的，应当及时通知收缴罚款的机构。

第六十二条 有下列情形之一的，有关货物、物品、违法所得、运输工具、特制设备由海关予以收缴：

（一）依照《中华人民共和国行政处罚法》第二十五条、第二十六条规定不予行政处罚的当事人携带、邮寄国家禁止进出境的货物、物品进出境的；

（二）散发性邮寄国家禁止、限制进出境的物品进出境或者携带数量零星的国家禁止进出境的物品进出境，依法可以不予行政处罚的；

（三）依法应当没收的货物、物品、违法所得、走私运输工具、特制设备，在海关作出行政处罚决定前，作为当事人的自然人死亡或者作为当事人的法人、其他组织终止，且无权利义务承受人的；

（四）走私违法事实基本清楚，但当事人无法查清，自海关公告之日起满 3 个月的；

（五）有违反法律、行政法规，应当予以收缴的其他情形的。

海关收缴前款规定的货物、物品、违法所得、运输工具、特制设备，应当制发清单，由被收缴人或者其代理人、见证人签字或者盖章。被收缴人无法查清且无见证人的，应当予以公告。

第六十三条 人民法院判决没收的走私货物、物品、违法所得、走私运输工具、特制设备，或者海关决定没收、收缴的货物、物品、违法所得、走私运输工具、特制设备，由海关依法统一处理，所得价款和海关收缴的罚款，全部上缴中央国库。

第六章 附 则

第六十四条 本实施条例下列用语的含义是：

"设立海关的地点"，指海关在港口、车站、机场、国界孔道、国际邮件互换局（交换站）等海关监管区设立的卡口，海关在保税区、出口加工区等海关特殊监管区域设立的卡口，以及海关在海上设立的中途监管站。

"许可证件"，指依照国家有关规定，当事人应当事先申领，并由国家有关主管部门颁发的准予进口或者出口的证明、文件。

"合法证明"，指船舶及所载人员依照国家有关规定或者依照国际运输惯例所必须持有的证明其运输、携带、收购、贩卖所载货物、物品真实、合法、有效的商业单证、运输单证及其他有关证明、文件。

"物品"，指个人以运输、携带等方式进出境的行李物品、邮寄进出境的物品，包括货币、金银等。超出自用、合理数量的，视为货物。

"自用"，指旅客或者收件人本人自用、馈赠亲友而非为出售或者出租。

"合理数量"，指海关根据旅客或者收件人的情况、旅行目的和居留时间所确定的正常数量。

"货物价值"，指进出口货物的完税价格、关税、进口环节海关代征税之和。

"物品价值"，指进出境物品的完税价格、进口税之和。

"应纳税款"，指进出口货物、物品应当缴纳的进出口关税、进口环节海关代征税之和。

"专门用于走私的运输工具"，指专为走私而制造、改造、购买的运输工具。

"以上"、"以下"、"以内"、"届满"，均包括本数在内。

第六十五条　海关对外国人、无国籍人、外国企业或者其他组织给予行政处罚的，适用本实施条例。

第六十六条　国家禁止或者限制进出口的货物目录，由国务院对外贸易主管部门依照《中华人民共和国对外贸易法》的规定办理；国家禁止或者限制进出境的物品目录，由海关总署公布。

第六十七条　依照海关规章给予行政处罚的，应当遵守本实施条例规定的程序。

第六十八条　本实施条例自 2004 年 11 月 1 日起施行。1993 年 2 月 17 日国务院批准修订、1993 年 4 月 1 日海关总署发布的《中华人民共和国海关法行政处罚实施细则》同时废止。

中华人民共和国海关进出口货物
报关单填制规范

为规范进出口货物收发货人的申报行为，统一进出口货物报关单填制要求，保证报关单数据质量，根据《中华人民共和国海关法》及有关法规，制定本规范。

《中华人民共和国海关进（出）口货物报关单》在本规范中采用"报关单""进口报关单""出口报关单"的提法。

报关单各栏目的填制规范如下：

一、预录入编号

本栏目填报预录入报关单的编号，预录入编号规则由接受申报的海关决定。

二、海关编号

本栏目填报海关接受申报时给予报关单的编号，一份报关单对应一个海关编号。

报关单海关编号为18位，其中第1~4位为接受申报海关的编号（海关规定的《关区代码表》中相应海关代码），第5~8位为海关接受申报的公历年份，第9位为进出口标志（"1"为进口，"0"为出口；集中申报清单"I"为进口，"E"为出口），后9位为顺序编号。

三、收发货人

本栏目填报在海关注册的对外签订并执行进出口贸易合同的中国境内法人、其他组织或个人的名称及编码。编码可选填18位法人和其他组织统一社会信用代码或10位海关注册编码任一项。

特殊情况下填制要求如下：

（一）进出口货物合同的签订者和执行者非同一企业的，填报执行合同的企业。

（二）外商投资企业委托进出口企业进口投资设备、物品的，填报外商投资企业，并在标记唛码及备注栏注明"委托某进出口企业进口"，同时注明被委托企业的 18 位法人和其他组织统一社会信用代码。

（三）有代理报关资格的报关企业代理其他进出口企业办理进出口报关手续时，填报委托的进出口企业的。

（四）使用海关核发的《中华人民共和国海关加工贸易手册》、电子账册及其分册（以下统称《加工贸易手册》）管理的货物，收发货人应与《加工贸易手册》的"经营企业"一致。

四、进口口岸/出口口岸

本栏目应根据货物实际进出境的口岸海关，填报海关规定的《关区代码表》中相应口岸海关的名称及代码。特殊情况填报要求如下：

进口转关运输货物应填报货物进境地海关名称及代码，出口转关运输货物应填报货物出境地海关名称及代码。按转关运输方式监管的跨关区深加工结转货物，出口报关单填报转出地海关名称及代码，进口报关单填报转入地海关名称及代码。

在不同海关特殊监管区域或保税监管场所之间调拨、转让的货物，填报对方特殊监管区域或保税监管场所所在的海关名称及代码。

其他无实际进出境的货物，填报接受申报的海关名称及代码。

五、进口日期/出口日期

进口日期填报运载进口货物的运输工具申报进境的日期。

出口日期指运载出口货物的运输工具办结出境手续的日期，本栏目供海关签发打印报关单证明联用，在申报时免予填报。

无实际进出境的报关单填报海关接受申报的日期。

本栏目为 8 位数字，顺序为年（4 位）、月（2 位）、日（2 位）。

六、申报日期

申报日期指海关接受进出口货物收发货人、受委托的报关企业申报数据的日期。以电子数据报关单方式申报的，申报日期为海关计算机系统接受申报数据时记录的日期。以纸质报关单方式申报的，申报日期为海关接受纸质报关单并对报关单进行登记处理的日期。

申报日期为 8 位数字，顺序为年（4 位）、月（2 位）、日（2 位）。本栏目在申报时免予填报。

七、消费使用单位/生产销售单位

（一）消费使用单位填报已知的进口货物在境内的最终消费、使用单位的名称，包括：

1. 自行从境外进口货物的单位。

2. 委托进出口企业进口货物的单位。

（二）生产销售单位填报出口货物在境内的生产或销售单位的名称，包括：

1. 自行出口货物的单位。

2. 委托进出口企业出口货物的单位。

本栏目可选填 18 位法人和其他组织统一社会信用代码或 10 位海关注册编码或 9 位组织机构代码任一项。没有代码的应填报 "NO"。

（三）有 10 位海关注册编码或 18 位法人和其他组织统一社会信用代码或加工企业编码的消费使用单位/生产销售单位，本栏目应填报其中文名称及编码；没有编码的应填报其中文名称。

使用《加工贸易手册》管理的货物，消费使用单位/生产销售单位应与《加工贸易手册》的"加工企业"一致；减免税货物报关单的消费使用单位/生产销售单位应与《中华人民共和国海关进出口货物征免税证明》（以下简称《征免税证明》）的"减免税申请人"一致。

八、运输方式

运输方式包括实际运输方式和海关规定的特殊运输方式，前者指货物实际进出境的运输方式，按进出境所使用的运输工具分类；后者指货物无实际进出境的运输方式，按货物在境内的流向分类。

本栏目应根据货物实际进出境的运输方式或货物在境内流向的类别，按照海关规定的《运输方式代码表》选择填报相应的运输方式。

（一）特殊情况填报要求如下：

1. 非邮件方式进出境的快递货物，按实际运输方式填报；

2. 进出境旅客随身携带的货物，按旅客所乘运输工具填报；

3. 进口转关运输货物，按载运货物抵达进境地的运输工具填报；出口转关运输货物，按载运货物驶离出境地的运输工具填报；

4. 不复运出（入）境而留在境内（外）销售的进出境展览品、留赠转卖物品等,填报"其他运输"(代码9)。

(二)无实际进出境货物在境内流转时填报要求如下:

1. 境内非保税区运入保税区货物和保税区退区货物,填报"非保税区"(代码0);

2. 保税区运往境内非保税区货物,填报"保税区"(代码7);

3. 境内存入出口监管仓库和出口监管仓库退仓货物,填报"监管仓库"(代码1);

4. 保税仓库转内销货物,填报"保税仓库"(代码8);

5. 从境内保税物流中心外运入中心或从中心运往境内中心外的货物,填报"物流中心"(代码W);

6. 从境内保税物流园区外运入园区或从园区内运往境内园区外的货物,填报"物流园区"(代码X);

7. 保税港区、综合保税区、出口加工区、珠澳跨境工业区(珠海园区)、中哈霍尔果斯边境合作区(中方配套区)等特殊区域与境内(区外)(非特殊区域、保税监管场所)之间进出的货物,区内、区外企业应根据实际运输方式分别填报,"保税港区/综合保税区"(代码Y),"出口加工区"(代码Z);

8. 境内运入深港西部通道港方口岸区的货物,填报"边境特殊海关作业区"(代码H);

9. 经横琴新区和平潭综合实验区(以下简称综合试验区)二线指定申报通道运往境内区外或从境内经二线制定申报通道进入综合试验区的货物,以及综合试验区内按选择性征收关税申报的货物,填报"综合试验区"(代码T);

10. 其他境内流转货物,填报"其他运输"(代码9),包括特殊监管区域内货物之间的流转、调拨货物,特殊监管区域、保税监管场所之间相互流转货物,特殊监管区域外的加工贸易余料结转、深加工结转、内销等货物。

九、运输工具名称

本栏目填报载运货物进出境的运输工具名称或编号。填报内容应与运输部门向海关申报的舱单(载货清单)所列相应内容一致。具体填报要求如下:

(一)直接在进出境地或采用区域通关一体化通关模式办理报关手续的报关单填报要求如下:

1. 水路运输：填报船舶编号（来往港澳小型船舶为监管簿编号）或者船舶英文名称。

2. 公路运输：启用公路舱单前，填报该跨境运输车辆的国内行驶车牌号，深圳提前报关模式的报关单填报国内行驶车牌号＋"/"＋"提前报关"。启用公路舱单后，免予填报。

3. 铁路运输：填报车厢编号或交接单号。

4. 航空运输：填报航班号。

5. 邮件运输：填报邮政包裹单号。

6. 其他运输：填报具体运输方式名称，例如：管道、驮畜等。

（二）转关运输货物的报关单填报要求如下：

1. 进口

（1）水路运输：直转、提前报关填报"@"＋16位转关申报单预录入号（或13位载货清单号）；中转填报进境英文船名。

（2）铁路运输：直转、提前报关填报"@"＋16位转关申报单预录入号；中转填报车厢编号。

（3）航空运输：直转、提前报关填报"@"＋16位转关申报单预录入号（或13位载货清单号）；中转填报"@"。

（4）公路及其他运输：填报"@"＋16位转关申报单预录入号（或13位载货清单号）。

（5）以上各种运输方式使用广东地区载货清单转关的提前报关货物填报"@"＋13位载货清单号。

2. 出口

（1）水路运输：非中转填报"@"＋16位转关申报单预录入号（或13位载货清单号）。如多张报关单需要通过一张转关单转关的，运输工具名称字段填报"@"。

中转货物，境内水路运输填报驳船船名；境内铁路运输填报车名（主管海关4位关区代码＋"TRAIN"）；境内公路运输填报车名（主管海关4位关区代码＋"TRUCK"）。

（2）铁路运输：填报"@"＋16位转关申报单预录入号（或13位载货清单号），如多张报关单需要通过一张转关单转关的，填报"@"。

（3）航空运输：填报"@"＋16位转关申报单预录入号（或13位载货清单号），如多张报关单需要通过一张转关单转关的，填报"@"。

（4）其他运输方式：填报"@"+16位转关申报单预录入号（或13位载货清单号）。

（三）采用"集中申报"通关方式办理报关手续的，报关单本栏目填报"集中申报"。

（四）无实际进出境的报关单，本栏目免予填报。

十、航次号

本栏目填报载运货物进出境的运输工具的航次编号。

具体填报要求如下：

（一）直接在进出境地或采用区域通关一体化通关模式办理报关手续的报关单

1. 水路运输：填报船舶的航次号。

2. 公路运输：启用公路舱单前，填报运输车辆的8位进出境日期〔顺序为年（4位）、月（2位）、日（2位），下同〕。启用公路舱单后，填报货物运输批次号。

3. 铁路运输：填报列车的进出境日期。

4. 航空运输：免予填报。

5. 邮件运输：填报运输工具的进出境日期。

6. 其他运输方式：免予填报。

（二）转关运输货物的报关单

1. 进口

（1）水路运输：中转转关方式填报"@"+进境干线船舶航次。直转、提前报关免予填报。

（2）公路运输：免予填报。

（3）铁路运输："@"+8位进境日期。

（4）航空运输：免予填报。

（5）其他运输方式：免予填报。

2. 出口

（1）水路运输：非中转货物免予填报。中转货物：境内水路运输填报驳船航次号；境内铁路、公路运输填报6位启运日期〔顺序为年（2位）、月（2位）、日（2位）〕。

（2）铁路拼车拼箱捆绑出口：免予填报。

（3）航空运输：免予填报。

（4）其他运输方式：免予填报。

（三）无实际进出境的报关单，本栏目免予填报。

十一、提运单号

本栏目填报进出口货物提单或运单的编号。

一份报关单只允许填报一个提单或运单号，一票货物对应多个提单或运单时，应分单填报。

具体填报要求如下：

（一）直接在进出境地或采用区域通关一体化通关模式办理报关手续的

1. 水路运输：填报进出口提单号。如有分提单的，填报进出口提单号＋"＊"＋分提单号。

2. 公路运输：启用公路舱单前，免予填报；启用公路舱单后，填报进出口总运单号。

3. 铁路运输：填报运单号。

4. 航空运输：填报总运单号＋"＿"＋分运单号，无分运单的填报总运单号。

5. 邮件运输：填报邮运包裹单号。

（二）转关运输货物的报关单

1. 进口

（1）水路运输：直转、中转填报提单号。提前报关免予填报。

（2）铁路运输：直转、中转填报铁路运单号。提前报关免予填报。

（3）航空运输：直转、中转货物填报总运单号＋"＿"＋分运单号。提前报关免予填报。

（4）其他运输方式：免予填报。

（5）以上运输方式进境货物，在广东省内用公路运输转关的，填报车牌号。

2. 出口

（1）水路运输：中转货物填报提单号；非中转货物免予填报；广东省内汽车运输提前报关的转关货物，填报承运车辆的车牌号。

（2）其他运输方式：免予填报。广东省内汽车运输提前报关的转关货物，填报承运车辆的车牌号。

（三）采用"集中申报"通关方式办理报关手续的，报关单填报归并的集中申报清单的进出口起止日期〔按年（4位）月（2位）日（2位）年

（4 位）月（2 位）日（2 位）〕。

（四）无实际进出境的，本栏目免予填报。

十二、申报单位

自理报关的，本栏目填报进出口企业的名称及编码；委托代理报关的，本栏目填报报关企业名称及编码。

本栏目可选填 18 位法人和其他组织统一社会信用代码或 10 位海关注册编码任一项。

本栏目还包括报关单左下方用于填报申报单位有关情况的相关栏目，包括报关人员、申报单位签章。

十三、监管方式

监管方式是以国际贸易中进出口货物的交易方式为基础，结合海关对进出口货物的征税、统计及监管条件综合设定的海关对进出口货物的管理方式。其代码由 4 位数字构成，前两位是按照海关监管要求和计算机管理需要划分的分类代码，后两位是参照国际标准编制的贸易方式代码。

本栏目应根据实际对外贸易情况按海关规定的《监管方式代码表》选择填报相应的监管方式简称及代码。一份报关单只允许填报一种监管方式。

特殊情况下加工贸易货物监管方式填报要求如下：

（一）进口少量低值辅料（即 5000 美元以下，78 种以内的低值辅料）按规定不使用《加工贸易手册》的，填报"低值辅料"。使用《加工贸易手册》的，按《加工贸易手册》上的监管方式填报。

（二）外商投资企业为加工内销产品而进口的料件，属非保税加工的，填报"一般贸易"。

外商投资企业全部使用国内料件加工的出口成品，填报"一般贸易"。

（三）加工贸易料件结转或深加工结转货物，按批准的监管方式填报。

（四）加工贸易料件转内销货物以及按料件办理进口手续的转内销制成品、残次品、未完成品，应填制进口报关单，填报"来料料件内销"或"进料料件内销"；加工贸易成品凭《征免税证明》转为减免税进口货物的，应分别填制进、出口报关单，出口报关单本栏目填报"来料成品减免"或"进料成品减免"，进口报关单本栏目按照实际监管方式填报。

（五）加工贸易出口成品因故退运进口及复运出口的，填报"来料成品退换"或"进料成品退换"；加工贸易进口料件因换料退运出口及复运进口的，填报"来料料件退换"或"进料料件退换"；加工贸易过程中产生的剩余料件、边角料退运出口，以及进口料件因品质、规格等原因退运出口且不再更换同类货物进口的，分别填报"来料料件复出""来料边角料复出""进料料件复出""进料边角料复出"。

（六）备料《加工贸易手册》中的料件结转转入加工出口《加工贸易手册》的，填报"来料加工"或"进料加工"。

（七）保税工厂的加工贸易进出口货物，根据《加工贸易手册》填报"来料加工"或"进料加工"。

（八）加工贸易边角料内销和副产品内销，应填制进口报关单，填报"来料边角料内销"或"进料边角料内销"。

（九）企业销毁处置加工贸易货物未获得收入，销毁处置货物为料件、残次品的，填报"料件销毁"；销毁处置货物为边角料、副产品的，填报"边角料销毁"。

企业销毁处置加工贸易货物获得收入的，填报为"进料边角料内销"或"来料边角料内销"。

十四、征免性质

本栏目应根据实际情况按海关规定的《征免性质代码表》选择填报相应的征免性质简称及代码，持有海关核发的《征免税证明》的，应按照《征免税证明》中批注的征免性质填报。一份报关单只允许填报一种征免性质。

加工贸易货物报关单应按照海关核发的《加工贸易手册》中批注的征免性质简称及代码填报。特殊情况填报要求如下：

（一）保税工厂经营的加工贸易，根据《加工贸易手册》填报"进料加工"或"来料加工"。

（二）外商投资企业为加工内销产品而进口的料件，属非保税加工的，填报"一般征税"或其他相应征免性质。

（三）加工贸易转内销货物，按实际情况填报（如一般征税、科教用品、其他法定等）。

（四）料件退运出口、成品退运进口货物填报"其他法定"（代码0299）。

（五）加工贸易结转货物，本栏目免予填报。

十五、备案号

本栏目填报进出口货物收发货人、消费使用单位、生产销售单位在海关

办理加工贸易合同备案或征、减、免税备案审批等手续时，海关核发的
《加工贸易手册》《征免税证明》或其他备案审批文件的编号。

一份报关单只允许填报一个备案号。具体填报要求如下：

（一）加工贸易项下货物，除少量低值辅料按规定不使用《加工贸易手
册》及以后续补税监管方式办理内销征税的外，填报《加工贸易手册》
编号。

使用异地直接报关分册和异地深加工结转出口分册在异地口岸报关的，
本栏目应填报分册号；本地直接报关分册和本地深加工结转分册限制在本地
报关，本栏目应填报总册号。

加工贸易成品凭《征免税证明》转为减免税进口货物的，进口报关单
填报《征免税证明》编号，出口报关单填报《加工贸易手册》编号。

对加工贸易设备之间的结转，转入和转出企业分别填制进、出口报关
单，在报关单"备案号"栏目填报《加工贸易手册》编号。

（二）涉及征、减、免税备案审批的报关单，填报《征免税证明》编号。

（三）涉及优惠贸易协定项下实行原产地证书联网管理（如香港 CEPA、
澳门 CEPA）的报关单，填报原产地证书代码"Y"和原产地证书编号。

（四）减免税货物退运出口，填报《中华人民共和国海关进口减免税货
物准予退运证明》的编号；减免税货物补税进口，填报《减免税货物补税
通知书》的编号；减免税货物进口或结转进口（转入），填报《征免税证
明》的编号；相应的结转出口（转出），填报《中华人民共和国海关进口减
免税货物结转联系函》的编号。

十六、贸易国（地区）

本栏目填报对外贸易中与境内企业签订贸易合同的外方所属的国家
（地区）。进口填报购自国，出口填报售予国。未发生商业性交易的填报货
物所有权拥有者所属的国家（地区）。

本栏目应按海关规定的《国别（地区）代码表》选择填报相应的贸易
国（地区）或贸易国（地区）中文名称及代码。

无实际进出境的，填报"中国"（代码142）。

十七、起运国（地区）/运抵国（地区）

起运国（地区）填报进口货物起始发出直接运抵我国或者在运输中转
国（地）未发生任何商业性交易的情况下运抵我国的国家（地区）。

运抵国（地区）填报出口货物离开我国关境直接运抵或者在运输中转

国（地区）未发生任何商业性交易的情况下最后运抵的国家（地区）。

不经过第三国（地区）转运的直接运输进出口货物，以进口货物的装货港所在国（地区）为起运国（地区），以出口货物的指运港所在国（地区）为运抵国（地区）。

经过第三国（地区）转运的进出口货物，如在中转国（地区）发生商业性交易，则以中转国（地区）作为起运/运抵国（地区）。

本栏目应按海关规定的《国别（地区）代码表》选择填报相应的起运国（地区）或运抵国（地区）中文名称及代码。

无实际进出境的，填报"中国"（代码142）。

十八、装货港/指运港

装货港填报进口货物在运抵我国关境前的最后一个境外装运港。

指运港填报出口货物运往境外的最终目的港；最终目的港不可预知的，按尽可能预知的目的港填报。

本栏目应根据实际情况按海关规定的《港口代码表》选择填报相应的港口中文名称及代码。装货港/指运港在《港口代码表》中无港口中文名称及代码的，可选择填报相应的国家中文名称或代码。

无实际进出境的，本栏目填报"中国境内"（代码142）。

十九、境内目的地/境内货源地

境内目的地填报已知的进口货物在国内的消费、使用地或最终运抵地，其中最终运抵地为最终使用单位所在的地区。最终使用单位难以确定的，填报货物进口时预知的最终收货单位所在地。

境内货源地填报出口货物在国内的产地或原始发货地。出口货物产地难以确定的，填报最早发运该出口货物的单位所在地。

本栏目按海关规定的《国内地区代码表》选择填报相应的国内地区名称及代码。

二十、许可证号

本栏目填报以下许可证的编号：进（出）口许可证、两用物项和技术进（出）口许可证、两用物项和技术出口许可证（定向）、纺织品临时出口许可证。

一份报关单只允许填报一个许可证号。

二十一、成交方式

本栏目应根据进出口货物实际成交价格条款，按海关规定的《成交方式代码表》选择填报相应的成交方式代码。

无实际进出境的报关单，进口填报 CIF，出口填报 FOB。

二十二、运费

本栏目填报进口货物运抵我国境内输入地点起卸前的运输费用，出口货物运至我国境内输出地点装载后的运输费用。

运费可按运费单价、总价或运费率三种方式之一填报，注明运费标记（运费标记"1"表示运费率，"2"表示每吨货物的运费单价，"3"表示运费总价），并按海关规定的《货币代码表》选择填报相应的币种代码。

二十三、保费

本栏目填报进口货物运抵我国境内输入地点起卸前的保险费用，出口货物运至我国境内输出地点装载后的保险费用。

保费可按保险费总价或保险费率两种方式之一填报，注明保险费标记（保险费标记"1"表示保险费率，"3"表示保险费总价），并按海关规定的《货币代码表》选择填报相应的币种代码。

二十四、杂费

本栏目填报成交价格以外的、按照《中华人民共和国进出口关税条例》相关规定应计入完税价格或应从完税价格中扣除的费用。可按杂费总价或杂费率两种方式之一填报，注明杂费标记（杂费标记"1"表示杂费率，"3"表示杂费总价），并按海关规定的《货币代码表》选择填报相应的币种代码。

应计入完税价格的杂费填报为正值或正率，应从完税价格中扣除的杂费填报为负值或负率。

二十五、合同协议号

本栏目填报进出口货物合同（包括协议或订单）编号。未发生商业性交易的免予填报。

二十六、件数

本栏目填报有外包装的进出口货物的实际件数。特殊情况填报要求如下：

（一）舱单件数为集装箱的，填报集装箱个数。

（二）舱单件数为托盘的，填报托盘数。

本栏目不得填报为零，裸装货物填报为"1"。

二十七、包装种类

本栏目应根据进出口货物的实际外包装种类，按海关规定的《包装种类代码表》选择填报相应的包装种类代码。

二十八、毛重（千克）

本栏目填报进出口货物及其包装材料的重量之和，计量单位为千克，不足一千克的填报为"1"。

二十九、净重（千克）

本栏目填报进出口货物的毛重减去外包装材料后的重量，即货物本身的实际重量，计量单位为千克，不足一千克的填报为"1"。

三十、集装箱号

本栏目填报装载进出口货物（包括拼箱货物）集装箱的箱体信息。一个集装箱填一条记录，分别填报集装箱号（在集装箱箱体上标示的全球唯一编号）、集装箱的规格和集装箱的自重。非集装箱货物填报为"0"。

三十一、随附单证

本栏目根据海关规定的《监管证件代码表》选择填报除本规范第十八条规定的许可证件以外的其他进出口许可证件或监管证件代码及编号。

本栏目分为随附单证代码和随附单证编号两栏，其中代码栏应按海关规定的《监管证件代码表》选择填报相应证件代码；编号栏应填报证件编号。

（一）加工贸易内销征税报关单，随附单证代码栏填写"c"，随附单证编号栏填写海关审核通过的内销征税联系单号。

（二）优惠贸易协定项下进出口货物

有关优惠贸易协定项下报关单填制要求将另行公告。

三十二、标记唛码及备注

本栏目填报要求如下：

（一）标记唛码中除图形以外的文字、数字。

（二）受外商投资企业委托代理其进口投资设备、物品的进出口企业名称。

（三）与本报关单有关联关系的，同时在业务管理规范方面又要求填报的备案号，填报在电子数据报关单中"关联备案"栏。

加工贸易结转货物及凭《征免税证明》转内销货物，其对应的备案号应填报在"关联备案"栏。

减免税货物结转进口（转入），报关单"关联备案"栏应填写本次减免税货物结转所申请的《中华人民共和国海关进口减免税货物结转联系函》的编号。

减免税货物结转出口（转出），报关单"关联备案"栏应填写与其相对应的进口（转入）报关单"备案号"栏中《征免税证明》的编号。

（四）与本报关单有关联关系的，同时在业务管理规范方面又要求填报的报关单号，填报在电子数据报关单中"关联报关单"栏。

加工贸易结转类的报关单，应先办理进口报关，并将进口报关单号填入出口报关单的"关联报关单"栏。

办理进口货物直接退运手续的，除另有规定外，应当先填写出口报关单，再填写进口报关单，并将出口报关单号填入进口报关单的"关联报关单"栏。

减免税货物结转出口（转出），应先办理进口报关，并将进口（转入）报关单号填入出口（转出）报关单的"关联报关单"栏。

（五）办理进口货物直接退运手续的，本栏目填报《进口货物直接退运表》或者《海关责令进口货物直接退运通知书》编号。

（六）保税监管场所进出货物，在"保税/监管场所"栏填写本保税监管场所编码，其中涉及货物在保税监管场所间流转的，在本栏填写对方保税监管场所代码。

（七）海关加工贸易货物销毁处置申报表编号。（根据 2014 年 33 号公告补充）

（八）当监管方式为"暂时进出货物"（2600）和"展览品"（2700）时，如果为复运进出境货物，在进出口货物报关单的本栏内分别填报"复运进境""复运出境"。

（九）跨境电子商务进出口货物，在本栏目内填报"跨境电子商务"。

（十）加工贸易副产品内销，在本栏内填报"加工贸易副产品内销"。

（十一）公式定价进口货物应在报关单备注栏内填写公式定价备案号，格式为："公式定价"＋备案编号＋"@"。对于同一报关单下有多项商品的，如需要指明某项或某几项商品为公式定价备案的，则备注栏内填写应为："公式定价"＋备案编号＋"#"＋商品序号＋"@"。

（十二）获得《预审价决定书》的进出口货物，应在报关单备注栏内填报《预审价决定书》编号，格式为预审价（P＋2 位商品项号＋决定书编号），若报关单中有多项商品为预审价，需依次写入括号中，如：预审价（P01VD511500018P02 VD511500019）。

（十三）含预归类商品报关单，应在报关单备注栏内填写预归类 R－

3 – 关区代码 – 年份 – 顺序编号，其中关区代码、年份、顺序编号均为 4 位数字，例如 R – 3 – 0100 – 2016 – 0001。

（十四）含归类裁定报关单，应在报关单备注栏内填写归类裁定编号，格式为"c"＋四位数字编号，例如 c0001。

（十五）申报时其他必须说明的事项填报在本栏目。

三十三、项号

本栏目分两行填报及打印。第一行填报报关单中的商品顺序编号；第二行专用于加工贸易、减免税等已备案、审批的货物，填报和打印该项货物在《加工贸易手册》或《征免税证明》等备案、审批单证中的顺序编号。

有关优惠贸易协定项下报关单填制要求将另行公告。

加工贸易项下进出口货物的报关单，第一行填报报关单中的商品顺序编号，第二行填报该项商品在《加工贸易手册》中的商品项号，用于核销对应项号下的料件或成品数量。其中第二行特殊情况填报要求如下：

（一）深加工结转货物，分别按照《加工贸易手册》中的进口料件项号和出口成品项号填报。

（二）料件结转货物（包括料件、制成品和未完成品折料），出口报关单按照转出《加工贸易手册》中进口料件的项号填报；进口报关单按照转进《加工贸易手册》中进口料件的项号填报。

（三）料件复出货物（包括料件、边角料），出口报关单按照《加工贸易手册》中进口料件的项号填报；如边角料对应一个以上料件项号时，填报主要料件项号。料件退换货物（包括料件、不包括未完成品），进出口报关单按照《加工贸易手册》中进口料件的项号填报。

（四）成品退换货物，退运进境报关单和复运出境报关单按照《加工贸易手册》原出口成品的项号填报。

（五）加工贸易料件转内销货物（以及按料件办理进口手续的转内销制成品、残次品、未完成品）应填制进口报关单，填报《加工贸易手册》进口料件的项号；加工贸易边角料、副产品内销，填报《加工贸易手册》中对应的进口料件项号。如边角料或副产品对应一个以上料件项号时，填报主要料件项号。

（六）加工贸易成品凭《征免税证明》转为减免税货物进口的，应先办理进口报关手续。进口报关单填报《征免税证明》中的项号，出口报关单填报《加工贸易手册》原出口成品项号，进、出口报关单货物数量应一致。

（七）加工贸易货物销毁，本栏目应填报《加工贸易手册》中相应的进口料件项号。

（八）加工贸易副产品退运出口、结转出口，本栏目应填报《加工贸易手册》中新增的变更副产品的出口项号。

（九）经海关批准实行加工贸易联网监管的企业，按海关联网监管要求，企业需申报报关清单的，应在向海关申报进出口（包括形式进出口）报关单前，向海关申报"清单"。一份报关清单对应一份报关单，报关单上的商品由报关清单归并而得。加工贸易电子账册报关单中项号、品名、规格等栏目的填制规范比照《加工贸易手册》。

三十四、商品编号

本栏目填报的商品编号由 10 位数字组成。前 8 位为《中华人民共和国进出口税则》确定的进出口货物的税则号列，同时也是《中华人民共和国海关统计商品目录》确定的商品编码，后 2 位为符合海关监管要求的附加编号。

三十五、商品名称、规格型号

本栏目分两行填报及打印。第一行填报进出口货物规范的中文商品名称，第二行填报规格型号。

具体填报要求如下：

（一）商品名称及规格型号应据实填报，并与进出口货物收发货人或受委托的报关企业所提交的合同、发票等相关单证相符。

（二）商品名称应当规范，规格型号应当足够详细，以能满足海关归类、审价及许可证件管理要求为准，可参照《中华人民共和国海关进出口商品规范申报目录》中对商品名称、规格型号的要求进行填报。

（三）加工贸易等已备案的货物，填报的内容必须与备案登记中同项号下货物的商品名称一致。

（四）对需要海关签发《货物进口证明书》的车辆，商品名称栏应填报"车辆品牌＋排气量（注明 cc）＋车型（如越野车、小轿车等）"。进口汽车底盘不填报排气量。车辆品牌应按照《进口机动车辆制造厂名称和车辆品牌中英文对照表》中"签注名称"一栏的要求填报。规格型号栏可填报"汽油型"等。

（五）由同一运输工具同时运抵同一口岸并且属于同一收货人、使用同一提单的多种进口货物，按照商品归类规则应当归入同一商品编号的，应当将有关商品一并归入该商品编号。商品名称填报一并归类后的商品名称;规格型号填报一并归类后商品的规格型号。

(六)加工贸易边角料和副产品内销,边角料复出口,本栏目填报其报验状态的名称和规格型号。

(七)进口货物收货人以一般贸易方式申报进口属于《需要详细列名申报的汽车零部件清单》(海关总署 2006 年第 64 号公告)范围内的汽车生产件的,应按以下要求填报:

1. 商品名称填报进口汽车零部件的详细中文商品名称和品牌,中文商品名称与品牌之间用"/"相隔,必要时加注英文商业名称;进口的成套散件或者毛坯件应在品牌后加注"成套散件""毛坯"等字样,并与品牌之间用"/"相隔。

2. 规格型号填报汽车零部件的完整编号。在零部件编号前应当加注"S"字样,并与零部件编号之间用"/"相隔,零部件编号之后应当依次加注该零部件适用的汽车品牌和车型。

汽车零部件属于可以适用于多种汽车车型的通用零部件的,零部件编号后应当加注"TY"字样,并用"/"与零部件编号相隔。

与进口汽车零部件规格型号相关的其他需要申报的要素,或者海关规定的其他需要申报的要素,如"功率""排气量"等,应当在车型或"TY"之后填报,并用"/"与之相隔。

汽车零部件报验状态是成套散件的,应当在"标记唛码及备注"栏内填报该成套散件装配后的最终完整品的零部件编号。

(八)进口货物收货人以一般贸易方式申报进口属于《需要详细列名申报的汽车零部件清单》(海关总署 2006 年第 64 号公告)范围内的汽车维修件的,填报规格型号时,应当在零部件编号前加注"W",并与零部件编号之间用"/"相隔;进口维修件的品牌与该零部件适用的整车厂牌不一致的,应当在零部件编号前加注"WF",并与零部件编号之间用"/"相隔。其余申报要求同上条执行。

三十六、数量及单位

本栏目分三行填报及打印。

(一)第一行应按进出口货物的法定第一计量单位填报数量及单位,法定计量单位以《中华人民共和国海关统计商品目录》中的计量单位为准。

(二)凡列明有法定第二计量单位的,应在第二行按照法定第二计量单位填报数量及单位。无法定第二计量单位的，本栏目第二行为空。

（三）成交计量单位及数量应填报并打印在第三行。

（四）法定计量单位为"千克"的数量填报，特殊情况下填报要求如下：

1. 装入可重复使用的包装容器的货物，应按货物扣除包装容器后的重量填报，如罐装同位素、罐装氧气及类似品等。

2. 使用不可分割包装材料和包装容器的货物，按货物的净重填报（即包括内层直接包装的净重重量），如采用供零售包装的罐头、化妆品、药品及类似品等。

3. 按照商业惯例以公量重计价的商品，应按公量重填报，如未脱脂羊毛、羊毛条等。

4. 采用以毛重作为净重计价的货物，可按毛重填报，如粮食、饲料等大宗散装货物。

5. 采用零售包装的酒类、饮料，按照液体部分的重量填报。

（五）成套设备、减免税货物如需分批进口，货物实际进口时，应按照实际报验状态确定数量。

（六）具有完整品或制成品基本特征的不完整品、未制成品，根据《商品名称及编码协调制度》归类规则应按完整品归类的，按照构成完整品的实际数量填报。

（七）加工贸易等已备案的货物，成交计量单位必须与《加工贸易手册》中同项号下货物的计量单位一致，加工贸易边角料和副产品内销、边角料复出口，本栏目填报其报验状态的计量单位。

（八）优惠贸易协定项下进出口商品的成交计量单位必须与原产地证书上对应商品的计量单位一致。

（九）法定计量单位为立方米的气体货物，应折算成标准状况（即摄氏零度及1个标准大气压）下的体积进行填报。

三十七、原产国（地区）

原产国（地区）应依据《中华人民共和国进出口货物原产地条例》《中华人民共和国海关关于执行〈非优惠原产地规则中实质性改变标准〉的规定》以及海关总署关于各项优惠贸易协定原产地管理规章规定的原产地确定标准填报。同一批进出口货物的原产地不同的，应分别填报原产国（地区）。进出口货物原产国（地区）无法确定的，填报"国别不详"（代码

701）。

本栏目应按海关规定的《国别（地区）代码表》选择填报相应的国家（地区）名称及代码。

三十八、最终目的国（地区）

最终目的国（地区）填报已知的进出口货物的最终实际消费、使用或进一步加工制造国家（地区）。不经过第三国（地区）转运的直接运输货物，以运抵国（地区）为最终目的国（地区）；经过第三国（地区）转运的货物，以最后运往国（地区）为最终目的国（地区）。同一批进出口货物的最终目的国（地区）不同的，应分别填报最终目的国（地区）。进出口货物不能确定最终目的国（地区）时，以尽可能预知的最后运往国（地区）为最终目的国（地区）。

本栏目应按海关规定的《国别（地区）代码表》选择填报相应的国家（地区）名称及代码。

三十九、单价

本栏目填报同一项号下进出口货物实际成交的商品单位价格。无实际成交价格的，本栏目填报单位货值。

四十、总价

本栏目填报同一项号下进出口货物实际成交的商品总价格。无实际成交价格的，本栏目填报货值。

四十一、币制

本栏目应按海关规定的《货币代码表》选择相应的货币名称及代码填报，如《货币代码表》中无实际成交币种，需将实际成交货币按申报日外汇折算率折算成《货币代码表》列明的货币填报。

四十二、征免

本栏目应按照海关核发的《征免税证明》或有关政策规定，对报关单所列每项商品选择海关规定的《征减免税方式代码表》中相应的征减免税方式填报。

加工贸易货物报关单应根据《加工贸易手册》中备案的征免规定填报；《加工贸易手册》中备案的征免规定为"保金"或"保函"的，应填报"全免"。

四十三、特殊关系确认

本栏目根据《中华人民共和国海关审定进出口货物完税价格办法》（以

下简称《审价办法》）第十六条，填报确认进出口行为中买卖双方是否存在特殊关系，有下列情形之一的，应当认为买卖双方存在特殊关系，在本栏目应填报"是"，反之则填报"否"：

（一）买卖双方为同一家族成员的；

（二）买卖双方互为商业上的高级职员或者董事的；

（三）一方直接或者间接地受另一方控制的；

（四）买卖双方都直接或者间接地受第三方控制的；

（五）买卖双方共同直接或者间接地控制第三方的；

（六）一方直接或者间接地拥有、控制或者持有对方5%以上（含5%）公开发行的有表决权的股票或者股份的；

（七）一方是另一方的雇员、高级职员或者董事的；

（八）买卖双方是同一合伙的成员的。

买卖双方在经营上相互有联系，一方是另一方的独家代理、独家经销或者独家受让人，如果符合前款的规定，也应当视为存在特殊关系。

四十四、价格影响确认

本栏目根据《审价办法》第十七条，填报确认进出口行为中买卖双方存在的特殊关系是否影响成交价格，纳税义务人如不能证明其成交价格与同时或者大约同时发生的下列任何一款价格相近的，应当视为特殊关系对进出口货物的成交价格产生影响，在本栏目应填报"是"，反之则填报"否"：

（一）向境内无特殊关系的买方出售的相同或者类似进出口货物的成交价格；

（二）按照《审价办法》倒扣价格估价方法的规定所确定的相同或者类似进出口货物的完税价格；

（三）按照《审价办法》计算价格估价方法的规定所确定的相同或者类似进出口货物的完税价格。

四十五、支付特许权使用费确认

本栏目根据《审价办法》第十三条，填报确认进出口行为中买方是否存在向卖方或者有关方直接或者间接支付特许权使用费。特许权使用费是指进出口货物的买方为取得知识产权权利人及权利人有效授权人关于专利权、商标权、专有技术、著作权、分销权或者销售权的许可或者转让而支付的费用。如果进出口行为中买方存在向卖方或者有关方直接或者间接支付特许权使用费的，在本栏目应填报"是"，反之则填报"否"。

四十六、版本号

本栏目适用加工贸易货物出口报关单。本栏目应与《加工贸易手册》中备案的成品单耗版本一致,通过《加工贸易手册》备案数据或企业出口报关清单提取。

四十七、货号

本栏目适用加工贸易货物进出口报关单。本栏目应与《加工贸易手册》中备案的料件、成品货号一致,通过《加工贸易手册》备案数据或企业出口报关清单提取。

四十八、录入员

本栏目用于记录预录入操作人员的姓名。

四十九、录入单位

本栏目用于记录预录入单位名称。

五十、海关批注及签章

本栏目供海关作业时签注。

本规范所述尖括号(< >)、逗号(,)、连接符(-)、冒号(:)等标点符号及数字,填报时都必须使用非中文状态下的半角字符。

相关用语的含义:

报关单录入凭单:指申报单位按报关单的格式填写的凭单,用作报关单预录入的依据。该凭单的编号规则由申报单位自行决定。

预录入报关单:指预录入单位按照申报单位填写的报关单凭单录入、打印由申报单位向海关申报,海关尚未接受申报的报关单。

报关单证明联:指海关在核实货物实际进出境后按报关单格式提供的,用作进出口货物收发货人向国税、外汇管理部门办理退税和外汇核销手续的证明文件。

附录六

主要报关单证

1. 报关单

中华人民共和国海关进口货物报关单

预录入编号：　　　　　　　　　海关编号：

进口口岸 ①		备案号		进口日期		申报日期	
经营单位		运输方式 ②	运输工具名称 ③		提运单号 ④		
收货单位		贸易方式	征免性质			征税比例	
许可证号		起运国（地区）⑤	装货港 ⑥		境内目的地		
批准文号		成交方式 ⑦	运费	保费		杂费	
合同协议号 ⑧		件数 ⑨	包装种类 ⑩	毛重（公斤）⑪		净重（公斤）⑫	
集装箱号 ⑬		随附单据			用途		
标记唛码及备注 ⑭			⑮				

项号	商品编号	商品名称、规格型号	数量及单位	原产国（地区）	单价	总价	币制	征免
		⑯	⑰⑱	⑲	⑳	㉑	㉒	

税费征收情况			

录入员　　　录入单位	兹声明以上申报无讹并承担法律责任	海关审单批注及放行日期（签章）	
报关员	申报单位（签章）	审单	审价
单位地址		征税	统计
邮编　　　电话　　　填制日期		查验	放行

2. 提单

BILL OF LADING ②

For Combined Transport Shipment Or Port To Port Shipment

Shipper : KOREA. CHEMICAL CO. LTD 1301 -4,SEOCHO-DONG, SEOCHO-KU, SEOUL, KOREA	Page: 1 of 1 B/L No. : MISC200000537 ④ Reference No. :
Consignee or Order : TO THE ORDER OF SHANGHAI FAR EAST CONTAINER CO, LTD 1729 - 1731, YANG GAO ROAD. PUDONG, SHANG-HAI, CHINA	Carrier : MALAYSIA INTERNATIONAL SHIPPING CORPORATION BERHAD
Notify Party / Address : It is agreed that no responsibility shall attach to the Carrier or his Agents For failure to notify (See Clause 20 on reverse of this Bill of Lading) : SAME AS CONSIGNEE	Place of Receipt (Applicable only when this document is used as Transport Bill of lading) : SINGAPORE CY
Vessel and VOY No. : ESSEN EXPRESS 28ED09 ③	Place of Delivery (Applicable only when this document is used as Transport Bill of lading) : SHANGHAI CY
Port of Loading : SINGAPORE ⑤ ⑥	
Port of Transhipment :	Port of Discharge : SHANGHAI ①

Marks & Nos.	Number & Kind of Packages	Description of Goods	Gross Weight 161, 492. 00 ⑪	Measurement (CBM) 281
FAR EAST SHANGHAI ⑭ C/NO. :	SHIPPER'S LOAD COUNT AND SEALED 12 × 20'CONTAINER (S) SAID TO CONTAIN: 234 CRATES ⑨ ⑩ PAINT ⑯ FREIGHT PREPAID TOTAL: TWELVE TWENTY FOOT CONTAINERS ONLY			

SIZE/TYPE/CONTAINER#/TARE WGNT/GROSS WGHT/SEAL NUMBER/QUANTITY/STAT/STATU

20/DRY/TPHU8290658 ⑬				
20/DRY/TEXU2391475	/2300	/.00	/0464	0/FCL/FCL
20/DRY/MISU2369721	/2300	/.00	/0	0/FCL/FCL
20/DRY/MISU1173640	/2300	/.00	/00977	0/FCL/FCL
20/DRY/MISU1123306	/2300	/.00	/04959	0/FCL/FCL
20/DRY/MISU1107429	/2300	/.00	/04980	0/FCL/FCL
20/DRY/MISU1171114 ⑮	/2300	/.00	/04973	0/FCL/FCL
20/DRY/MISU1328245	/2300	/.00	/04958	0/FCL/FCL
20/DRY/MISU1304351	/2300	/.00	/04979	0/FCL/FCL
20/DRY/MISU1306797	/2300	/.00	/04963	0/FCL/FCL
20/DRY/MISU1418038	/2300	/.00	/165529	0/FCL/FCL
20/DRY/MISU1113376	/2300	/.00	/166671	0/FCL/FCL
	/2300	/.00	/165576	0/FCL/FCL

ABOVE PARTICULARS AS DECLARED BY SHIPPER

3. 发票

MR'02 02：25PM KCCS' PORE OFFICE 65 8630679 P. 2

COMMERCIAL INVOICE

Seller ： KOREA CHEMICAL CO. LTD. 1301 − 4. SEOCHO − DONG BEOCHO − KU, SEOUL. KOREA	Invoice No. and Date ： EX80320 15th MAR 2012 L/C No. and Date ：
Consignee ： TO THE ORDER OF SHANGHAI FAR EAST CONTAINER CO, LTD. 1729 − 1731 YANG GAO RD. PUDONG SHANG- HAI, CHINA	Buyer（If any than consignee）： AS PER CONSIGNEE
Departure Date ： ETD：20 MAR 2012	Terms of Delivery and Payment ： T/T SHANGHAI T/T 60 DAYS FROM B/L DATE
Vessel ： ESSEN EXPRESS v. 28ED09　③	Other Reference ： CONTRACT NO：SFEC/KCC803 − 01　⑧
From ：　　　　To ： SINGAPORE　⑤⑥　SHANGHAI, CHINA　①	

Shipping Marks	No. & Kinds of Packing	Goods Description	Quantity	Unit Price	Amount
		CIF SHANGHAI CHINA　⑦			
FAR EAST 228，112.00　㉑ 　SHANGHAI　⑭ 　C/NO. ：	PAINT　⑯	114,056 LTR　⑰⑱	2.00/LTR　⑳	USD	㉒
	Country of Origin：SINGAPORE　⑲				

KOREA CHEMICAL CO. , LTD.

Signed By：_____

4. 装箱单

PACKING LIST

Seller : KOREA CHEMICAL CO. LTD. 1301 – 4. SEOCHO – DONG BEOCHO – KU, SEOUL. KOREA	Invoice No. and Date : EX80320 15th MAR 2012
Consignee： TO THE ORDER OF SHANGHAI FAR EAST CONTAINER CO, LTD. 1729 – 1731 YANG GAO RD. PUDONG SHANG- HAI, CHINA	Buyer（If any than consignee）: AS PER CONSIGNEE
Departure Date : ETD：20 MAR 2012	Other Reference : CONTRACT NO：SFEC／KCC803 – 01　⑧
Vessel : ESSEN EXPRESS v. 28 ED09　③	
From :　　　　To : SINGAPORE　⑤⑥　SHANGHAI, CHINA　①	

Shipping Marks	No. & Kinds of Packing	Goods Description	Quantity	N/Weight	G/Weight	Meas-urement
			LTR　⑱	KG		KG

PAINT　⑯

TOTAL：　234 CRATES　⑨⑩　　　　114, 056⑰　136, 256　⑫161, 492⑪

KOREA CHEMICAL CO. , LTD.

Signed By：＿＿＿＿＿＿＿＿＿

教学参考资料领取说明

各位教师：

    中国商务出版社为方便采用本教材教学的教师需要，免费提供此教材的教学参考资料（PPT 课件及/或参考答案等）。为确保参考资料仅为教学之用，请填写以下证明内容，并寄至北京东城区安外大街东后巷 28 号，中国商务出版社国际经济与贸易事业部，张高平老师收，邮编：100710　电话：010 - 64269744，13021177828，也可将此证明拍照或扫描后发邮件至：2996796657@qq.com。我们收到并核实无误后，会尽快发出教学参考资料。谢谢您的支持！

证　　明

    兹证明＿＿＿＿＿＿＿＿＿＿＿＿＿大学（学院）＿＿＿＿＿＿＿＿＿＿＿院/系＿＿＿＿＿年级＿＿＿＿＿＿名学生使用书名是《　　　　　　　　　》、作者是　　　　　　　　　　　　的教材，教授此课的教师共计＿＿＿＿＿位，现需电子课件＿＿＿＿＿＿套、参考答案＿＿＿＿＿＿套。

教师姓名：＿＿＿＿＿＿＿＿＿＿＿＿　联系电话：＿＿＿＿＿＿＿＿＿＿＿＿

手　　机：＿＿＿＿＿＿＿＿＿＿＿＿　E-mail：＿＿＿＿＿＿＿＿＿＿＿＿

通信地址：＿＿＿＿＿＿＿＿＿＿＿＿＿＿＿＿＿＿＿＿＿＿＿＿＿＿＿＿＿

邮政编码：＿＿＿＿＿＿＿＿＿＿＿＿＿＿＿＿＿＿＿＿＿＿＿＿＿＿＿＿＿

院/系主任：＿＿＿＿＿＿＿＿签字

（院/系公章）

＿＿＿＿年＿＿＿月＿＿＿日